诚信为本 操守为重
坚持准则 不做假账

——与学习会计的同学共勉

重新发现社会

本书未经删节 本书未重新包装

——西海固食问题访谈录

普通高等教育会计专业应用型人才培养在线开放课程新形态一体化规划教材

全国会计专业技术资格考试（初级）"课证融合"系列教材

经济法基础（第二版）

■ 中华会计网校 编

高等教育出版社·北京

内容提要

本书是普通高等教育会计专业应用型人才培养在线开放课程新形态一体化规划教材，也是全国会计专业技术资格考试（初级）"课证融合"系列教材。

本书在上一版基础上依据2019年全国初级会计专业技术资格考试"经济法基础"科目大纲及最新财税法规进行了修订，主要介绍了法律概论，经济纠纷解决法律制度，会计法律制度，票据与支付结算法律制度，劳动合同与社会保险法律制度，增值税法律制度，消费税法律制度，企业所得税、个人所得税法律制度，其他税收法律制度，税收征收管理法律制度等内容。可以看出，全书涵盖了比较全面的法律基础知识和税法各税种的基本内容，可以帮助读者轻松掌握经济、法律方面的入门知识。

本书特别设计有"红膜自测卡"，重点概念覆上红膜即可隐去，方便使用者检测学习效果。本书运用二维码技术，读者可以使用移动终端扫码观看2019年最新"考情分析"和"边学边思""技能微课"和"开心一扫"等具体内容。与本书配套的数字课程可通过登录在线开放课程平台（www.icve.com.cn），进入"经济法基础"进行在线学习。本书还配套"高校一体化教学平台"，帮助学生更好地学习、教师更好地教学，并进行教学管理。具体获取方式请见书后"郑重声明"页的资源服务提示。

目前，我国财税体制改革已进入攻坚阶段，各项准则、制度、财税新政频出，为此，本书特别设计"扫我看变化"二维码，及时反映最新财税法规变化，方便教学使用。

本书可以作为高等职业院校、应用型本科院校会计专业和其他专业相关课程的教材和参考书，也可以作为初级会计职称资格考试参考教材，还可以作为企业会计人员实际工作中的参考用书。

图书在版编目（CIP）数据

经济法基础 / 中华会计网校编. --2版. -- 北京：高等教育出版社，2019.2

ISBN 978-7-04-050732-4

Ⅰ.①经… Ⅱ.①中… Ⅲ.①经济法 – 中国 – 高等职业教育 – 教材 Ⅳ.① D922.29

中国版本图书馆CIP数据核字（2018）第239206号

经济法基础
JINGJIFA JICHU

策划编辑	梁 木	责任编辑	梁 木	封面设计	杨立新	版式设计	马 云
插图绘制	于 博	责任校对	陈 杨	责任印制	刘思涵		

出版发行	高等教育出版社	网 址	http://www.hep.edu.cn
社 址	北京市西城区德外大街4号		http://www.hep.com.cn
邮政编码	100120	网上订购	http://www.hepmall.com.cn
印 刷	山东鸿君杰文化发展有限公司		http://www.hepmall.com
开 本	787mm×1092mm 1/16		http://www.hepmall.cn
印 张	25.25		
字 数	550千字	版 次	2017年1月第1版
插 页	1		2019年2月第2版
购书热线	010-58581118	印 次	2019年2月第1次印刷
咨询电话	400-810-0598	定 价	49.80元

本书如有缺页、倒页、脱页等质量问题，请到所购图书销售部门联系调换
版权所有 侵权必究
物 料 号 50732-00

总 序

　　我国高等教育正处于转型、转轨时期,在经过十余年的扩招后,我国大学的毛入学率已经有了大幅提升,接近一些发达国家的水平。但是我国的人才培养机制与市场需求结构却存在严重背离。具体的体现是:一方面,传统的课堂教育方式下,我国培养的大学生大多理论知识掌握得较为全面,而实践操作能力较弱;另一方面,随着云计算、大数据、物联网、移动计算等新技术不断发展,很多企业的运营模式发生了重大变化。新行业不断出现,老行业也通过"互联网+"不断创新:发票电子化、会计核算信息化、财务报表实时动态化等已成为趋势,而目前的人才培养滞后于时代发展,不能适应我国建设创新型国家的需要。

　　《国务院关于加快发展现代职业教育的决定》中,明确指出高等职业教育规模占高等教育的一半以上,采取试点推动、示范引领等方式,引导一批普通本科高等学校向应用技术类型高等学校转型,重点举办本科职业教育。我们要借鉴德国的职业教育培养模式,把工厂建在学校里,把学校建在工厂里,要开门办学,把企业的用人标准作为人才的培养标准。另外,教育技术的发展,也为人才培养方式的多样化提供了更多的可能性。习近平主席在致首届国际教育信息化大会的贺信中提出,要"积极推动信息技术与教育融合创新发展""坚持不懈推进教育信息化,努力以信息化为手段扩大优质教育资源覆盖面"。教育部也印发了《教育信息化"十三五"规划》,教育信息化已经成为今后工作的目标、方向和途径。

　　在这个大背景下,高校的教育理念和教师的执教能力都面临着重大考验,高校教师高校学生,都需要转变思想,适应国家教育改革的新精神、新理念。只有摒弃旧有模式和理念,进行脱胎换骨变革的高校,才能最终适应这个时代。

　　会计教育在此转型期同样面临这一挑战。会计的教学若要契合时代的要求,适应"互联网+"时代的特点,就要在各方面进行全方位的改革。这种改革不仅体现在教学上,也体现在教材上。一套好的教材是支撑教学的基础,教学的改革其实是以教材的改革为先导的。我们目前的教材大多拘泥于固有理念,内容上比较陈旧,形式上也并没有适应移动互联时代学习的碎片化、信息化和立体化的特征,远远不能满足时代的需求。教材的改革没有突破,很大程度上阻碍了我国会计教学的突破。

　　作为国内大型的会计远程教育教学机构,中华会计网校(www.chinaacc.com)联合高等教育出版社推出的"普通高等教育会计专业应用型人才培养规划教材",打破了固有的教材模式,充分体现了"互联网+"时代的特征。该套教材以及时反映新时代的业务内容、课证融合、突出理论与实践相结合、结合知识点设计立体化资源等为特色。读者在学习这套教材时,既能满足学历教育系统知识学习的需求,又能满足初级会计专业技术资格考试需求;既突出理论学习,又满足实践学习要求。这套书还设置了"边学边思"、"技能微课"和"开心一扫"等栏目,通过二维码链接各类教学资源,让知识像水一样"活起来、动起来",让学习变得不再枯燥和乏味。根据这套教材的内容,中华会计网校搭建了高校一体化教学平台,并根据现代人的信息获取习惯开发了"掌上高校"手机应用,不仅提供丰富的视频课程、备课教案、案例题库、实训资源等内容,还运用数据分析技术,提供学习效果分析,并根据不同人的学习习惯和学习效果,推送个性化的学习内容。

很多初次接触会计的读者都曾却步于会计学习的不够生动,而这套教材,尤其是配合学习平台的使用,可能会让你们有另一种体验。值此"普通高等教育会计专业应用型人才培养规划教材"出版之际,我将它隆重推荐给初入会计门槛的读者,希望对你们的学习和工作有所裨益!

2018 年 12 月

前　言

　　本书是普通高等教育会计专业应用型人才培养规划教材，会计专业"课证融合"在线开放课程新形态一体化教材，也是初级会计专业技术资格考试"经济法基础"科目的配套辅导教材，是在上一版的基础上，根据2019年全国初级会计专业技术资格考试"经济法基础"科目大纲及最新财税法规修订而成的。本系列教材共有四本，包括《初级会计实务》（第二版）、《初级会计实务（第二版）习题与考前训练》《经济法基础》（第二版）、《经济法基础（第二版）习题与考前训练》。本系列教材既能满足学校教学需要，又将初级会计专业技术资格考试的精华内容融入其中，为学生今后取证打下坚实的基础。

　　"经济法基础"是财会专业一门重要的必修专业基础课程。通过该课程的学习，学生可以掌握法律基础理论知识，学习和熟悉我国税法的体系以及各类税种的构成要素和计算方法，并获得相应的初级会计专业技术资格证书。本书讲解文字通俗易懂，并配合大量的形象化案例和归纳总结表格，方便教师教学和学生的自主性学习，以帮助学生顺利完成初级会计专业技术资格考试中涉及经济法基础科目的学习。本书配有开放式的PPT、教学视频课件、习题库，以及与初级会计资格证有关的教学资源。

　　本书致力于摒弃"死记硬背"的传统学习方式，让学生在理解的基础上掌握知识。本书在每章中适当加入"边学边思""边学边做"和"相关阅读"等环节，让学生在学习的过程中独立思考、勇于实践，激发学生自主学习的潜能。同时能够深入透析知识点的结构和原理，让学生更感性、更直观地理解知识，形成自己的知识体系。

　　在内容编排方面，本书贯彻双重目标导向原则。在每章开始给学生制定"教学"和"实践"双重目标。让学生从一开始就带着任务去学习，而不是盲目地跟着教材走。双重目标导向使学生在学习知识的同时能够结合实际，有助于提高其解决具体问题的能力。本书本着由浅入深、循序渐进、归纳总结的原则，在每一章结尾处配备思维导图，有助于学生归纳总结，把知识归为体系。

　　本书共分10章内容，第一章介绍法律概论，第二章介绍经济纠纷解决法律制度，第三章介绍会计法律制度，第四章介绍票据与支付结算法律制度，第五章介绍劳动合同与社会保险法律制度，第六章介绍增值税法律制度，包括最新的"营改增"政策的相关内容，第七章介绍消费税法律制度，第八章介绍企业所得税、个人所得税法律制度，包括最新的个人所得税政策的相关内容，第九章介绍其他税收法律制度，第十章介绍税收征收管理法律制度。可以看出，全书涵盖了比较全面的法律基础知识和税法各税种的基本内容，可以帮助学生轻松掌握经济、法律方面的入门知识。

　　在教学资源提供上，本书运用二维码技术，将"看书"与"听课""互动"等辅助教学资源紧密结合，实现资源立体化，为教师和学生提供全面的教与学的支持。

　　（1）考情分析：本书特别设置2019年考情分析二维码，由中华会计网校名师讲授2019年最新初级职称考试变化，方便读者第一时间掌握大纲变化。

（2）边学边思：为了激发读者对知识的思考，加深理解，本书设置了很多思考题，其答案就印在思考题旁边，通过扫描二维码即可查看。

（3）技能微课：在知识点讲解之后，可以通过扫描二维码观看中华会计网校名师对当前知识点的微课讲解。

（4）开心一扫：在每一章的最后，书中将提供一个有趣的小故事或案例，反映当前经济和社会的热点问题，通过扫描二维码可以查看中华会计网校围绕这个小案例精心制作的动漫视频，让学习变得有趣快乐！

本书注重方法引导，书中设置了"相关阅读""本章知识回顾"等小栏目帮助读者拓展知识面，总结学习方法，归纳相关知识点，以加深理解。

与本书配套的数字课程可通过登录在线开放课程平台（www.icve.com.cn），进入"经济法基础"进行在线学习，具体获取方式请见书后"郑重声明"页的资源服务提示。

本书还配套"高校一体化教学平台"。该学习平台呈现为网络教学（学习）平台和掌上高校移动APP两种形态，分为学生端口、教师端口和学校管理员端口三个功能区。在该学习平台，可实现上课签到、老师备课、学生预习、课后复习、答疑解惑、期末考试、真账实训等功能，还可实现师生互动，在线观看授课视频，了解学习进度等。三个功能区中的具体功能涵盖了不同角色的全部日常工作，可帮助学生更好地学习、教师更好地教学，并进行教学管理。

目前，我国财税体制改革已进入攻坚阶段，各项准则、制度、财税新政频出，为此，本书特别设计"扫我看变化"二维码，及时反映最新财税法规变化，方便教学使用。

由于时间紧张，作者水平所限，虽力求完美，但书中不足之处在所难免，恳请读者不吝赐教和批评指正，使本书不断完善。

编者
2018年12月

扫我看变化

目　录

第一章　法律概论 … 1
 第一节　法的概念和调整对象 … 1
 第二节　法律关系 … 3
 第三节　法律事实 … 6
 第四节　法的渊源与分类 … 7
 第五节　法律部门与法律体系 … 12
 第六节　法律责任 … 13
 本章知识回顾 … 17
 开心一扫　"土豪朋友"大爆发，散财大亨因何四处撒钱，
    聊聊有钱人借贷的那些事 … 17

第二章　经济纠纷解决法律制度 … 18
 第一节　民事诉讼 … 19
 第二节　仲裁法 … 27
 第三节　行政复议法 … 33
 第四节　行政诉讼 … 40
 本章知识回顾 … 45
 开心一扫　一个名字引发的纠纷 … 46

第三章　会计法律制度 … 47
 第一节　会计法律制度概述 … 47
 第二节　会计核算与监督 … 48
 第三节　会计机构和会计人员 … 54
 第四节　会计职业道德 … 57
 第五节　违反会计法律制度的法律责任 … 58
 本章知识回顾 … 59
 开心一扫　总经理为爱妻"辞职" … 60

第四章　票据与支付结算法律制度 … 61
 第一节　支付结算概述 … 62
 第二节　银行结算账户 … 64
 第三节　票据的一般规定 … 72
 第四节　汇票、银行本票和支票 … 86

第五节　网上支付 …………………………………………………………… 96
第六节　非票据结算方式 …………………………………………………… 98
本章知识回顾 ………………………………………………………………… 111
开心一扫　汇票丢失，惊出一身冷汗，看如何通过法律手段冷静处理，化险为夷！…… 111

第五章　劳动合同与社会保险法律制度 ………………………………………… 112
第一节　劳动合同法律制度 ………………………………………………… 113
第二节　社会保险法律制度 ………………………………………………… 143
本章知识回顾 ………………………………………………………………… 158
开心一扫　自愿放弃社保，您说了能行？ ………………………………………… 159

第六章　增值税法律制度 ………………………………………………………… 160
第一节　增值税法律制度概述 ……………………………………………… 161
第二节　增值税法律制度的主要内容 ……………………………………… 163
本章知识回顾 ………………………………………………………………… 194
开心一扫　办理增值税免税需考虑的事项 ………………………………………… 195

第七章　消费税法律制度 ………………………………………………………… 196
第一节　消费税纳税义务人与征税范围 …………………………………… 197
第二节　消费税税目与税率 ………………………………………………… 199
第三节　消费税计税依据 …………………………………………………… 205
第四节　消费税应纳税额的计算 …………………………………………… 209
第五节　消费税征收管理 …………………………………………………… 216
本章知识回顾 ………………………………………………………………… 218
开心一扫　"网红脸"炼成记——精致妆容下的消费税 ………………………… 218

第八章　企业所得税、个人所得税法律制度 …………………………………… 219
第一节　企业所得税法律制度 ……………………………………………… 220
第二节　个人所得税法律制度 ……………………………………………… 250
本章知识回顾 ………………………………………………………………… 277
开心一扫　我哭着对你说，"月薪过万"都是骗人的 …………………………… 278

第九章　其他税收法律制度 ……………………………………………………… 279
第一节　关税法律制度 ……………………………………………………… 280
第二节　环境保护税法律制度 ……………………………………………… 289
第三节　烟叶税法律制度 …………………………………………………… 291
第四节　房产税法律制度 …………………………………………………… 292
第五节　契税法律制度 ……………………………………………………… 300

第六节　土地增值税法律制度 … 303
   第七节　城镇土地使用税法律制度 … 315
   第八节　耕地占用税法律制度 … 321
   第九节　车船税法律制度 … 326
   第十节　车辆购置税法律制度 … 333
   第十一节　印花税法律制度 … 338
   第十二节　资源税法律制度 … 348
   第十三节　城市维护建设税与教育费附加法律制度 … 355
   第十四节　船舶吨税法律制度 … 358
   本章知识回顾 … 360
   开心一扫　惊艳！扒一扒世界上那些"奇葩"的税种 … 361

第十章　税收征收管理法律制度 … 362
   第一节　税收征收管理法概述 … 362
   第二节　税务管理 … 363
   第三节　税款征收与税务检查 … 373
   第四节　税务行政复议 … 381
   第五节　税收法律责任 … 385
   本章知识回顾 … 388
   开心一扫　笑谈税收征管中的趣事 … 388

第一章 法律概论

本章作为"经济法"考试科目的入门知识,主要介绍了法律关系、法律事实、法的渊源与分类、法律部门与法律体系和法律责任几部分内容。学习时应理解各知识点并适当记忆,在此基础上,重点掌握经济法律关系三要素和法的渊源相关内容,为以后各种具体法律制度规则的学习奠定良好的基础。

▶ **考核目标**
1. 掌握法和法律、法的本质与特征
2. 掌握法律关系及其要素
3. 熟悉法律事实、法律责任
4. 了解法的形式与分类、法律部门与法律体系

▶ **实践目标**
1. 理解法律关系三要素各自的特征,为今后学习奠定基础,能够运用法的一般理论分析现实问题
2. 理解法律事实的种类,能针对具体案例分析判断法律关系的发生、变更和消灭
3. 理解法律责任不同形式的具体种类,能够针对不同的案例分析判断主体承担何种责任形式
4. 培养法律思维方式和思考习惯

▶ **第一节 法的概念和调整对象**

▶ **一、法的概念和特征**

法是由国家制定或认可,并由国家强制力保证实施的,反映统治阶级意志的规范体系。这一意志的内容由统治阶级的物质生活条件所决定,它通过规定人们在社会关系中的权利和义务,确认、保护和发展有利于统治阶级的社会关系和社会秩序。与其他类型社会规范相比,法

具有以下特征:

(一) 法是经过国家制定或认可才得以形成的规范,具有国家意志性

法的创制的主要方式是国家制定、国家认可,具有国家意志性。所谓国家制定,是指法律规范可由享有国家立法权的机关根据调整社会关系和规范人的行为的需要,依照一定程序制定;所谓国家认可,是指法律规范亦可由立法者赋予社会上既存的某些习惯、教义、礼仪等以法律效力而形成。这一特征使法律成为国家意志的体现,具有权威性和统一性。法律的权威性是指法律的不可违抗性,任何人均应遵守和执行;法律的统一性是指不同法律规范之间在根本原则上是一致的,除极特殊的情况外,一个国家只能有一个总的法律体系,且该法律体系内部各规范之间不能相互矛盾,在本国主权范围内具有普遍的约束力。

(二) 法凭借国家强制力的保证而获得普遍遵行的效力,具有强制性

任何一种社会规范,都有保证其实施的社会力量,亦即具有某种强制性。不同的社会规范,其强制措施的方式、范围、程度、性质是不同的。如道德主要依靠社会舆论的强制,习惯受到习惯势力的强制,但这些强制都不同于法律强制。法的强制性是一种国家强制,是以军队、警察、法庭、监狱为后盾的强制,因此,法是最具有强制力的规范。

(三) 法是确定人们在社会关系中的权利和义务的行为规范,具有规范性

作为一种特殊的社会规范,法既规定了人们的权利,也规定了人们的义务,指引人的行为并将人的行为纳入统一的秩序之中。法的规范性正是通过规定人们在社会关系中的权利和义务来分配利益和负担,影响人们的动机和行为,进而影响社会关系,从而实现统治阶级的意志和要求,维持社会秩序。

(四) 法是明确而普遍适用的规范,具有明确公开性和普遍约束性

法是通过规范人的行为进而调整社会关系的,人的行为是法律存在和发挥功效的前提。法具有明确的内容,能使人们预知自己或他人一定行为的法律后果。其不针对特定的人和事,而是具有普遍的引导意义,在生效期间可以反复适用。因此,法具有普遍适用性,凡是在国家权力管辖和法律调整的范围、期限内,对所有社会成员及其活动都普遍适用。

应该指出,法律虽然是调整人类社会关系的重要社会规范,但并不是唯一的社会规范。除法律以外,在规范人的行为、调整社会关系方面,道德、宗教规范以及风俗习惯等也在不同范围内和不同程度上发挥着十分重要的作用。

▶ 二、法的本质

法的本质是体现统治阶级的意志,可以从以下两个方面对其进行理解:

(一) 法的本质反映为法的阶级性

法不是超阶级的产物,不是社会各阶级的意志都能体现为法,因此法具有阶级性,法所体现的国家意志实际上是统治阶级的意志。

（二）法的本质最终体现为法的物质制约性

法是统治阶级意志的体现，但法所体现的统治阶级的意志，并不是随心所欲、凭空产生的，而是由统治阶级的物质生活条件决定的，是社会客观需要的反映。它体现的是统治阶级的整体意志和根本利益，而不是统治阶级每个成员个人意志的简单相加；法体现的也不是一般的统治阶级意志，而是被奉为法律的统治阶级意志，即统治阶级的国家意志。

所以，法的本质存在于国家意志、阶级意志与社会存在、社会物质条件之间的对立统一关系中。

三、法的调整对象

任何法律规范都调整一定范围内的社会关系，社会关系是在社会活动中所产生的人与人之间的关系。法的调整对象即是特定的法律关系，如民法调整的对象是平等主体之间的民事法律关系；经济法调整的是一定范围内的经济关系，即国家在调节经济活动中所发生的经济关系。

第二节 法律关系

一、法律关系的概念

法律关系是在法律规范调整社会关系的过程中所形成的人们之间的权利和义务关系。根据不同性质的法律规范，可以形成不同性质的法律关系，如民事法律关系、刑事法律关系、行政法律关系等。与其他社会关系相比，法律关系具有以下特征：

（一）法律关系是以法律规范为前提的社会关系

法律关系是根据法律规范建立的一种社会关系，如果没有相应的法律法规的存在，就不能产生法律关系。法律关系是社会关系的一种，但是并非所有的社会关系均属于法律关系。社会关系是一个庞大的体系，其中有些领域是法律不宜调整的，如友谊关系、爱情关系、政党社团的内部关系等。

（二）法律关系是以权利义务为内容的社会关系

法律关系是特定主体之间具体的权利义务关系。法律关系与其他社会关系的重要区别，就在于它是法律化的权利义务关系，是一种明确的、特定的权利义务关系。这种权利和义务可以由法律明确规定，也可以由法律授权当事人在法律的范围内自行约定。

（三）法律关系是以国家强制力作为保障的社会关系

从实质上看，法律关系作为一定社会关系的特殊形式，正在于其体现国家的意志，与道德关系不同，法律关系是由国家强制力作为保障的。法律关系形成所依据的法律规范，是国家意志的体现，因此，当法律关系的义务主体不履行相应义务、侵犯其他主体的合法权利时，权利受侵害一方就有权请求国家机关运用国家强制力，责令侵害方履行义务、承担不履行义务的法律责任。

▶ 二、法律关系的要素

法律关系由法律关系的主体、法律关系的内容和法律关系的客体三个要素构成。缺少其中任何一个要素，都不能构成法律关系。

（一）法律关系的主体

1. 法律关系主体的概念

法律关系主体，即法律关系的参加者，是指参加法律关系，依法享有权利和承担义务的当事人。在每一具体的法律关系中，主体的多少各不相同，但大体上都归属于相对应的双方：一方是权利的享有者，称为权利人；另一方是义务的承担者，称为义务人。

2. 法律关系主体的种类

法律关系主体可以分为以下几类：

（1）自然人（公民）。自然人既包括中国公民，也包括居住在中国境内或在境内活动的外国公民和无国籍人。

（2）组织（法人和非法人组织）。法人组织分为营利法人、非营利法人和特别法人。营利法人包括有限责任公司、股份有限公司和其他企业法人等。非营利法人包括事业单位、社会团体、基金会、社会服务机构等。其中机关法人、农村集体经济组织法人、城镇农村的合作经济组织法人、基层群众性自治组织法人为特别法人。非法人组织包括个人独资企业、合伙企业、不具有法人资格的专业服务机构等。

（3）国家。在特定情况下，国家可以作为一个整体成为法律关系的主体。例如，国家作为主权者是国际公法关系的主体，可以成为对外经济贸易关系中的债权人和债务人；在国内法中，国家可以直接以自己的名义参与国内法律关系（如发行国库券）。当然，大多数情况下，国家是以其机关或者授权的组织作为代表参加法律关系的。

3. 法律关系的主体资格

法律关系的主体资格包括两个方面，即权利能力和行为能力。

（1）权利能力。权利能力，亦称法律人格，指的是法律关系主体依法享有权利和承担义务的能力或资格。权利能力是任何个人或组织参加法律关系的前提。

自然人的权利能力始于出生，终于死亡；法人的权利能力以成立为始期，消灭为终期。

（2）行为能力。行为能力，是指法律关系主体能够通过自己的行为实际取得权利和履行义务的能力。法人的行为能力与其权利能力同时产生、同时消灭，两者的始期、终期及范围完全一致。但自然人的行为能力不同于其权利能力。自然人的民事行为能力分为三类，即完全民事行为能力、限制民事行为能力和无民事行为能力。

完全民事行为能力人是指达到法定年龄、智力健全、能够为自己行为负完全责任的自然人。在民法上，完全民事行为能力人包括两类：① 18周岁以上的自然人；② 16周岁以上不满18周岁，但以自己的劳动收入为主要生活来源的自然人。

限制民事行为能力人，是指行为能力受到一定的限制，只有部分行为能力的自然人。在民法上，8周岁以上的未成年人，不能完全辨认自己行为的成年人为限制民事行为能力人。

无民事行为能力人，是指完全不能以自己的行为行使权利、履行义务的公民。在民法上，不满8周岁的未成年人,8周岁以上的未成年人不能辨认自己行为的,不能辨认自己行为的成年人为无民事行为能力人。

从刑事责任能力分类来看,已满16周岁的人犯罪,应当负刑事责任。已满14周岁不满16周岁的人,犯故意杀人、故意伤害致人重伤或者死亡、强奸、抢劫、贩卖毒品、放火、爆炸、投毒罪的,应当负刑事责任。已满14周岁不满18周岁的人犯罪,应当从轻或者减轻处罚。已满75周岁的人故意犯罪的,可以从轻或者减轻处罚;过失犯罪的,应当从轻或者减轻处罚。精神病人在不能辨认或者控制自己行为的时候造成危害结果,经法定程序鉴定确定的,不负刑事责任,但是应当责令他的家属或者监护人严加看管和医疗;在必要的时候,由政府强制医疗。间歇性的精神病人在精神正常的时候犯罪,应当负刑事责任。尚未完全丧失辨认或者控制自己行为能力的精神病人犯罪的,应当负刑事责任,但是可以从轻或者减轻处罚。

> **提示**
> 任何一个法律关系至少要有两个主体,因为最少要有两个主体才能在它们之间形成以权利和义务为内容的法律关系。

(二)法律关系的客体

1. 法律关系客体的概念

法律关系的客体又称权利客体或义务客体,是指法律关系主体的权利和义务所指向的对象。它是法律关系主体之间发生权利和义务联系的中介。

2. 法律关系客体的种类

法律关系客体可以分为以下几类:

(1)物。又称标的物,指能满足人们需要,具有一定的稀缺性,并能为人们现实支配和控制的各种物质资源。物可以是自然物,如土地、矿藏、水流、森林;也可以是人造物,如建筑、机器、各种产品等;还可以是财产物品的一般价值表现形式——货币及有价证券。既可以是固定形态的,也可以是没有固定形态的,如天然气、电力等。

(2)人身、人格。一方面,人身和人格是生命权、身体权、健康权、姓名权、肖像权、名誉权、荣誉权、隐私权、婚姻自主权等人身权指向的客体。另一方面,人身和人格又是禁止非法拘禁他人、禁止对犯罪嫌疑人刑讯逼供、禁止侮辱或诽谤他人、禁止卖身为奴、禁止卖淫等法律义务所指向的客体。

(3)行为(行为结果)。指法律关系主体的权利和义务共同指向当事人的作为与不作为。一定的行为结果可以满足权利人的利益和需要,可以成为法律关系的客体。如旅客运输合同的客体是运送旅客的行为。

(4)非物质财富。是指人们通过脑力劳动创造的能够带来经济价值的精神财富。如著作、发现、发明、设计等,它们分别为著作权关系、发现权关系、发明权关系、商标权关系的客体。智力成果不同于有体物,其价值和利益在于物中所承载的信息、知识、技术和其他精神文化。同时,它又不同于人的主观精神活动本身,是精神活动的物化、固定化,通常有物质载体,如书籍、图册、录像、录音等,也即记录、承载智力成果的物质形式。

（三）法律关系的内容

权利和义务是法律关系的内容。权利，又称法律权利，是法律规定的法律关系的主体作出或者不作出某种行为，以及要求他人作出或者不作出某种行为的许可和保障。义务则是法律规定的义务人应该按照权利人的要求作出一定行为或不作出一定行为，以满足权利人的利益的约束。法律权利与义务作为构成法律关系内容的两个方面，是密切联系且不可分割的，没有无义务的权利，也没有无权利的义务。权利的行使依赖于义务的承担。

第三节　法律事实

法律事实是指由法律规范所确定的，能够产生法律后果，即能够直接引起法律关系发生、变更或者消灭的情况。根据不同的标准，法律事实大体上可以分为两类：法律事件和法律行为。

一、法律事件

法律事件，是指法律规范规定的不以当事人的意志为转移而引起法律关系形成、变更或消灭的客观事实。法律事件又分为社会事件和自然事件两类，前者如爆发战争、重大政策的改变等，这些事件虽属人的行为引起，但当其出现在特定法律关系中，不以当事人的意志为转移时，也构成法律事件；后者如地震、洪水、台风、森林大火等不因人的因素造成的自然灾害。它们的出现都是不以人的意志为转移的，具有不可抗力的特征。

常见的法律事件有：

（1）**人的出生与死亡**。人的出生与死亡能够引起民事主体资格的产生和消灭，也可能导致人格权的产生和继承的开始等。

（2）**自然灾害与意外事件**。

（3）**时间的经过**。时间的经过可以引起一些请求权的发生或消灭。

（4）**重大社会变迁与社会革命**。其可引起整个社会关系的全面变革，进而导致国家法律关系的变化。

二、法律行为

法律行为，是指以法律关系主体意志为转移，能够引起法律后果，即引起法律关系发生、变更和消灭的人们有意识的活动。它是引起法律关系发生、变更和消灭的最普遍的法律事实。法律行为与法律事件最本质的区别在于其是否是人有意识的活动，包括自然人和法人的活动。需要注意的是，人们的意志有善意与恶意、合法与违法之分，因此其行为也可以分为善意行为、合法行为与恶意行为、违法行为。如依法登记结婚的行为，导致婚姻关系的成立；而犯罪行为产生刑事法律关系，也可能引起某些民事赔偿的民事法律关系。

根据人的行为是否属于表意行为，可以将其分为两类：

（1）法律行为，即以行为人的意思表示为要素的行为。

（2）事实行为，即与表达法律效果、特定精神内容无关的行为。如创作行为、侵权行为等。

 边学边做 1.1

1. 训练目的

（1）准确判断法律关系三要素；

（2）准确判断法律事实种类。

2. 案例设计

2018年1月1日，甲电器公司与乙运输公司签订一份运输合同。甲电器公司委托乙运输公司将2 000台电冰箱从北京运至天津，运费为1万元。运抵时间为2018年2月1日之前。2018年1月25日，乙运输公司所在地由于雷击发生火灾，运输车辆大部分毁损，无法按时完成运输任务。甲电器公司据此解除了双方的运输合同。

3. 分析过程

（1）甲电器公司与乙运输公司是经济法律关系的主体；

（2）法律关系的客体是乙运输公司承运2 000台电冰箱的"行为"；

（3）法律关系的内容包括两个方面：第一，乙运输公司有收取1万元运费的权利和负责将冰箱由北京运输至天津的运输义务；第二，甲电器公司享有运输服务的权利和支付运输费1万元的义务。

 边学边思

如何区分法律事件与法律行为？

第四节 法的渊源与分类

一、法的渊源

法的渊源，亦称法的形式，指法的存在或表现形式。与英美法系不同，我国主要承继成文法传统，法的渊源均表现为制定法，不包括判例。具体而言，我国的法的渊源主要有以下八种。

（一）宪法

宪法是每一个民主国家最根本的法的形式，其法律地位和效力是最高的。宪法是国家最高权力的象征或标志。我国宪法由国家最高权力机关——第一届全国人民代表大会制定，是国家的根本大法。宪法规定国家的根本制度和根本任务，具有最高的法律效力，也具有更为严格的制定和修改程序。中华人民共和国成立后，曾于1954年、1975年、1978年和1982年通过四个宪法,现行宪法为1982年宪法,并历经1988年、1993年、1999年、2004年、2018年四次修订。

(二)法律

法律有广义、狭义两种理解。广义上讲,法律泛指一切规范性文件;狭义上讲,法律仅指全国人民代表大会及其常委会制定的规范性文件。我们这里仅用狭义的法律,即是由全国人民代表大会及其常委会制定的规范性法律文件的总称,在地位和效力上仅次于宪法。其中,由全国人民代表大会制定的,调整国家和社会生活中带有普遍性的社会关系的规范性法律文件,称为基本法律,如《中华人民共和国刑法》《中华人民共和国民法通则》;由全国人大常委会制定的,调整国家和社会生活中某一方面具体社会关系的规范性法律文件,称为一般法律,如《中华人民共和国公司法》《中华人民共和国证券法》等。

(三)行政法规

行政法规是作为国家最高行政机关的国务院,根据宪法和法律就有关执行法律和履行行政管理职权的问题,以及依据全国人民代表大会及其常委会的授权所制定的规范性法律文件的总称,其地位和效力仅次于宪法和法律,如《中华人民共和国公司登记管理条例》《中华人民共和国外汇管理条例》等。

(四)地方性法规

省、自治区、直辖市的人民代表大会及其常务委员会根据本行政区域的具体情况和实际需要,在不同宪法、法律、行政法规相抵触的前提下,可以制定地方性法规。

"设区的市"的人民代表大会及其常务委员会根据本市的具体情况和实际需要,在不同宪法、法律、行政法规和本省、自治区的地方性法规相抵触的前提下,可以对"城乡建设与管理、环境保护、历史文化保护"等方面的事项制定地方性法规,法律对设区的市制定地方性法规的事项另有规定的,从其规定。设区的市的地方性法规须报省、自治区的人民代表大会常务委员会批准后施行。

自治州的人民代表大会及其常务委员会可以依法行使设区的市制定地方性法规的职权。

地方性法规,一般采用"条例""规则""规定""办法"等名称,如北京市人大常委会发布的《北京市城乡规划条例》《北京市实施(中华人民共和国食品卫生法)办法》、上海市人大常委会发布的《上海市促进就业若干规定》等。

(五)民族自治法规

民族区域自治制度是我国的一项基本政治制度。民族自治地方(自治区、自治州、自治县)的人民代表大会有权依照当地民族的政治、经济和文化特点,制定自治条例和单行条例。

自治条例和单行条例对上位法作变通规定的,在民族自治地方优先适用。如果自治条例和单行条例没有对上位法作变通规定而只是作一般规定,相当于地方性法规的效力。

(六)特别行政区的法

我国的特别行政区实行不同于全国其他地区的经济、政治、法律制度,即在若干年内保持原有的资本主义制度和生活方式,因而在立法权限和法律形式上具有特殊性,特别行政区的法律、法规在当地中国法的渊源中成为单独的一类。全国人民代表大会已于 1990 年 4 月和 1993 年 3 月先后通过了《中华人民共和国香港特别行政区基本法》和《中华人民共和国澳门特别行政区基本法》。

(七)行政规章

行政规章包括部门规章和地方政府规章,部门规章是国务院的组成部门及其直属机构就执行法律、国务院行政法规、决定、命令的事项在其职权范围内制定的规范性法律文件的总称,如中国人民银行发布的《支付结算办法》、中国证监会发布的《上市公司信息披露管理办法》、财政部发布的《金融企业国有资产转让管理办法》等。地方政府规章指省、自治区、直辖市和设区的市的人民政府,就执行法律、行政法规、地方性法规以及本行政区域具体行政管理事项所制定的规范性法律文件的总称。如上海市人民政府公布的《上海市道路交通管理条例》、北京市人民政府公布的《北京市实施〈中华人民共和国耕地占用税暂行条例〉办法》。政府规章除不得与宪法、法律和行政法规相抵触外,还不得与上级和同级地方性法规相抵触。行政规章在法院审理行政案件时仅起参照作用。

(八)国际条约和协定

国际条约或协定是指我国作为国际法主体,同其他国家或地区缔结的双边、多边协议和其他具有条约、协定性质的文件。国际条约不属于国内法的范畴,但我国签订和加入的国际条约对于我国的国家机关、社会团体、企业、事业单位和公民也有约束力,此类文件生效以后便形成法律渊源,如我国为加入世界贸易组织与相关国家签订的协议、我国与有关国家签订的双边投资保护协定等。

法的渊源及制定机关,如表 1.1 所示。

表 1.1 法的渊源及制定机关

形式		制定机关
宪法		全国人民代表大会
法律	基本法律	全国人民代表大会
	一般法律	全国人民代表大会常务委员会
行政法规		国务院
地方性法规		省、自治区、直辖市、设区的市、自治州的人民代表大会及其常务委员会
民族自治条例、单行条例		民族自治地方的人民代表大会
特别行政区的法		全国人民代表大会及特别行政区
行政规章	部门规章	国务院所属部委及直属机构
	政府规章	省、自治区、直辖市、设区的市、自治州的人民政府
国际条约		国家之间

边学边思

地方性法规和地方政府规章有什么区别？

▶ 二、法的渊源的效力适用规则

我国《立法法》对法的渊源的效力原则进行了基本的规定。法的渊源是以宪法（或根本法）为核心，由不同层次或等级的法律有机结合组成的整体，在这个整体中，宪法（或根本法）属于第一层次，而民法、刑法、行政法、诉讼法等基本法律属于第二层次，基本法律之下还可能有第三层次和第四层次的法律等。

（一）不同位阶的法的渊源之间的冲突原则

包括宪法至上原则、法律高于法规原则、行政法规高于地方性法规原则、地方性法规高于同级地方政府规章原则。

（二）同一位阶的法的渊源之间的冲突原则

包括全国性法律优先原则，特别法优先原则，后法优先或新法优先原则，实体法优先原则，国际法优先原则，省、自治区的人民政府制定的规章的效力高于本行政区域内的设区的市、自治州的人民政府制定的规章原则。

（三）位阶交叉的法的渊源之间的冲突原则

（1）同一机关制定的新的一般规定与旧的特别规定不一致时，由制定机关裁决。

（2）地方性法规与部门规章之间对同一事项的规定不一致，不能确定如何适用时，由国务院提出意见，国务院认为应当适用地方性法规的，应当决定在该地方适用地方性法规的规定；认为应当适用部门规章的，应当提请全国人民代表大会常务委员会裁决。

（3）部门规章之间、部门规章与地方政府规章之间对同一事项的规定不一致时，由国务院裁决。

（4）根据授权制定的法规与法律规定不一致，不能确定如何适用时，由全国人民代表大会常务委员会裁决。

▶ 三、法的分类

根据不同的标准，可以对法作不同的分类。对法进行分类有助于分析不同种类法的各自不同特点，区分不同种类法之间的边界，从而使我们更加深入具体地分析不同法的具体内容。

（一）成文法和不成文法

成文法与不成文法是根据法的创制方式和发布形式所作的分类。成文法是经有立法权的国家机关制定或认可，并以法律条文作为表现形式的法律的总称。成文法又称为制定法。

成文法最高的以及最完善的形态是法典。不成文法是指国家机关认可的、不具有条文形式的习惯。不成文法可以包括习惯法、判例法和法理三种形式，从某种意义上讲，不成文法也称习惯法。

（二）实体法和程序法

实体法和程序法是根据法的内容所作的分类。实体法是指规定具体权利义务内容或者法律保护的具体情况的法律，如民法、刑法、合同法、婚姻法、公司法等。程序法是规定以保证权利和职权得以实现或行使，义务和责任得以履行的有关程序为主要内容的法律。如刑事诉讼法、民事诉讼法、行政诉讼法。

（三）一般法和特别法

一般法和特别法是根据法的空间效力、时间效力或对人的效力所作的分类。一般法是指在一国领域内对全体居民和所有的社会组织普遍适用，而且在它被废除前始终有效的法律。如民法、刑法。需要注意的是，一般法是一个相对的概念，其本身具体所指的对象并不固定。以《中华人民共和国民法通则》为例，相对于《中华人民共和国合同法》《中华人民共和国侵权责任法》等大多数归民法所调整的法律而言，它属于一般法；但相对于《中华人民共和国宪法》，它又归类为特别法。

特别法指适用于特别的法律关系主体、特别时间、特别地区的法律。如《中华人民共和国香港特别行政区基本法》，这是仅针对特别行政区的专门立法，属于特别法。又如某个国家针对战争时期颁布的紧急法案，也属于特别法。

（四）根本法和普通法

根本法和普通法是根据法的内容、效力和制定程序所作的分类。根本法就是一个国家的宪法，又称根本大法。普通法是根本法之外的其他法律。普通法不得和根本法相抵触。在我国，通常指次于宪法（根本法）的一般法律，或者指对全国一致适用的法律，如民法、刑法等。

（五）国际法和国内法

国际法和国内法是根据法的主体、调整对象和渊源所作的分类。国际法指适用主权国家之间以及其他具有国际人格的实体之间的法律规则的总体。其渊源主要是国际条约和各国公认的国际惯例，实施则以国家单独或集体的强制措施为保证。

国内法是指由某一国家制定或认可，并在本国主权管辖内生效的法律。其主体主要是该国的公民和社会组织，调整对象是一国内部的社会关系，其渊源主要是制定国立法机关颁布的规范性文件，实施则以该国的强制力加以保证。

（六）公法和私法

一般来说，凡是调整国家与国家之间关系的法律，国家与公民、国家和法人之间的权力与服从关系的法律，就是公法。凡是调整国家与公民或法人之间民事、经济关系，即调整平等主体之间的关系的法律，就是私法。

第五节　法律部门与法律体系

一、法律体系与法律部门的概念

法律部门是根据一定标准和原则所划定的同类法律规范的总称，又称部门法，是指由一国现行的全部法律规范按照一定的标准组成的不同法律部门，进而呈现的有机联系的法的统一整体。

一个国家现行的法律规范分类组合为若干法律部门，由这些法律部门组成的具有内在联系的、互相协调的统一整体即为法律体系。

二、我国现行的法律部门与法律体系

我国的法律体系由在宪法统领下的宪法及宪法相关法、民商法、行政法、经济法、社会法、刑法、诉讼与非诉讼程序法 7 个部门构成。

（一）宪法及宪法相关法

宪法在我国的法律体系中处于主导、核心地位。包括：《中华人民共和国宪法》《中华人民共和国选举法》《中华人民共和国立法法》《中华人民共和国集会游行示威法》等。

（二）民商法

民商法作为一个法律部门包括两个部分：一是调整平等主体的公民之间、法人之间、公民和法人之间的人身关系、财产关系的民法；二是调整平等主体间的商事关系的商法。民法调整的是公民与公民之间、法人与法人之间、公民与法人之间的财产关系以及人身关系。商法可以看做是民法中的一个特殊部分，是在民法基本原则的基础上为适应现代商事活动的需要逐渐发展起来的，主要包括公司、破产、证券、期货、保险、票据、海商等方面的法律。

（三）行政法

行政法是指行政主体在行使行政职权和接受行政法制监督过程中与行政相对人、行政法制监督主体之间发生的各种关系，以及行政主体内部发生的各种关系的法律规范的总称。在这种管理与被管理的纵向法律关系中，行政机关与行政管理相对人的地位是不平等的，行政行为由行政机关单方面依法作出，不需要双方平等协商。

行政法不像宪法、民法等有一部核心法律或法典，而是由许多单行的法律、法规、地方性法规等组成。

（四）经济法

经济法在我国是一个新兴的法律部门，是在国家干预市场经济活动过程中逐渐发展起来的一个法律门类。关于经济法的概念，法学界目前尚未形成统一的认识。但各种观点中比较

趋向一致的观点是，经济法的本质是国家对特定范围内经济关系的调整和干预。

（五）社会法

社会法是规范劳动关系、社会保障、社会福利和特殊群体权益保障方面法律关系的法律规范的总和。包括《中华人民共和国劳动法》《中华人民共和国工会法》等。

（六）刑法

刑法是我国法律体系中的基本法律部门，是规定犯罪、刑事责任和刑罚的法律，是掌握政权的统治阶级为了维护本阶级政治上的统治和经济上的利益，根据自己的意志，规定哪些行为是犯罪并应当负何种刑事责任，给予犯罪人何种刑事处罚的法律规范的总称。刑法以所保护的社会关系的广泛性和制裁手段的严厉性为主要特点。

（七）诉讼与非诉讼程序法

诉讼与非诉讼程序法是规范解决社会纠纷的诉讼活动与非诉讼活动的法律规范的总和。包括《中华人民共和国刑事诉讼法》《中华人民共和国民事诉讼法》《中华人民共和国行政诉讼法》《中华人民共和国仲裁法》等。

相关阅读

法律体系与法系的区别

法律体系不同于法系，法系是具有共同法律传统的若干国家和地区的法律，是一种超越若干国家和地区的法律规范的总称。有代表性的法系是英美法系和大陆法系。英美法系又称普通法法系，是以英国自中世纪以来的法律，特别是它的普通法为基础而发展起来的法律的总称。其以判例法为主要表现形式，遵循先例；在法律发展中，法官具有突出作用；注重程序的"诉讼中心主义"。大陆法系又称民法法系、罗马法系，是以罗马法为基础而发展起来的法律的总称。其实行法典化；明确立法与司法的分工；强调制定法的权威，一般不承认法官的造法功能。

▶ 第六节　法律责任

▶ 一、法律责任的概念

法律责任，是指法律关系主体由于违法行为、违约行为或者由于法律规定而应承受的某种不利的法律后果。与道义责任或其他社会责任相比，法律责任有两个特点：第一，承担法律责任的最终依据是法律，承担法律责任的具体原因可能各有不同，但最终依据是法律；第二，法律责任具有国家强制性，即法律责任的履行由国家强制力保证。

二、产生法律责任的原因

（一）违法

1. 违法的概念

从广义上讲，违法是指违反一切现行法律的行为，包括犯罪和一般违法行为；从狭义上讲，违法仅指一般违法，即违反刑法以外的其他法律的行为，包括民事违法、行政违法、违宪等。具体来说，狭义的违法是指除犯罪外所有非法侵犯他人人身权、财产权、政治权利、精神权利或知识产权的行为。

2. 违法的构成要素

违法是违反法律规定的行为；违法必须是在不同程度上侵犯了法律所保护的社会关系的行为；违法行为人一般具有主观过错；违法行为人必须具有法定责任能力或法定行为能力。

3. 违法的种类

根据违法行为的具体性质和危害程度、法律调整的方式不同，一般将违法分为：刑事违法，即犯罪；民事违法，这是最常见的一般违法；行政违法；违宪行为。

（二）违约

违约即违反合同约定，没有履行合同中规定的作为或不作为的义务。违约行为是产生民事法律责任的重要原因。

（三）法律规定

法律规定成为法律责任产生的原因，是指从表面上看，责任人并没有从事任何违法行为，也没有任何违反合同约定的行为，仅仅由于出现了法律所规定的事实，就要承担某种赔偿责任。它可以导致民事法律责任和行政法律责任的产生。

三、法律责任的种类

根据我国法律的有关规定，可将法律责任分为民事责任、行政责任和刑事责任三种。

（一）民事责任

民事责任是指由于民事违法、违约行为或根据法律规定所应承担的不利民事法律后果。

根据《中华人民共和国民法通则》的规定，承担民事责任的主要形式有以下 11 种：停止侵害；排除妨碍；消除危险；返还财产；恢复原状；修理、重作、更换；继续履行；赔偿损失；支付违约金；消除影响；恢复名誉；赔礼道歉等。

以上承担民事责任的方式，可以单独适用，也可以合并适用。人民法院审理民事案件，除适用上述责任方式外，还可以予以训诫、责令具结悔过、收缴进行非法活动的财物和非法所得，并可以依照法律规定处以罚款、拘留。

（二）行政责任

行政责任是指因为违反行政法或因行政法规定而应承担的法律责任,行政法律规范要求国家行政机关及其公务人员在行政活动中履行和承担的义务包括行政处罚和行政处分。

1. 行政处罚

行政处罚是指行政主体对行政相对人违反行政法律规范尚未构成犯罪的行为所给予的法律制裁。根据《中华人民共和国行政处罚法》的规定,行政处罚的具体种类有以下七种：

（1）警告。是指行政主体以书面形式对违法者实施谴责和告诫。

（2）罚款。是指行政主体强制违法相对方承担金钱给付义务的处罚形式。

（3）没收违法所得、没收非法财物。是由行政主体实施的将行政违法行为人的违法收入、物品或者其他非法占有的财物收归国家所有的处罚方式。

（4）责令停产停业。是限制违法相对方从事生产、经营活动的处罚形式。一般常附有限期整顿的要求,如果受罚人在限期内纠正了违法行为,则可恢复生产、营业。

（5）暂扣或者吊销许可证、暂扣或者吊销执照。是禁止违法相对方从事某种特许权利或资格的处罚,行政主体依法收回或暂扣违法者已获得的从事某种活动的权利或资格的证书。吊销许可证、执照是对违法者从事某种活动或者其享有的某种资格的彻底取消；而暂扣许可证和执照,则是中止行为人从事某项活动的资格,待行为人改正以后或经过一定期限后,再发还。

（6）行政拘留。是对违反治安管理的人,依法在短期内限制其人身自由的处罚。

（7）法律、行政法规规定的其他行政处罚。

2. 行政处分

行政处分是指国家机关、企事业单位对所属的国家工作人员的违法失职行为尚不构成犯罪的,依据法律、法规所规定的权限而给予的一种惩戒。

根据《中华人民共和国公务员法》,对违法违纪应当承担纪律责任的公务员给予的行政处分种类有：警告、记过、记大过、降级、撤职、开除六类。

（三）刑事责任

刑事责任是指触犯刑法的犯罪人所应承受的由国家审判机关（法院）给予的制裁后果,即刑罚。刑罚是法律责任中最严厉的责任形式。刑罚分为主刑和附加刑两类。

1. 主刑

主刑是对犯罪分子适用的主要刑罚方法,包括以下五种：

（1）管制。是对犯罪分子不实行关押,但是限制其一定的自由,交由公安机关管束和监督的刑罚。期限为3个月以上2年以下。

（2）拘役。是剥夺犯罪分子短期的人身自由的刑罚,由公安机关就近执行。期限为1个月以上6个月以下。

（3）有期徒刑。是剥夺犯罪分子一定期限的人身自由,实行劳动改造的刑罚。期限为6个月以上15年以下。

（4）无期徒刑。是剥夺犯罪分子终身自由,实行劳动改造的刑罚。

（5）死刑。是剥夺犯罪分子生命的刑罚。

2. 附加刑

附加刑是补充、辅助主刑适用的刑罚方法。附加刑可以附加于主刑之后作为主刑的补充，同主刑一起适用；也可以独立适用。附加刑包括以下四种：

（1）罚金。是强制犯罪分子或者犯罪的单位向国家缴纳一定数额金钱的刑罚。

（2）剥夺政治权利。是剥夺犯罪分子参加国家管理和政治活动权利的刑罚。剥夺的具体政治权利是指：选举权和被选举权；言论、出版、集会、结社、游行、示威自由的权利；担任国家机关职务的权利；担任国有公司、企业、事业单位和人民团体领导职务的权利。

（3）没收财产。是指没收犯罪分子个人所有财产的一部分或者全部，强制无偿地收归国有的刑罚。

（4）驱逐出境。是指强迫犯罪的外国人离开中国境内的一种刑罚。

提示

附加刑可以同主刑一起适用，也可以独立适用。

一人犯数罪的，除判处死刑和无期徒刑的以外，应当在总和刑期以下、数刑中最高刑期以上，酌情决定执行的刑罚，但是管制最高不能超过3年，拘役最高不能超过1年，有期徒刑总和刑期不满35年的，最高不能超过20年，总和刑期在35年以上的，最高不能超过25年。数罪中有判处附加刑的，附加刑仍须执行，其中附加刑种类相同的，合并执行，种类不同的，分别执行。

相关阅读

罚款与罚金的区别

罚款是行政处罚的种类之一，是对实施了违法行为的相对人的经济制裁。罚金是《中华人民共和国刑法》规定的刑法附加刑之一，也可以单独适用，由国家审判机关（法院）判处。

《中华人民共和国行政处罚法》的规定有助于帮助我们理解二者的不同。该法第二十八条规定："违法行为构成犯罪，人民法院判处罚金时，行政机关已经给予当事人罚款的，应当折抵相应罚金。"通过该规定，我们可以判断出罚款和罚金的明显区别。简单地讲，罚款是行政机关作出的处罚，而罚金是司法、审判机关作出的处罚。

边学边思

我国法律责任的种类有哪些？

▶ 本章知识回顾

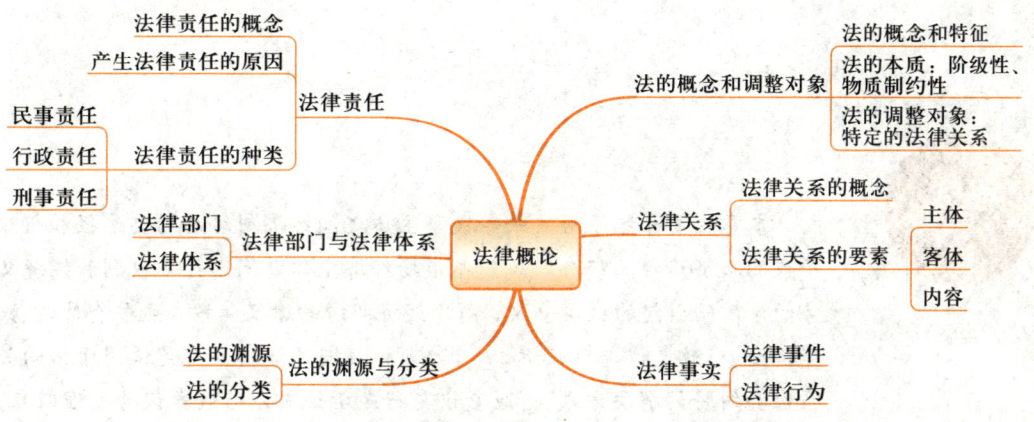

▶ 开心一扫

"土豪朋友"大爆发，散财大亨因何四处撒钱，聊聊有钱人借贷的那些事

　　我的"土豪朋友"超超，四海之内广结兄弟，只要眼缘对了，无论富贵贫贱均可结为莫逆之交。超超为人仗义，江湖救急总也少不了他。但交情归交情，超超的法律意识极强，在借贷中总结出一套超强的撰写"借条"大法，使得民间借贷的"借条"起到最大的法律保障作用。这套"借条"大法究竟有何"魔性"呢？我们今天来见识一下。

第二章 经济纠纷解决法律制度

本章导读

本章主要介绍了解决平等民事主体之间经济纠纷的两类途径和行政争议的救济途径。经济纠纷是指市场经济主体之间因经济权利和经济义务的矛盾而引起的权益争议。解决经济纠纷的途径和方式主要有仲裁、民事诉讼、行政复议与行政诉讼。其中,仲裁与民事诉讼都是适用于横向关系经济纠纷的解决方式,行政复议与行政诉讼都以行政争议为处理对象,旨在解决行政纠纷,不解决民事纠纷。

教学目标

▶ **考核目标**

1. 了解仲裁的概念与特征,熟悉仲裁与民事诉讼的差异
2. 熟悉仲裁的适用范围,能够辨别某项经济纠纷的解决是否适用于民事仲裁方式
3. 熟悉仲裁协议的性质
4. 掌握仲裁程序,尤其是仲裁裁决依法作出的法律效果
5. 熟悉民事诉讼的适用范围
6. 熟悉诉讼管辖的规定,能够通过具体案例判断出其诉讼管辖地
7. 掌握诉讼时效的概念、种类和诉讼时效的中止、中断
8. 熟悉民事判决的作出和民事执行程序
9. 掌握行政复议与行政诉讼的受案范围
10. 熟悉行政复议与行政诉讼各自的管辖地
11. 熟悉行政复议与行政诉讼各自的审理过程

▶ **实践目标**

1. 熟悉仲裁和民事诉讼各自的适用范围,能够判断不同的案件适用哪类解决途径
2. 掌握仲裁和民事诉讼的具体程序
3. 理解仲裁裁决书与民事判决书的法律地位

4. 理解民事执行程序的性质与具体措施
5. 能够准确区分行政诉讼与民事诉讼的关系以及各自适用范围的不同
6. 能够判断行政复议和行政诉讼的范围及其排除事项
7. 准确把握行政复议中涉及行政复议机关的管辖权划分
8. 准确区分行政复议中的当事人

▶ 第一节 民事诉讼

▶ 一、民事诉讼的概念

诉讼也称为审判,是指人民法院在案件当事人和其他诉讼参加人的参加下,为解决案件,依法定程序所进行的全部审判活动。不同的法律关系应采取不同的诉讼形式,目前我国诉讼的形式有刑事诉讼、行政诉讼和民事诉讼。本节主要介绍民事诉讼。1991年4月9日第七届全国人民代表大会第4次会议通过,2007年10月28日第十届全国人民代表大会常务委员会第30次会议第一次修正,2012年8月31日第十一届全国人民代表大会常务委员会第28次会议第二次修正的《中华人民共和国民事诉讼法》是民事诉讼活动进行的法律依据。

2014年12月18日,最高人民法院审判委员会第1636次会议审议通过了《最高人民法院关于适用〈中华人民共和国民事诉讼法〉的解释》该司法解释对适用《民事诉讼法》的相关问题作了全面系统、明确具体的规定。

▶ 二、民事诉讼的适用范围

公民之间、法人之间、其他组织之间以及他们互相之间因财产关系和人身关系发生纠纷,可以提起民事诉讼。

适用于《民事诉讼法》的案件主要有以下几类:

（1）因民法、婚姻法、收养法、继承法等调整的平等主体之间的财产关系和人身关系发生的民事案件,如合同纠纷、房产纠纷、侵害名誉权纠纷等案件;

（2）因经济法、劳动法调整的社会关系发生的争议,法律规定适用民事诉讼程序审理的案件,如劳动合同纠纷案件等;

（3）适用特别程序审理的选民资格案件和宣告公民失踪、死亡等非讼案件;

（4）按照督促程序解决的债务案件;

（5）按照公示催告程序解决的宣告票据和有关事项无效的案件。

▶ 三、审判制度

（一）合议制度

合议制度是指由若干名审判人员组成合议庭对民事案件进行审理的制度。实行合议制,是为了发挥集体的智慧,弥补个人能力上的不足,以保证案件的审判质量。合议制度是相对于独任制度而言的,后者是指由一名审判员独立地对案件进行审理和裁判的制度。

法院审理第一审民事案件,除适用简易程序、特别程序(选民资格案件及重大、疑难的案件除外)、督促程序、公示催告程序审理的民事案件由审判员一人独任审理外,一律由审判员、陪审员共同组成合议庭或者由审判员组成合议庭。法院审理第二审民事案件,由审判员组成合议庭。合议庭的成员,应当是3人以上的单数。

(二)回避制度

回避制度是指参与某案件民事诉讼活动的审判人员、书记员、执行员、翻译人员、鉴定人、勘验人是案件的当事人或者当事人、诉讼代理人的近亲属,或者本人或其近亲属与案件有利害关系,或者与案件当事人、诉讼代理人有其他关系,可能影响对案件公正审理的,当事人有权用口头或者书面方式申请他们回避。应当注意的是,证人不属于回避的范畴。所谓"其他关系",是指有除与案件有利害关系及与当事人有近亲属关系之外的特殊亲密或仇嫌关系的存在,足以影响案件的公正审理。

(三)公开审判制度

公开审判制度是指人民法院审理民事案件,除法律规定的情况外,审判过程及结果应当向群众、社会公开。所谓向群众公开,是指允许群众旁听案件审判过程;所谓向社会公开,是指允许新闻记者参加庭审的过程,允许其对案件审理过程作报道,将案件向社会披露。

法院审理民事案件,除涉及国家秘密、个人隐私或者法律另有规定的以外,应当公开进行。公开审理案件,应当在开庭前公告当事人姓名、案由和开庭的时间、地点,以便群众旁听。公开审判包括审判过程公开和审判结果公开两项内容。不论案件是否公开审理,一律公开宣告判决。

(四)两审终审制度

两审终审制度是指一个民事诉讼案件经过两级法院审判后即终结的制度。根据《中华人民共和国人民法院组织法》的规定,我国法院分为四级:最高人民法院、高级人民法院、中级人民法院、基层人民法院。除最高人民法院外,其他各级法院都有自己的上一级法院。按照两审终审制,一般的民事诉讼案件,当事人不服一审人民法院的判决且允许上诉的裁定,可上诉至二审人民法院;二审人民法院对案件所作的判决、裁定为生效判决、裁定,当事人不得再上诉。最高审判机关——最高人民法院所作的一审判决、裁定,为终审判决、裁定,当事人不得上诉。

根据《中华人民共和国民事诉讼法》的规定,适用特别程序、督促程序、公示催告程序和简易程序中的小额诉讼程序审理的案件,实行一审终审。

▶ 四、诉讼管辖

诉讼管辖是指各级法院之间以及不同地区的同级法院之间,受理第一审民事案件、经济纠纷案件的职权范围和具体分工。它是在法院内部确定具体的某一民事案件由哪个法院行使民事审判权的一项制度。

管辖可按照不同标准作多种分类,可以分为级别管辖、地域管辖、移送管辖和指定管辖,其中最重要、最常用的是级别管辖和地域管辖。

（一）级别管辖

级别管辖，是指按照一定的标准，划分上下级法院之间受理第一审民事案件的分工和权限。《中华人民共和国民事诉讼法》是根据案件的性质、繁简程度和案件影响的大小来确定级别管辖的。

（二）地域管辖

《中华人民共和国民事诉讼法》通过级别管辖将民事案件在四级法院中作了分配，划定了各级法院受理第一审诉讼案件的权限，但仍不能确定某一诉讼案件具体由哪一个法院来受理，因此对于管辖权还要进行二次分配，这次一分配就是通过地域管辖来完成的。各级法院的辖区和各级行政区划是一致的，按照地域标准也即按照法院的辖区和民事案件的隶属关系，确定同级法院之间受理第一审民事案件的分工和权限，称地域管辖。

地域管辖又分为一般地域管辖、特殊地域管辖、专属管辖、协议管辖等。

1. 一般地域管辖

一般地域管辖，是指以当事人的所在地与法院的隶属关系来确定的诉讼管辖。一般地域管辖实行"原告就被告"的原则，即由被告住所地人民法院管辖。对于法人或其他组织而言，其住所地就是法人或其他组织的主要办事机构所在地。法人或者其他组织的主要办事机构所在地不能确定的，法人或者其他组织的注册地或者登记地为住所地。

对于公民个人而言，其所在地通常有两个：一个是户籍所在地（住所地）；另外一个是经常居住地，即公民离开住所地至起诉时连续住满1年的地方，但是住院就医的地方除外。如果户籍所在地与经常居住地不一致时，以经常居住地为公民的住所地。

2. 特殊地域管辖

特殊地域管辖，是以诉讼标的所在地、法律事实所在地为标准确定管辖法院，也称特别管辖。我国《中华人民共和国民事诉讼法》规定了十种属于特殊地域管辖的诉讼，具体如表2.1所示。

表2.1 特殊地域管辖的诉讼

案件类型	管辖法院	
因合同纠纷提起的诉讼	被告住所地或者合同履行地法院管辖	
因保险合同纠纷提起的诉讼	因财产保险合同纠纷提起的诉讼，保险标的物是运输工具或者运输中的货物的	可以由运输工具登记注册地、运输目的地、保险事故发生地人民法院管辖
	因人身保险合同纠纷提起的诉讼	可以由被保险人住所地人民法院管辖
因票据纠纷提起的诉讼	票据支付地或者被告住所地法院管辖	
因公司设立、确认股东资格、分配利润、解散等纠纷提起的诉讼	公司住所地法院管辖	

续表

案件类型	管辖法院
因铁路、公路、水上、航空运输和联合运输合同纠纷提起的诉讼	运输始发地、目的地或者被告住所地法院管辖
因侵权行为提起的诉讼	侵权行为地(包括侵权行为实施地、侵权结果发生地)或者被告住所地法院管辖
因铁路、公路、水上和航空事故请求损害赔偿提起的诉讼	事故发生地或者车辆、船舶最先到达地,航空器最先降落地或者被告住所地法院管辖
因船舶碰撞或者其他海事损害事故请求损害赔偿提起的诉讼	碰撞发生地、碰撞船舶最先到达地、加害船舶被扣留地或者被告住所地法院管辖
因海难救助费用提起的诉讼	救助地或者被救助船舶最先到达地法院管辖
因共同海损提起的诉讼	船舶最先到达地、共同海损理算地或者航程终止地法院管辖

3. 专属管辖

专属管辖是指法律强制规定某类案件必须由特定的法院管辖,其他法院无权管辖,当事人也不得协议变更的管辖。专属管辖是一种排他性管辖,它排除了诉讼当事人以协议方式选择国内的其他法院管辖。我国民事诉讼法规定的属于专属管辖的诉讼有以下三类:

(1)因不动产纠纷提起的诉讼,由不动产所在地法院管辖。不动产纠纷是指因不动产的权利确认、分割、相邻关系等引起的物权纠纷。农村土地承包经营合同纠纷、房屋租赁合同纠纷、建设工程施工合同纠纷、政策性房屋买卖合同纠纷,按照不动产纠纷确定管辖。

(2)因港口作业中发生纠纷提起的诉讼,由港口所在地法院管辖。

(3)因继承遗产纠纷提起的诉讼,由被继承人死亡时住所地或者主要遗产所在地法院管辖。

4. 共同管辖与选择管辖

共同管辖与选择管辖实际上是一个问题的两个方面。共同管辖是从法院角度而言的,指法律规定两个以上的法院对某类诉讼都有管辖权;选择管辖则是从当事人角度而言的,指当两个以上的法院对诉讼都有管辖权时,当事人可以选择其中一个法院提起诉讼。

两个以上法院都有管辖权(共同管辖)的诉讼,原告可以向其中一个法院起诉(选择管辖);原告向两个以上有管辖权的法院起诉的,由最先立案的法院管辖。

5. 协议管辖

协议管辖,是指双方当事人在民事纠纷发生之前或之后,以书面方式约定特定案件的管辖法院。协议管辖只适用于合同纠纷或其他财产权益的纠纷,涉及当事人身份关系的民事纠纷不得协议管辖。

法律规定的可供当事人选择的法院是原告住所地、被告住所地、合同签订地、合同履行地、标的物所在地的法院,这五个地点与合同或争议的财产具有较紧密的联系。管辖协议约定两个以上与争议有实际联系的地点的人民法院管辖,原告可以向其中一个人民法院起诉。

当事人选择法院时,不得违反级别管辖和专属管辖的规定。

边学边做 2.1

1. 训练目的

熟悉特殊地域管辖的判断要点。

2. 案例设计

北京的甲公司和长沙的乙公司在上海签订了买卖合同。合同约定,甲公司向乙公司提供一批货物,双方应在厦门交货付款。双方就合同纠纷管辖权未作约定。其后,甲公司依约交货,但乙公司拒绝付款。经交涉无效,甲公司准备对乙公司提起诉讼。关于该案件,如何确定诉讼管辖地?

3. 分析过程

根据规定,因合同纠纷引起的诉讼,由被告住所地(长沙)或合同履行地(厦门)人民法院共同管辖。

五、诉讼时效

(一) 诉讼时效的概念

诉讼时效是指因债权请求权不行使达到一定期间而失去国家强制力保护的制度。诉讼时效属于法律事实中的事件,是基于一定的事实状态在法律规定的一定期间内持续存在而当然发生不为当事人意志所决定的某种法律效果。民法上建立诉讼时效制度,目的在于维护社会经济秩序的稳定、避免因时间过长导致举证困难,同时有利于督促权利人及时行使权利。

诉讼时效期间届满,权利人丧失的是胜诉权,即丧失依诉讼程序强制义务人履行义务的权利;权利人的实体权利并不消灭,债务人自愿履行的,不受诉讼时效限制。

边学边思

诉讼时效与除斥期间有何区别?

(二) 诉讼时效期间的种类

1. 普通诉讼时效期间

根据《民法总则》的规定,向人民法院请求保护民事权利的诉讼时效期间为 3 年。法律另有规定的,依照其规定。

2. 最长诉讼时效期间

诉讼时效期间自权利人知道或者应当知道权利受到损害以及义务人之日起计算。法律另有规定的,依照其规定。但是自权利受到损害之日起超过 20 年的,人民法院不予保护;有特殊情况的,人民法院可以根据权利人的申请决定延长。

边学边做 2.2

1. 训练目的

熟悉诉讼时效起算时间和期间的确定。

2. 案例设计

甲将一件工艺品寄存乙处。2017年2月10日,乙告知甲寄存的工艺品丢失。2017年8月2日,乙找到了丢失的工艺品并将其归还给甲,甲发现工艺品损毁严重。根据《民法总则》的规定,甲向人民法院请求保护其民事权利的诉讼时效期间如何判断?

3. 分析过程

甲向人民法院请求保护其民事权利的诉讼时效期为自2017年8月2日至2018年8月2日。甲的工艺品失而复得,所以甲请求保护的民事权利是针对工艺品的损毁。诉讼时效期间从知道或者应当知道权利被侵害(发现工艺品损毁严重)时起计算,即2017年8月2日。根据《民法总则》的规定,向人民法院请求保护民事权利的诉讼时效期间为3年。

(三)诉讼时效期间的中止、中断和延长

1. 诉讼时效期间中止

在诉讼时效期间的最后6个月内,因下列障碍,不能行使请求权的,诉讼时效中止:① 不可抗力;② 无民事行为能力人或者限制民事行为能力人没有法定代理人,或者法定代理人死亡、丧失民事行为能力、丧失代理权;③ 继承开始后未确定继承人或者遗产管理人;④ 权利人被义务人或者其他人控制;⑤ 其他导致权利人不能行使请求权的障碍。

诉讼时效中止的法律效果:① 法定事由发生前已经过的时效期间仍然有效,法定事由经过的期间为时效中止期间,不发生时效期间的效力,法定事由消除后,时效期间继续进行。② 自中止时效的原因消除之日起满6个月,诉讼时效期间届满。

2. 诉讼时效期间的中断

诉讼时效期间的中断,是指在诉讼时效期间,当事人提起诉讼或仲裁、当事人一方提出要求或者同意履行义务,而使已经过的时效期间全归于无效。从中断时起,诉讼时效期间重新计算。

诉讼时效中断的情形包括以下四种:

(1)权利人向义务人提出要求。是指权利人在诉讼外向义务人请求其履行义务的意思表示。权利人提出请求,使不行使权利的状态消除,诉讼时效也由此中断。

(2)义务人同意履行义务。是指义务人向权利人表示同意履行义务。义务人的同意,也称之为承认权利人的权利,实质上与权利人请求相同,均会使得诉讼时效中断。

(3)权利人提起诉讼或仲裁。是指权利人提起民事诉讼或申请仲裁,请求法院或仲裁庭保护其权利的行为。一般认为,当事人一方向人民法院提交起诉状或者口头起诉的,诉讼时效从提交起诉状或者口头起诉之日起中断。

(4)与提起诉讼或者申请仲裁具有同等效力的其他情形。

3. 诉讼时效期间的延长

诉讼时效期间延长是指因特殊情况,法院对已经完成的诉讼时效期间给予的伸展。需要

注意的是,这里的延长与前述诉讼时效期间的中止、中断的概念不同,诉讼时效期间的延长只适用于诉讼时效期间已经完成的情形。

诉讼时效期间的延长既适用于《民法总则》中关于普通诉讼时效期间(3年)的规定,又适用于"20年"最长诉讼时效期间。

(四)不适用诉讼时效的情形

下列请求权不适用诉讼时效的规定:
(1)请求停止侵害、排除妨碍、消除危险;
(2)不动产物权和登记的动产物权的权利人请求返还财产;
(3)请求支付抚养费、赡养费或者扶养费;
(4)依法不适用诉讼时效的其他请求权。

边学边做 2.3

1. 训练目的

掌握诉讼时效中止与中断的规定。

2. 案例设计

(1)2015年1月1日,甲公司未按约定向乙公司支付租金。乙公司于当日知道自己的权利受到侵害。如果2017年9月1日发生水灾,10月1日洪水消退,根据《民法总则》的有关规定,此时诉讼时效期间如何判定?

(2)2017年4月1日,A企业与B银行签订一借款合同,借款期限为1年。A企业在2018年4月1日借款期限届满时不能偿还借款本息,2018年5月10日B银行向A企业提出偿还贷款本息的要求。根据《中华人民共和国民法总则》的规定,此时诉讼时效期间如何判定?

3. 分析过程

(1)延付租金的诉讼时效期间为3年,不可抗力发生在最后6个月内,自中止时效的原因消除之日起满6个月,诉讼时效期间届满。即诉讼时效期间推迟至2018年4月1日。

(2)2018年5月10日B银行向A企业提出偿还贷款本息的要求的行为能够引起诉讼时效中断。根据《民法总则》的规定,权利人向义务人提出履行请求可以引起诉讼时效中断。此时诉讼时效从2018年5月10日重新开始计算,至2021年5月10日止。

▶ 六、民事判决和执行

法院在审理民事案件的过程中,根据案件的事实和国家的法律,针对审理案件过程中发生的各种问题,按法定程序所做的结果性处理,通常称为民事裁判。广义的民事裁判不仅包括人民法院依法作出的判决、裁定和决定等,还包括人民法院认可的调解协议。狭义的民事裁判仅指人民法院作出的判决与裁定。本部分主要讲解民事判决和执行的内容。

(一)判决

人民法院审理民事案件,根据查明和认定的案件事实,正确适用法律,以国家审判机关的名义,对案件中的民事实体权利义务争议,作出权威性的判定,称为判决。

法院审理民事案件,除涉及国家秘密、个人隐私或者法律另有规定的以外,应当公开进行。公开审理案件,应当在开庭前公告当事人姓名、案由和开庭的时间、地点,以便群众旁听。公开审判包括审判过程公开和审判结果公开两项内容。不论案件是否公开审理,一律公开宣告判决。法院审理民事案件可以根据当事人的意愿进行调解。

民事判决根据其案件的审理程序,可分为一审判决、二审判决和再审判决。一审判决是地方各级法院适用第一审程序对民事案件审理终结后,根据事实和法律所作出的处理决定。当事人不服地方人民法院第一审判决的,有权在判决书送达之日起 15 日内向上一级法院提起上诉。二审判决是指中级以上法院适用二审程序审理上诉案件所作的判决,是终审的判决。再审判决是案件原审法院或其上级人民法院、最高人民法院,按照审判监督程序,对案件重新审理后所作的判决。

相关阅读

关于判决和裁定的关系

判决是指法院对民事案件依法定程序审理后对案件的实体问题依法作出的具有法律效力的结论性判定。

裁定是指法院在审理民事案件的过程中对有关诉讼程序的事项作出的判定。

两者的区别包括以下四个方面:

1. 法律性质不同

判决解决的是案件的实体问题,是对当事人的实体争议和请求所作出的结论性判定;而裁定是解决诉讼中的程序事项,是法院行使指挥、协调诉讼活动权能的体现。

2. 适用环节不同

判决在案件审理终结时作出,一般一个案件一个判决;而裁定发生于诉讼的各个阶段,一个案件可能有多个裁定。例如,在破产案件中,人民法院对于程序上的问题都是以裁定的方式作出的,在整个破产程序中,人民法院可能会作出多个裁定。

3. 法律形式不同

判决只能采用书面形式;而裁定既可以采用书面形式,又可以采用口头形式。

4. 上诉范围不同

一审判决可以上诉;除不予受理、对管辖权的异议、驳回起诉的裁定可以上诉外,其他裁定一律不得上诉。

(二)执行

执行是指人民法院的执行组织依照法定的程序,对发生法律效力的法律文书确定的给付内容,以国家的强制力为后盾,依法采取强制措施,迫使义务人履行义务的行为。执行程序则是保证具有执行效力的法律文书得以实施的程序。

当事人拒绝履行已经发生法律效力的判决、裁定、调解书和其他应当履行的法律文书时,对方当事人可以向人民法院的执行组织申请执行,强制义务人履行义务。

对于发生法律效力的判决、裁定,由第一审法院执行;对于调解书、仲裁机构的生效裁决、公证机关依法赋予强制执行效力的债权文书等,则由被执行人住所地或者被执行的财产所在地法院执行。

第二节 仲裁法

一、仲裁的概念和特征

(一)仲裁的概念

仲裁又称"公断",是指由经济纠纷的各方当事人共同选定仲裁机构,对纠纷依法定程序作出具有约束力的裁决的活动。仲裁被广泛地用于解决国内民事、经济纠纷和国际经济纠纷。

1994年8月31日第八届全国人民代表大会常务委员会第9次会议通过,1995年9月1日起施行的《中华人民共和国仲裁法》是仲裁活动进行的基本法律依据。

(二)仲裁的特征

与民事诉讼相比较,仲裁具有自己的特征:

(1)仲裁以双方当事人的自愿约定为基础,即双方当事人在争议发生前或争议发生后达成书面的仲裁协议,一致同意将争议提交仲裁机构解决。没有仲裁协议,仲裁程序不会启动。

(2)仲裁具有灵活性。由于仲裁充分体现了当事人的意思自治,仲裁中的诸多具体程序可以由双方当事人协商确定,因此与民事诉讼相比,仲裁程序更加灵活,更具有弹性。

(3)仲裁具有独立性。仲裁机构独立于行政机构和其他机构,仲裁机构之间也无隶属关系。在仲裁过程中,仲裁庭独立进行仲裁,不受任何行政机关、社会团体和个人的干涉,亦不受仲裁机构的干涉,显示出极大的独立性。

(三)《中华人民共和国仲裁法》的基本原则

仲裁法的基本原则是指仲裁法规定的,在仲裁活动中仲裁机构、双方当事人和其他仲裁参与人必须遵循的基本准则。《中华人民共和国仲裁法》所规定的基本原则包括以下四项。

1. 自愿原则

仲裁以双方当事人的自愿为前提,当事人双方应达成仲裁协议。没有仲裁协议,单方申请仲裁的,仲裁委员会不予受理。

双方当事人将哪些争议事项提交仲裁,由双方当事人在法律规定的范围内自行约定,还可以自主约定仲裁的审理方式、开庭方式等有关的程序事项。

2. 依据事实和法律,公平合理地解决纠纷的原则

仲裁要坚持以事实为根据,以法律为准绳的原则,在法律没有规定或者规定不完备的情况下,仲裁庭可以按照公平合理的一般原则来解决纠纷。

3. 独立仲裁原则

仲裁机关不依附于任何机关而独立存在,仲裁依法独立进行,不受任何行政机关、社会团体和个人的干涉。独立仲裁原则体现在仲裁与行政脱钩,仲裁委员会独立于行政机关,与行政机关没有隶属关系,各个仲裁委员会之间也没有隶属关系。

4. 一裁终局原则

仲裁裁决具有终局性,仲裁实行一裁终局的制度,即仲裁庭作出的仲裁裁决为终局裁决。裁决作出后,当事人就同一纠纷再申请仲裁或者向人民法院起诉的,仲裁委员会或者人民法院不予受理。如果一方当事人不主动履行裁决,另一方当事人有权要求法院予以强制执行。

▶ 二、仲裁的适用范围

根据《中华人民共和国仲裁法》的规定,平等主体的公民、法人和其他组织之间发生的合同纠纷和其他财产权益纠纷,可以仲裁。这就是说,仲裁事项不能是合同纠纷和其他财产权益之外的纠纷,如婚姻、收养、监护、扶养、继承纠纷不能仲裁;也不能是非平等主体之间的纠纷,如应当由行政机关处理的行政争议不属于仲裁的范围。另外,根据《中华人民共和国仲裁法》的规定,劳动争议和农业集体经济组织内部的农业承包合同纠纷的仲裁,另行规定,即劳动争议和农业集体经济组织内部的农业承包合同纠纷不接受仲裁。劳动争议仲裁由隶属劳动部门的劳动争议仲裁委员会解决,适用的是《中华人民共和国劳动争议调解仲裁法》;农业集体经济组织内部的农业承包合同的纠纷,适用的是《中华人民共和国农村土地承包经营纠纷调解仲裁法》。

▶ 三、仲裁委员会

仲裁委员会是有权对当事人提交的经济纠纷进行审理和裁决的机构。从该机构的性质上看,仲裁委员会是具有民间组织性质的准司法组织,是中国仲裁协会的成员。中国仲裁协会是仲裁委员会的自律性组织,可以根据章程规定对仲裁委员会及其组成人员进行监督。

仲裁委员会的裁决权取决于当事人在仲裁协议中的授权。

根据《中华人民共和国仲裁法》规定,仲裁委员会可以在直辖市和省、自治区人民政府所在地的市设立,也可以根据需要在其他设区的市设立,不按行政区划层层设立。

仲裁委员会由主任1人、副主任2~4人和委员7~11人组成。仲裁委员会的主任、副主任和委员由法律、经济贸易专家和有实际工作经验的人员担任。仲裁委员会的组成人员中,法律、经济贸易专家不得少于2/3。

▶ 四、仲裁协议

(一)仲裁协议的概念

仲裁协议是指双方当事人自愿把他们之间可能发生或者已经发生的经济纠纷提交仲裁机构裁决的书面约定。仲裁协议应以书面形式订立。口头达成仲裁的意思表示无效,也就是说,

在民商事仲裁中,仲裁协议是仲裁的前提,没有仲裁协议,就不存在有效的仲裁。

仲裁协议的本质是一种合同,是双方当事人的共同意思表示,是他们将争议提交仲裁的共同意愿的体现。仲裁协议的签订建立在双方当事人自愿、平等和协商一致的基础上,以授权仲裁庭通过仲裁方式解决争议,并得到公正裁决为目的。

(二)仲裁协议的内容

仲裁协议包括合同中订立的仲裁条款和以其他书面方式在纠纷发生前或者纠纷发生后达成的请求仲裁的协议。

一份完整、有效的仲裁协议必须具备法定的内容,否则,仲裁协议将被认定为无效。根据《中华人民共和国仲裁法》的规定,仲裁协议应当具有下列内容:

(1)请求仲裁的意思表示。对仲裁协议中意思表示的具体要求是明确和肯定。因此,当事人应在仲裁协议中明确、肯定地将争议提交仲裁解决的意思表达出来。

(2)仲裁事项。仲裁事项即当事人提交仲裁的具体争议事项,且事项必须明确。根据《中华人民共和国仲裁法》的规定,仲裁协议对仲裁事项或者仲裁委员会没有约定或者约定不明确的,当事人可以补充协议;达不成补充协议的,仲裁协议无效。

(3)选定的仲裁委员会。对于仲裁委员会的选定,原则上应当明确、具体,即双方当事人在仲裁协议中可以选定任一仲裁委员会进行仲裁,不受当事人住所及合同履行地、签订地、财产所在地等的限制。

(三)仲裁协议的效力

1. 仲裁协议或条款具有独立性

根据《中华人民共和国仲裁法》,仲裁协议一经依法成立,即具有法律约束力。仲裁协议独立存在,合同的变更、解除、终止或者无效,不影响仲裁协议的效力。此规定称为仲裁协议或条款的独立性,即仲裁协议或条款不因主合同无效、主合同被撤销或主合同未成立而失效,仲裁机构仍然可以依照该仲裁条款取得和行使仲裁管辖权,在该仲裁条款所确定的提交仲裁的争议事项范围内,解决当事人之间的纠纷。

2. 仲裁协议效力的确认机构

根据《中华人民共和国仲裁法》,当事人对仲裁协议的效力有异议的,可以请求仲裁委员会作出决定或者请求人民法院作出裁定。一方请求仲裁委员会作出决定,另一方请求人民法院作出裁定的,由人民法院裁定。

当事人对仲裁协议的效力有异议,应当在仲裁庭首次开庭前提出。这里的"首次开庭"是指答辩期满后人民法院组织的第一次开庭审理,不包括审前程序中的各项活动。

当事人达成仲裁协议,一方向人民法院起诉未声明有仲裁协议,人民法院受理后,另一方在首次开庭前提交仲裁协议的,人民法院应当驳回起诉,但仲裁协议无效的除外;另一方在首次开庭前未对人民法院受理该案提出异议的,视为放弃仲裁协议,人民法院应当继续审理。

关于双方对仲裁协议效力有异议的处理,如图 2.1 和图 2.2 所示。

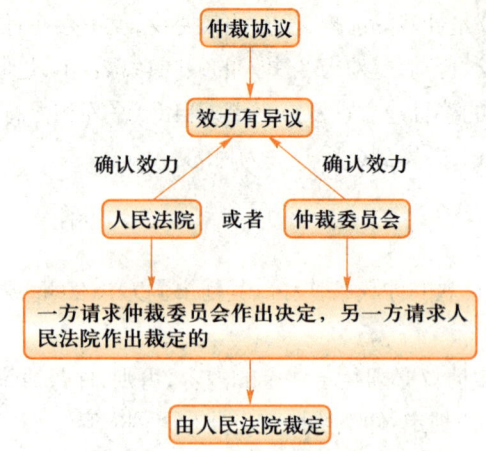

图 2.1　仲裁协议效力存在异议的处理

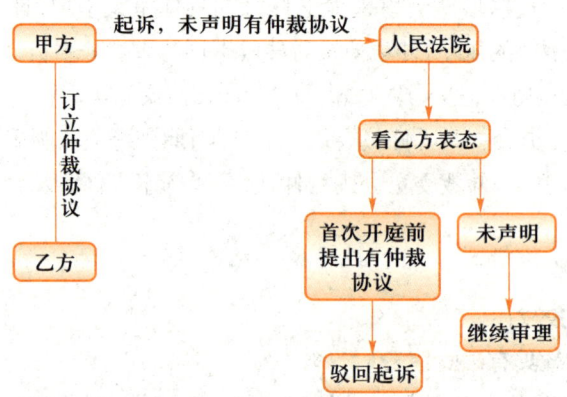

图 2.2　一方提起诉讼,另一方申请仲裁的处理

1. 训练目的

理解"仲裁协议或条款的独立性"。

2. 案例设计

甲、乙企业签订了 100 万元的买卖合同,同时在买卖合同中订立了仲裁条款。在合同履行中,甲企业因延迟交付货物,致使乙企业的合同目的无法实现,乙企业据此解除了合同,与此同时,乙企业要求甲企业赔偿损失,甲企业不予理睬,乙企业欲通过仲裁或诉讼来解决该纠纷,针对本案,乙企业应如何选择?

3. 分析过程

《中华人民共和国仲裁法》规定,仲裁协议独立存在,合同的变更、解除、终止或者无效,不影响仲裁协议的效力。本案例中,虽然甲乙之间的买卖合同已经解除,但仲裁协议依然有效力,甲、乙企业之间的合同纠纷只能提请仲裁,而不能提起诉讼。所以乙企业应选择仲裁。

▶ 五、仲裁程序

仲裁程序如图 2.3 所示。

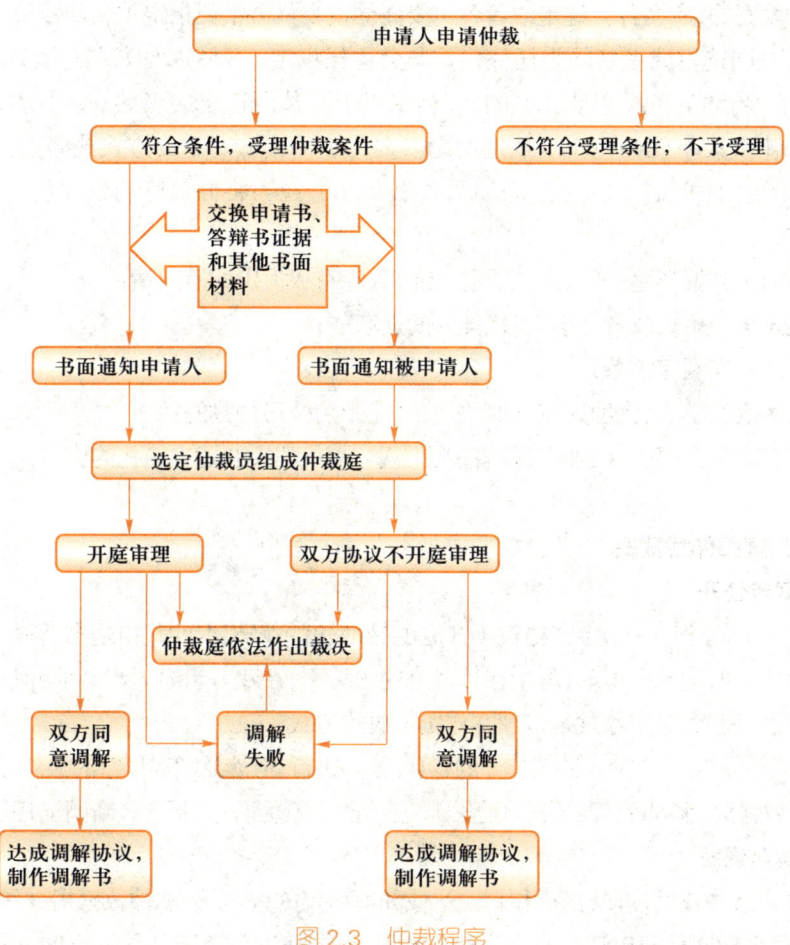

图 2.3　仲裁程序

（一）申请和受理

1. 仲裁的申请

当事人申请仲裁应当符合三个条件：一要有仲裁协议；二要有具体的仲裁请求和事实、理由；三要在仲裁委员会的受理范围之内。当事人申请仲裁应当向仲裁委员会递交书面仲裁协议、仲裁申请书及副本。

2. 仲裁的受理

仲裁委员会收到仲裁申请书之日起 5 日内，认为符合受理条件的，应当受理，并通知当事人；认为不符合受理条件的，应当书面通知当事人不予受理，并说明理由。

仲裁委员会受理当事人的仲裁申请后，仲裁程序开始启动，仲裁申请人和被申请人取得了仲裁当事人的资格，各自依法享有《中华人民共和国仲裁法》及仲裁规则中规定的权利，并承担相应的义务。

（二）组成仲裁庭

仲裁不实行级别管辖和地域管辖，仲裁委员会应当由当事人协议选定。仲裁庭可以由3名仲裁员或者1名仲裁员组成。由3名仲裁员组成的，设首席仲裁员。当事人约定由3名仲裁员组成仲裁庭的，应当各自选定或者各自委托仲裁委员会主任指定1名仲裁员，第3名仲裁员由当事人共同选定或者共同委托仲裁委员会主任指定。第3名仲裁员是首席仲裁员。当事人约定由1名仲裁员成立仲裁庭的，应当由当事人共同选定或者共同委托仲裁委员会主任指定。当事人没有在仲裁规则规定的期限内约定仲裁庭的组成方式或者选定仲裁员的，由仲裁委员会主任指定。仲裁庭组成后，仲裁委员会应当将仲裁庭的组成情况书面通知当事人。

仲裁员有下列情形之一的，必须回避，当事人也有权提出回避申请：
（1）是本案当事人或者当事人、代理人的近亲属；
（2）与本案有利害关系；
（3）与本案当事人、代理人有其他关系，可能影响公正仲裁的；
（4）私自会见当事人、代理人，或者接受当事人、代理人的请客送礼的。

（三）开庭和仲裁裁决

1. 开庭与公开

仲裁应当开庭进行。当事人协议不开庭的，仲裁庭可以根据仲裁申请书、答辩书以及其他材料作出裁决。所谓开庭审理，是指在仲裁庭的主持下，在双方当事人和其他仲裁参与人的参加下，按照法定程序，对案件进行审理并作出裁决的方式。

仲裁不公开进行。当事人协议公开的，可以公开进行，但涉及国家秘密的除外。所谓不公开进行，是指仲裁庭在审理案件时不对社会公开，不允许群众旁听，也不允许新闻记者采访和报道。

2. 和解与调解

当事人申请仲裁后，可以自行和解。达成和解协议的，可以请求仲裁庭根据和解协议作出裁决书，也可以撤回仲裁申请。当事人达成和解协议，撤回仲裁申请后反悔的，可以根据仲裁协议申请仲裁。

仲裁庭在作出裁决前，可以先行调解。当事人自愿调解的，仲裁庭应当调解。调解不成的，应当及时作出裁决。调解达成协议的，仲裁庭应当制作调解书或者根据协议的结果制作裁决书。调解书应当写明仲裁请求和当事人协议的结果，由仲裁员签名，加盖仲裁委员会印章，送达双方当事人。调解书与裁决书具有同等法律效力。

调解书经双方当事人签收后，即发生法律效力。在调解书签收前当事人反悔的，仲裁庭应当及时作出裁决。

3. 仲裁裁决

裁决应当按照多数仲裁员的意见作出，少数仲裁员的不同意见可以记入笔录。仲裁庭不能形成多数意见时，裁决应当按照首席仲裁员的意见作出。裁决书自作出之日起发生法律效力。

4. 仲裁裁决的执行

当事人应当履行裁决。一方当事人不履行的，另一方当事人可以依照《中华人民共和国民事诉讼法》的有关规定向人民法院申请执行。受申请的人民法院应当执行。

边学边做 2.5

1. 训练目的

熟悉仲裁裁决的作出。

2. 案例设计

甲、乙因合同纠纷达成仲裁协议,甲选定 A 仲裁员,乙选定 B 仲裁员,另由仲裁委员会主任指定一名首席仲裁员,3 人组成仲裁庭。仲裁庭在作出裁决时产生了两种不同意见。根据《中华人民共和国仲裁法》的规定,仲裁庭应当采取的做法是什么?

3. 分析过程

仲裁庭应按照多数仲裁员的意见作出裁决。依据规定,形成两种不同意见(2∶1)的时候,裁决应按"多数仲裁员"的意见作出,少数仲裁员的不同意见可以记入笔录。如果不能形成多数意见(1∶1∶1),此时应按照首席仲裁员的意见作出。需要注意的是,"不能形成统一意见"和"形成两种意见"的意思是不一样的,前者包括后者的情形在内。依据法律规定,仲裁裁决应按多数仲裁员的意见作出,少数仲裁员的不同意见可以记入笔录。仲裁庭不能形成多数意见时,裁决应当按首席仲裁员的意见作出。对于这个内容,再举例说明:假设有 3 个仲裁员,双方当事人各指定了一名仲裁员,第三名仲裁员就是首席仲裁员,如果案例中形成两种意见,说明肯定有两个人的意见是一致的,那么就是按照多数仲裁员的意见作出;如果案例中不能形成统一意见,那么就包括形成两种意见和形成三种意见的情形,对于形成两种意见而言,那么以多数仲裁员的意见为准,如果是形成三种不同的意见,则以首席仲裁员的意见为准。

第三节 行政复议法

一、行政复议概念

我国的行政复议,是指行政机关根据上级行政机关对下级行政机关的监督权,在当事人的申请和参加下,按照行政复议程序对具体行政行为进行合法性和适当性审查,并作出裁决,解决行政侵权争议的活动。行政复议是为公民、法人和其他组织提供法律救济的行政监督制度。行政复议是作为行政管理主体的行政机关一方与作为行政管理相对人的公民、法人或者其他组织一方,对于法律规定范围内的具体行政行为发生争议,由行政管理相对人向作出具体行政行为的行政机关的上一级行政机关或者法律规定的其他行政机关提出申请,由该行政机关对引起争议的具体行政行为进行审查,并作出相应决定的一种行政监督活动。行政复议是现代国家保护公民免受行政机关具体行政行为不法侵害的一种重要的法律制度。

我国现行的行政复议制度是作为行政诉讼的配套制度于 1990 年建立的。1990 年 12 月 24 日国务院发布了《行政复议条例》,1994 年 10 月 9 日国务院发布了《国务院关于修改〈行政复议条件〉的决定》。2007 年 5 月国务院制定的《中华人民共和国行政复议法实施条例》对行政复议法的相关规定进行了细化,进一步完善了现行行政复议制度。

二、行政复议范围

公民、法人或者其他组织认为行政机关的具体行政行为侵犯其合法权益,符合《中华人民共和国行政复议法》规定范围的,可以申请行政复议。

行政复议制度保护的是行政相关人合法权益。行政复议法将公民、法人和其他组织的合法权益都纳入保护范围,不再限于人身权和财产权。行政机关的许多行为都可能侵害公民、法人和其他组织的合法权益,行政复议所针对的主要是具体行政行为,还有一部分是抽象行政行为。对公民、法人和其他组织合法权益造成侵害的具体行政行为,都可以在行政复议中受到审查。

上述"具体行政行为"是指国家行政机关依法就特定事项对特定的公民、法人和其他组织权利义务作出的单方行政职权行为,是狭义的具体行政行为。这一定义强调具体行政行为是一种单方行政职权行为。具体行政行为是对特定人或者特定事项的一次性处理,这表明处理的个别性是具体行政行为的重要特征。而抽象行政行为是为不特定事项和不特定人安排的,是可以反复适用的普遍性规则。

 边学边思

怎样正确区分某一行为是否为具体行政行为?

(一)可以申请行政复议的事项

《中华人民共和国行政复议法》规定,有下列情形之一的,公民、法人或者其他组织可以申请行政复议:

(1)对行政机关作出的警告、罚款、没收违法所得、没收非法财物、责令停产停业、暂扣或者吊销许可证、暂扣或者吊销执照、行政拘留等行政处罚决定不服的;

(2)对行政机关作出的限制人身自由或者查封、扣押、冻结财产等行政强制措施决定不服的;

(3)对行政机关作出的有关许可证、执照、资质证、资格证等证书变更、中止、撤销的决定不服的;

(4)对行政机关作出的关于确认土地、矿藏、水流、森林、山岭、草原、荒地、滩涂、海域等自然资源的所有权或者使用权的决定不服的;

(5)认为行政机关侵犯其合法的经营自主权的;

(6)认为行政机关变更或者废止农业承包合同,侵犯其合法权益的;

(7)认为行政机关违法集资、征收财物、摊派费用或者违法要求履行其他义务的;

(8)认为符合法定条件,申请行政机关颁发许可证、执照、资质证、资格证等证书,或者申请行政机关审批、登记有关事项,行政机关没有依法办理的;

(9)申请行政机关履行保护人身权利、财产权利、受教育权利的法定职责,行政机关没有依法履行的;

(10)申请行政机关依法发放抚恤金、社会保险金或者最低生活保障费,行政机关没有依

法发放的;

（11）认为行政机关的其他具体行政行为侵犯其合法权益的。

公民、法人或者其他组织认为行政机关的具体行政行为所依据的下列规定不合法,在对具体行政行为申请行政复议时,可以一并向行政复议机关提出对该规定的审查申请:① 国务院部门的规定;② 县级以上地方各级人民政府及其工作部门的规定;③ 乡、镇人民政府的规定。前面所列规定不含国务院部、委员会规章和地方人民政府规章。

（二）行政复议的排除事项

下列事项不能申请行政复议:

（1）行政法规和规章。当事人认为行政法规、规章违法,可以按照《中华人民共和国立法法》等法律和相关行政法规的规定提出审查建议,或向有关国家机关提出处理请求,由有关国家机关根据规定处理。

（2）不服行政机关作出的行政处分或者其他人事处理决定。可依照有关法律、行政法规的规定提出申诉。对这些决定引起的争议,按照法律、行政法规的规定提出申诉。这里所说的法律法规,主要是指《中华人民共和国公务员法》等。

（3）不服行政机关对民事纠纷作出的调解或者其他处理。可依法申请仲裁或者向法院提起诉讼。对这些处理引起的争议,当事人可以依法申请仲裁或者向人民法院提起诉讼。行政机关处理的民事纠纷,包括乡政府和城镇街道办事处的司法助理员、民政助理员主持的调解,劳动部门对劳动争议的调解,公安部门对治安争议的调解等。

边学边做 2.6

1. **训练目的**

熟悉行政复议的适用范围。

2. **案例设计**

（1）2017年1月1日,C县的某条河水污染严重,经相关部门调查,是由此地的甲公司随意排放的工业废水所致,就此A省B市下辖C县的环保部门于2017年4月30日作出了对甲公司罚款50 000元的决定并责令其停产,安装污水处理装置,甲公司于2017年5月1日得知后不服。请问甲公司是否可以对该事项提起行政复议申请?

（2）刘某于2016年4月起报考了某省高等教育法律专业本科段的自学考试,至2018年5月,先后通过了12门课程,大学英语通过四级,符合免考外语的条件,即总计通过13门考试课程。刘某据此向自考管理机构申请颁发毕业证及学位证,但遭到自考管理机构的拒绝。其理由是,根据该省文件要求,申请人虽然已通过了13门课程,但因刘某不属于2015年开考时报考的考生,故应按新计划的规定考足15门课程并成绩合格方能办理毕业手续。刘某不服,刘某是否可以对该事项提起行政复议申请?

3. **分析过程**

（1）甲公司可以对该事项提起行政复议申请。该复议事项属于行政复议范围中的"对行政机关作出的警告、罚款、没收违法所得、没收非法财物、责令停产停业、暂扣或者吊销许可证、暂扣或者吊销执照、行政拘留等行政处罚决定不服的"的情形。

（2）刘某可以向自考管理机构的上级机关——省教育厅申请行政复议。该复议事项属于"认为符合法定条件，申请行政机关颁发许可证、执照、资质证、资格证等证书，或者申请行政机关审批、登记有关事项，行政机关没有依法办理的"，此时可以申请行政复议。

▶ 三、行政复议申请

（一）申请时间

1. 申请期限

公民、法人或者其他组织认为具体行政行为侵犯其合法权益的，可以自知道该具体行政行为之日起 60 日内 提出行政复议申请，但是法律规定的申请期限超过 60 日的除外。这里需要注意的是，申请期限应当从申请人知道作出该具体行政行为之日起算。所谓知道之日，通常指了解具体行政行为内容之时。

2. 法定期限的耽搁

法定期限的耽搁有两种情况：一种是不可抗力，它指不能预见、不能避免并不能克服的客观情况的出现致使在法定期限内不能申请行政复议；另一种是其他正当理由，如申请人病重。法定期限耽搁的继续方法，是从障碍消除之日起继续计算。

（二）申请形式

申请人申请行政复议，可以书面申请，也可以口头申请；口头申请的，行政复议机关应当当场记录申请人的基本情况、行政复议请求、申请行政复议的主要事实、理由和时间。

（三）申请的费用以及具体行政行为的执行

行政复议机关受理行政复议申请，不得向申请人收取任何费用。

（四）行政复议期间具体行政行为的执行

行政复议期间具体行政行为不停止执行。但是，有下列情形之一的，可以停止执行：

（1）被申请人认为需要停止执行的；
（2）行政复议机关认为需要停止执行的；
（3）申请人申请停止执行，行政复议机关认为其要求合理，决定停止执行的；
（4）法律规定停止执行的。

▶ 四、行政复议参加人和行政复议机关

行政复议参加人是指具体参加行政复议活动全过程，以保护其合法权益不受非法侵害的人。行政复议参加人包括行政复议申请人、行政复议被申请人和行政复议第三人。

（一）行政复议申请人

行政复议申请人是依法申请行政复议的公民、法人或者其他组织。

关于行政复议申请人,需要特别注意以下两点:

(1)享有行政复议申请权的只能是公民、法人或者其他组织,行使国家权力的机关不能作为行政复议的申请人;

(2)行政复议申请人必须是认为自身合法权益受到侵害,并依法提出复议申请的公民、法人或者其他组织。

(二)行政复议被申请人

行政复议被申请人,是作出被申请复议的具体行政行为的行政机关。行政机关与被申请复议的具体行政行为之间的直接关系是确定行政复议被申请人的根据,它符合行政活动职权与职责相一致的原则。

(三)行政复议第三人

行政复议第三人,是同被申请的具体行政行为有利害关系,参加行政复议的其他公民、法人或者其他组织。

(1)在主体上,行政复议第三人是行政复议申请人以外的其他公民、法人或者其他组织;

(2)在实体权利义务上,行政复议第三人同被申请行政复议的具体行政行为有利害关系,即具体行政行为对行政复议第三人的合法权益产生直接影响,行政复议第三人参加行政复议是为了维护自己的合法权益;

(3)在程序上,行政复议第三人在行政复议开始后终结前经过申请或者复议机关决定参加行政复议。法律设置行政复议第三人制度的目的,是使同被申请行政复议的具体行政行为有关的法律争议得到统一解决,使合法权益受到侵害的公民、法人或者其他组织得到法律救济。

边学边做 2.7

1. 训练目的

能够准确判断行政复议参加人和行政复议机关。

2. 案例设计

田某对甲市A区海关的某一具体行政行为不服,张某与A区海关作出的该行政行为有直接利害关系,田某决定向甲市海关申请行政复议。请判断该行政复议案件中的行政复议申请人、被申请人、第三人与行政复议机关。

3. 分析过程

(1)行政复议申请人是田某。行政复议申请人是依法申请行政复议的公民、法人或者其他组织。

(2)行政复议被申请人是A区海关。行政复议被申请人,是"作出被申请复议的具体行政行为"的行政机关。

(3)张某是行政复议第三人。行政复议第三人,是同被申请的具体行政行为有利害关系,参加行政复议的其他公民、法人或者其他组织。

(4)行政复议机关是甲市海关(注意,行政复议机关并非行政复议参加人)。

（四）行政复议机关

1. 选择管辖

对县级以上地方各级人民政府工作部门的具体行政行为不服的，由申请人选择，可以向该部门的本级人民政府申请行政复议，也可以向上一级主管部门申请行政复议。通常而言，这类行政部门的行政复议机关有本级人民政府和上一级人民政府主管部门两类，从而出现选择管辖。这种情形下的行政复议机关，由申请人进行选择。无论行政复议法颁布以前的单行法律法规如何规定，申请人都可以向作出具体行政行为的本级人民政府，或者上一级人民政府的主管部门申请复议。

2. 上级管辖

（1）对海关、金融、国税、外汇管理等实行垂直领导的行政机关和国家安全机关的具体行政行为不服的，向上一级主管部门申请行政复议。

（2）对省、自治区、直辖市人民政府以外的地方各级人民政府的具体行政行为不服的，上一级地方人民政府是行政复议机关。例如，对乡、民族乡、镇政府作出的具体行政行为不服的，应当向县、自治县、市辖区、不设区的市的人民政府申请行政复议。但是不能向上级政府的主管部门或者更上一级人民政府申请复议。

3. 本级管辖

国务院部门或者省、自治区、直辖市人民政府作为被申请人时的行政复议机关，是作出该具体行政行为的国务院部门或者省、自治区、直辖市人民政府。

边学边做 2.8

1. 训练目的

（1）熟悉行政复议的申请期限；

（2）熟悉行政复议的受理机关。

2. 案例设计

A 省 B 市下辖 C 县的财政局于 2017 年 3 月 30 日作出了对甲公司罚款 2 000 元的决定。甲公司于 2017 年 4 月 1 日得知后不服，向 B 市财政局申请行政复议。B 市财政局经过审查，作出了"对甲公司罚款 1 000 元"的行政复议决定。

要求：根据行政复议、行政诉讼法律制度的有关规定，回答下列问题：

（1）甲公司应当在什么时间之前提出行政复议申请？简要说明理由。

（2）甲公司除了向 B 市财政局提出行政复议申请，还可以向哪些机关提出行政复议申请？简要说明理由。

3. 分析过程

（1）甲公司应当在 2017 年 6 月 1 日之前提出行政复议申请。根据《中华人民共和国行政复议法》的规定，当事人认为具体行政行为侵犯其合法权益的，可以自知道该具体行政行为之日起 60 日内提出行政复议申请。

（2）甲公司还可以向 C 县人民政府提出行政复议申请。根据《中华人民共和国行政复议法》的规定，对县级以上人民政府工作部门的具体行政行为不服的，申请人既可以向该部门的本级人民政府申请行政复议，也可以向上一级主管部门申请行政复议。

五、行政复议决定

(一)对有关行政规定和行政依据的审查和处理

行政复议决定程序中涉及的行政规定和行政依据有两个方面:一个是根据申请人提出的申请对有关行政规定进行的审查处理;另一个是依职权发现依据不合法进行的处理。

(二)对具体行政行为的复议决定

1. 行政复议决定程序

行政复议决定程序是行政复议机关内作出有关具体行政行为复议决定的工作程序。如果行政复议案件情节简单,事实和法律问题清楚,就可以由行政复议机关的负责人对法制机构的处理意见作出同意的表示,形成最终的行政复议决定;如果复议案件情节复杂,事实和法律问题比较多,就应当由行政复议机关的负责人集体讨论后作出决定。

2. 行政复议决定种类

行政复议机关可以作出六种行政复议决定,法律对此规定了相应的条件。现在分述如下:

(1)维持的决定。维持是行政复议机关维护支持具体行政行为的决定,使该具体行政行为保持或者取得法律效力。

(2)履行法定职责的决定。履行法定职责的决定,是行政复议机关对被申请人以不作为形式违反法定职责构成侵权,要求其履行法定义务的处理。这种决定包括确认不作为违法和履行法定义务两个方面的内容。

(3)撤销、变更、确认违法和重新作出具体行政行为的决定。这些决定都是行政复议机关对违法具体行政行为的处理。

具体行政行为有下列情形之一的,应作出(3)的处理:

① 主要事实不清、证据不足的;
② 适用依据错误的;
③ 违反法定程序的;
④ 超越或者滥用职权的;
⑤ 具体行政行为明显不当的。

3. 行政复议决定的作出期限

行政复议机关应当自受理申请之日起 60 日内作出行政复议决定;但是法律规定的行政复议期限少于 60 日的除外。情况复杂,不能在规定期限内作出行政复议决定的,经行政复议机关的负责人批准,可以适当延长,并告知申请人和被申请人;但是延长期限最多不超过 30 日。

(三)行政复议决定的执行

行政复议机关作出行政复议决定,应当制作行政复议决定书,并加盖印章。行政复议决定书一经送达,即发生法律效力。

被申请人应当履行行政复议决定。被申请人不得以同一事实和理由作出与原具体行政行为相同或者基本相同的具体行政行为。被申请人不履行或者无正当理由拖延履行行政复议决定的,行政复议机关或者有关上级行政机关应当责令其限期履行。

申请人逾期不起诉又不履行行政复议决定的,或者不履行最终裁决的行政复议决定的,按照下列规定分别处理:

（1）维持具体行政行为的行政复议决定,由作出具体行政行为的行政机关依法强制执行,或者申请法院强制执行;

（2）变更具体行政行为的行政复议决定,由行政复议机关依法强制执行,或者申请法院强制执行。

▶ 第四节 行政诉讼

行政诉讼法是有关行政诉讼的法律规范的总和。它是规定人民法院、诉讼当事人和其他参与人的诉讼活动程序,规范各种行政诉讼行为,调整行政诉讼关系的法律规范,也是我国法律体系中的一个重要法律部门。行政诉讼法有广义、狭义之分。狭义的行政诉讼法也称形式意义上的行政诉讼法典,专指《中华人民共和国行政诉讼法》,该法 1989 年 4 月 4 日由第七届全国人民代表大会第二次会议通过,2014 年 11 月 1 日第十二届全国人民代表大会常务委员会第十一次会议加以修正。广义的行政诉讼法也称实质意义上的行政诉讼法,除行政诉讼法典外,还包括一切有关行政诉讼的法律规范,它们分散在各种法律、法规及立法、司法解释中。

在我国,行政诉讼与刑事诉讼、民事诉讼并称为三大诉讼,是国家诉讼制度的基本形式之一。行政诉讼也是行政法制监督的一种特殊形式。

▶ 一、行政诉讼适用范围

公民、法人或者其他组织认为行政机关和行政机关工作人员的行政行为侵犯其合法权益,有权向法院提起行政诉讼。所谓行政行为,包括法律、法规、规章授权的组织作出的行政行为。

（一）可以提起行政诉讼的事项

法院受理公民、法人和其他组织对下列行政行为不服提起的行政诉讼:

（1）对行政拘留、暂扣或者吊销许可证和执照、责令停产停业、没收违法所得、没收非法财物、罚款、警告等行政处罚不服的;

（2）对限制人身自由或者对财产的查封、扣押、冻结等行政强制措施和行政强制执行不服的;

（3）申请行政许可,行政机关拒绝或者在法定期限内不予答复,或者对行政机关作出的有关行政许可的其他决定不服的;

（4）对行政机关作出的关于确认土地、矿藏、水流、森林、山岭、草原、荒地、滩涂、海域等自然资源的所有权或者使用权的决定不服的;

（5）对征收、征用决定及其补偿决定不服的;

（6）申请行政机关履行保护人身权、财产权等合法权益的法定职责,行政机关拒绝履行或者不予答复的;

（7）认为行政机关侵犯其经营自主权或者农村土地承包经营权、农村土地经营权的;

（8）认为行政机关滥用行政权力排除或者限制竞争的；

（9）认为行政机关违法集资、摊派费用或者违法要求履行其他义务的；

（10）认为行政机关没有依法支付抚恤金、最低生活保障待遇或者社会保险待遇的；

（11）认为行政机关不依法履行、未按照约定履行或者违法变更、解除政府特许经营协议、土地房屋征收补偿协议等协议的；

（12）认为行政机关侵犯其他人身权、财产权等合法权益的。

除前款规定外，法院受理法律、法规规定可以提起诉讼的其他行政案件。

（二）行政诉讼的排除事项

法院不受理公民、法人或者其他组织对下列事项提起的诉讼：

（1）国防、外交等国家行为；

（2）行政法规、规章或者行政机关制定、发布的具有普遍约束力的决定、命令；

（3）行政机关对行政机关工作人员的奖惩、任免等决定；

（4）法律规定由行政机关最终裁决的行政行为。

1. 训练目的

熟悉行政诉讼的适用范围。

2. 案例设计

（1）某直辖市部分市民认为市政府新颁布的《道路交通管理办法》侵犯了他们的合法权益。

（2）某税务局工作人员认为税务局对其作出记过处分违法。

（3）某公民认为某公安局对其罚款的处罚决定违法。

（4）某商场认为某教育局应当偿还所欠的购货款。

上述四项中，哪些事项当事人可以提起行政诉讼？

3. 分析过程

第（3）项，相关当事人可以向人民法院提起行政诉讼。第（1）、第（2）、第（4）项的当事人均不可以提起行政诉讼。根据规定，公民、法人或者其他组织认为行政行为所依据的国务院部门和地方人民政府及其部门制定的规范性文件不合法，在对行政行为提起诉讼时，可以一并请求对该规范性文件进行审查。前面规定的规范性文件不含规章。因此第（1）项不得提起行政诉讼；第（2）项为国家机关对内部工作人员所进行的"行政处分"，而非对外部行政管理相对人作出的"行政处罚"，行政机关对行政机关工作人员的奖惩、任免等决定不是行政诉讼的人民法院受案范围；第（4）项中商场和教育局在买卖合同关系中处于平等民事主体的地位，而非行政法律关系，因此商场应提起的是"民事诉讼"，而非"行政诉讼"。

▶ 二、行政诉讼管辖

管辖是指关于不同级别和地方的人民法院之间受理第一审行政案件的权限分工，是涉及行政审判的组织体制、公民诉权保护、宪政分权体制等基本问题的重要诉讼法律制度。行政诉讼管辖是普通人民法院受理行政案件的分工。

（一）级别管辖

基层人民法院管辖第一审行政案件。

中级人民法院管辖下列第一审行政案件：

（1）对国务院部门或者县级以上地方人民政府所作的行政行为提起诉讼的案件。

（2）海关处理的案件。

（3）本辖区内重大、复杂的案件。

（4）其他法律规定由中级人民法院管辖的案件。

（二）地域管辖

1. 一般地域管辖

行政案件由最初作出行政行为的行政机关所在地人民法院管辖。经复议的案件，也可以由复议机关所在地人民法院管辖。

2. 特殊地域管辖

（1）对限制人身自由的行政强制措施不服提起的诉讼，由被告所在地或者原告所在地人民法院管辖。

（2）因不动产而提起的诉讼，由不动产所在地的人民法院管辖。

（3）经最高人民法院批准，高级人民法院可以根据审判工作的实际情况，确定若干人民法院跨行政区域管辖行政案件。

3. 共同管辖

两个以上人民法院都有管辖权的案件，原告可以选择其中一个人民法院提起诉讼。原告向两个以上有管辖权的人民法院提起诉讼的，由最先立案的人民法院管辖。

▶ 三、行政诉讼起诉与受理

起诉与受理是行政诉讼开始必经的两个环节，起诉是公民、法人或者其他组织要求法院启动行政诉讼程序的主张，受理则是法院对符合法定条件起诉的认可和接受，二者共同作用，构成了行政诉讼程序的开始。

（一）起诉

行政诉讼与民事诉讼一样，采用不告不理原则，即人民法院不能主动开始行政诉讼，而必须先由公民、法人或者其他组织提出诉讼，起诉是行政诉讼开始的前提条件。

1. 起诉的期限

（1）直接向人民法院提起诉讼的期限。公民、法人或者其他组织直接向人民法院提起诉讼的，应当自知道或者应当知道作出行政行为之日起 6 个月内提出。

（2）不服行政复议提起诉讼的期限。不服行政复议而起诉的一般期限为 15 日，即在收到行政复议决定书之日起 15 日内向人民法院提起诉讼；若复议机关逾期不作决定的，当事人可以在复议期满之日起 15 日内向人民法院提起诉讼。

（3）因不动产提起诉讼的案件自行政行为作出之日起超过 20 年，其他案件自行政行为作出之日起超过 5 年提起诉讼的，人民法院不予受理。

2. 起诉的程序

行政复议与行政诉讼均是解决行政争议的方式,是当事人不服行政行为寻求救济的两条重要途径。不过,当事人对这两种救济方式的使用,必须遵循法律对二者关系的规定。在我国,行政诉讼与行政复议的关系,基本是以当事人自由选择救济方式为原则,以行政复议前置为例外。具体情形如下:

(1)原则上,公民、法人或者其他组织对行政行为不服,有权自由选择救济途径,可以不经复议直接向法院提起行政诉讼,也可以选择申请行政复议;同时,在选择行政复议后,当事人对行政复议不服仍可以再向法院起诉。

(2)复议后选择终局。即当事人对行政行为申请复议,对复议决定不服,既可以选择诉讼也可选择再次复议,一旦选择复议,复议即为终局。

(3)公民、法人或者其他组织对行政行为不服,必须先申请行政复议,对行政复议不服,才能向法院起诉。在此情况下,行政复议是行政诉讼的必经程序,复议程序是行政诉讼的前置程序。在我国,复议前置属行政复议与行政诉讼关系的例外,必须由法律、法规作出规定,规章和其他规范文件不得作此规定。

3. 起诉的方式

公民、法人或者其他组织起诉时,原则上应采用书面方式,应当向人民法院递交起诉状,并按照被告人数提出副本。不过,书写起诉状确有困难的,可以口头起诉,由人民法院记入笔录,出具注明日期的书面凭证,并告知对方当事人。

(二)受理

(1)人民法院在接到起诉状时,对符合规定的起诉条件的,应当登记立案。

(2)对当场不能判定是否符合行政诉讼法规定的起诉条件的,应当接收起诉状,出具注明收到日期的书面凭证,并在7日内决定是否立案。不符合起诉条件的,作出不予立案的裁定。裁定书应当载明不予立案的理由。原告对裁定不服的,可以提起上诉。

(3)人民法院既不立案,又不作出不予立案裁定的,当事人可以向上一级人民法院起诉。上一级人民法院认为符合起诉条件的,应当立案、审理,也可以指定其他下级人民法院立案、审理。

(4)起诉状内容欠缺或者有其他错误的,应当给予指导和释明,并一次性告知当事人需要补正的内容。不得未经指导和释明即以起诉不符合条件为由不接收起诉状。起诉状内容或者材料欠缺的,人民法院应当一次性全面告知当事人需要补正的内容、补充的材料及期限。在指定期限内补正并符合起诉条件的,应当登记立案。当事人拒绝补正或者经补正仍不符合起诉条件的,裁定不予立案,并载明不予立案的理由。

(5)公民、法人或者其他组织认为行政行为所依据的国务院部门和地方人民政府及其部门制定的规范性文件不合法,在对行政行为提起诉讼时,可以一并请求对该规范性文件进行审查。前面所列规范性文件不含规章。

▶ 四、审理和判决

(一)合议制度

人民法院审理行政案件,由审判员组成合议庭,或者由审判员、陪审员组成合议庭。合议庭的成员,应当是 3 人以上的单数。行政案件的技术性、知识性较强,而且行政诉讼的当事人一方为行政机关,独任审判难以胜任。采用合议制有利于行政案件的公正解决。不过,对于简单的行政案件允许由审判员一人独任审理。

(二)回避制度

当事人认为审判人员、书记员、翻译人员、鉴定人、勘验人与本案有利害关系或者有其他关系可能影响公正审判,有权申请上述人员回避。上述人员认为自己与本案有利害关系或者有其他关系,应当申请回避。这里的回避分为自行回避和申请回避两种。前者指符合法律规定的人员主动申请回避,后者指诉讼当事人申请审判人员和其他人员回避。当事人申请回避,应在案件开始审理时提出。回避事由在案件开始审理后知道的,也可以在法庭辩论终结前提出。申请回避,可以口头提出,也可以书面提出。

(三)公开审判制度

人民法院公开审理行政案件,但涉及国家秘密、个人隐私和法律另有规定的除外。涉及商业秘密的案件,当事人申请不公开审理的,可以不公开审理。

(四)两审终审制度

当事人对第一审行政判决、裁定不服的,可以在判决书送达之日起 15 日内或裁定书送达之日起 10 日内向上一级人民法院提起上诉,启动第二审程序。逾期不提起上诉的,人民法院的第一审判决或者裁定发生法律效力。

第二审人民法院的判决、裁定是终局判决、裁定,对此,当事人不得再提起上诉。另外,最高人民法院是国家最高审判机关,最高人民法院作出的一审判决、裁定,当事人不得上诉。

(五)调解制度

人民法院审理的行政案件不适用调解。但是,行政赔偿、补偿以及行政机关行使法律、法规规定的自由裁量权的案件可以调解。调解应当遵循自愿、合法原则,不得损害国家利益、社会公共利益和他人合法权益。

▶ 五、行政侵权赔偿

行政侵权赔偿是指行政机关及其工作人员在行使职权过程中违法侵犯公民、法人或其他组织的合法权益并造成损害,国家对此承担的赔偿责任。

公民、法人或者其他组织的合法权益受到行政机关或者行政机关工作人员作出的具体行政行为侵犯造成损害的,有权请求赔偿。公民、法人或者其他组织单独就损害赔偿提出请求,应当先由行政机关解决。对行政机关的处理不服,可以向人民法院提起诉讼。赔偿诉讼可以调解。

行政机关或者行政机关工作人员作出的具体行政行为侵犯公民、法人或者其他组织的合法权益造成损害的,由该行政机关或者该行政机关工作人员所在的行政机关负责赔偿。行政机关赔偿损失后,应当责令有故意或者重大过失的行政机关工作人员承担部分或者全部赔偿费用。

边学边思

怎样理解行政诉讼与行政复议的区别和联系？

▶ 本章知识回顾

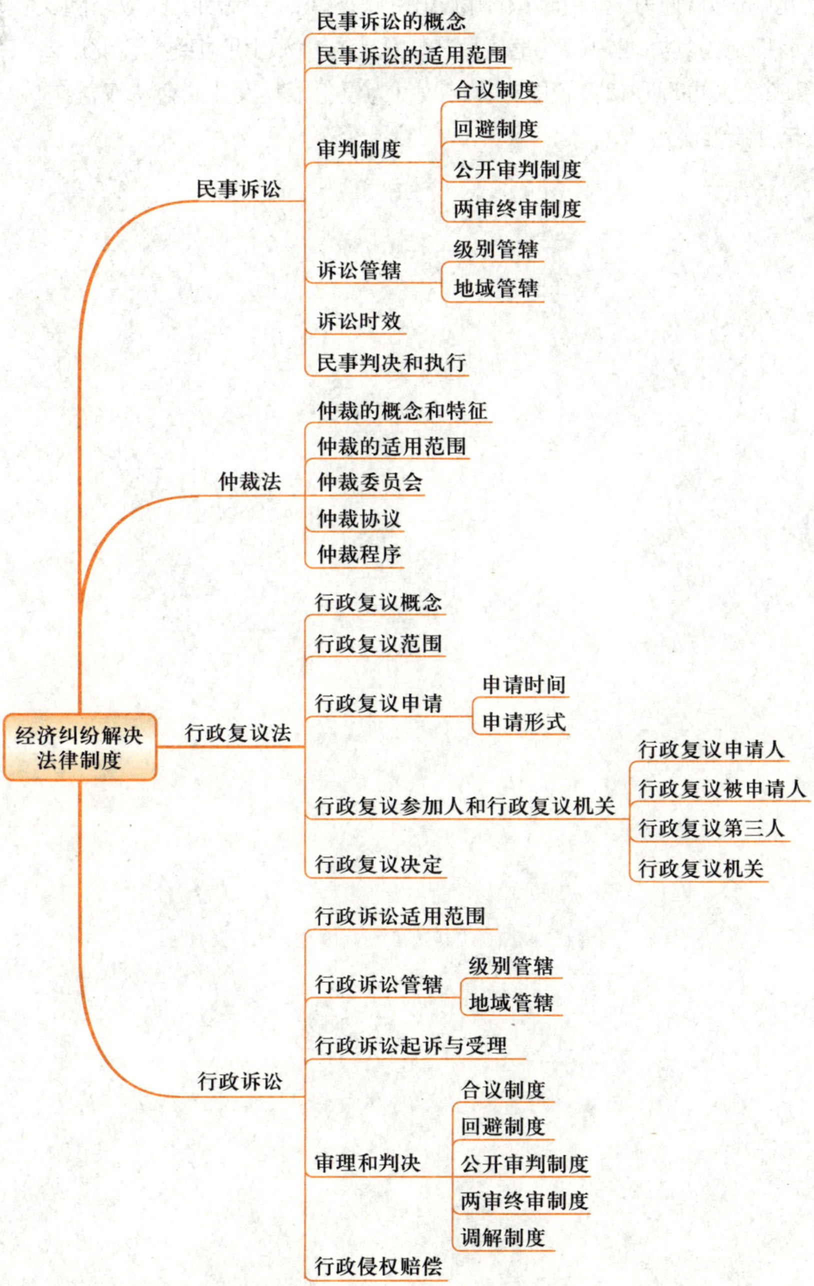

- 经济纠纷解决法律制度
  - 民事诉讼
    - 民事诉讼的概念
    - 民事诉讼的适用范围
    - 审判制度
      - 合议制度
      - 回避制度
      - 公开审判制度
      - 两审终审制度
    - 诉讼管辖
      - 级别管辖
      - 地域管辖
    - 诉讼时效
    - 民事判决和执行
  - 仲裁法
    - 仲裁的概念和特征
    - 仲裁的适用范围
    - 仲裁委员会
    - 仲裁协议
    - 仲裁程序
  - 行政复议法
    - 行政复议概念
    - 行政复议范围
    - 行政复议申请
      - 申请时间
      - 申请形式
    - 行政复议参加人和行政复议机关
      - 行政复议申请人
      - 行政复议被申请人
      - 行政复议第三人
      - 行政复议机关
    - 行政复议决定
  - 行政诉讼
    - 行政诉讼适用范围
    - 行政诉讼管辖
      - 级别管辖
      - 地域管辖
    - 行政诉讼起诉与受理
    - 审理和判决
      - 合议制度
      - 回避制度
      - 公开审判制度
      - 两审终审制度
      - 调解制度
    - 行政侵权赔偿

> **开心一扫**

一个名字引发的纠纷

"北雁云依"出生于 2009 年 1 月 25 日,其父亲名为吕晓峰,母亲名为张瑞峥。夫妻二人为女儿取名为"北雁云依",寓意父母对女儿的美好祝愿。而当吕晓峰前往燕山派出所为女儿申请办理户口登记时,燕山派出所以被登记人员的姓氏应当随父姓或者母姓而拒绝为其办理户口登记。吕晓峰认为燕山派出所拒绝以"北雁云依"为姓名为其女儿办理户口登记的具体行政行为侵犯了其女儿的合法权益,向人民法院提起行政诉讼。

第三章 会计法律制度

本章导读

本章主要介绍会计法律制度和会计职业道德两方面的内容。主要以《会计法》为主,涵盖了《企业会计准则》《会计档案管理办法》等相关法律、法规和会计职业道德的内容,均是会计从业人员工作中息息相关的法律法规。学习本章内容,旨在树立会计法律意识和良好的职业道德。

教学目标

▶ **考核目标**
1. 掌握会计核算、会计档案管理、会计监督
2. 掌握会计机构、会计岗位的设置
3. 熟悉会计职业道德的概念和主要内容
4. 熟悉违反会计法律制度的法律责任
5. 了解会计法律制度的概念、适用范围和会计工作管理体制
6. 了解代理记账

▶ **实践目标**
1. 掌握会计核算的基本要求,为今后从事会计相关工作奠定基础
2. 掌握会计档案管理的相关内容,并能够运用一般理论分析现实问题
3. 树立会计法律意识、养成良好职业道德规范

▶ 第一节 会计法律制度概述

▶ 一、会计法律制度的概念

会计法律制度,是指国家权力机关和行政机关制定的关于会计工作的法律、法规、规章和规范性文件的总称。

▶ 二、会计法律制度的适用范围

国家机关、社会团体、公司、企业、事业单位和其他组织(以下统称单位)办理会计事务必

须依照《会计法》办理。

《会计法》规定,国家实行统一的会计制度。国家统一的会计制度由国务院财政部门根据《会计法》制定并公布。

▶ 三、会计工作管理体制

(一)会计工作的行政管理

国务院财政部门主管全国的会计工作。县级以上地方各级人民政府财政部门管理本行政区域内的会计工作。

(二)单位内部的会计工作管理

单位负责人对本单位的会计工作和会计资料的真实性、完整性负责。

单位负责人是指单位法定代表人或者法律、行政法规规定代表单位行使职权的主要负责人。

▶ 第二节　会计核算与监督

▶ 一、会计核算

(一)会计核算基本要求

1. 依法建账

不得私设会计账簿进行登记、核算。

2. 根据实际发生的经济业务进行会计核算

会计核算以实际发生的经济业务为依据,体现了会计核算的真实性和客观性要求。

3. 保证会计资料的真实和完整

会计资料的真实性,主要是指会计资料所反映的内容和结果,应当同单位实际发生的经济业务的内容及其结果相一致。

会计资料的完整性,主要是指构成会计资料的各项要素都必须齐全,以使会计资料如实、全面地记录和反映经济业务发生情况,便于会计资料使用者全面、准确地了解经济活动情况。

造成会计资料不真实、不完整的原因可能是多方面的,但伪造、变造会计资料是重要手段之一。任何单位或者个人不得以任何方式授意、指使、强令会计机构与会计人员,伪造、变造会计凭证、会计账簿和其他会计资料,提供虚假财务会计报告。任何单位和个人不得伪造、变造会计凭证、会计账簿及其他会计资料,不得提供虚假的财务会计报告。

4. 正确采用会计处理方法

各单位采用的会计处理方法,前后各期应当一致,不得随意变更;确有必要变更的,应当按照国家统一的会计制度的规定变更,并将变更的原因、情况及影响在财务会计报告中说明。

5. 正确使用会计记录文字

会计记录的文字应当使用中文。

在民族自治地方,会计记录可以同时使用当地通用的一种民族文字。

在中国境内的外商投资企业、外国企业和其他外国组织的会计记录可以同时使用一种外国文字。

6. 使用计算机进行会计核算必须符合法律规定

① 用计算机进行会计核算的单位,其使用的会计软件必须符合国家统一的会计制度的规定;② 使用计算机生成的会计凭证、会计账簿、财务会计报告和其他会计资料,必须符合国家统一的会计制度的规定;③ 使用计算机进行会计核算的,其会计账簿的登记、更正,应当符合国家统一的会计制度的规定。

(二)会计核算的内容

(1)款项和有价证券的收付;

(2)财物的收发、增减和使用;

(3)债权债务的发生和结算;

(4)资本、基金的增减;

(5)收入、支出、费用、成本的计算;

(6)财务成果的计算和处理;

(7)需要办理会计手续、进行会计核算的其他事项。

(三)会计凭证和会计账簿

1. 会计凭证

会计凭证按其来源和用途,分为原始凭证和记账凭证两种。具体内容如表 3.1 所示。

表 3.1 会 计 凭 证

原始凭证 (单据)	取得	业务经办人员直接取得或填制
	用途	表明经济业务已经发生或完成情况,明确有关经济责任
	审核	会计机构、会计人员必须按照国家统一会计制度的规定对原始凭证进行审核
		对不真实、不合法的原始凭证有权不予接受,并向单位负责人报告; 对记载不准确、不完整的原始凭证予以退回,并要求经办人员按照国家统一的会计制度的规定进行更正、补充
	错误更正	原始凭证所记载的各项内容均不得涂改
		原始凭证内容有错误的,应由开具单位重开或更正,并在更正处加盖出具单位印章
		原始凭证金额出现错误的,不得更正,只能由开具单位重新开具
记账凭证 (传票)	用途	分类归纳原始凭证;登记会计账簿
	除部分转账、结账和更正错误记账凭证外,记账凭证必须附有原始凭证	
	一张原始凭证所列的支出需要由两个以上的单位共同负担时,应当由保存该原始凭证的单位开具原始凭证分割单给其他应负担的单位	
	【提示】不得使用原始凭证的复印件或影印件	

2. 会计账簿

会计账簿是编制财务会计报告的重要依据。具体种类如表3.2所示。

表3.2 会 计 账 簿

类别		
	总账	形式分为订本账、活页账
	明细账	一般使用活页账
	日记账	逐日逐笔登记，包括现金日记账和银行存款日记账。通常使用订本账
	其他辅助账簿	也称备查账簿。主要包括各种租借设备、物资的辅助登记或有关应收、应付款项的备查簿，担保、抵押备查簿等
登记要求	必须依据经过审核的会计凭证登记会计账簿	
	会计账簿应当按照连续编号的页码顺序登记	
	【提示】会计账簿记录发生错误或者隔页、缺号、跳行的，应当按照国家统一的会计制度规定的方法更正，并由会计人员和会计机构负责人（会计主管人员）在更正处盖章等	
	任何单位都不得在法定会计账簿之外私设会计账簿	

（四）财务会计报告

1. 企业财务会计报告的构成

企业财务会计报告包括会计报表、会计报表附注、财务情况说明书。

会计报表应当包括资产负债表、利润表、现金流量表及相关附表。

企业财务会计报告分为年度、半年度、季度和月度财务会计报告。

季度、月度财务会计报告通常仅指会计报表，会计报表至少应当包括资产负债表和利润表。国家统一的会计制度规定季度、月度财务会计报告需要编制会计报表附注的，从其规定。

2. 企业财务会计报告的对外提供

（1）财务会计报告的会计信息应当真实、完整。

（2）财务会计报告应由企业负责人和主管会计工作的负责人、会计机构负责人（会计主管人员）签名并盖章；设置总会计师的单位，还应由总会计师签名并盖章。

（3）国有企业、国有控股的或者占主导地位的企业，应当至少每年一次向本企业的职工代表大会公布财务会计报告。

（4）对外各方提供的财务会计报告，其编制基础、编制依据、编制原则和方法应当一致。

（5）财务会计报告须经注册会计师审计的，注册会计师及其所在的会计师事务所出具的审计报告应当随同财务会计报告一并提供。

▶ 二、会计档案管理

（一）会计档案的归档

1. 会计档案的归档范围

① 会计凭证，包括原始凭证、记账凭证；

② 会计账簿，包括总账、明细账、日记账、固定资产卡片及其他辅助性账簿；

③ 财务会计报告，包括月度、季度、半年度、年度财务会计报告；

④ 其他会计资料，包括银行存款余额调节表、银行对账单、纳税申报表、会计档案移交清册、会计档案保管清册、会计档案销毁清册、会计档案鉴定意见书及其他具有保存价值的会计资料。

2. 会计档案的归档要求

（1）同时满足下列条件，单位内部形成的属于归档范围的电子会计资料可仅以电子形式保存，形成电子会计档案：

① 形成的电子会计资料来源真实有效，由计算机等电子设备形成和传输；

② 使用的会计核算系统能够准确、完整、有效接收和读取电子会计资料，能够输出符合国家标准归档格式的会计凭证、会计账簿、财务会计报表等会计资料，设定了经办、审核、审批等必要的审签程序；

③ 使用的电子档案管理系统能够有效接收、管理、利用电子会计档案，符合电子档案的长期保管要求，并建立了电子会计档案与相关联的其他纸质会计档案的检索关系；

④ 采取有效措施，防止电子会计档案被篡改；

⑤ 建立电子会计档案备份制度，能够有效防范自然灾害、意外事故和人为破坏的影响；

⑥ 形成的电子会计资料不属于具有永久保存价值或者其他重要保存价值的会计档案。

满足上述条件，单位从外部接收的电子会计资料附有符合《中华人民共和国电子签名法》规定的电子签名的，可仅以电子形式归档保存，形成电子会计档案。

（2）单位会计管理机构按照规定，定期将应归档的会计资料整理立卷，编制会计档案保管清册。

（3）当年形成的会计档案，在会计年度终了后，可由单位会计管理机构临时保管一年，再移交单位档案管理机构保管。因工作需要确需推迟移交的，应当经单位档案管理机构同意。单位会计管理机构临时保管会计档案最长不超过3年。

（二）会计档案的移交和利用

1. 会计档案的移交

（1）移交会计档案应当编制会计档案移交清册，并按规定办理移交手续。

（2）纸质会计档案的移交应保持原卷的封装。电子会计档案的移交应将电子档案及其元数据一并移交，并且格式符合规定。

（3）单位档案管理机构接收电子会计档案时，应对电子档案的准确性、完整性、可用性、安全性进行检测，符合要求才予以接收。

2. 会计档案的利用

（1）会计档案可以查阅、复制、借出。

（2）单位保存的会计档案一般不得对外借出，确因工作需要且根据国家有关规定必须借出的，应当严格按照规定办理相关手续。

（三）会计档案的保管期限

会计档案的保管期限分为永久、定期两类。会计档案的保管期限，从会计年度终了后的第一天算起。定期保管期限一般分为10年和30年。具体保管年限如表3.3所示。

表3.3　会计档案的保管期限

保管年限	会计档案
永久	年度财务报告、会计档案保管清册、会计档案销毁清册、会计档案鉴定意见书
30年	凭证、账簿、会计档案移交清册
10年	其他财务报告、调节表、对账单、纳税申报表

（四）会计档案的鉴定和销毁

1. 会计档案的鉴定

单位应当定期对已到保管期限的会计档案进行鉴定,并形成会计档案鉴定意见书。经鉴定,仍需继续保存的会计档案,应当重新划定保管期限;对保管期满,确无保存价值的会计档案,可以销毁。

2. 会计档案的销毁

经鉴定可以销毁的会计档案,销毁的基本程序和要求是:

（1）单位档案管理机构编制会计档案销毁清册,列明拟销毁会计档案的名称、卷号、册数、起止年度、档案编号、应保管期限、已保管期限和销毁时间等内容。

（2）单位负责人、档案管理机构负责人、会计管理机构负责人、档案管理机构经办人、会计管理机构经办人在会计档案销毁清册上签署意见。

（3）单位档案管理机构负责组织会计档案销毁工作,并与会计管理机构共同派员监销。监销人在会计档案销毁前应当按照会计档案销毁清册所列内容进行清点核对;在会计档案销毁后,应当在会计档案销毁清册上签名或盖章。

电子会计档案的销毁还应当符合国家有关电子档案的规定,并由单位档案管理机构、会计管理机构和信息系统管理机构共同派员监销。

3. 不得销毁的会计档案

保管期满但未结清债权债务的原始凭证和涉及其他未了事项的会计凭证不得销毁,纸质会计档案应当单独抽出立卷,电子会计档案单独转存,保管到未了事项完结时为止。

（五）特殊情况下的会计档案处置

特殊情况下的会计档案处置见表3.4。

表3.4　特殊情况下的会计档案处置

具体情况		规定
单位分立	原单位存续	由分立后的存续方统一保管,其他方可以查阅、复制与其业务相关的会计档案
	原单位解散	经各方协商后由其中一方代管或按规定处置,各方可以查阅、复制与其业务相关的会计档案
单位合并	原各单位解散或一方存续其他方解散	原各单位会计档案应当由合并后的单位统一保管
	原各单位仍存续的	仍应当由原各单位保管

续表

具体情况	规定
建设单位项目建设	建设单位在项目建设期间形成的会计档案,需要移交给建设项目接受单位的,应当在办理竣工财务决算后及时移交,并按照规定办理交接手续
单位之间交接会计档案的手续	1. 移交会计档案的单位,应当编制会计档案移交清册 2. 交接会计档案时,交接双方应当按照会计档案移交清册所列内容逐项交接,并由交接双方的单位有关负责人负责监督 3. 交接完毕后,交接双方经办人和监督人应当在会计档案移交清册上签名或盖章

▶ 三、会计监督

（一）单位内部会计监督

1. 单位内部会计监督的要求

会计机构、会计人员对违反《会计法》和国家统一的会计制度规定的会计事项,有权拒绝办理或者按照职权予以纠正。发现会计账簿记录与实物、款项及有关资料不相符的,按照国家统一的会计制度的规定有权自行处理的,应当及时处理;无权处理的,应当立即向单位负责人报告,请求查明原因,作出处理。

2. 单位内部控制制度

（1）内部控制的原则。

① 全面性原则;② 重要性原则;③ 制衡性原则;④ 适应性原则;⑤ 成本效益原则。

（2）企业内部控制措施。

企业:不相容职务分离控制、授权审批控制、会计系统控制、财产保护控制、预算控制、运营分析控制和绩效考评控制。

行政事业单位:不相容岗位相互分离、内部授权审批控制、归口管理、预算控制、财产保护控制、会计控制、单据控制、信息内部公开。

（二）会计工作的政府监督

财政部门对各单位是否依法设置会计账簿;会计凭证、会计账簿、财务会计报告和其他会计资料是否真实、完整;会计核算是否符合《会计法》和国家统一的会计制度的规定;从事会计工作的人员是否具备专业能力、遵守职业道德等情况实施会计监督。

（三）会计工作的社会监督

1. 会计工作社会监督的概念

会计工作社会监督主要是指由注册会计师及其所在的会计师事务所等中介机构接受委托,依法对单位的经济活动进行审计,出具审计报告,发表审计意见的一种监督制度。

2. 会计工作社会监督的主体、对象

（1）主体。

① 主要监督主体:注册会计师及其所在的会计师事务所。

② 其他监督主体：单位和个人检举违反《会计法》和国家统一的会计制度规定的行为，也属于会计工作社会监督。

（2）监督对象。

被审计单位的经济活动。

3. 注册会计师的审计报告

（1）审计报告要素。

① 标题、收件人、引言段；

② 管理层对财务报表的责任段、注册会计师责任段；

③ 审计意见段；

④ 注册会计师的签名和盖章；

⑤ 会计师事务所的名称、地址和盖章；

⑥ 报告日期。

（2）审计报告类型（见图3.1）。

审计报告分为标准审计报告和非标准审计报告。

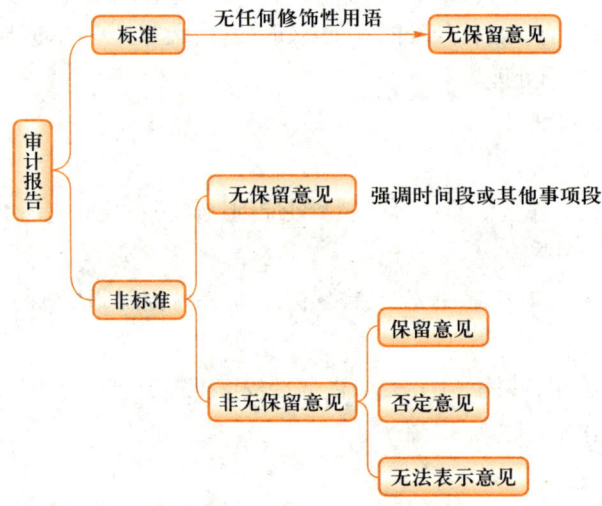

图 3.1　审计报告类型

▶ 第三节　会计机构和会计人员

▶ 一、会计机构

会计机构，是指各单位办理会计事务的职能部门。根据《会计法》的规定，各单位应当根据会计业务的需要，设置会计机构，或者在有关机构中设置会计人员并指定会计主管人员；不具备设置条件的，应当委托经批准从事会计代理记账业务的中介机构代理记账。

二、代理记账

（一）代理记账机构的审批
除会计师事务所以外的代理记账机构，应当经所在地的县级以上人民政府财政部门批准，并领取由财政部统一规定样式的代理记账许可证书。

（二）代理记账的业务范围
代理记账机构可以接受委托办理下列业务：

（1）根据委托人提供的原始凭证和其他资料，按照国家统一会计制度的规定进行会计核算，包括审核原始凭证、填制记账凭证、登记会计账簿、编制财务会计报告等；

（2）对外提供财务会计报告；

（3）向税务机关提供税务资料；

（4）委托人委托的其他会计业务。

（三）委托人、代理记账机构及其从业人员各自的义务
委托人与代理记账机构及其从业人员双方义务如表3.5所示。

表3.5 双方义务总结表

委托人	代理记账机构及其从业人员
对本单位发生的经济业务事项，应当填制或者取得符合国家统一的会计制度规定的原始凭证	遵守有关法律、法规和国家统一的会计制度的规定，按照委托合同办理代理记账业务
应当配备专人负责日常货币收支和保管	对在执行业务中知悉的商业秘密予以保密
及时向代理记账机构提供真实、完整的原始凭证和其他相关资料	对委托人要求其作出不当的会计处理，提供不实的会计资料，以及其他不符合法律、法规和国家统一的会计制度行为的，予以拒绝
对于代理记账机构退回的，要求按照国家统一的会计制度的规定进行更正、补充的原始凭证，应当及时予以更正、补充	对委托人提出的有关会计处理相关问题予以解释

三、会计岗位的设置

会计岗位的设置如表3.6所示。

表3.6 会计岗位的设置总结表

项目	内容
要求	1. 各单位应当根据会计业务需要设置会计工作岗位。 2. 会计工作岗位，可以一人一岗、一人多岗或者一岗多人。会计人员的工作岗位应当有计划地进行轮换。 3. 出纳人员不得兼任稽核、会计档案保管和收入、支出、费用、债权债务账目登记工作。

续表

项目	内容
要求	4. 档案管理部门的人员管理会计档案,不属于会计岗位。 5. 会计机构负责人或会计主管人员,是在一个单位内具体负责会计工作的中层领导人员。担任单位会计机构负责人(会计主管人员)的,应当具备会计师以上专业技术职务资格或者从事会计工作3年以上经历。 6. 因有提供虚假财务会计报告,做假账,隐匿或者故意销毁会计凭证、会计账簿、财务会计报告,贪污,挪用公款,职务侵占等与会计职务有关的违法行为被依法追究刑事责任的人员,不得再从事会计工作
回避制度	1. 国家机关、国有企业、事业单位任用会计人员应当实行回避制度。 2. 单位领导人的直系亲属不得担任本单位的会计机构负责人、会计主管人员。 3. 会计机构负责人、会计主管人员的直系亲属不得在本单位会计机构中担任出纳工作。 4. 需要回避的直系亲属:夫妻关系、直系血亲关系、三代以内旁系血亲以及配偶亲关系
工作交接	1. 会计人员调动工作、离职或者因病暂时不能工作,应与接管人员办清交接手续。 2. 一般会计人员办理交接手续,由会计机构负责人(会计主管人员)监交;会计机构负责人(会计主管人员)办理交接手续,由单位负责人负责监交,必要时主管单位可以派人会同监交。 3. 移交人员在办理移交时,要按移交清册逐项移交;接替人员要逐项核对点收。 4. 交接完毕后,交接双方和监交人要在移交清册上签名或者盖章,并应在移交清册上注明:单位名称,交接日期,交接双方和监交人的职务、姓名,移交清册页数以及需要说明的问题和意见等。 5. 移交清册一般应当填制一式三份,交接双方各执一份,存档一份。 6. 接替人员应当继续使用移交的会计账簿,不得自行另立新账,以保持会计记录的连续性。 7. 移交人员对所移交的会计凭证、会计账簿、会计报表和其他有关资料的合法性、真实性承担法律责任
继续教育	1. 继续教育内容包括公需科目和专业科目。 2. 专业技术人员参加继续教育实行学分制管理,每年参加继续教育取得的学分不少于90学分。其中专业科目一般不少于总学分的2/3
总会计师	1. 总会计师是主管本单位会计工作的行政领导,是单位行政领导成员,是单位会计工作的主要负责人,全面负责单位的财务会计管理和经济核算,参与单位的重大经营决策活动,是单位主要行政领导人的参谋和助手。 2. 国有的和国有资产占控股地位或者主导地位的大、中型企业必须设置总会计师,其他单位可以根据业务需要,自行决定是否设置总会计师

边学边做 3.1

1. 训练目的

掌握会计专业技术人员继续教育与总会计师的具体规定。

2. 案例设计

某国有独资公司,生产经营规模不大,当地财政部门在对该公司进行执法检查的过程中发现该公司会计人员赵某1月份离职,办理工作交接时未发现任何异常,至6月份,接替人员张某才发现其中有部分会计资料不真实,张某和赵某互相推卸责任,此事目前仍未解决。关于该案件,赵某是否应当承担相应责任?

3. 分析过程

对交接时未发现的不真实会计资料,移交人员赵某应当承担相应的责任。根据规定,移交人员对移交的会计凭证、会计账簿、会计报表和其他会计资料的合法性、真实性承担法律责任。

第四节 会计职业道德

一、会计职业道德的含义

(一) 会计职业道德的概念

会计职业道德是指在会计职业活动中应当遵循的、体现会计职业特征、调整会计职业关系的职业行为准则和规范。

(二) 会计职业道德与会计法律制度的联系与区别

会计职业道德与会计法律制度的联系与区别见表 3.7。

表 3.7 会计职业道德与会计法律制度的联系与区别

		会计职业道德	会计法律制度
联系		内容上相互渗透、相互吸收;作用上相互补充、相互协调。 会计职业道德是对会计法律制度的重要补充,会计法律制度是对会计职业道德的最低要求	
区别	性质	依靠会计从业人员的自觉性,具有很强的自律性	通过国家行政权力强制执行,具有很强的他律性
	作用范围	不仅要调整会计人员的外在行为,还要调整会计人员内在的精神世界	侧重于调整会计人员的外在行为和结果的合法化,具有较强的客观性
	表现形式	出自于会计人员的职业生活和职业实践,其表现形式既有明确的成文规范,也有不成文的规范	通过一定的程序由国家立法部门或行政管理部门制定、颁布的,其表现形式是具体的、明确的、正式形成文字的成文规定
	实施保障机制	依靠道德教育、社会舆论、传统习俗、道德评价来实现	国家强制力保障实施
	评价标准	道德评价为标准	法律规定为评价标准

二、会计职业道德的主要内容

会计职业道德主要包括爱岗敬业、诚实守信、廉洁自律、客观公正、坚持准则、提高技能、参与管理、强化服务八个方面内容。

第五节 违反会计法律制度的法律责任

一、违反国家统一的会计制度行为的法律责任

违反《会计法》规定,有下列行为之一的,由县级以上人民政府财政部门责令限期改正,可以对单位并处3 000元以上5万元以下的罚款;对其直接负责的主管人员和其他直接责任人员,可以处2 000元以上2万元以下的罚款;属于国家工作人员的,还应当由其所在单位或者有关单位依法给予行政处分。构成犯罪的,依法追究刑事责任:

(1)不依法设置会计账簿的;
(2)私设会计账簿的;
(3)未按照规定填制、取得原始凭证或者填制、取得的原始凭证不符合规定的;
(4)以未经审核的会计凭证为依据登记会计账簿或者登记会计账簿不符合规定的;
(5)随意变更会计处理方法的;
(6)向不同的会计资料使用者提供的财务会计报告编制依据不一致的;
(7)未按照规定使用会计记录文字或者记账本位币的;
(8)未按照规定保管会计资料,致使会计资料毁损、灭失的;
(9)未按照规定建立并实施单位内部会计监督制度或者拒绝依法实施的监督或不如实提供有关会计资料及有关情况的;
(10)任用会计人员不符合《会计法》规定的。

会计人员有上述所列行为之一,情节严重的,五年内不得从事会计工作。

二、伪造、变造会计凭证、会计账簿,编制虚假财务会计报告行为的法律责任

伪造、变造会计凭证、会计账簿,编制虚假财务会计报告,构成犯罪的,依法追究刑事责任。尚不构成犯罪的,由县级以上人民政府财政部门予以通报,可以对单位并处5 000元以上10万元以下的罚款;对其直接负责的主管人员和其他直接责任人员,可以处3 000元以上5万元以下的罚款;属于国家工作人员的,还应当由其所在单位或者有关单位依法给予撤职直至开除的行政处分;其中的会计人员,五年内不得从事会计工作。

三、隐匿或者故意销毁依法应当保存的会计凭证、会计账簿、财务会计报告行为的法律责任

隐匿或者故意销毁依法应当保存的会计凭证、会计账簿、财务会计报告,构成犯罪的,依法追究刑事责任。尚不构成犯罪的,由县级以上人民政府财政部门予以通报,可以对单位并处5 000元以上10万元以下的罚款;对其直接负责的主管人员和其他直接责任人员,可以处3 000元以上5万元以下的罚款;属于国家工作人员的,还应当由其所在单位或者有关单位依法给予撤职直至开除的行政处分;其中的会计人员,五年内不得从事会计工作。

▶ 四、授意、指使、强令会计机构、会计人员及其他人员伪造、变造会计凭证、会计账簿,编制虚假财务会计报告或者隐匿、故意销毁依法应当保存的会计凭证、会计账簿、财务会计报告行为的法律责任

授意、指使、强令会计机构、会计人员及其他人员伪造、变造会计凭证、会计账簿,编制虚假财务会计报告或者隐匿、故意销毁依法应当保存的会计凭证、会计账簿、财务会计报告,构成犯罪的,依法追究刑事责任。尚不构成犯罪的,可以处5 000元以上5万元以下的罚款;属于国家工作人员的,还应当由其所在单位或者有关单位依法给予降级、撤职、开除的行政处分。

▶ 五、单位负责人对依法履行职责、抵制违反《会计法》规定行为的会计人员实行打击报复的法律责任

单位负责人对依法履行职责、抵制违反《会计法》规定行为的会计人员以降级、撤职、调离工作岗位、解聘或者开除等方式实行打击报复,构成犯罪的,依法追究刑事责任。尚不构成犯罪的,由其所在单位或者有关单位依法给予行政处分。对受打击报复的会计人员,应当恢复其名誉和原有职务、级别。

根据《刑法》规定,公司、企业、事业单位、机关、团体的领导人,对依法履行职责、抵制违反《会计法》行为的会计人员实行打击报复,情节恶劣的,处三年以下有期徒刑或者拘役。

▶ 六、财政部门及有关行政部门工作人员职务违法行为的法律责任

财政部门及有关行政部门的工作人员在实施监督管理中滥用职权、玩忽职守、徇私舞弊或者泄露国家秘密、商业秘密,构成犯罪的,依法追究刑事责任。尚不构成犯罪的,依法给予行政处分。

收到对违反《会计法》和国家统一的会计制度行为检举的部门及负责处理检举的部门,将检举人姓名和检举材料转给被检举单位和被检举人个人的,由所在单位或者有关单位依法给予行政处分。

▶ 本章知识回顾

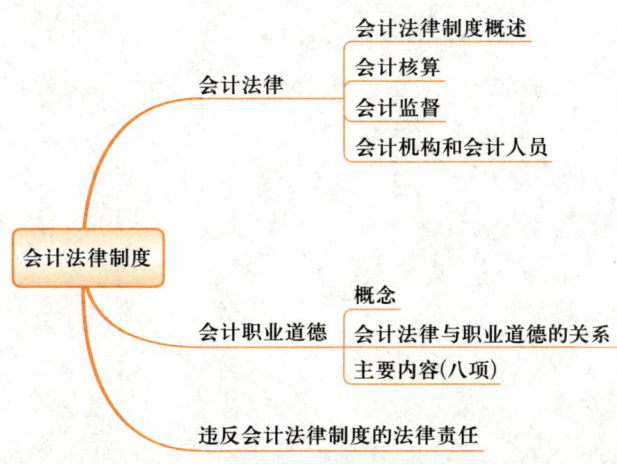

▶ 开心一扫

总经理为爱妻"辞职"

社会发展了,人心活络了,时下什么新鲜事儿都有。我们听说过为了房产、财产闹离婚的,但很少听说为了工作闹离婚的。眼下就有这么一桩有意思的事儿,某家知名大型国有企业年轻有为的总经理娶了貌美如花的财务总监,小两口刚新婚燕尔就发生口角闹离婚,最终年轻有为的总经理为了爱妻毅然辞职。听起来挺热闹的,到底是怎么回事儿呢?大家跟着小保去一探究竟。

第四章 票据与支付结算法律制度

本章导读

本章主要介绍票据法律制度和支付结算法律制度，学习中应重点理解票据关系、票据行为、票据时效和各种结算方式的使用，以达到在会计工作中根据需要使用票据和其他结算工具的目的。

教学目标

▶ **考核目标**

1. 掌握银行卡账户和交易、银行卡计息和收费
2. 掌握汇兑、托收承付、委托收款结算方式
3. 掌握票据权利与责任、票据行为
4. 掌握银行汇票、商业汇票、银行本票和支票
5. 熟悉银行结算账户的管理
6. 熟悉银行卡的分类和票据追索
7. 熟悉预付卡相关规定
8. 熟悉结算纪律与法律责任
9. 了解办理支付结算的原则和基本要求
10. 了解国内信用证
11. 了解票据防伪知识

▶ **实践目标**

1. 掌握汇兑、托收承付、委托收款、银行卡和预付卡等非票据结算方式的适用范围和具体程序，准确理解不同结算工具的使用特点
2. 准确判断票据法律关系中不同主体的名称和法律地位
3. 准确判决不同票据行为所造成的法律后果
4. 把握票据提示付款期限、提示承兑期限、行使追索权通知期限和票据权利时效期间的异同，并理解相关的期限规定
5. 准确理解票据抗辩权的行使条件

6. 理解票据权利丧失后三种补救措施各自的特点和相互衔接程序
7. 能正确使用汇票、本票、支票,正确处理简单的票据法律纠纷的问题
8. 能正确分析和处理工作和生活中有关银行结算方面的具体实务问题

▶ 第一节　支付结算概述

▶ 一、支付结算的概念和方式

支付结算有广义和狭义之分,广义的支付结算包括现金结算和非现金结算,狭义的支付结算是指《支付结算办法》中的票据、银行卡、汇兑、托收承付、委托收款、信用证、电子支付等。各种结算方式的出现,加快了资金周转和商品流通速度,促进社会主义市场经济的发展。

▶ 二、支付结算的主要法律法规

第八届全国人大常委会第十三次会议于 1995 年 5 月 10 日正式通过了《中华人民共和国票据法》,该法于 1996 年 1 月 1 日起施行,奠定了支付结算法律的基础。

我国支付结算的法律渊源主要有:《中华人民共和国票据法》《票据管理实施办法》(1997 年 8 月 21 日发布)、《最高人民法院关于审理票据纠纷案件若干问题的规定》(2000 年 11 月 14 日发布)、《支付结算办法》(1997 年 9 月 19 日)、《商业汇票承兑、贴现与再贴现管理暂行办法》(1997 年 5 月 22 日)、《人民币银行结算账户管理办法》及其实施细则、《银行卡业务管理办法》及《国内信用证结算办法》等,这些构成了我国支付结算法律制度的主要内容。

▶ 三、支付结算的特征

从法律上来说,支付结算主要有如下两个重要特征:

(一) 支付结算必须通过法律规定的中介机构进行

银行 (包括银行、城市信用合作社、农村信用合作社) 是支付结算和资金清算的主要中介机构。未经中国人民银行批准的非银行金融机构和其他单位不得作为中介机构经营支付结算业务。

(二) 支付结算必须遵循法律规定的特定形式要求

《支付结算办法》规定,单位、个人和银行办理支付结算,必须使用按中国人民银行统一规定印制的票据凭证和统一规定的结算凭证。未使用按中国人民银行统一规定印制的票据,票据无效;未使用中国人民银行统一规定格式的结算凭证,银行不予受理。

填写票据和结算凭证,必须做到标准化、规范化。例如,中文大写金额数字应用正楷或行书填写;中文大写金额数字到 "元" 为止的,在 "元" 之后,应写 "整" (或 "正") 字。

▶ 四、支付结算的基本原则

单位、个人和银行在进行支付结算活动时必须遵守"恪守信用,履约付款;谁的钱进谁的账、由谁支配;银行不垫款"的三项基本原则。中国人民银行发布的《支付结算办法》对这三项基本原则进行了规定。

（一）恪守信用、履约付款

各单位之间、单位与个人、个人与个人之间发生交易往来,在平等自愿、相互信任的基础上,自行协商订约,通过银行办理款项收付。该原则要求收付双方必须严格遵守信用,特别是付款方应当按照约定的付款金额和付款日期履行付款义务。

（二）谁的钱进谁的账、由谁支配

银行在办理结算时,必须按照存款人的委托,将款项支付给其指定的收款人;对存款人的资金,除国家法律另有规定外,必须由其自由支配,以保证开户单位对其资金的自主支配权。

（三）银行不垫款

即银行办理结算过程,只负责办理结算款项的划拨,银行不承担垫付任何款项的责任。

上述三个原则是支付结算活动中的基调,从总体上规范了支付结算行为,从而切实保障了支付结算活动的正常进行。

▶ 五、办理支付结算的要求

（一）单位、个人和银行办理支付结算,必须使用按中国人民银行统一规定印制的票据凭证和结算凭证

票据和结算凭证是办理支付结算的工具。未使用按中国人民银行统一规定印制的票据,票据无效;未使用中国人民银行统一规定格式的结算凭证,银行不予受理。

（二）单位、个人和银行应当按照《人民币银行结算账户管理办法》的规定开立、使用账户

在银行开立存款账户的单位和个人办理支付结算,账户内须有足够的资金保证支付。银行依法为单位、个人在银行开立的存款账户内的存款保密,维护其资金的自主支配权。除国家法律、行政法规另有规定外,银行不得为任何单位或者个人查询账户情况,不得为任何单位或者个人冻结、扣划款项,不得停止单位、个人存款的正常支付。

（三）票据和结算凭证上的签章和其他记载事项应当真实,不得伪造、变造

"伪造"是指无权限人假冒他人或虚构他人名义签章的行为,例如伪造出票人的签章签发票据等。

"变造"是指无权更改票据内容的人,对票据上签章以外的记载事项加以改变的行为。变造票据的方法包括覆盖、挖补、剪接或粘贴、涂改,通过这些方式非法改变票据内容。出票金额、出票日期、收款人名称不得更改,更改的票据无效;更改的结算凭证,银行不予受理。

(四)填写各种票据和结算凭证应当规范

填写票据和结算凭证必须做到要素齐全、数字正确、字迹清晰、不错漏、不潦草,防止涂改。规范填写票据和结算凭证时应注意以下事项:

1. 收款人名称

单位和银行的名称应当记载全称或者规范化简称。例如"中国证券管理监督委员会"的规范化简称为"证监会"。

2. 出票日期

票据的出票日期必须使用中文大写。为防止变造票据的出票日期,在填写月、日时,月为壹、贰和壹拾的,日为壹至玖和壹拾、贰拾、叁拾的,应在其前加"零";日为拾壹至拾玖的,应在其前加"壹"。如2月21日,应写成零贰月贰拾壹日;再如10月30日,应写成零壹拾月零叁拾日。

3. 金额

票据和结算凭证金额应以中文大写和阿拉伯数码同时记载,二者必须一致,二者不一致的票据无效;二者不一致的结算凭证,银行不予受理。少数民族地区和外国驻华使领馆根据实际需要,金额大写可以使用少数民族文字或者外国文字记载。

第二节 银行结算账户

一、银行结算账户的概念和分类

(一)银行结算账户的概念

银行结算账户是指存款人在银行开立的用于办理资金收付活动的人民币活期存款账户。它是存款人办理存、贷款和资金收付活动的基础。

(二)银行结算账户的分类

(1)银行结算账户按存款人不同,可分为单位银行结算账户和个人银行结算账户。单位银行结算账户是指存款人以单位名称开立的银行结算账户。个体工商户凭营业执照以字号或经营者姓名开立的银行结算账户纳入单位银行结算账户管理。个人银行结算账户是指存款人凭个人身份证件以自然人名称开立的银行结算账户。个人因使用借记卡、信用卡在银行或邮政储蓄机构开立的银行结算账户，纳入个人银行结算账户管理。

（2）单位银行结算账户按照用途不同，可分为基本存款账户、一般存款账户、专用存款账户和临时存款账户。

① 基本存款账户是存款人因办理日常转账结算和现金收付需要开立的银行结算账户。企业事业单位可以自主选择一家商业银行的营业场所开立一个办理日常转账结算和现金收付的基本存款账户，不得开立两个以上基本存款账户。

② 一般存款账户是存款人因借款或其他结算需要，在基本存款账户开户银行以外的银行营业机构开立的银行结算账户。

③ 专用存款账户是存款人按照法律、行政法规和规章，对其特定用途资金进行专项管理和使用而开立的银行结算账户。

④ 临时存款账户是存款人因临时需要并在规定期限内使用而开立的银行结算账户。

▶ 二、银行结算账户的开立、使用、变更和撤销

（一）银行结算账户的开立

存款人可以自主选择银行开立银行结算账户。除国家法律、行政法规和国务院规定外，任何单位和个人不得强令存款人到指定银行开立银行结算账户。

存款人申请开立单位银行结算账户时，可由法定代表人或单位负责人直接办理，也可授权他人办理。存款人申请开立银行结算账户时，应填制开户申请书。开户申请书按照中国人民银行的规定记载有关事项。银行应对存款人的开户申请书填写的事项和证明文件的真实性、完整性、合规性进行认真审查。开户申请书填写的事项应当齐全，符合开立基本存款账户、临时存款账户和预算单位专用存款账户条件的，银行应将存款人的开户申请书、相关的证明文件和银行审核意见等开户资料报送中国人民银行当地分支行，经其核准后办理开户手续；符合开立一般存款账户、其他专用存款账户和个人银行结算账户条件的，银行应办理开户手续，并于开户之日起5个工作日内向中国人民银行当地分支行备案。中国人民银行应于2个工作日内对银行报送的基本存款账户、临时存款账户和预算单位专用存款账户的开户资料的合规性予以审核，符合开户条件的，予以核准；不符合开户条件的，应在开户申请书上签署意见，连同有关证明文件一并退回报送银行。银行为存款人开立银行结算账户，应与存款人签订银行结算账户管理协议，明确双方的权利与义务。除中国人民银行另有规定的以外，应建立存款人预留签章卡片，并将签章式样和有关证明文件的原件或复印件留存归档。

存款人开立基本存款账户、临时存款账户和预算单位开立专用存款账户实行核准制度，经中国人民银行核准后由开户银行核发开户登记证。开户登记证是记载单位银行结算账户信息的有效证明，存款人应按《人民币银行结算账户管理办法》的规定使用，并妥善保管。银行为存款人开立一般存款账户、专用存款账户和临时存款账户的，应自开户之日起3个工作日内书面通知基本存款账户开户银行。

存款人应在注册地或住所地开立银行结算账户。符合《人民币银行结算账户管理办法》规定可以在异地（跨省、市、县）开立银行结算账户的除外。

存款人开立单位银行结算账户,自正式开立之日起3个工作日后,方可办理付款业务。但注册验资的临时存款账户转为基本存款账户和因借款转存开立的一般存款账户除外。

1. 基本存款账户的开立

存款人申请开立基本存款账户,应向银行出具下列证明文件:

(1)企业法人,应出具企业法人营业执照正本。

(2)非法人企业,应出具企业营业执照正本。

(3)机关和实行预算管理的事业单位,应出具政府人事部门或编制委员会的批文或登记证书和财政部门同意其开户的证明;非预算管理的事业单位,应出具政府人事部门或编制委员会的批文或登记证书。

(4)军队、武警团级(含)以上单位以及分散执勤的支(分)队,应出具军队军级以上单位财务部门、武警总队财务部门的开户证明。

(5)社会团体,应出具社会团体登记证书,宗教组织还应出具宗教事务管理部门的批文或证明。

(6)民办非企业组织,应出具民办非企业登记证书。

(7)外地常设机构,应出具其驻在地政府主管部门的批文。

(8)外国驻华机构,应出具国家有关主管部门的批文或证明;外资企业驻华代表处、办事处应出具国家登记机关颁发的登记证。

(9)个体工商户,应出具个体工商户营业执照正本。

(10)居民委员会、村民委员会、社区委员会,应出具其主管部门的批文或证明。

(11)单位附属独立核算的食堂、招待所、幼儿园,应出具其主管部门的基本存款账户开户许可证和批文。

(12)按照现行法律法规规定可以成立的业主委员会、村民小组等组织,应出具政府主管部门的批文或证明。

2. 一般存款账户的开立

存款人申请开立一般存款账户,应向银行出具其开立基本存款账户规定的证明文件、基本存款账户开户登记证和下列证明文件:

(1)存款人因向银行借款需要,应出具借款合同。

(2)存款人因其他结算需要,应出具有关证明。

3. 专用存款账户的开立

存款人申请开立专用存款账户,应向银行出具其开立基本存款账户规定的证明文件、基本存款账户开户登记证和下列证明文件:

(1)基本建设资金、更新改造资金、政策性房地产开发资金、住房基金、社会保障基金,应出具主管部门批文。

(2)粮、棉、油收购资金,应出具主管部门批文。

(3)单位银行卡备用金,应按照中国人民银行批准的银行卡章程的规定出具有关证明和资料。

（4）证券交易结算资金，应出具证券公司或证券管理部门的证明。

（5）期货交易保证金，应出具期货公司或期货管理部门的证明。

（6）收入汇缴资金和业务支出资金，应出具基本存款账户存款人有关的证明。

（7）党、团、工会设在单位的组织机构经费，应出具该单位或有关部门的批文或证明。

（8）其他按规定需要专项管理和使用的资金，应出具有关法规、规章或政府部门的有关文件。

另外，合格境外机构投资者在境内从事证券投资开立的人民币特殊账户和人民币结算资金账户纳入专用存款账户管理。其开立人民币特殊账户时应出具国家外汇管理部门的批复文件，开立人民币结算资金账户时应出具证券管理部门的证券投资业务许可证。

4．临时存款账户的开立

存款人申请开立临时存款账户，应向银行出具下列证明文件：

（1）临时机构，应出具其驻在地主管部门同意设立临时机构的批文。

（2）异地建筑施工及安装单位，应出具其营业执照正本或其隶属单位的营业执照正本，以及施工及安装地建设主管部门核发的许可证或建筑施工及安装合同。

（3）异地从事临时经营活动的单位，应出具其营业执照正本以及临时经营地工商行政管理部门的批文。

（4）境内单位在异地从事临时活动的，应出具政府有关部门批准其从事该活动的证明文件。

（5）境外（含港、澳、台地区）机构在境内从事经营活动的，应当出具政府有关部门批准其从事该项活动的证明文件。

（6）军队、武警单位因执行作战、演习、抢险救灾、应对突发事件等任务需要开立银行账户时，开户银行凭借军队、武警团级以上单位后勤（联勤）部门出具的批件或证明，先予开户并同时启用，后补办相关手续。

（7）注册验资资金，应出具工商行政管理部门核发的企业名称预先核准通知书或有关部门的批文。

（8）增资验资资金，应当出具股东会或董事会决议等证明文件。

上述第（2）、（3）、（4）、（8）项还应出具基本存款账户开户许可证，外国及港、澳、台地区建筑施工及安装单位除外。

5．异地银行结算账户的开立

存款人需要在异地开立单位银行结算账户，除需要根据开立银行结算账户的类型分别出具基本存款账户、专用存款账户和临时存款账户规定的证明文件外，还应出具下列相应的证明文件：

（1）经营地与注册地不在同一行政区域的存款人，在异地开立基本存款账户的，应出具注册地中国人民银行分支行的未开立基本存款账户的证明。

（2）异地借款的存款人，在异地开立一般存款账户的，应出具在异地取得贷款的借款合同。

（3）因经营需要在异地办理收入汇缴和业务支出的存款人，在异地开立专用存款账户的，应出具隶属单位的证明。

属第（2）、第（3）项情况的，还应出具其基本存款账户开户登记证。

6. 个人银行结算账户的开立

开立个人银行结算账户的方式有：柜面开户、自助机具开户和电子渠道开户。

开立个人银行账户所需有效身份证件包括：

（1）在中华人民共和国境内已登记常住户口的中国公民为居民身份证；不满16周岁的，可以使用居民身份证或户口簿。

（2）香港、澳门特别行政区居民为港澳居民往来内地通行证。

（3）台湾地区居民为台湾居民来往大陆通行证。

（4）国外的中国公民为中国护照。

（5）外国公民为护照或者外国人永久居留证（外国边民，按照边贸结算的有关规定办理）。

（6）法律、行政法规规定的其他身份证明文件。

开立个人银行账户所需辅助身份证明材料包括但不限于：

（1）中国公民为户口簿、护照、机动车驾驶证、居住证、社会保障卡、军人和武装警察身份证件、公安机关出具的户籍证明、工作证。

（2）香港、澳门特别行政区居民为香港、澳门特别行政区居民身份证。

（3）台湾地区居民为在台湾居住的有效身份证明。

（4）定居国外的中国公民为定居国外的证明文件。

（5）外国公民为外国居民身份证、使领馆人员身份证件或者机动车驾驶证等其他带有照片的身份证件。

（6）完税证明、水电煤缴费单等税费凭证。

军人、武装警察尚未领取居民身份证的，除出具军人和武装警察身份证件外，还应出具军人保障卡或所在单位开具的尚未领取居民身份证的证明材料。

（二）银行结算账户的使用

1. 基本存款账户的使用

基本存款账户是存款人因办理日常转账结算和现金收付需要开立的银行结算账户。基本存款账户是存款人的主办账户。存款人日常经营活动的资金收付及其工资、奖金和现金的支取，应通过该账户办理。

（1）开立基本存款账户的存款人资格。下列存款人可以申请开立基本存款账户：企业法人、机关、事业单位、社会团体、军队、武警部队、居民社区委员会、民办非企业组织（如不以营利为目的的民办学校、福利院、医院）等。同时，有些单位虽然不是法人组织，但具有独立核算资格，有自主办理资金结算的需要，也允许其开立基本存款账户，主要包括非法人企业（如具有营业执照的企业集团下属的分公司）、外国驻华机构、单位设立的独立核算的附属机构（如单位附属独立核算的食堂、招待所、幼儿园）等。

（2）基本存款账户的使用范围包括：存款人日常经营活动的资金收付，以及存款人的工资、奖金和现金的支取。

（3）存款人只能选择一家金融机构开立一个基本存款账户。企业事业单位可以自主选择一家商业银行的营业场所开立一个办理日常转账结算和现金收付的基本账户，不得开立两个以上基本账户。

2. 一般存款账户的使用

一般存款账户是指存款人因借款或其他结算需要,在基本存款账户开户银行以外的银行营业机构开立的银行结算账户。

(1)一般存款账户主要用于办理存款人借款转存、借款归还和其他结算的资金收付。该账户可以办理现金缴存,但不得办理现金支取。存款人开立一般存款账户没有数量限制。

(2)开立基本存款账户的存款人都可以开立一般存款账户。开立一般存款账户,实行备案制,无须中国人民银行核准。

3. 专用存款账户的使用

专用存款账户是指存款人按照法律、行政法规和规章,对有特定用途的资金进行专项管理和使用而开立的银行结算账户。

(1)专用存款账户用于办理各项专用资金的收付。单位银行卡账户的资金必须由其基本存款账户转账存入。该账户不得办理现金收付业务。

对下列资金的管理与使用,存款人可以申请开立专用存款账户:基本建设资金;更新改造资金;财政预算外资金;粮、油收购资金;证券交易结算资金;期货交易保证金;信托基金;金融机构存放同业资金;政策性房地产开发资金;单位银行卡备用金;住房基金;社会保障基金;收入汇缴资金和企业业务支出资金;党、团、工会设在单位的组织机构经费;其他需要专项管理和使用的资金。

(2)收入汇缴资金和业务支出资金,是指基本存款账户存款人附属的非独立核算单位或派出机构发生的收入和支出的资金,因收入汇缴资金和业务支出资金开立的专用存款账户,应使用隶属单位的名称。

4. 临时存款账户的使用

(1)临时存款账户是指存款人因临时需要并在规定期限内使用而开立的银行结算账户。

(2)临时存款账户用于办理临时机构以及存款人临时经营活动发生的资金收付。临时存款账户支取现金,应按照国家现金管理的规定办理。注册验资的临时存款账户在验资期间只收不付。临时存款账户有效期最长不得超过2年。存款人在账户的使用中需要延长期限的,应在有效期限内向开户银行提出申请,并由开户银行报中国人民银行当地分支行核准后办理展期。

(3)临时存款账户使用中应注意的问题:临时存款账户支取现金,应按照国家现金管理的规定办理;注册验资的临时存款账户在验资期间只收不付,注册验资资金的汇缴人应与出资人的名称一致。

5. 异地银行结算账户的使用

存款人一般应在注册地(指存款人的营业执照等开户证明文件上记载的住所地)或住所地开立银行结算账户。但存款人有下列情形之一的,可以在异地开立有关银行结算账户:

(1)营业执照注册地与经营地不在同一行政区域(跨省、市、县)需要开立基本存款账户的;

(2)办理异地借款和其他结算需要开立一般存款账户的;

(3)存款人因附属的非独立核算单位或派出机构发生的收入汇缴或业务支出需要开立专用存款账户的;

(4)异地临时经营活动需要开立临时存款账户的;

（5）自然人根据需要在异地开立个人银行结算账户的。

6. 个人银行结算账户的使用

（1）个人银行结算账户是指存款人有投资、消费、结算等需要而凭个人身份证件以自然人名称开立的银行结算账户。自然人可根据需要申请开立个人银行结算账户，也可以在已开立的储蓄账户中选择并向开户银行申请确认为个人银行结算账户。储蓄账户仅限于办理现金存取业务，不得办理转账结算。银行在现有个人银行账户基础上，将个人银行账户分为Ⅰ类银行账户、Ⅱ类银行账户和Ⅲ类银行账户（以下分别简称"Ⅰ类户""Ⅱ类户"和"Ⅲ类户"）。其中，银行可通过Ⅰ类户为存款人提供存款、购买投资理财产品等金融产品、转账、消费和缴费支付、支取现金等服务；可通过Ⅱ类户为存款人提供存款、购买投资理财产品等金融产品、限定金额的消费和缴费支付等服务；可通过Ⅲ类户为存款人提供限定金额的消费和缴费支付服务。银行不得通过Ⅱ类户和Ⅲ类户为存款人提供存取现金服务，不得为Ⅱ类户和Ⅲ类户发放实体介质。

（2）个人银行结算账户用于办理个人转账收付和现金存取。存款人有下列情况的，可以申请开立个人银行结算账户：① 使用支票、银行卡、电子支付等信用支付工具的；② 办理汇兑、定期借记（如代收水、电、话费、有线电视等公用事业费业务）、定期贷记（代发工资）、借记卡等结算业务的。

（3）个人的工资收入等合法款项可以转入个人银行结算账户。单位从其银行结算账户支付给个人银行结算账户的款项，每笔超过5万元的，应向其开户银行提供付款依据。储蓄账户仅限于办理现金存取业务，不得办理转账结算。

边学边思

个人结算账户和个人储蓄账户有什么区别？

（三）银行结算账户的变更

银行结算账户变更是指存款人名称、单位法定代表人或主要负责人、住址以及其他开户资料发生的变更。存款人更改名称，但不改变开户银行及账号的，应于5个工作日内向开户银行提出银行结算账户的变更申请，并出具有关部门的证明文件。单位的法定代表人或主要负责人、住址以及其他开户资料发生变更时，应于5个工作日内书面通知开户银行并提供有关证明。银行接到存款人的变更通知后，应及时办理变更手续，并于2个工作日内向中国人民银行报告。

（四）银行结算账户的撤销

存款人撤销存款账户，必须与开户银行核对银行结算账户存款余额，经开户银行审核同意后，办理销户手续，并交回各种重要空白票据及结算凭证和开户登记证；存款人未按规定交回各种重要空白票据及结算凭证的，应出具有关证明，造成损失的，由其自行承担。开户银行对已开户的但1年内未发生任何业务的账户，应通知存款人自发出通知30日内到开户银行办理销户手续，逾期视同自愿销户，未划转款项列入久悬未取专户管理。

存款人有下列情形之一的,应向开户银行提出撤销银行结算账户的申请:

(1) 被撤并、解散、宣告破产或关闭的;

(2) 注销、被吊销营业执照的;

(3) 因迁址需要变更开户银行的;

(4) 其他原因需要撤销银行结算账户的。

存款人有上述第(1)、第(2)项情形的,应于5个工作日内向开户银行提出撤销银行结算账户的申请。先撤销一般存款账户、专用存款账户、临时存款账户,将账户资金转入基本存款账户后,方可办理基本存款账户的撤销。撤销基本存款账户的,存款人基本存款账户的开户银行应自撤销银行结算账户之日起2个工作日内将撤销该基本存款账户的情况书面通知该存款人其他银行结算账户的开户银行;存款人其他银行结算账户的开户银行,应自收到通知之日起2个工作日内通知存款人撤销有关银行结算账户;存款人应自收到通知之日起3个工作日内办理其他银行结算账户的撤销。存款人尚未清偿开户银行债务的,不得申请撤销银行账户。

存款人因以上第(3)、第(4)条情形撤销基本存款账户后,需要重新开立基本存款账户的,应在撤销其原基本存款账户后10日内申请重新开立基本存款账户。

边学边做 4.1

1. 训练目的

熟悉银行存款账户开立、使用的规定。

2. 案例设计

惠明公司在甲银行开立基本存款账户。2017年7月,惠明公司发生的结算业务如下:

(1) 7月3日,惠明公司与乙银行签订短期借款合同后,持相关开户资料向乙银行申请开立了一般存款账户。

(2) 7月8日,惠明公司派出纳王某到乙银行购买现金支票并办理提取现金业务。

(3) 7月10日,惠明公司出纳王某填写一张金额为420 000元的转账支票交采购员李某支付洪鑫公司货款。由于粗心,王某误将收款人"洪鑫公司"写为"洪金公司";李某发现后,要求王某更正;王某随即将支票上的"金"改为"鑫",并在更正处盖章。李某将该支票交给了洪鑫公司。

判断惠明公司上述业务是否符合规定?

3. 分析过程

条件(1)(2),是针对"一般存款账户的开立与使用";根据规定,一般存款账户,是指存款人因借款或者其他结算需要,在基本存款账户开户银行以外的银行营业机构开立的银行结算账户。一般存款账户只能收取现金,不能支取现金。条件(3),是针对"票据记载事项的更改";根据规定,票据的出票金额、出票日期和收款人名称不得更改,更改的票据无效;对票据上其他记载事项,原记载人可以更改,更改时应在更改处签章证明。

案例中,一般存款账户,是在基本存款账户开户银行以外的银行营业机构开立的银行结算账户,惠明公司在乙银行开立一般存款账户符合法律规定;但惠明公司不能在乙银行通过一般存款账户支取现金。惠明公司出纳将收款人名称填写错误,按照规定,是不得在票据上直接修改的,其做法不符合法律规定,该行为将导致票据无效。

第三节 票据的一般规定

一、票据的概念和特征

（一）票据的概念

票据是由出票人签发的、约定自己或者委托付款人在见票时或指定的日期向收款人或持票人无条件支付一定金额的有价证券。《中华人民共和国票据法》第二条第2款规定："本法所称票据，是指汇票、本票和支票。"

（二）票据的特征

票据是有价证券的一种。所谓"有价证券"，是指各种记载了某种民事权利义务并能成为交易客体的书面凭证。经济活动中所使用的车票、仓单、提单、支票、汇票、本票等，都是有价证券。

票据作为依《中华人民共和国票据法》发行的、以无条件支付一定金额为目的的一种有价证券，具有以下特征：

1. 票据是债权证券

持票人可以向特定票据债务人行使其请求权，其性质是债权，所以票据是债权证券。

2. 票据是金钱证券

票据债务人给付金钱以消灭原持票人的权利，所以票据是一种金钱证券。

3. 票据是设权证券

所谓设权证券，是指权利的发生必须首先作成票据。票据作成之后，票据上的权利才得以产生，该权利并非在票据未作成之前就已经存在，票据权利由出票行为所创设。因此，票据是一种设权证券。

4. 票据是流通证券

票据的一个基本功能就是流通。它较民法上的一般财产权利，流通方式更加灵活简便。票据上的权利，经背书即可让与他人，不须通知义务人。

5. 票据是一种文义证券、要式证券

票据上的一切权利与义务均与票据记载事项有关，与票据记载不同的情形不得用以对抗持票人或票据债务人，这体现了票据的文义性。比如，甲签发一张10 000元的银行承兑汇票给乙，以结算10 000元的货款，误将10 000元写成1 000元，则乙不能持该票据要求承兑人支付票据款10 000元，乙只能向承兑人主张1 000元的票据权利。

《支付结算办法》第九条第1款规定："票据和结算凭证是办理支付结算的工具。单位、个人和银行办理支付结算，必须使用按中国人民银行统一规定印制的票据凭证和统一规定的结算凭证。"这说明票据必须具备一定的格式，体现了票据的要式性。

二、票据当事人

票据当事人是指在票据法律关系中,享有票据权利、承担票据义务的主体。票据当事人包括基本当事人和非基本当事人。票据关系的基本当事人是指票据一经成立即已存在的当事人,包括出票人、收款人、付款人。他们是构成票据法律关系的必要主体。汇票的基本当事人是出票人、收款人、付款人,支票的基本当事人是出票人、收款人、付款人;银行本票的基本当事人是出票人、收款人。非基本当事人指票据已经成立,通过各种票据行为而加入票据关系中的当事人,包括承兑人、背书人、被背书人、保证人等。

(一)基本当事人

(1)出票人。是指依法定方式签发票据的人。银行汇票和银行本票的出票人为银行;商业汇票的出票人为银行以外的企业和其他组织;支票的出票人,为在银行开立支票存款账户的企业、其他组织和个人。

(2)收款人。是指票据正面记载的到期后有权收取票据所载金额的人。

(3)付款人。是指由出票人委托付款或自行承担付款责任的人。

(二)非基本当事人

(1)承兑人。是指接受汇票出票人的付款委托,同意承担支付票款义务的人,是汇票主债务人。

(2)背书人与被背书人。背书人是指转让票据权利的人。被背书人是指受让票据权利的人。

(3)保证人。为票据债务提供担保的人称为保证人。保证人在被保证人不能履行票据付款责任时,以自己的金钱履行票据付款义务,然后取得持票人的权利,向被保证人和被保证人的前手追索。

三、票据权利

(一)票据权利的概念和分类

《中华人民共和国票据法》第四条第4款规定:"本法所称票据权利,是指持票人向票据债务人请求支付票据金额的权利,包括付款请求权和追索权。"

(二)票据权利的取得

票据权利以持有票据为依据,行为人合法取得票据,即取得了票据权利。

当事人取得票据的情形主要有以下三种:

(1)出票取得。出票是创设票据权利的票据行为,从出票人处取得票据,即取得票据权利。

(2)转让取得。票据通过背书或交付等方式可以转让,受让人取得票据权利。

(3)通过税收、继承、赠与、企业合并等方式取得票据。

签发、取得和转让票据，应当遵守诚实信用的原则，具有真实的交易关系和债权债务关系。票据的取得，必须给付对价。如果未给付公允的对价，就不能取得票据权利。当然如果未给付对价的情形不为外人所知，则第三人基于对持票人的信任可以善意取得票据。如果是因为税收、继承、赠与可以依法无偿取得票据的，不受给付对价的限制，但是所享有的票据权利不得优于其前手的权利。"不得优于前手"是指无对价取得票据的后手需要承受前手票据权利的瑕疵，若前手未取得票据权利，后手也不能取得票据权利。

 边学边做 4.2

1. 训练目的

掌握票据权利取得的条件。

2. 案例设计

王某偷盗所得某银行签发的金额为 5 000 元的银行本票一张，并将该本票背书送给朋友魏某做生日礼物，魏某不知该本票系王某偷盗所得，按期持票要求银行付款。假设银行知晓该本票系王某偷盗所得后送给魏某，对于魏某的付款请求，银行是否应予以付款？

3. 分析过程

银行应拒绝支付。根据规定，因税收、继承、赠与可以依法无偿取得票据的，不受给付对价的限制。但是，所享有的票据权利不得优于其前手的权利。王某取得本票不合法，王某未取得票据权利，而魏某受赠与即为无对价取得本票，其权利不得优于王某，即也不得享受票据权利。

（三）票据权利的行使与保全

票据权利的行使，是指票据权利人向票据债务人提示票据，请求实现票据权利的行为。如请求承兑、行使追索权等。票据权利的保全，是指票据权利人为防止票据权利的丧失而实施的行为。例如，依据《中华人民共和国票据法》的规定按照规定期限提示承兑、要求承兑人或付款人提供拒绝承兑或拒绝付款的证明以保全对前手追索权等。

票据权利行使和保全的方法通常包括"按期提示"和"依法证明"。"按期提示"是指要按照法定的期限向票据债务人提示票据，包括提示承兑或提示付款。

提示承兑是指持票人向付款人出示汇票，并要求付款人承诺付款的行为。

提示付款是指持票人向付款人或承兑人出示票据，并要求付款人或承兑人支付票据金额或实际结算金额的行为。持票人应当按照下列期限提示付款：① 见票即付的票据，自出票日起 1 个月内向付款人提示付款；② 定日付款、出票后定期付款或者见票后定期付款的票据，自到期日起 10 日内向承兑人提示付款。持票人未按照规定期限提示付款的，在作出说明后，承兑人或者付款人仍应当继续对持票人承担付款责任。通过委托收款银行或者通过票据交换系统向付款人提示付款的，视同持票人提示付款。

"依法证明"是在被拒绝承兑或付款的情况下，持票人应取得"拒绝证明"或者"退票理由书"以证明自己曾经依法行使票据权利但遭到拒绝。若承兑人或付款人由于死亡、逃匿或者其他原因，持票人不能取得拒绝证明的，可以用其他证明文件替代。持票人不能出示拒绝证明、退票理由书或者未按照规定期限提供其他合法证明的,丧失对其前手的追索权。但是,承兑人或者付款人仍应当对持票人承担责任。

关于行使和保全票据权利的时间和地点,《中华人民共和国票据法》规定:"持票人对票据债务人行使票据权利,或者保全票据权利,应当在票据当事人的营业场所和营业时间内进行,票据当事人无营业场所的,应当在其住所进行。"

▶ 四、票据追索

(一)追索权的概念

追索权是指持票人在提示承兑或者提示付款,而未获承兑或未获付款时,在保全票据权利的基础上,依法向其前手或出票人请求偿还票据金额及其他金额的权利。《中华人民共和国票据法》规定,汇票到期被拒绝付款的,持票人可以对背书人、出票人以及汇票的其他债务人行使追索权。

(二)被追索人的确定

被追索人包括出票人、背书人、承兑人和保证人,即票据上的一切债务人对持票人承担连带责任。持票人可以不按照票据债务人的先后顺序,对其中任何一人、数人或者全体行使追索权。持票人对票据债务人中的一人或者数人已经进行追索的,对其他票据债务人仍可以行使追索权。但需注意,回头背书的情况下,即持票人为出票人的,对其前手无追索权。持票人为背书人的,对其后手无追索权。

(三)票据追索权的分类和客体

1. 票据追索权根据票据是否到期,分为期后追索权和期前追索权

期后追索权,是指票据到期被拒绝付款的,持票人对背书人、出票人以及票据的其他债务人行使的追索。汇票到期后,如果汇票的付款人、承兑人或者代理付款人拒绝支付,或者付款人提示付款时,汇票上所载的付款场所不存在、付款人不存在或下落不明,无法进行提示,因而无法获得付款时,持票人可以行使追索权。

期前追索权,是指票据到期日前,发生下列情形之一的,持票人可以行使追索权:
(1)汇票被拒绝承兑的;
(2)承兑人或者付款人死亡、逃匿的;
(3)承兑人或者付款人被依法宣告破产的或者因违法被责令终止业务活动的。

2. 票据追索权根据行使追索权的人不同,分为初次追索权(如无特别说明,追索权一般是指初次追索权)和再追索权

追索权指向的客体是一定的金额,《中华人民共和国票据法》规定,追索权和再追索权的客体有一定的差别,具体如下:

持票人行使追索权,可以请求被追索人支付下列金额和费用:
(1)被拒绝付款的票据金额。
(2)票据金额自到期日或者提示付款日起至清偿日止,按照中国人民银行规定的利率计算的利息。

（3）取得有关拒绝证明和发出通知书的费用。被追索人清偿债务时，持票人应当交出票据和有关拒绝证明，并出具所收到利息和费用的收据。

初次追索中的被追索人按照上述规定清偿票据债务后，在有其他前手存在的前提下，可以向其他前手行使再追索权，请求其他票据债务人支付下列金额和费用：

（1）已清偿的全部金额。

（2）前项金额自清偿日起至再追索清偿日止，按照中国人民银行规定的利率计算的利息。

（3）发出通知书的费用。行使再追索权的被追索人获得清偿时，应当交出汇票和有关拒绝证明，并出具所收到利息和费用的收据。

边学边做 4.3

1. 训练目的

熟悉票据追索对象的确定。

2. 案例设计

甲公司购买乙公司价值 30 万元的办公用品，向乙公司出具了一张以 A 银行为付款人、票面金额为 30 万元的定日付款汇票。乙公司收到汇票后，向 A 银行提示承兑，A 银行予以承兑。后乙公司为偿付所欠丙公司 30 万元贷款，将该汇票背书转让给丙公司，并在背书时记载"不得转让"字样。丙公司购买原材料时，又将该汇票背书转让给债权人丁公司。丁公司于该汇票提示付款期限届满前，向 A 银行提示付款，A 银行以甲公司账户资金余额不足为由拒绝付款，并作成拒绝付款证明交给丁公司。

根据《中华人民共和国票据法》的规定，回答下列问题：

（1）A 银行拒绝付款的理由是否成立？简要说明理由。

（2）丁公司可以向哪些人行使追索权？简要说明理由。

3. 分析过程

（1）A 银行拒绝付款的理由不成立。根据规定，承兑人不得以其与出票人之间的资金关系来对抗持票人，拒绝支付汇票金额。本题中，A 银行对汇票承兑后即为票据的主债务人，不能以甲公司的账户余额不足为理由拒绝向持票人丁付款。

（2）丁公司可以向丙公司（前手背书人）、甲公司（出票人）和 A 银行（承兑人）行使追索权。根据规定，被追索人包括出票人、背书人、承兑人和保证人。另外根据规定，背书人（乙公司）在汇票上记载"不得转让"字样，其后手（丙公司）再背书转让的，原背书人（乙公司）对其后手（丙公司）的被背书人（丁公司）不承担保证责任。本题中，由于乙公司向丙公司转让票据时记载了"禁止转让"字样，因此乙公司对丙公司后手的被背书人丁公司不承担票据责任，丁公司不能向乙公司行使追索权。

（四）追索权的行使

1. 获得有关证明

根据《中华人民共和国票据法》的规定，持票人行使追索权时，应当提供被拒绝承兑或被拒绝付款的有关证明。为了防止付款人或承兑人恶意拒绝付款,保障持票人的权益,法律同时规定承兑人或者付款人拒绝持票人时必须出具拒绝证明,或者出具退票理由书。如果未出具拒绝证明或者退票理由书,应当承担由此产生的民事责任。

拒绝证明应当包括下列事项:① 被拒绝承兑、付款的票据的种类及其主要记载事项;② 拒绝承兑、付款的事实依据和法律依据;③ 拒绝承兑、付款的时间;④ 拒绝承兑人、拒绝付款人的签章。退票理由书应当包括下列事项:① 所退票据的种类;② 退票的事实依据和法律依据;③ 退票时间;④ 退票人签章。

持票人因承兑人或者付款人死亡、逃匿或者其他原因,不能取得拒绝证明的,可以依法取得其他有关证明,这些证明包括:① 医院或者有关单位出具的承兑人、付款人死亡的证明;② 司法机关出具的承兑人、付款人逃匿的证明;③ 公证机关出具的具有拒绝证明效力的文书。另外,承兑人或者付款人被人民法院依法宣告破产的,人民法院的有关司法文书具有拒绝证明的效力。承兑人或者付款人因违法被责令终止业务活动的,有关行政主管部门的处罚决定具有拒绝证明的效力。

持票人不能出示拒绝证明、退票理由书或者未按照规定期限提供其他合法证明的,丧失对其前手的追索权。但是,承兑人或者付款人仍应当对持票人承担责任。

2. 行使追索权的通知

持票人应当自收到被拒绝承兑或者被拒绝付款的有关证明之日起 3 日内,将被拒绝事由书面通知其前手;其前手应当自收到通知之日起 3 日内书面通知其再前手。持票人也可以同时向各票据债务人发出书面通知,该书面通知应当记明汇票的主要记载事项,并说明该汇票已被退票。

未按照规定期限通知的,持票人仍可以行使追索权。因延期通知给其前手或者出票人造成损失的,由没有按照规定期限通知的票据当事人承担对该损失的赔偿责任,但是所赔偿的金额以汇票金额为限。在规定期限内将通知按照法定地址或者约定的地址邮寄的,视为已经发出通知。

(五)追索的效力

被追索人依照规定清偿债务后,其责任解除,与持票人享有同一权利。

▶ **五、票据权利丧失及补救**

持票人因某种原因丧失对票据的实际占有,无法正常行使票据权利,为使权利人的票据权利能够实现而提供的法律救济,包括挂失止付、公示催告和普通诉讼。

(一)挂失止付

1. 挂失止付的概念

挂失止付是指票据权利人在丧失票据占有时,为防止可能发生的损害,保护自己的票据权利,通知票据上的付款人,请求其停止票据支付的行为。

2. 挂失止付中的当事人

(1)挂失止付的提起人。挂失止付的提起人应为丧失票据的人,即失票人。

(2)挂失止付的相对人。挂失止付的相对人应为丧失的票据上记载的付款人,在票据上载明代理付款人时,也包括代理付款人。所以无法确定付款人或代理付款人的票据,不能挂失止付。

3. 可以挂失止付票据的种类

只有确定付款人或代理付款人的票据丧失时才可进行挂失止付,具体包括已承兑的商业汇票、支票、填明"现金"字样和代理付款人的银行汇票以及填明"现金"字样的银行本票四种。

4. 挂失止付的效力

挂失止付的效力,在于使付款人暂停票据付款。所以,《中华人民共和国票据法》规定,收到挂失止付通知的付款人,应当暂停支付。挂失止付并不是票据丧失后票据权利补救的必经程序,而只是一种暂时的预防措施,最终要通过申请公示催告或提起普通诉讼来补救票据权利。但须注意的是,根据《票据管理实施办法》的规定,付款人或者代理付款人自收到挂失止付通知之日起 12 日内没有收到人民法院的止付通知书的,自第 13 日起,挂失止付通知书失效。但是,如果付款人或者代理付款人在收到挂失止付通知书前,已经依法向持票人付款的,不再接受挂失止付。

 边学边思

为什么未填写"现金"字样和代理付款人的银行汇票丧失不得挂失止付?为什么未填明"现金"字样的银行本票丧失不得挂失止付?

(二)公示催告

1. 概念

公示催告,是指在票据丧失后,失票人向人民法院提出申请,请求人民法院以公告方式通知不确定的利害关系人限期申报权利,如利害关系人在规定的期限内申报权利,法院经审查符合申报条件的,终结公示催告程序;如逾期未有申报者,人民法院通过除权判决宣告所丧失票据无效。

公示催告流程如图 4.1 所示。

2. 公示催告的申请

(1)公示催告的条件。第一,必须有丧失票据的事实。即已发生票据被盗、遗失或灭失的情况;在已知票据下落时,不能提出公示催告的申请而应提起普通诉讼。第二,丧失的票据是有效的票据。如票据因记载事项欠缺而无效,则该票据不能申请公示催告。第三,申请人是唯一主张票据权利的人,没有其他利害关系人提出异议。

(2)公示催告的申请人。即失票人,是指按照规定可以背书转让的票据在丧失票据占有以前的最后合法持票人。

3. 公示催告的受理

人民法院决定受理公示催告申请,应当同时通知付款人及代理付款人停止支付,并自立案之日起 3 日内发出公告,催促利害关系人申报权利。付款人或者代理付款人收到人民法院发出的止付通知,应当立即停止支付,直至公示催告程序终结。非经发出止付通知的人民法院许可,擅自解付的,不得免除票据责任。

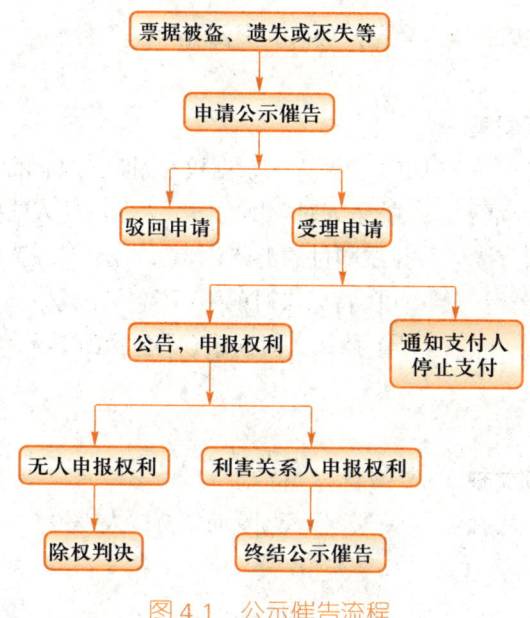

图 4.1　公示催告流程

4. 公示催告的公告

人民法院决定受理公示催告申请后发布的公告应当在全国性的报刊上登载。公示催告的期间是国内票据自公告发布之日起 60 日，涉外票据可根据具体情况适当延长，但最长不得超过 90 日。在公示催告期间，以公示催告的票据质押、贴现，因质押、贴现而接受该票据的持票人主张票据权利的，人民法院不予支持，但公示催告期间届满以后人民法院作出除权判决以前取得该票据的除外。

5. 公示催告的终结

公示催告期间届满，没有利害关系人申报的，人民法院应当根据申请人的申请，作出除权判决，宣告票据无效。判决应当公告，并通知支付人。自判决公告之日起，申请人有权向支付人请求支付。利害关系人因正当理由不能在判决前向人民法院申报的，自知道或者应当知道判决公告之日起 1 年内，可以向作出判决的人民法院起诉，请求撤销除权判决。有利害关系人申报的，人民法院收到利害关系人的申报后，应当裁定终结公示催告程序。公示催告程序仅催告不确定的利害关系人限期申报权利，并不审理实体权利的归属问题，申请人或利害关系人可以另行向人民法院起诉，主张自己的票据权利。

（三）普通诉讼

普通诉讼，是指丧失票据的失票人向人民法院提起民事诉讼，要求法院判定票据债务人向其支付票据金额的活动。

六、票据权利消灭

票据权利的消灭，是指因发生一定的法律事实而使票据权利不复存在。在一般情况下，票据权利可因清偿、免除、抵销等事由的发生而消灭。

（一）付款

付款人依法足额付款后，全体票据债务人的责任解除。

（二）票据时效期间届满

《中华人民共和国票据法》规定了持票人的票据权利因时效届满而消灭的情形，即票据权利在下列期限内不行使而消灭：① 持票人对票据的出票人和承兑人的权利（包括付款请求权和追索权），自票据到期日起 2 年，见票即付的汇票、本票，自出票日起 2 年；② 持票人对支票出票人的权利，自出票日起 6 个月；③ 持票人对前手（不包括出票人）的追索权，自被拒绝承兑或者被拒绝付款之日起 6 个月；④ 持票人对前手（不包括出票人）的再追索权，自清偿日或者被提起诉讼之日起 3 个月。

（三）票据记载事项欠缺

票据可能因记载事项的欠缺而使票据无效，从而使持票人丧失票据权利，这时持票人只享有利益返还请求权。

（四）保全手续欠缺

《中华人民共和国票据法》规定，持票人不能出示拒绝证明、退票理由书或者未按照规定期限提供其他合法证明的，丧失对前手的追索权。但是并不丧失对出票人、承兑人的追索权。

边学边做 4.4

1. 训练目的

掌握不同种类票据时效期间的判断。

2. 案例设计

（1）甲持有一张本票，出票日期为 2017 年 5 月 20 日，于 2018 年 5 月 27 日行使票据的付款请求权。

（2）乙持一张出票后 30 天付款的汇票，出票日期为 2016 年 5 月 20 日，于 2018 年 5 月 27 日行使票据的付款请求权。

（3）丙持一张见票即付的汇票，出票日期为 2016 年 5 月 20 日，于 2018 年 5 月 27 日行使票据的付款请求权。

（4）丁持一张支票，出票日期为 2017 年 5 月 20 日，于同年 12 月 27 日行使票据的付款请求权。

请依次判断甲、乙、丙、丁所持有的票据是否超过法律规定的票据权利时效期间。

3. 分析过程

（1）本票持票人对出票人的票据权利，自出票日起 2 年内不行使而消灭，因此甲享有票据权利。

（2）商业汇票的持票人对出票人和承兑人的权利，自票据到期日（2016 年 6 月 19 日）起 2 年内不行使而消灭，因此乙享有票据权利。

（3）见票即付的汇票，持票人的权利自出票之日起2年内不行使而消灭，因此丙的票据权利因已过时效而消灭。

（4）支票的持票人对出票人的权利，自出票之日起6个月内不行使而消灭，因此丁的票据权利因已过时效而消灭。

▶ 七、票据抗辩

所谓票据抗辩，是指票据债务人根据法律规定对票据债权人拒绝履行义务的行为。票据债务人可以对不履行约定义务的与自己有直接债权债务关系的持票人进行抗辩，但票据债务人不得以自己与出票人或者与持票人的前手之间的抗辩事由对抗持票人，持票人明知存在抗辩事由而取得票据的除外。例如，甲先签发由自己付款的商业汇票给乙，约定乙在10天后发货给甲，乙未按期供货，若乙持票要求甲支付票据金额，甲可以以乙没有履行约定义务而拒绝支付；若乙取得票据后背书转让给不知情的丙，丙持票要求甲支付票据金额，甲不能以甲乙之间的抗辩事由来对抗丙，此时，甲应该要足额向丙支付票据金额。

票据债务人可以对票据债权人进行抗辩的事由还包括：① 欠缺法定必要记载事项或者不符合法定格式的；② 超过票据权利时效的；③ 人民法院作出的除权判决已经发生法律效力的；④ 以背书方式取得但背书不连续的；⑤ 以欺诈、偷盗或者胁迫等非法手段取得票据，或者明知有前列情形，出于恶意取得票据的；⑥ 因重大过失取得票据的。

边学边做 4.5

1. **训练目的**

熟悉票据抗辩的限制。

2. **案例设计**

2018年2月8日，A公司向B公司签发一张金额为100万元的商业汇票，汇票上载明出票后2个月内付款。B公司向C银行承兑后于2018年4月15日向C银行提示付款，C银行以A公司银行存款余额不足100万元为由拒绝付款。C银行拒绝付款的理由是否成立？

3. **分析过程**

本案例中，C银行拒绝付款的理由是不成立的。因为，C银行对该汇票一经承兑后就成为票据上的主债务人，如果票据债务人与出票人之间存在抗辩事由，无论该抗辩事由能否成立，均不得以自己与出票人之间的抗辩事由对抗持票人。

▶ 八、票据行为

（一）票据行为概念

票据行为是指可以引起票据法律关系的变化，产生、变更、消灭票据上权利义务关系的法律事实，《中华人民共和国票据法》规定的票据行为包括出票、背书、承兑、保证。

（二）出票行为

1. 出票的概念

出票是指出票人签发票据并将其交付收款人的票据行为。各种票据均会发生出票行为。出票包括两个行为：一是出票人使用中国人民银行规定的统一格式的票据，按照规定记载特定事项并签章；二是交付票据，票据行为人在完成记载后交付给相对人。两个行为都完成，票据上的权利才得以设立。

2. 票据的记载事项

票据记载事项可以分为绝对记载事项、相对记载事项、非法定记载事项等。绝对记载事项是指《中华人民共和国票据法》明文规定必须记载的事项，这些事项必须在票面上得以反映，否则票据无效。相对记载事项是指除了必须记载事项外，《中华人民共和国票据法》规定的其他应记载的事项，这些事项如果未记载，可以按照法律规定进行推定，并不影响票据的效力。非法定记载事项是指票据法律制度没有规定，而由当事人记载的事项。

各类票据有共同的绝对记载事项，包括：表明票据种类的记载，即汇票、本票、支票的记载；确定的票据金额的记载，票据金额以中文大写和数码同时记载，两者必须一致，两者不一致的，票据无效；票据出票人的签章；出票日期的记载。

3. 票据的签章

票据上的签章，为签名、盖章或者签名加盖章。法人和其他使用票据的单位在票据上的签章，为该法人或者该单位的盖章加其法定代表人或者其授权的代理人的签章。

4. 出票的效力

票据出票人作成票据并完成交付，票据上的权利义务就此产生，意味着出票人同意按照票据记载承担相应的票据债务，同时收款人享有票据权利。《中华人民共和国票据法》规定，出票人签发票据后，即承担该票据承兑或付款的责任。出票人在票据得不到承兑或者付款时，应当向持票人清偿《中华人民共和国票据法》第七十条、第七十一条规定的金额和费用。

（三）背书行为

1. 背书的概念和种类

背书是指在票据背面或者粘单上记载有关事项并签章，将票据权利转让给他人或者将一定的票据权利授予他人行使的票据行为。

以转让票据权利为目的的背书称为转让背书；以授予他人行使一定的票据权利为目的的背书称为非转让背书，如委托收款背书、质押背书。

委托收款背书是指背书人记载"委托收款"字样后签章并交付，被背书人有权代背书人提示付款并收取票款的背书。但是，被背书人不得再以背书转让汇票权利。

质押背书是指背书人记载"质押"字样后签章并交付后，在被背书人依法实现其质权时，可以行使汇票权利。

2. 背书的形式

背书是一种要式行为，必须符合法定的形式才能成立。首先，背书时应记载被背书人的名称。票据以背书转让或者以背书将一定的汇票权利授予他人行使时，必须记载被背书人名称。

背书人未记载被背书人名称即将票据交付他人的,持票人在票据被背书人栏内记载自己的名称与背书人记载具有同等法律效力。

其次,背书应有背书人的签章且记载背书日期。背书无背书人签章的,背书无效;背书未记载日期的,视为在汇票到期日前背书。

最后,背书不限制次数。背书人进行背书时在背书栏处填写被背书人的名字,当票据凭证不能满足背书人记载事项的需要,可以加附粘单,黏附于票据凭证上。粘单上的第一记载人,应当在汇票和粘单的粘接处签章。

3. 背书时禁止的记载

根据我国票据法律制定的规定,背书时禁止的记载包括以下四类:

(1)背书不得附条件,背书时附有条件的,所附条件不具有票据上的效力,但票据依然有效,背书也依然有效。

(2)背书不能将票据金额的一部分转让给背书人或者将票据金额分别转让给二人以上的背书人,否则背书无效。

(3)票据被拒绝承兑、被拒绝付款或者超过付款提示期限的,不得背书转让;背书转让的,背书人应当承担票据责任。

4. 背书时的限制记载

(1)出票人的限制背书。票据的出票人在票据上记载"不得转让"字样,票据不得转让。

(2)背书人的限制背书。根据《中华人民共和国票据法》的规定,背书人可以在票据上记载"不得转让"字样,如果其后手再背书转让的,原背书人对后手的被背书人不承担保证责任。

边学边做 4.6

1. 训练目的

熟悉限制背书的记载对票据权利行使的影响。

2. 案例设计

A向B签发了一张汇票,甲银行对该汇票进行了承兑。B将该汇票背书转让给C,C又转让给D,C在背书转让给D时,在该汇票的背面记载了"不得转让"的字样,D将该汇票背书转让给E,E又背书转让给F,C对E、F是否承担担保责任?

3. 分析过程

C对E、F不承担担保责任。《中华人民共和国票据法》规定,背书人作了禁止背书的汇票,如果后手再背书转让,原背书人对其直接背书人以后通过背书方式取得汇票的一切当事人,不承担担保责任。

5. 回头背书

回头背书是指当事人在成为票据债务人后又因为背书或法定原因成为票据的持票人。比如甲签发汇票给乙,乙背书给丙,丙再背书给戊,戊又背书给乙,乙在背书转让给丙时成为票据上的债务人,后又经戊的背书成为持票人即票据权利人,这种情况称为回头背书。关于回头背书的效力,根据我国相关法律,持票人为出票人的,对其前手无追索权。持票人为背书人的,对其后手无追索权。续上例,乙经回头背书成为持票人后,乙对丙、戊没有追索权。

6. 背书连续及其效力

背书连续是指在票据转让中,转让票据的背书人与受让票据的被背书人在票据上的签章依次前后衔接。

关于背书的效力,如表 4.1 所示。

表 4.1 关于背书的效力

具体情形	背书的效力
背书人未签章	背书无效
未记载背书日期	背书有效
背书人未记载被背书人名称即将票据交付他人的,持票人在被背书人栏内记载自己的名称	背书有效
附条件的背书	背书有效
部分背书	背书无效
背书人在汇票上记载"不得转让"字样,其后手再背书转让的	背书有效

背书人以背书转让汇票后,即承担保证其后手所持汇票承兑和付款的责任。背书人在汇票得不到承兑或者付款时,应当向持票人清偿本法第七十条、第七十一条规定的金额和费用。

(四)承兑

1. 承兑的概念

承兑是汇票付款人承诺在汇票到期日支付汇票金额并签章的行为。商业汇票需要承兑。付款人承兑汇票后,应当承担到期付款的责任。

2. 承兑的程序

承兑的程序包括提示承兑、受理承兑和同意承兑。

(1)提示承兑。提示承兑是指汇票的持票人,向汇票上所载的付款人出示汇票,请求其承诺付款的行为。因汇票付款日期的形式不同,提示承兑的期限亦不一样。不同汇票提示承兑的期限如下:

① 定日付款和出票后定期付款汇票的提示承兑期限。定日付款或者出票后定期付款的汇票,持票人应当在汇票到期日前向付款人提示承兑。否则,丧失对其前手的追索权。

② 见票后定期付款汇票的提示承兑期限。见票后定期付款的汇票,持票人应当自出票日起 1 个月内向付款人提示承兑。汇票未按照规定期限提示承兑的,持票人丧失对其前手的追索权。

③ 见票即付汇票的提示承兑问题。见票即付的汇票无须提示承兑。这种汇票主要包括两种:一是汇票上明确记载有"见票即付"的汇票;二是汇票上没有记载付款日期,根据法律规定视为见票即付的汇票。

(2)受理承兑。付款人收到持票人提示承兑的汇票时,应当向持票人签发收到汇票的回单。回单上应当记明汇票提示承兑日期并签章。付款人对向其提示承兑的汇票,应当自收到提示承兑的汇票之日起3日内承兑或者拒绝承兑。

（3）同意承兑。付款人同意承兑汇票的,即付款人作出到期支付汇票金额的承诺,应当在汇票正面记载"承兑"字样和承兑日期并签章；见票后定期付款的汇票,应当在承兑时记载付款日期。汇票上未记载承兑日期的,应当以收到提示承兑的汇票之日起3日内的最后一日作为承兑日期。付款人承兑汇票,不得附有条件；承兑附有条件的,视为拒绝承兑。付款人承兑汇票后,应当承担到期付款的责任。

3. 提示承兑的例外情形

提示承兑的例外：见票即付的汇票无须承兑。因为该种汇票不具备信用功能,只是作为支付和汇兑的工具而存在。持票人请求付款一旦遭到拒绝,即可行使追索权。我国目前使用的银行汇票,均为见票即付的汇票,因而无须承兑。

（五）保证

1. 概念

保证是票据债务人以外的人担保票据债务履行的行为。保证人在票据上记载有关事项并签章后,对合法取得汇票的持票人所享有的汇票权利承担保证责任。但是,被保证人的债务因汇票记载事项欠缺而无效的除外。

2. 汇票保证的记载事项

保证的记载事项包括以下五项：

（1）表明"保证"的字样。这是票据保证的绝对记载事项。票据凭证上一般不事先印制"保证"文句,保证人在作出保证行为时应予以记载。保证人未在票据或者粘单上记载"保证"字样而另行签订保证合同或者保证条款的,不属于票据保证,人民法院应当适用《中华人民共和国担保法》的有关规定。

（2）保证人名称和住所。

（3）被保证人名称。保证人未记载被保证人名称的,已承兑的汇票,承兑人为被保证人；未承兑的汇票,出票人为被保证人。

（4）保证日期。保证人未记载保证日期的,以出票日期为保证日期。

（5）保证人签章。保证人签章标志着保证行为的成立,构成保证人对其保证责任的承认。

3. 保证责任的承担

被保证的票据,保证人应当与被保证人对持票人承担连带责任。票据到期后得不到付款的,持票人有权向保证人请求付款,保证人应当足额付款。保证人为两人以上的,保证人之间承担连带责任。

4. 保证效力

保证人对合法取得票据的持票人所享有的票据权利承担保证责任。但是,被保证人的债务因票据记载事项欠缺而无效的除外。保证不得附有条件；附有条件的,不影响对票据的保证责任。保证人清偿票据债务后,可以行使持票人对被保证人及其前手的追索权。

第四节 汇票、银行本票和支票

一、银行汇票

（一）银行汇票的概念和适用范围

银行汇票是出票银行签发的，由其在见票时按照实际结算金额无条件支付给收款人或者持票人的票据。银行汇票的基本当事人包括出票人、收款人、付款人。出票银行为银行汇票的付款人。单位和个人在异地、同城或同一票据交换区域的各种款项结算，均可使用银行汇票。银行汇票可以用于转账，填明"现金"字样的银行汇票也可以用于支取现金。

（二）银行汇票的申办和出票

银行汇票的申办和兑付程序如图4.2所示。

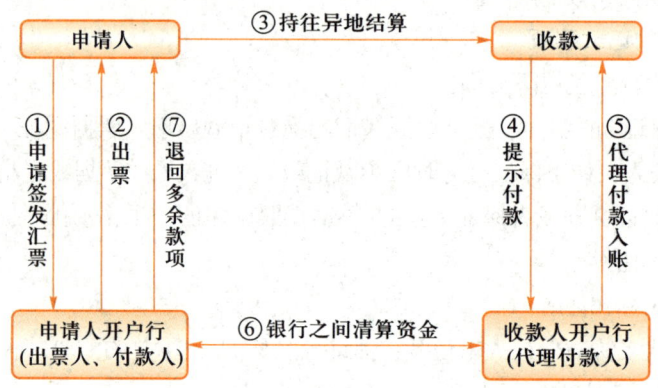

图 4.2　银行汇票的申办和兑付程序

1. 申请

申请人使用银行汇票，应向出票银行填写"银行汇票申请书"，填明收款人名称、汇票金额、申请人名称、申请日期等事项并签章，签章为其预留银行的签章。

2. 签发并交付

出票银行受理银行汇票申请书，基于所收妥款项填写"出票金额"后签发银行汇票，并用压数机压印出票金额，将银行汇票和解讫通知一并交给申请人。签发银行汇票必须记载下列事项：表明"银行汇票"的字样；无条件支付的承诺；出票金额；付款人名称；收款人名称；出票日期；出票人签章。欠缺记载上列事项之一的，银行汇票无效。

3. 签章

银行汇票上的出票人的签章和银行承兑汇票的承兑人的签章，为该银行汇票专用章加其法定代表人或者其授权的代理人的签名或者盖章；

4. 现金银行汇票

申请人和收款人均为个人，需要使用银行汇票向代理付款人支取现金的，申请人须在"银行汇票申请书"上填明代理付款人名称，在"出票金额"栏先填写"现金"字样后填写汇票金额。申请人或者收款人为单位的，不得在"银行汇票申请书"上填明"现金"字样。填明"现金"字样的银行汇票不得背书转让。

（三）银行汇票背书

银行汇票的背书转让以不超过出票金额的实际结算金额为准。未填写实际结算金额或实际结算金额超过出票金额的银行汇票不得背书转让。实际结算金额不同于出票金额。出票金额是银行在签发时已经收妥的款项；而实际结算金额是收款人在出票金额以内，根据实际需要的款项在银行汇票和解讫通知的有关栏内填写的金额。银行汇票的实际结算金额低于出票金额的，其多余金额由出票银行退交申请人。

（四）银行汇票提示付款

银行汇票的提示付款期限自出票日起 1 个月。持票人超过付款期限提示付款的，代理付款人不予受理。持票人超过期限向代理付款银行提示付款不获付款的，须在票据权利时效内向出票银行作出说明，并提供本人身份证件或单位证明，持银行汇票和解讫通知向出票银行请求付款。

（五）银行汇票退款

申请人因银行汇票超过付款提示期限或其他原因要求退款时，应将银行汇票和解讫通知同时提交到出票银行。申请人缺少解讫通知要求退款的，出票银行应于银行汇票提示付款期满 1 个月后办理。申请人为单位的，应出具该单位的证明；申请人为个人的，应出具本人的身份证件。对于代理付款银行查询的要求退款的银行汇票，在汇票提示付款期满后方能办理退款。出票银行对于转账银行汇票的退款，只能转入原申请人账户；对于符合规定填明"现金"字样银行汇票的退款，才能退付现金。

银行汇票丧失，失票人可以凭人民法院出具的其享有票据权利的证明，向出票银行请求付款或退款。

▶ 二、商业汇票

（一）商业汇票的概念

商业汇票是出票人签发的，委托付款人在指定日期无条件支付确定的金额给收款人或者持票人的票据。商业汇票的基本当事人包括出票人、收款人、付款人。商业汇票是票据实务中对商业承兑汇票和银行承兑汇票的统称。商业承兑汇票付款人由银行以外的单位担任，故由银行以外的付款人承兑；银行承兑汇票的付款人是银行，故由银行对该汇票承兑。

在银行开立存款账户的法人以及其他组织之间，只有具有真实的交易关系或债权债务关系，才能使用商业汇票。

商业汇票包括定日付款、出票后定期付款、见票后定期付款。定日付款的汇票付款期限自出票日起计算，并在汇票上记载具体的到期日。出票后定期付款的汇票付款期限自出票日起按月计算，并在汇票上记载。见票后定期付款的汇票付款期限自承兑或拒绝承兑日起按月计算，并在汇票上记载。商业汇票的具体分类如图4.3所示。

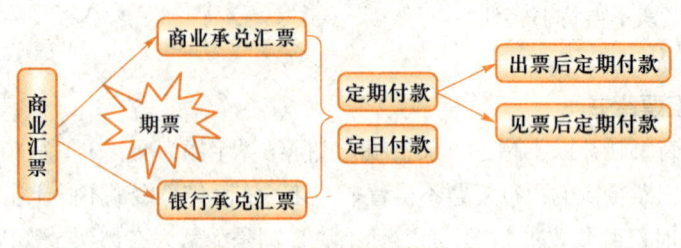

图4.3　商业汇票的分类

（二）商业汇票的出票

1. 出票人

商业承兑汇票的出票人，为在银行开立存款账户的法人以及其他组织，并与付款人具有真实的委托付款关系，具有支付汇票金额的可靠资金来源。银行承兑汇票的出票人必须是在承兑银行开立存款账户的法人以及其他组织，并与承兑银行具有真实的委托付款关系，资信状况良好，具有支付汇票金额的可靠资金来源。

2. 出票的记载事项

商业汇票的记载事项分为绝对记载事项和相对记载事项。欠缺绝对记载事项之一的，商业汇票无效。绝对记载事项包括：① 表明"商业承兑汇票"或"银行承兑汇票"的字样；② 无条件支付的委托；③ 确定的金额；④ 付款人名称；⑤ 收款人名称；⑥ 出票日期；⑦ 出票人签章。

商业汇票的相对应记载事项若无记载，可以按照法律规定进行推定。根据《中华人民共和国票据法》的规定，汇票上记载付款日期、付款地、出票地等事项的，应当清楚、明确。汇票上未记载付款日期的，视为见票即付。汇票上未记载付款地的，付款人的营业场所、住所或者经常居住地为付款地。汇票上未记载出票地的，出票人的营业场所、住所或者经常居住地为出票地。汇票上还可以记载法律规定事项以外的其他出票事项，但是该记载事项不具有汇票上的效力。

3. 签章

商业汇票上的出票人的签章，为该法人或者该单位的财务专用章或者公章加其法定代表人、单位负责人或者其授权的代理人的签名或者盖章。

（三）商业汇票的承兑

持票人应在规定的期限内向付款人出示汇票，并要求付款人承诺付款。持票人应当按照下列期限提示承兑：① 定日付款或者出票后定期付款的汇票，持票人应当在汇票到期日前向付款人提示承兑；② 见票后定期付款的汇票，持票人应当自出票日起一个月内向付款人提示承兑；③ 见票即付的汇票无须提示承兑。汇票未按照规定期限提示承兑的，持票人丧失对其前手的追索权。

商业汇票可以在出票时向付款人提示承兑后使用,也可以在出票后先使用再向付款人提示承兑。

商业汇票的付款人接到出票人或持票人向其提示承兑的汇票时,应当向出票人或持票人签发收到汇票的回单,记明汇票提示承兑日期并签章。付款人应当在自收到提示承兑的汇票之日起 3 日内承兑或者拒绝承兑。付款人拒绝承兑的,必须出具拒绝承兑的证明。

银行承兑汇票的出票人或持票人向银行提示承兑时,银行的信贷部门负责按照有关规定和审批程序,对出票人的资格、资信、购销合同和汇票记载的内容进行认真审查,必要时可由出票人提供担保。符合规定和承兑条件的,与出票人签订承兑协议。付款人承兑商业汇票,应当在汇票正面记载"承兑"字样和承兑日期并签章。付款人承兑商业汇票,不得附有条件;承兑附有条件的,视为拒绝承兑。银行承兑汇票的承兑银行,应按票面金额向出票人收取万分之五的手续费。

(四)票据信息登记与电子化

纸质票据在贴现前,金融机构办理承兑、质押、保证等业务,应当不晚于业务办理的次一工作日在票据市场基础设施完成相关信息登记工作。

电子商业汇票签发、承兑、质押、保证、贴现等信息应当通过电子商业汇票系统同步传至票据市场基础设施。

(五)商业汇票的付款

1. 提示付款

纸质商业汇票的付款期限,最长不得超过 6 个月;电子承兑汇票期限自出票日至到期日不超过 1 年。这里所说的"付款期限"并不是承兑银行支付汇票款项的时间,而是指出票人与承兑人约定的延期付款的时间,即出票日期与到期日之间不能超过 6 个月。

商业汇票的提示付款期限,自汇票到期日起 10 日。持票人应在提示付款期限内通过开户银行委托收款或直接向付款人提示付款。对异地委托收款的,持票人可匡算邮程,提前通过开户银行委托收款。持票人超过提示付款期限提示付款的,持票人开户银行不予受理。

通过委托收款银行或者通过票据交换系统向付款人提示付款的,视同持票人提示付款。持票人依照前条规定提示付款的,付款人必须在当日足额付款。

2. 办理付款或拒绝付款

商业汇票的付款人为承兑人。

(1)商业承兑汇票的付款。① 商业承兑汇票的付款人开户银行收到通过委托收款寄来的商业承兑汇票,将商业承兑汇票留存,并及时通知付款人。付款人收到开户银行的付款通知,应在当日通知银行付款。付款人在接到通知日的次日起 3 日内(遇法定休假日顺延,下同)未通知银行付款的,视同付款人承诺付款。付款人提前收到由其承兑的商业汇票,应通知银行于汇票到期日付款。银行应于汇票到期日将票款划给持票人。② 银行在办理划款时,付款人存款账户不足支付的,应填制付款人未付票款通知书,连同商业承兑汇票邮寄持票人开户银行转交持票人。③ 付款人存在合法抗辩事由拒绝支付的,应自接到通知日的次日起 3 日内,作成拒绝付款证明送交开户银行,银行将拒绝付款证明和商业承兑汇票邮寄持票人开户银行转交持票人。付款人存在合法抗辩事由拒绝支付的,应自接到通知的次日起 3 日内,作成拒绝付款证明送交开户银行,银行将拒绝付款证明和商业承兑汇票邮寄持票人开户银行转交持票人。

（2）银行承兑汇票的付款。银行承兑汇票的出票人应于汇票到期前将票款足额交存其开户银行。承兑银行应在汇票到期日或到期日后的见票当日支付票款。承兑银行存在合法抗辩事由拒绝支付的,应自接到商业汇票的次日起 3 日内,作成拒绝付款证明,连同银行承兑汇票邮寄持票人开户银行转交持票人。

银行承兑汇票的出票人于汇票到期日未能足额交存票款时,承兑银行除凭票向持票人无条件付款外,还要对出票人尚未支付的汇票金额按照每天万分之五计收利息。

持票人获得付款的,应当在汇票上签收,并将汇票交给付款人。持票人委托银行收款的,受委托的银行将代收的汇票金额转账收入持票人账户,视同签收。持票人委托的收款银行的责任,限于按照汇票上的记载事项将汇票金额转入持票人账户。付款人依法足额付款后,全体汇票债务人的责任解除。

（六）商业汇票的贴现

1. 贴现的概念

贴现是指持票人向贴现银行交付票据,贴现银行按照票面金额扣除一定利息后支付给持票人,最终实现票据权利转移的行为。除法律另有规定外,不允许当事人之间对票据本身进行买卖。贴现就是法律规定的例外情形,该行为本质上是票据权利买卖,并非基于真实的交易关系和债权债务关系而产生的票据权利转移,在法律规定的特定范围内,经过批准有权开展贴现的银行和其他金融机构可以从事贴现这样一种特殊的买卖行为。

2. 贴现的基本规定

商业汇票的持票人向银行办理贴现必须具备下列条件:只有经批准的金融机构才有资格从事票据贴现;申请人应是在银行开立存款账户的企业法人以及其他组织;与出票人或者直接前手之间具有真实的商品交易关系;提供与其直接前手之间进行商品交易的增值税发票和商品发运单据复印件。

贴现的期限从其贴现之日起至汇票到期日止。实付贴现金额按票面金额扣除贴现日至汇票到期前 1 日的利息计算。承兑人在异地的,贴现的期限以及贴现利息的计算应另加 3 天的划款日期。

贴现到期,贴现银行应向付款人收取票款。不获付款的,贴现银行应向其前手追索票款。贴现银行追索票款时可从申请人的存款账户直接收取票款。

电子商业汇票当事人在办理回购式贴现业务时,应明确赎回开放日,赎回截止日。

 边学边思

如何区分商业汇票和银行汇票？

（七）票据交易与到期处理

（1）票据交易包括转贴现、质押式回购和买断式回购。

（2）票据到期后偿付顺序如下：

① 票据未经承兑人付款确认和保证增信即交易的，若承兑人未付款，应当由贴现人先行偿付。该票据在交易后又经承兑人付款确认的，应当由承兑人付款；若承兑人未付款，应当由贴现人先行偿付。

② 票据经承兑人付款确认且未保证增信即交易的，应当由承兑人付款；若承兑人未付款，应当由贴现人先行偿付。

③ 票据保证增信后即交易且未经承兑人付款确认的，若承兑人未付款，应当由保证增信行先行偿付；保证增信行未偿付的，应当由贴现人先行偿付。

④ 票据保证增信后且经承兑人付款确认的，应当由承兑人付款；若承兑人未付款，应当由保证增信行先行偿付；保证增信行未偿付的，应当由贴现人先行偿付。

（3）商业汇票的提示付款期限自汇票到期日起10日，持票人应在提示付款期内向付款人提示付款。

（4）银行承兑汇票的出票人于汇票到期日未能足额交存票款的，承兑银行仍应向持票人无条件付款，但对出票人尚未支付的汇票金额按照每天万分之五计收利息。

▶ 三、银行本票

（一）银行本票的概念

本票是指出票人签发的，承诺自己在见票时无条件支付确定的金额给收款人或者持票人的票据。在我国，本票为见票即付的银行本票。由于银行本票的出票人和付款人为同一人，所以银行本票的基本当事人是出票人、收款人。单位和个人在同一票据交换区域需要支付各种款项，均可以使用银行本票。银行本票可以用于转账，注明"现金"字样的银行本票可以用于支取现金。

（二）银行本票的出票

1. 申请人和出票人

申请人使用银行本票，应向银行填写"银行本票申请书"，填明收款人名称、申请人名称、支付金额、申请日期等事项并签章。申请人和收款人均为个人需要支取现金的，应在支付金额栏先填写"现金"字样后填写支付金额。申请人或收款人为单位的，不得申请签发现金银行本票。

出票银行受理"银行本票申请书"，收妥款项签发银行本票。用于转账的，在银行本票上划去"现金"字样；申请人和收款人均为个人需要支取现金的，在银行本票上划去"转账"字样。

银行本票的出票人，为经中国人民银行当地分支行批准办理银行本票业务的银行机构。

2. 本票出票的款式

（1）**绝对**记载事项。根据《中华人民共和国票据法》的规定，本票必须记载下列事项：表明"本票"的字样；无条件支付的承诺；确定的金额；收款人名称；出票日期；出票人签章。未记载上述任一事项均导致本票无效。需要注意的是，本票中是无条件支付的承诺，而汇票和支票中是无条件支付的委托。

（2）相对记载事项。根据《中华人民共和国票据法》的规定，付款地和出票地是相对记载事项。本票上未记载付款地的，出票人的营业场所为付款地。本票上未记载出票地的，出票人的营业场所为出票地。

（3）签章。银行本票上的出票人的签章，为该银行的本票专用章加其法定代表人或者其授权的代理人的签名或者盖章。

3. 交付与背书

申请人应将银行本票交付给本票上记明的收款人。收款人受理银行本票时，应审查下列事项：① 收款人是否确为本单位或本人；② 银行本票是否在提示付款期限内；③ 必须记载的事项是否齐全；④ 出票人签章是否符合规定，大小写出票金额是否一致；⑤ 出票金额、出票日期、收款人名称是否更改，更改的其他记载事项是否由原记载人签章证明。

收款人可以将银行本票背书转让给被背书人。被背书人受理银行本票时，除进行上述审查外，还应审查下列事项：① 背书是否连续，背书人签章是否符合规定，背书使用粘单的是否按规定签章；② 背书人个人的身份证件。

（三）银行本票的付款

银行本票见票即付。银行本票的提示付款期限自出票日起最长不得超过2个月。持票人超过提示付款期限不获付款的，在票据权利时效内向出票银行作出说明，并提供本人身份证件或单位证明，可持银行本票向出票银行请求付款。

（四）银行本票退款和丧失

申请人因银行本票超过提示付款期限或其他原因要求退款时，应将银行本票提交到出票银行。申请人为单位的，应出具该单位的证明；申请人为个人的，应出具该人的身份证件。出票银行对于在本行开立存款账户的申请人，只能将款项转入原申请人账户；对于现金银行本票和未在本行开立存款账户的申请人，才能退付现金。

银行本票丧失，失票人可以凭人民法院出具的其享有票据权利的证明，向出票银行请求付款或退款。

▶ 四、支票

（一）支票的概念

支票是指出票人签发的、委托办理支票存款业务的银行在见票时无条件支付确定的金额给收款人或者持票人的票据。支票的基本当事人包括出票人、付款人和收款人。支票分为现金支票、转账支票和普通支票三种。现金支票是指票据凭证上印有"现金"字样的支票，只能用于支取现金。转账支票是指票据凭证上印有"转账"字样的支票，只能用于转账。支票上既未印有"现金"又未印有"转账"字样的为普通支票，普通支票可以用于支取现金，也可以用于转账。在普通支票左上角划两条平行线的，为划线支票，划线支票只能用于转账，不得支取现金。单位和个人在同一票据交换区域的各种款项结算，均可以使用支票。

（二）支票的出票

1. 出票人

支票的出票人，为在经中国人民银行当地分支行批准办理支票业务的银行机构开立可以使用支票的存款账户的单位和个人，即具有可靠资信的申请人应当在规定的银行机构开立支票存款账户并存入一定的资金，在开户银行预留其本名的签名式样和印鉴并领用支票后，才能签发支票。

2. 支票出票的款式

（1）绝对记载事项。《中华人民共和国票据法》规定，支票必须记载下列事项：表明"支票"的字样；无条件支付的委托；确定的金额；付款人名称；出票日期；出票人签章。支票上未记载上述任一事项的，支票无效。但是，支票上的金额可以由出票人授权补记，未补记前不得使用。需要注意的是，收款人并不是必须记载的事项。

（2）相对记载事项。付款地、出票地是相对必要记载事项。根据《中华人民共和国票据法》的规定，支票上未记载付款地的，付款人的营业场所为付款地。支票上未记载出票地的，出票人的营业场所、住所或者经常居住地为出票地。

（3）任意记载事项。根据《中华人民共和国票据法》的规定，支票上未记载收款人名称的，经出票人授权，可以补记。

（4）签章。支票上的出票人的签章，出票人为单位的，为与该单位在银行预留签章一致的财务专用章或者公章加其法定代表人或者其授权的代理人的签名或者盖章；出票人为个人的，为与该个人在银行预留签章一致的签名或者盖章。

3. 禁止签发空头支票

支票的出票人所签发的支票金额不得超过其付款时在付款人处实有的存款金额。出票人签发的支票金额超过其付款时在付款人处实有的存款金额的，为空头支票。禁止签发空头支票。支票的出票人不得签发与其预留本名的签名式样或者印鉴不符的支票。

（三）支票付款

1. 提示付款

持票人可以委托开户银行收款或直接向付款人提示付款。用于支取现金的支票仅限于收款人向付款人提示付款。持票人委托开户银行收款的支票，银行应通过票据交换系统收妥后入账。持票人委托开户银行收款时，应作委托收款背书，在支票背面背书人签章栏签章、记载"委托收款"字样及背书日期，在被背书人栏记载开户银行名称，并将支票和填制的进账单送交开户银行。持票人持用于转账的支票向付款人提示付款时，应在支票背面背书人签章栏签章，并将支票和填制的进账单送交出票人开户银行。收款人持用于支取现金的支票向付款人提示付款时，应在支票背面"收款人签章"处签章，持票人为个人的，还需交验本人身份证件，并在支票背面注明证件名称、号码及发证机关。

支票的提示付款期限自出票日起10日。异地使用的支票,其提示付款的期限由中国人民银行另行规定。超过提示付款期限的,付款人可以不予付款;付款人不予付款的,出票人仍应当对持票人承担票据责任。

2. 付款

出票人必须按照签发的支票金额承担保证向该持票人付款的责任。出票人在付款人处的存款足以支付支票金额时,付款人应当在见票当日足额付款。

付款人依法支付支票金额的,对出票人不再承担受委托付款的责任,对持票人不再承担付款的责任。但付款人以恶意或者有重大过失付款的除外。

票据的承兑期限与提示付款期限如表4.2所示。

表 4.2　票据的提示承兑期限与提示付款期限

票据种类		提示承兑期限	提示付款期限
汇票	银行汇票	无须承兑	出票日起1个月
	商业汇票 定日付款	到期日前	到期日起10日
	商业汇票 出票后定期付款	到期日前	到期日起10日
	商业汇票 见票后定期付款	出票日起1个月	到期日起10日
本票		无须承兑	出票日起2个月
支票		无须承兑	出票日起10日

边学边思

请问如何记忆各类票据的记载事项?

▶ 五、票据的防伪

近年来我国票据案件频发,涉案金额巨大,严重破坏金融秩序,由此,票据防伪问题显得越来越重要。国际上常用的防伪技术包括防伪彩色纤维纸张、温变防伪油墨、背印复写防伪、长短波荧光变色以及红外加密、核加密等高科技防伪技术。我国票据的防伪技术关键是采用特殊油墨和特种纸张,在印刷和造纸过程中辅之以高科技防伪技术。我国自2011年3月1日起使用新版票据凭证,停止签发旧版银行票据凭证。

2010年版票据特征如下:

(一)防伪工艺的调整

现金支票、转账支票、汇票、非清分机本票纸张使用新型专用水印纸;清分机支票、清分机本票纸张使用新型专用清分机纸;所有纸张中增加了新型荧光纤维;汇票、非清分机本票纸张中增加了安全线;所有票据凭证均采用双色底纹印刷。

(二)印制标准的调整

(1)票据号码。所有票据的号码调整为16位,分上下两排。使用支付密码器编制密码的支票,仍以票据号码后8位流水号作为编码要素。

(2)支票。统一支票底纹颜色,不再按行别分色;现金支票的主题图案为梅花,转账支票、清分机支票主题图案为竹;支票号码前不再冠地名;现金支票上的"现金支票"字样改为黑色印刷。

(3)汇票。统一汇票(含华东三省一市银行汇票)底纹颜色,银行汇票、银行承兑汇票不再按行别分色;汇票主题图案为兰花;银行汇票号码前一律不再冠地名;银行承兑汇票左上角不再加印各银行行徽;取消银行汇票、银行承兑汇票左上角无色荧光暗记。

(4)本票。本票主题图案为菊花;行名前不再加印统一徽记;号码前不再冠地名。

(5)所有票据小写金额栏分隔线由实线改为虚线。

(三)凭证格式、要素内容的调整

(1)支票。取消小写金额栏下方支付密码框,调整为密码和行号填写栏(现金支票只有密码栏);将"本支票付款期限十天"调整为"付款期限自出票之日起十天";存根联"附加信息"栏由三栏缩减为两栏,相应扩大收款人填写栏;背面缩小附加信息栏,背书栏由一栏调整为两栏;"附加信息"栏对应的背面位置加印温馨提示:"根据《中华人民共和国票据法》等法律法规的规定,签发空头支票由中国人民银行处以票面金额5%但不低于1 000元的罚款。"

旧版支票与新版支票如图4.4与图4.5所示。

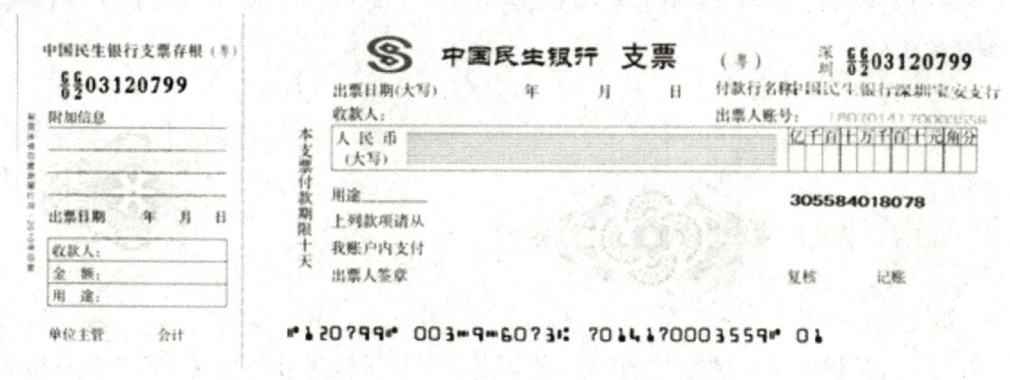

图4.4 旧版支票

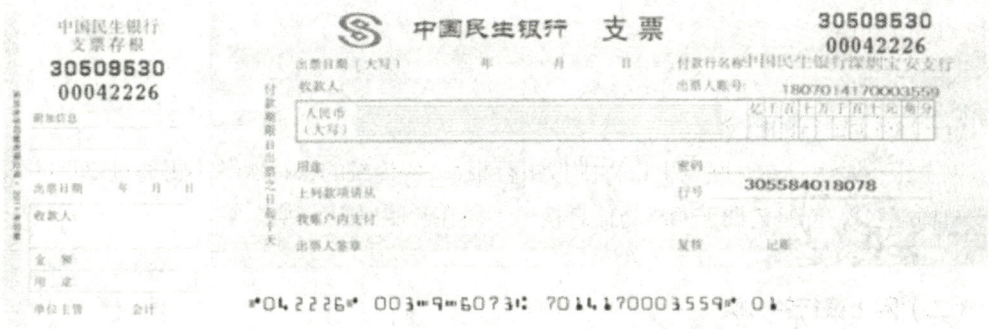

图4.5 新版支票

（2）汇票。取消银行汇票收款人账号；小写金额栏增加亿元位；将左上角"付款期限壹个月"调整为"提示付款期限自出票之日起壹个月"，并移置票据左边款处；印制企业名称改印在票据背面左边款；银行承兑汇票票面右下框增加密押栏。

（3）本票。增加小写金额栏；将左上角"付款期限贰个月"调整为"提示付款期限自出票之日起贰个月"，并移至票据左边款处；印制企业名称改在票据背面左边款；金额栏右下方增加密押栏和行号填写栏。

边学边做 4.7

1. 训练目的

掌握空头支票的处罚规则。

2. 案例设计

金秋公司在银行的账户内的资金为 1 万元，却向金星公司签发了一张面额 1.8 万元的支票，在金星公司提示付款时，金秋公司账户内资金仍不足。金秋公司的行为属于什么性质？应当承担的罚款、赔偿金各是多少？

3. 分析过程

金秋公司的行为属于签发空头支票。金秋公司应承担的罚款为 1 000 元，赔偿金为 18 000×2%=360（元）。根据《中华人民共和国票据法》的规定，签发空头支票或印章与预留印鉴不符的支票，按票面的金额对其处以 5%，但不低于 1 000 元的罚款，同时处以 2% 的赔偿金，赔偿收款人。

第五节 网上支付

一、网上支付的概念

网上支付是指电子交易的"当事人"，使用电子支付手段通过网络进行的货币或资金流转。

二、网上银行

（一）网上银行的概念

网上银行是银行在互联网上设立虚拟银行柜台，使传统的银行服务不再通过物理的银行分支机构来实现，而是借助于网络与信息技术手段在互联网上实现。

（二）网上银行的分类

按照不同的标准，网上银行可以分为不同的类型。

（1）按服务对象分——企业网上银行、个人网上银行。
（2）按经营组织分——分支型网上银行、纯网上银行。
（3）按业务种类——零售银行、批发银行。

（三）网上银行的主要功能
1. 企业网上银行子系统的主要业务功能
（1）账户信息查询。
（2）支付指令（支付指令业务能够为客户提供集团、企业内部各分支机构之间的账务往来，同时也能提供集团、企业之间的账务往来，并且支持集团、企业向他行账户进行付款）。
（3）B2B 网上支付（企业与企业之间进行的电子商务活动）。
（4）批量支付（能够为企业客户提供批量付款、代发工资、一付多收等批量支付功能）。
2. 个人网上银行子系统的主要业务功能
（1）账户信息查询。
（2）人民币转账业务。
（3）银证转账业务。
（4）外汇买卖业务。
（5）账户管理业务。
（6）B2C 网上支付（商业机构对消费者的电子商务）。

▶ 三、第三方支付

（一）第三方支付的概念
狭义的第三方支付是指具备一定实力和信誉保障的非银行机构，借助通信、计算机和信息安全技术，采用与各大银行签约的方式，在用户与银行支付结算系统间建立连接的电子支付模式。在手机端进行的互联网支付，又称为移动支付。广义的第三方支付是指非金融机构作为收、付款人的支付中介所提供的网络支付、预付卡发行与受理、银行卡收单以及中国人民银行确定的其他支付服务。

（二）第三方支付的种类
第三方支付包括线上支付方式和线下支付方式两种。
1. 线上支付方式
通过第三方支付平台实现互联网在线支付，包括网上支付和"移动支付中的远程支付"。
2. 线下支付方式
POS 机刷卡支付、拉卡拉等自助终端支付、电话支付、"手机近端支付"、电视支付等。

（三）第三方支付的特点
（1）独立于商户和银行；
（2）为客户提供支付结算服务；

（3）方便快捷；
（4）安全可靠；
（5）开放创新。

（四）第三方支付行业分类及主流品牌

1. 行业分类

（1）金融型支付企业：银联商务、快钱、易宝支付、汇付天下、拉卡拉等。

特点："无担保功能"，仅为用户提供支付产品和支付系统解决方案，侧重行业需求和开拓行业应用，立足于企业端。

（2）互联网支付企业：支付宝、财付通等。

特点：依托自有电子商务网站，"提供担保功能"，以在线支付为主，立足于个人消费者端。

2. 主流品牌

交易规模前三位品牌：支付宝、银联商务、财付通。

第六节　非票据结算方式

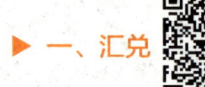　

（一）汇兑的概念

汇兑是汇款人委托银行将其款项支付给收款人的结算方式。汇兑分为信汇和电汇两种，由汇款人选择使用。单位和个人的各种款项的结算，均可使用汇兑结算方式。

（二）办理汇兑的程序

汇兑业务基本流程如图4.6所示。

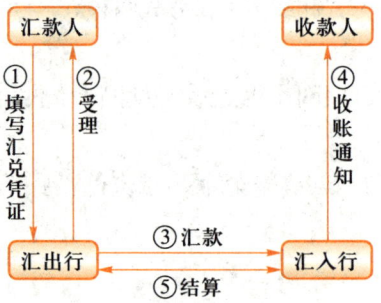

图4.6　汇兑业务基本流程

1. 汇款人按要求签发汇兑凭证

（1）签发汇兑凭证必须记载下列事项：表明"信汇"或"电汇"的字样；无条件支付的委托；确定的金额；收款人名称；汇款人名称；汇入地点、汇入行名称；汇出地点、汇出行名称；委托日期；汇款人签章。汇兑凭证上欠缺上列记载事项之一的，银行不予受理。汇兑凭证记载的汇款人、收款人在银行开立存款账户的，必须记载其账号，否则银行不予受理。

（2）汇兑凭证上记载收款人为个人的，收款人需要到汇入银行领取汇款、汇款人应在汇兑凭证上注明"留行待取"字样。

（3）汇款人和收款人均为个人，需要在汇入银行支取现金的，应在信汇、电汇凭证的"汇款金额"大写栏，先填写"现金"字样，后填写汇款金额。

2. 汇出银行受理

（1）汇出银行受理汇款人签发的汇兑凭证，经审查无误后，应及时向汇入银行办理汇款，并向汇款人签发汇款回单。

（2）汇款回单只能作为汇出银行受理汇款的依据，不能作为该笔汇款已转入收款人账户的证明。

3. 汇入处理

汇入银行接收汇出银行的汇兑凭证，经审核无误后，根据收款人的不同情况进行审查并办理付款手续。

（1）汇入银行对开立存款账户的收款人，应将汇给其的款项直接转入收款人账户，并向其发出收账通知。收账通知是银行将款项确已收入收款人账户的凭据。

（2）未在银行开立存款账户的收款人，凭信汇、电汇的取款通知或"留行待取"的，向汇入银行支取款项，必须交验本人的身份证件，在信汇、电汇凭证上注明证件名称、号码及发证机关，并在"收款人签盖章"处签章；信汇凭签章支取的，收款人的签章必须与预留信汇凭证上的签章相符。银行审查无误后，以收款人的姓名开立应解汇款及临时存款账户，该账户只付不收，付完清户，不计付利息。

若收款人需要支取现金，信汇、电汇凭证上必须有按规定填明的"现金"字样，才能办理。未填明"现金"字样，需要支取现金的，由汇入银行按照国家现金管理规定审查支付。

收款人需要委托他人向汇入银行支取款项的，应在取款通知上签章，注明本人身份证件名称、号码、发证机关和"代理"字样以及代理人姓名。代理人代理取款时，也应在取款通知上签章，注明其身份证件名称、号码及发证机关，并同时交验代理人和被代理人的身份证件。

若原收款人需要转账支付的，应由原收款人向银行填制支款凭证，并由本人交验其身份证件办理支付款项。该账户的款项只能转入单位或个体工商户的存款账户，严禁转入储蓄和信用卡账户。

相关阅读

汇兑中信汇与电汇的区分

汇兑根据划转款项的不同方法以及传递方式的不同,可以分为信汇和电汇两种,由汇款人自行选择。信汇是汇款人向银行提出申请,同时交存一定金额及手续费,汇出行将信汇委托书以邮寄方式寄给汇入行,授权汇入行向收款人支付一定金额的一种汇兑结算方式。电汇是汇款人将一定款项交存汇款银行,汇款银行通过电报或电传给目的地的分行或代理行(汇入行),指示汇入行向收款人支付一定金额的一种汇款方式。

这两种结算方式的区别如下:

(1)汇款速度不同。信汇的速度较慢,电汇的速度较快。

(2)汇款费用大小不同。信汇费用较低,而且在有些商业银行办理信汇的可以免手续费,对于小企业来说,通常只在紧急情况下或者金额较大时适用;电汇汇款人要负担较高的电报电传费用,而且汇款金额越大,手续费和电报费就越高。由于比较便捷,对于大型企业,电汇方式是主要的汇兑方式。

(3)保密程度不同。为了确保电报的真实性,汇出行在电报上加注双方约定的密码;而信汇则无须加密码,签字即可。

(三)汇兑的撤销和退汇

1. 撤销

若款项尚未从汇出银行汇出,汇款人可以申请撤销。申请撤销时,应出具正式函件或本人身份证件及原信、电汇回单。汇出银行查明确未汇出款项的,收回原信汇、电汇回单,方可办理撤销。

2. 退汇

(1)汇出银行将款项已经汇出,汇款人可以申请退汇。对在汇入银行开立存款账户的收款人,由汇款人与收款人自行联系退汇;对未在汇入银行开立存款账户的收款人,汇款人应出具正式函件或本人身份证件以及原信汇、电汇回单,由汇出银行通知汇入银行,经汇入银行核实汇款确未支付,并将款项汇回汇出银行,方可办理退汇。

(2)对于收款人拒绝接受的汇款,汇入银行应即办理退汇。汇入银行对于向收款人发出取款通知,经过2个月无法交付的汇款,应主动办理退汇。

二、托收承付

(一)托收承付的概念

托收承付是根据购销合同由收款人发货后委托银行向异地付款人收取款项,由付款人向银行承认付款的结算方式。托收承付结算款项的划回方法,分为邮寄和电报两种,由收款人选用。

（二）托收承付的适用范围

1. 结算款项的限制

办理托收承付结算的款项，必须是商品交易以及因商品交易而产生的劳务供应的款项。代销、寄销、赊销商品的款项，不得办理托收承付结算。托收承付结算每笔的金额起点为1万元。新华书店系统每笔的金额起点为1 000元。

2. 主体范围的限制

使用托收承付结算方式的收款单位和付款单位，必须是国有企业、供销合作社以及经营管理较好并经开户银行审查同意的城乡集体所有制工业企业。

3. 签订合同的要求

收付双方使用托收承付结算必须签有符合《中华人民共和国合同法》规定的购销合同，并在合同上订明使用托收承付结算方式。

（三）托收承付的结算要求

托收承付的结算要求包括以下三个方面：

（1）收付双方办理托收承付结算，必须重合同、守信用。

（2）收款人对同一付款人发货托收累计3次收不回货款的，收款人开户银行应暂停收款人向该付款人办理托收；付款人累计3次提出无理拒付的，付款人开户银行应暂停其向外办理托收。

（3）收款人办理托收，必须具有商品确已发运的证件，包括铁路、航运、公路等运输部门签发的运单、运单副本和邮局包裹回执等。

（四）办理托收承付的程序

托收承付业务基本流程如图4.7所示。

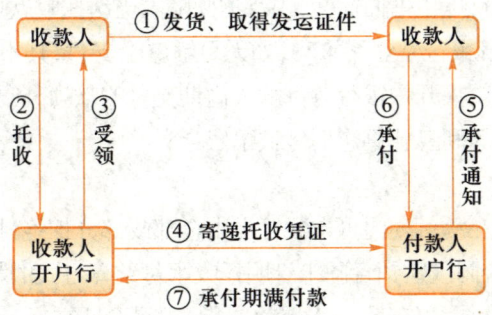

图4.7　托收承付业务基本流程

1. 签发托收凭证

签发托收凭证必须记载下列事项：表明"托收"的字样；确定的金额；付款人名称及账号；收款人名称及账号；付款人开户银行名称；收款人开户银行名称；托收附寄单证张数或册数；合同名称、号码；委托日期；收款人签章。

托收承付凭证上欠缺记载上列事项之一的，银行不予受理。

2. 托收

托收是指收款人根据买卖合同发货后，委托银行向付款人收取款项。

收款人按照签订的购销合同发货后,委托银行办理托收。

(1)收款人应将托收凭证并附发运证件或其他符合托收承付结算要求的有关证明和交易单证送交银行。收款人如需取回发运证件,银行应在托收凭证上加盖"已验发运证件"戳记。

(2)收款人开户银行接到托收凭证及其附件后,应当按照托收的范围、条件和托收凭证记载的要求认真进行审查,必要时,还应查验收付款人签订的购销合同。凡不符合要求或违反购销合同发货的,不能办理。审查时间最长不得超过次日。

3. 承付

承付是指由付款人向银行承认付款的行为。付款人开户银行收到托收凭证及其附件后,应当及时通知付款。付款人应在承付期内审查核对,安排资金。承付货款分为验单付款和验货付款两种,由收付双方商量选用,并在合同中明确规定。

(1)验单付款。验单付款的承付期为3天,从付款人开户银行发出承付通知的次日算起(承付期内遇法定休假日顺延)。付款人在承付期内,未向银行表示拒绝付款,银行即视为承付,并在承付期满的次日(遇法定休假日顺延)上午银行开始营业时,将款项主动从付款人的账户内付出,划给收款人。

(2)验货付款。验货付款的承付期为10天,从运输部门向付款人发出提货通知的次日算起。付款人收到提货通知后,应即向银行交验提货通知。付款人在银行发出承付通知的次日起10天内,未收到提货通知的,应在第10天将货物尚未到达的情况通知银行。在第10天付款人没有通知银行的,银行即视作已经验货,于10天期满的次日上午银行开始营业时,将款项划给收款人;在第10天付款人通知银行货物未到,而以后收到提货通知没有及时送交银行,银行仍按10天期满的次日作为划款日期,并按超过的天数,计扣逾期付款赔偿金。

(3)无论是验单付款还是验货付款,付款人都可以在承付期内提前向银行表示承付,并通知银行提前付款,银行应立即办理划款;因商品的价格、数量或金额变动,付款人应多承付款项的,须在承付期内向银行提出书面通知,银行据此随同当次托收款项划给收款人。

付款人在承付期满日银行营业终了时,如无足够资金支付,其不足部分,即为逾期未付款项,按逾期付款处理。付款人开户银行对付款人逾期支付的款项,应当根据逾期付款金额和逾期天数,按每天万分之五的利息计算逾期付款赔偿金。

4. 拒绝付款的处理

对下列情况,付款人在承付期内可向银行提出全部或部分拒绝付款:

(1)没有签订购销合同或购销合同未订明托收承付结算方式的款项。

(2)未经双方事先达成协议,收款人提前交货,或因逾期交货,付款人不再需要该项货物的款项。

(3)未按合同规定的到货地址发货的款项。

(4)代销、寄销、赊销商品的款项。

(5)验单付款,发现所列货物的品种、规格、数量、价格与合同规定不符,或货物已到,经查验货物与合同规定或发货清单不符的款项。

(6)验货付款,经查验货物与合同规定或与发货清单不符的款项。

(7)货款已经支付或计算有错误的款项。

不属于上述情况的,付款人不得向银行提出拒绝付款。

5. 重办托收

收款人对被无理拒绝付款的托收款项,在收到退回的结算凭证及其所附单证后,需要委托银行重办托收,应当填写四联"重办托收理由书",将其中三联连同购销合同、有关证据和退回的原托收凭证及交易单证,一并送交银行。经开户银行审查,确属无理拒绝付款,可以重办托收。

▶ 三、委托收款

(一)委托收款的概念和适用范围

1. 概念

委托收款是收款人委托银行向付款人收取款项的结算方式。委托收款结算款项的划回方式,分邮寄和电报两种,由收款人选用。

2. 适用范围

(1)委托收款的适用范围十分广泛,无论是同城还是异地都可办理。在同城范围内,收款人收取公用事业费或根据国务院的规定,可以使用同城特约委托收款。

(2)单位和个人凭已承兑商业汇票、债券、存单等付款人债务证明办理款项的结算,均可以使用委托收款结算方式。

(二)办理委托收款的基本流程

委托收款业务的基本流程如图 4.8 所示。

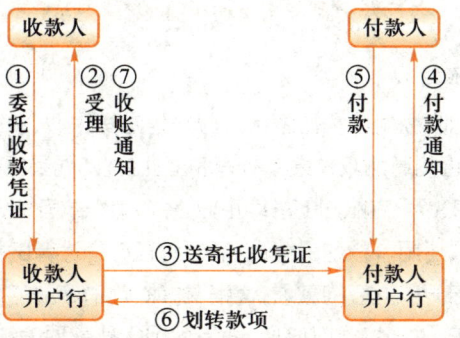

图 4.8 委托收款业务基本流程

1. 签发委托收款凭证

(1)签发委托收款凭证必须记载下列事项:表明"托收"的字样;确定的金额;付款人名称;收款人名称;委托收款凭据名称及附寄单证张数;委托日期;收款人签章。

(2)委托收款以银行以外的单位为付款人的,委托收款凭证必须记载付款人开户银行名称;以银行以外的单位或在银行开立存款账户的个人为收款人的,委托收款凭证必须记载收款人开户银行名称;未在银行开立存款账户的个人为收款人的,委托收款凭证必须记载被委托银行名称。

2. 委托

收款人办理委托收款,应当向银行提交所填写的委托收款凭证和有关债务证明。有关债务证明是指能够证明付款人到期并应向收款人支付一定款项的证明,如水费、电费单,电话费单,已承兑的商业汇票、债券、存单等。

3. 付款

(1) 付款人为银行。银行接到寄来的委托收款凭证及债务证明,若审查无误,应在当日办理付款。

银行接到审查有关债务证明后,对收款人委托收取的款项需要拒绝付款的,应自收到委托收款及债务证明的次日起 3 日内出具拒绝证明连同有关债务证明、凭证寄给被委托银行,转交收款人。

(2) 付款人为单位。

付款人开户行接到寄来的委托收款凭证及债务证明,若审查无误,应及时通知付款人,按有关规定将有关债务证明交给付款人并签收。付款人应于接到通知的当日书面通知银行付款。

付款人未在接到通知日的次日起 3 日内通知银行付款的,视同付款人同意付款,银行应于付款人接到通知日的次日起第 4 日上午开始营业时,将款项划给收款人。

付款人提前收到由其付款的债务证明,应通知银行于债务证明的到期日付款。付款人未于接到通知日的次日起 3 日内通知银行付款,付款人接到通知日的次日起第 4 日在债务证明到期日之前的,银行应于债务证明到期日将款项划给收款人。

付款人审查有关债务证明后,对收款人委托收取的款项需要拒绝付款的,应在付款人接到通知日的次日起 3 日内出具拒绝证明,持有债务证明的,应将其送交开户银行。银行将拒绝证明、债务证明和有关凭证一并寄给被委托银行,转交收款人。

相关阅读

委托收款和托收承付两种结算方式的区别

1. 适用的范围不同

办理托收承付的收款单位和付款单位必须是国有企业、供销合作社以及经营管理较好,并经开户银行审查同意的城乡集体所有制工业企业,而委托收款的收款人和付款人的范围较广,适用于在银行开立账户的各种企业、经济组织或者个人使用。

托收承付结算只适用于异地的款项结算,并且办理计算的款项必须是商品交易以及因商品交易而产生的劳务供应的款项,代销、寄销、赊销商品的款项不得办理托收承付结算。而委托收款同城、异地均可以办理,而且适用各种款项的结算,既适用于水电、邮电、电话等劳务款项的结算,又适用于单位和个人凭已经承兑的商业汇票、债券、存单等付款人债务证明办理款项的结算。

2. 办理的程序不同

相对来说,委托收款的办理程序比托收承付要简便些。托收承付结算下,收款单位根据经济合同发货后,委托银行向异地付款单位收取款项,由付款单位按照经济合同规定核对结算单证或验货后再向银行承付款项。而委托收款结算方式是先由收款人向银行提交委托收款凭证和有关债务证明并办理委托收款的手续,银行在接到寄来的委托收款凭证及债务证明,经审查无误后再向收款人办理付款的行为,这里付款人的开户银行应该经付款人授权后才能付款,付款人授权时应该填写同城或者异地委托收款授权书,写明银行账号和与收款人的合同号,并且加盖单位的公章。

四、国内信用证

（一）信用证的概念

国内信用证是指开证行依照申请人（买方）的申请开出的，凭符合信用证条款的单据支付的付款承诺。仅适用于国内企业之间商品交易且只限于转账结算，不得支取现金。

我国信用证为不可撤销信用证。不可撤销信用证，是指信用证开具后在有效期内，非经信用证各有关当事人（即开证银行、开证申请人和受益人）的同意，开证银行不得修改或者撤销的信用证。

经中国人民银行批准经营结算业务的商业银行总行以及经商业银行总行批准开办信用证结算业务的分支机构，可以办理信用证结算业务。未经批准的银行机构和城市信用合作社、农村信用合作社及其他非银行金融机构不得办理信用证结算业务。

（二）办理信用证的基本程序

办理信用证的基本流程如图 4.9 所示。

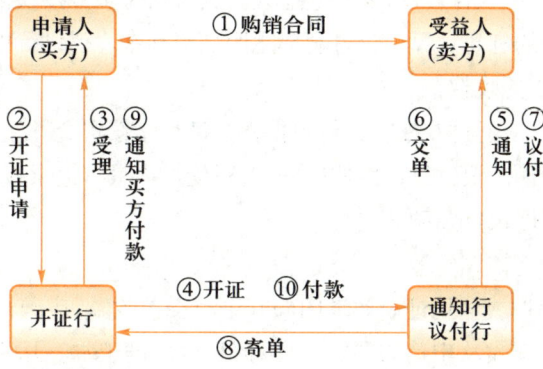

图 4.9　办理信用证的基本流程

1. 开证

（1）开证申请。开证申请人使用信用证时，应首先委托其开户银行办理开证业务。在申请办理开证业务时，应当填具开证申请书、信用证申请人承诺书并提交有关购销合同。开证申请书和承诺书是开证银行向受益人开立信用证的依据，也是开证银行与开证申请人之间明确各自权责的契约性文件。因此，开证申请书和承诺书记载的事项应完整、明确，并由申请人签章。签章应与预留银行的签章相符。

（2）受理开证。开证行根据申请人提交的开证申请书、信用证申请人承诺书及购销合同决定是否受理开证业务。开证行在决定受理该项业务时，应向申请人收取不低于开证金额 20% 的保证金，并可根据申请人资信情况要求其提供抵押、质押或由其他金融机构出具保函。

2. 通知

（1）通知行收到信用证，应认真审核。审核无误的，应填制信用证通知书，连同信用证交付受益人。

（2）通知行确定信用证或信用证修改书签章不符的，必须及时返还开证行，并告知开证行签章不符；密押不符的，应向开证行查询补正。

（3）通知行应在收到信用证或信用证修改书的次日起3个营业日内作出处理。

3. 议付

（1）议付是指信用证指定的议付行在单证相符条件下，扣除议付利息后向受益人给付对价的行为。只审核单据而未付出对价的，不构成议付。议付仅限于延期付款信用证。

（2）议付行必须是开证行指定的受益人开户行。未被指定议付的银行或指定的议付行不是受益人开户行的，不得办理议付。

（3）受益人可以对议付信用证在交单期或信用证有效期内向议付行提示单据、信用证正本及信用证通知书，并填制信用证议付／委托收款申请书和议付凭证，请求议付。

（4）议付行在受理的次日起5个营业日内审核信用证规定的单据，确定表面与信用证条款相符并决定议付的，应在信用证正本背面记明议付日期、业务编号、增额、议付金额、信用证余额、议付行名称，并加盖业务公章。议付行审核受益人提示的单据发现单据不符时，可洽受益人修改相符后，同意议付的，办理议付；经洽受益人修改仍不符，拒绝议付的，应及时作出书面拒绝议付通知，注明拒绝议付理由，通知受益人。实付议付金额按议付金额扣除议付日至信用证付款到期日前一日的利息计算。议付利率比照贴现利率。议付行可以根据受益人的要求不作议付，仅为其办理委托收款。

（5）议付行议付后，应通过委托收款将单据寄开证行索偿资金。除非信用证另有规定，索偿金额不得超过单据金额。议付行议付信用证后，对受益人具有追索权。到期不获付款的，议付行可从受益人账户收取议付金额。

4. 付款

（1）受益人在交单期或信用证有效期内向开证行交单收款，应向开户银行填制委托收款凭证和信用证议付／委托收款申请书，并出具单据和信用证正本。开户银行收到凭证和单证审查齐全后，应及时为其向开证行办理交单和收款。

（2）开证行在收到议付行寄交的委托收款凭证、单据及寄单通知书或受益人开户行寄交的委托收款凭证、信用证正本单据及信用证议付／委托收款申请书的次日起5个营业日内，及时核对单据表面与信用证条款是否相符。无误后，对即期付款信用证，从申请人账户收取款项支付给受益人；对延期付款信用证，应向议付行或受益人发出到期付款确认书，并于到期日从申请人账户收取款项支付给议付行或受益人。开证行付款后，应在信用证正本背面记明付款日期、业务编号、增额、付款金额、信用证余额、开证行名称，加盖业务公章，并将信用证来单通知书连同有关单据交开证申请人。开证申请人收到开证行交来的信用证来单通知书及单据，发现单证不符的，应与开证行、受益人协商解决，或向人民法院提起诉讼。

（3）申请人交存的保证金和其存款账户余额不足支付的，开证行仍应在规定的付款时间内进行付款。对不足支付的部分作逾期贷款处理。对申请人提供抵押、质押、保函等担保的，按《中华人民共和国物权法》《中华人民共和国担保法》的有关规定索偿。

五、银行卡

（一）银行卡的概念和分类

1. 银行卡的概念

银行卡是指经批准由商业银行（含邮政金融机构）向社会发行的具有消费信用、转账结算、存取现金等全部或部分功能的信用支付工具。商业银行未经中国人民银行批准不得发行银行卡。

2. 银行卡的种类

银行卡按币种不同分为人民币卡、外币卡；按发行对象不同分为单位卡（商务卡）、个人卡；按信息载体不同分为磁条卡、芯片（IC）卡；按结算方式的特点分为信用卡和借记卡。信用卡和借记卡的异同如下：

（1）信用卡。信用卡是指记录持卡人账户相关信息，具备银行授信额度和透支功能，并为持卡人提供相关银行服务的各类介质。

信用卡按是否向发卡银行交存备用金，又可分为贷记卡、准贷记卡两类：贷记卡是指发卡银行给予持卡人一定的信用额度，持卡人可在信用额度内先消费、后还款的信用卡；准贷记卡是指持卡人须先按发卡银行要求交存一定金额的备用金，当备用金账户余额不足支付时，可在发卡银行规定的信用额度内透支的信用卡。

贷记卡持卡人非现金交易享受如下优惠条件：

① 免息还款期待遇。银行记账日至发卡银行规定的到期还款日之间为免息还款期。免息还款期的条件和标准由发卡机构自主确定。持卡人在到期还款日前偿还所使用全部银行款项即可享受免息还款期待遇，无须支付非现金交易的利息。

② 最低还款额待遇。持卡人在到期还款日前偿还所使用全部银行款项有困难的，可按照发卡银行规定的最低还款额还款。最低还款额待遇的条件和标准由发卡机构自主确定。贷记卡持卡人选择最低还款额方式或超过发卡银行批准的信用额度用卡时，不再享受免息还款期待遇，应当支付未偿还部分自银行记账日起，按规定利率计算的透支利息。

（2）借记卡。借记卡是指持卡人先存款、后消费，不具备透支功能的银行卡，结算也比较简单。借记卡按功能不同分为转账卡（含储蓄卡）、专用卡、储值卡。转账卡是实时扣账的借记卡，具有转账结算、存取现金和消费功能。专用卡是具有专门用途、在特定区域使用的借记卡，具有转账结算、存取现金功能。储值卡是发卡银行根据持卡人要求将其资金转至卡内储存，交易时直接从卡内扣款的预付钱包式借记卡。

边学边思

如何准确记忆银行卡按结算方式特点进行的分类？

(二)银行卡账户和交易

1. 申领

个人申领银行卡(储值卡除外),应当向发卡银行提供公安部门规定的本人有效身份证件,经发卡银行审查合格后,为其开立记名账户;凡在中国境内金融机构开立基本存款账户的单位,应当凭中国人民银行核发的开户许可证申领单位卡;银行卡及其账户只限经发卡银行批准的持卡人本人使用,不得出租和转借。

2. 交易

单位人民币卡可办理商品交易和劳务供应款项的结算,但不得透支。单位人民币卡账户的资金一律从其基本存款账户转账存入,不得存取现金,不得将销货收入存入单位卡账户。

个人人民币卡账户的资金以其持有的现金存入或以其工资性款项、属于个人的合法的劳务报酬、投资回报等收入转账存入。

3. 销户

持卡人在还清全部交易款项、透支本息和有关费用后,可申请办理销户。销户时,单位人民币卡账户的资金应当转入其基本存款账户,单位外币卡账户的资金应当转回相应的外汇账户,不得提取现金。

4. 挂失

向发卡银行或代办银行申请挂失。

5. 发卡银行追偿透支款项和诈骗款项的途径

(1)扣减持卡人保证金;
(2)依法处理抵押物和质物;
(3)向保证人追偿透支款项;
(4)通过司法机关的诉讼程序进行追偿。

(三)银行卡收费

收单机构向商户收取的收单服务费由收单机构与商户协商确定具体费率;发卡机构向收单机构收取的发卡行服务费不区分商户类别,实行政府指导价、上限管理,费率水平借记卡交易不超过交易金额的0.35%,单笔收费金额不超过13元,贷记卡交易不超过0.45%;对非营利性的医疗机构、教育机构、社会福利机构、养老机构、慈善机构刷卡交易,实行发卡行服务费、网络服务费全额减免;自2016年9月6日起2年的过渡期内,对超市、大型仓储式卖场、水电煤气缴费、加油、交通运输售票商户刷卡交易实行发卡行服务费、网络服务费优惠。

(四)银行卡清算市场

(1)自2015年6月1日起,我国放开银行卡清算市场,符合条件的"内外资企业"均可申请在中国境内设立银行卡清算机构。

(2)申请成为银行卡清算机构的,注册资本不低于"10亿元"人民币。

(3)目前"中国银联股份有限公司"是唯一的银行卡清算机构。

六、预付卡

商业预付卡市场发展迅速,从总体上来说,商业预付卡在减少现钞使用量、便利公众支付、刺激消费等方面发挥了一定作用。为促进支付服务市场健康发展,规范非金融机构支付服务行为,防范支付风险,保护当事人的合法权益,2010年6月,中国人民银行发布了《非金融机构支付服务管理办法》,将非金融机构以营利为目的发行的、在发行机构之外购买商品或服务的预付卡纳入支付体系监管范畴。2012年11月1日,中国人民银行公布实施《支付机构预付卡业务管理办法》,对支付机构从事预付卡业务行为作出了进一步的规制。

(一)预付卡的概念

预付卡,是指发卡机构以特定载体和形式发行的、可在发卡机构之外购买商品或服务的预付价值。支付机构是指取得支付业务许可证,获准办理"预付卡发行与受理"业务的发卡机构和获准办理"预付卡受理"业务的受理机构,可以在境内从事预付业务。

预付卡按是否记载持卡人身份信息分为记名预付卡和不记名预付卡。记名预付卡是指预付卡业务处理系统中记载持卡人身份信息的预付卡。不记名预付卡是指预付卡业务处理系统中不记载持卡人身份信息的预付卡。记名预付卡应当可挂失、可赎回,不得设置有效期。不记名预付卡一般不挂失、不赎回。不记名预付卡有效期不得低于3年。预付卡不得具有透支功能。发卡机构发行销售预付卡时,应向持卡人告知预付卡的有效期及计算方法。超过有效期尚有资金余额的预付卡,发卡机构应当提供延期、激活、换卡等服务,保障持卡人继续使用。预付卡按信息载体不同分为磁条卡、芯片(IC)卡。

(二)预付卡的限额

预付卡以人民币计价,不具有透支功能。单张记名预付卡资金限额不得超过5 000元,单张不记名预付卡资金限额不得超过1 000元。

(三)预付卡的办理和充值

(1)个人或单位购买、充值记名预付卡或一次性购买、充值不记名预付卡1万元以上的,应当使用实名并向发卡机构提供有效身份证件。发卡机构应当识别购卡人、单位经办人的身份,核对有效身份证件,登记身份基本信息,并留存有效身份证件的复印件或影印件。

(2)代理他人购买预付卡的,发卡机构应当采取合理方式确认代理关系,核对代理人和被代理人的有效身份证件,登记代理人和被代理人的身份基本信息,并留存代理人和被代理人的有效身份证件的复印件或影印件。

(3)使用实名购买、充值预付卡的,发卡机构应当登记购卡人姓名或单位名称、单位经办人姓名、有效身份证件名称和号码、联系方式、购卡数量、购卡日期、购卡总金额、预付卡卡号及金额等信息。

（4）单位一次性购买、充值预付卡5 000元以上，个人一次性购买预付卡5万元以上的，通过银行转账等非现金结算方式购买，不得使用现金。购卡人不得使用信用卡购买、充值预付卡。

（四）预付卡的使用

（1）单张预付卡充值后的资金余额不得超过规定限额。预付卡现金充值通过发卡机构网点进行，单张预付卡同日累计现金充值在200元以下的，可通过自助充值终端、销售合作机构代理等方式充值。

（2）预付卡在发卡机构拓展、签约的特约商户中使用，不得用于或变相用于提取现金，不得用于购买、交换非该发卡机构发行的预付卡、单一行业卡及其他商业预付卡或向其充值，卡内资金不得向银行账户或向非该发卡机构开立的网络支付账户转移。

对记名预付卡与无记名预付卡相关规定的区分如表4.3所列示。

表4.3 记名预付卡与无记名预付卡相关规定的区分

比较项目		记名预付卡	不记名预付卡
区分标准		记载持卡人身份信息	不记载持卡人身份信息
单张限额		5 000元	1 000元
是否可挂失		可	不可
是否可赎回		购卡后3个月可赎回	不可赎回
有效期		无	3年以上
实名登记		需要	一次性购买1万元以上
是否可透支		否	
购买	使用信用卡购买	不可以	
	转账购买标准	单位：一次性购买5 000元以上	
		个人：一次性购买50 000元以上	
	现金购买标准	低于转账购买标准的	
充值	转账充值	5 000元以上	
	信用卡充值	不可以	
	自助充值	单张预付卡同日累计现金充值在200元以下	
	现金充值	低于转账充值标准的	
使用规定		不得用于或变相用于提现	
发卡机构的资金管理		发卡机构必须在商业银行开立"备付金专用存款账户"存放预付资金，不得挪用、挤占	

（五）预付卡的赎回

记名预付卡可在购卡 3 个月后办理赎回，赎回时，持卡人应当出示预付卡及持卡人和购卡人的有效身份证件。由他人代理赎回的，应当同时出示代理人和被代理人的有效身份证件。单位购买的记名预付卡，只能由单位办理赎回。

▶ 本章知识回顾

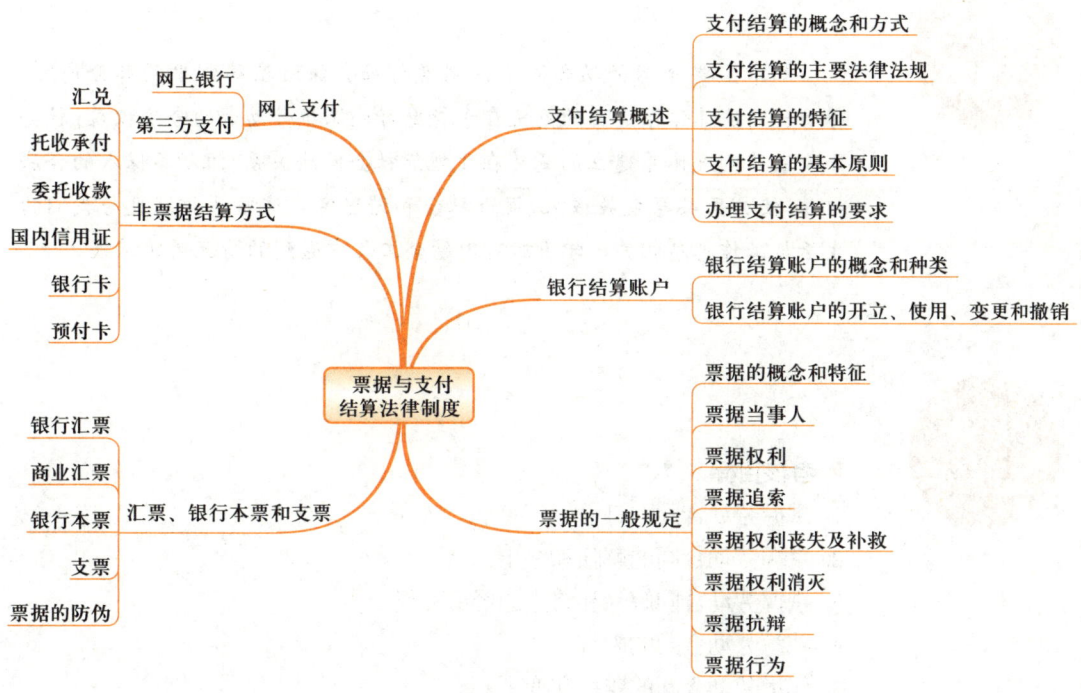

▶ 开心一扫

汇票丢失，惊出一身冷汗，看如何通过法律手段冷静处理，化险为夷！

大羚子是一家公司的出纳员，某日盘点时发现保险柜中丢失一张金额为 100 万元的银行承兑汇票，丢失原因不明。大羚子心里非常害怕，这笔钱是好不容易从厂家要到的，还有一个月就可以到期兑付款项了，现在票据丢失会影响单位正常资金使用。深感惭愧的大羚子找到财务经理丽丽帮忙解决，并向本公司法务部经理小保对此事进行了咨询。

第五章 劳动合同与社会保险法律制度

本章导读

本章主要介绍劳动合同法律制度与社会保险法律制度两部分内容。劳动合同法律体系建立的意义在于能更好地保护劳动者的合法权益；社会保险法律制度体系建立的意义在于规范社会保险关系，维护参保人的合法权益，使公民共享发展成果，促进社会和谐稳定。这些法律制度与我们的生活与工作息息相关。学习时可以结合工作中遇到的情况对比掌握。

教学目标

▶ 考核目标

1. 掌握劳动合同的订立
2. 掌握劳动合同的解除和终止
3. 掌握劳动合同解除和终止的经济补偿
4. 熟悉劳动合同的内容
5. 熟悉劳动合同的履行和变更
6. 熟悉劳动争议的解决
7. 熟悉基本养老保险、基本医疗保险、工伤保险、失业保险和生育保险的主要内容
8. 了解劳动合同的特征和劳动合同法的适用范围
9. 了解违反劳动合同法的法律责任
10. 了解社会保险基金管理运营和违反社会保险法的法律责任

▶ 实践目标

1. 能分析劳动关系运行中出现的违反劳动合同与社会保险法律制度的相关问题
2. 能分辨用工单位签订劳动合同和用工过程中的违法行为
3. 能准确判断在哪些情况下解除劳动合同用人单位需要向劳动者支付经济补偿金
4. 能提出处理劳动纠纷的基本方案，维护劳动者的合法权益

第一节 劳动合同法律制度

一、劳动关系与劳动合同

（一）劳动合同的法律渊源

为规范劳动关系，国家陆续颁布了一系列相关法律和法规，这些法律法规构成了我国劳动合同法律制度的主要内容。

1. 法律

构成我国劳动合同法律制度的法律主要包括：1994年7月5日第八届全国人民代表大会常务委员会第8次会议通过的《中华人民共和国劳动法》、2007年6月29日第十届全国人民代表大会常务委员会第28次会议通过的《中华人民共和国劳动合同法》（2012年修订）、2007年12月29日第十届全国人民代表大会常务委员会第31次会议通过的《中华人民共和国劳动争议调解仲裁法》。

2. 行政法规

构成我国劳动合同法律制度的主要行政法规包括：1994年2月3日国务院令第146号发布的《国务院关于职工工作时间的规定》（1995年修订）、2007年12月7日国务院令第514号公布的《职工带薪年休假条例》、2008年9月18日国务院令第535号公布的《中华人民共和国劳动合同法实施条例》。

（二）劳动关系

劳动关系是当事人依据劳动法律规范，在实现劳动过程中形成的法律关系，是劳动法的主要调整对象，狭义上的劳动关系主体包括劳动者和用人单位，广义上的劳动关系主体还应包括劳动者的团体组织。

狭义的劳动关系的特征如下：

（1）劳动关系的当事人是特定的，一方是劳动者，另一方是用人单位。

（2）劳动关系是在实现劳动过程中发生的社会关系，是在职业劳动、集体劳动、工业劳动过程中发生的社会关系。

（3）劳动关系具有人身、财产关系的属性。

（4）劳动关系具有平等、从属关系的属性。

（三）劳动合同

劳动合同，是指劳动者与用人单位之间确立劳动关系，明确双方权利和义务的协议。订立和变更劳动合同，应当遵循平等自愿、协商一致的原则，不得违反法律、行政法规的规定。劳动合同依法订后立即具有法律约束力，当事人必须履行劳动合同规定的义务。

用人单位与劳动者依据双方所签订的合法有效的劳动合同，劳动者加入企业、个体经济组织、事业组织、国家机关、社会团体等用人单位,成为该单位的一员,承担一定的工种、岗位或职务工作,并遵守所在单位的内部劳动纪律和其他规章制度;用人单位应及时安排被录用的劳动者工作,按照劳动者提供劳动的数量和质量支付劳动报酬,并且根据劳动法律、法规规定和劳动合同的约定提供必要的劳动条件,保证劳动者享有劳动保护及社会保险、福利等权利和待遇。

(四)《中华人民共和国劳动合同法》的适用范围

根据《中华人民共和国劳动合同法》的规定,中华人民共和国境内的企业、个体经济组织、民办非企业单位、依法成立的会计师事务所、律师事务所等合伙组织和基金会等组织(以下称用人单位)与劳动者建立劳动关系,订立、履行、变更、解除或者终止劳动合同,适用《中华人民共和国劳动合同法》。

国家机关、事业单位、社会团体和与其建立劳动关系的劳动者,订立、履行、变更、解除或者终止劳动合同,依照《中华人民共和国劳动合同法》执行。

事业单位与实行聘用制的工作人员订立、履行、变更、解除或者终止劳动合同,法律、行政法规或者国务院另有规定的,依照其规定;未作规定的,依照《中华人民共和国劳动合同法》有关规定执行。

▶ 二、劳动合同的订立

(一)劳动合同订立的概念和原则

1. 劳动合同订立的概念

劳动合同的订立,是劳动合同双方当事人相互进行要约邀请、要约、反要约等一系列活动并最终达成意思一致而签订协议的法律行为。根据《中华人民共和国劳动合同法》的规定,劳动合同由用人单位与劳动者协商一致,并经用人单位与劳动者在劳动合同文本上签字或者盖章生效。劳动合同文本由用人单位和劳动者各执一份。

2. 劳动合同订立的原则

《中华人民共和国劳动合同法》规定:"订立劳动合同,应遵循合法、公平、平等自愿、协商一致、诚实信用的原则。"

(二)劳动合同订立的主体

劳动合同的主体应当具有订立合同的资格并依法律规定享受权利和履行义务。

1. 劳动者的资格要求

《中华人民共和国劳动法》对劳动者的年龄有限制,禁止用人单位招用未满十六周岁的未成年人。文艺、体育和特种工艺单位招用未满十六周岁的未成年人,必须依照国家有关规定,履行审批手续,并保障其接受义务教育的权利。劳动者就业,不因民族、种族、性别、宗教信仰不同而受歧视。

2. 用人单位的资格要求

用人单位设立的分支机构,依法取得营业执照或者登记证书的,可以作为用人单位与劳动者订立劳动合同;未依法取得营业执照或者登记证书的,受用人单位委托可以与劳动者订立劳动合同。

（三）劳动关系建立的时间

用人单位自用工之日起即与劳动者建立劳动关系。用人单位与劳动者在用工前订立劳动合同的，劳动关系自用工之日起建立。此处所称劳动关系，实质上是一种事实劳动关系，劳动关系包括了劳动合同关系和事实劳动关系两种形态。此处所称用工是指用人单位实际上开始使用劳动者的劳动力，劳动者开始在用人单位的指挥、监督、管理下提供劳动。通俗地说，劳动关系是从劳动者第一天上班之日起建立的。

用人单位应当建立职工名册备查。职工名册应当包括劳动者姓名、性别、公民身份证号码、户籍地址及现住址、联系方式、用工形式、用工起始时间、劳动合同期限等内容。

1. 训练目的

掌握劳动关系建立的时间。

2. 案例设计

2018年4月，赵某应聘到甲公司工作，双方口头约定了一个月试用期，但未订立书面劳动合同。请问赵某与甲公司之间的劳动关系何时建立？

3. 分析过程

赵某与甲公司之间的劳动关系自赵某进入公司开始工作时建立。根据规定，用人单位自用工之日起即与劳动者建立劳动关系。

（四）劳动合同订立的形式

1. 书面形式

建立劳动关系，应当订立书面劳动合同。已建立劳动关系，未同时订立书面劳动合同的，应当自用工之日起1个月内订立书面劳动合同。

实践中，有的用人单位和劳动者虽已建立劳动关系，但却迟迟未能订立书面劳动合同，不利于劳动关系的法律保护。为了解决实践中事实劳动关系泛滥的情形、消除用人单位不订立劳动合同的顽疾，《中华人民共和国劳动合同法》强调劳动合同的书面化形式。不管订立、变更、解除、终止，一律采取书面形式。

《中华人民共和国劳动合同法实施条例》中对于用人单位与劳动者建立事实上的劳动关系，但不与其签订劳动合同的处理有更加详细的规定。

（1）自用工之日起1个月内，经用人单位书面通知后，劳动者不与用人单位订立书面劳动合同的，用人单位应当书面通知劳动者终止劳动关系，无须向劳动者支付经济补偿，但是应当依法向劳动者支付其实际工作时间的劳动报酬。

（2）用人单位自用工之日起超过1个月不满1年未与劳动者订立书面劳动合同的，应当向劳动者每月支付2倍的工资，并与劳动者补订书面劳动合同；劳动者不与用人单位订立书面劳动合同的，用人单位应当书面通知劳动者终止劳动关系，并支付经济补偿。用人单位向劳动者每月支付2倍工资的起算时间为用工之日起满1个月的次日，截止时间为补订书面劳动合同的前一日。

（3）用人单位自用工之日起满1年未与劳动者订立书面劳动合同的，自用工之日起满1个月的次日至满1年的前一日应当向劳动者每月支付2倍的工资补偿，并视为自用工之日起满1年的当日已经与劳动者订立无固定期限劳动合同，应当立即与劳动者补订书面劳动合同。

（4）用人单位违反劳动合同法规定不与劳动者订立无固定期限劳动合同的，自应当订立无固定期限劳动合同之日起向劳动者每月支付2倍的工资。

边学边做 5.2

1. 训练目的

熟悉用人单位未与劳动者签订书面劳动合同的赔偿金支付标准。

2. 案例设计

周某于2017年4月11日进入甲公司就职，经周某要求，公司于2018年4月11日才与其签订劳动合同。已知周某每月工资2 000元，已按时足额领取。甲公司应向周某支付工资补偿的金额是多少？

3. 分析过程

甲公司应向周某支付工资补偿22 000元。用人单位自用工之日起满一年未与劳动者订立书面劳动合同的，自用工之日起满一个月的次日至满一年的前一日应当依照规定向劳动者每月支付两倍的工资，并视为自用工之日起满一年的当日已经与劳动者订立无固定期限劳动合同，应当立即与劳动者补订书面劳动合同。所以本题中应支付11个月的双倍工资，双倍工资中包括原本正常支付的工资。因此题目中还需支付的补偿金是2 000×11=22 000（元）。

2. 口头形式

非全日制用工双方当事人可以订立口头协议。

非全日制用工，是指以小时计酬为主，劳动者在同一用人单位一般平均每日工作时间不超过4小时，每周工作时间累计不超过24小时的用工形式。

从事非全日制用工的劳动者可以与一个或者一个以上用人单位订立劳动合同；但是，后订立的劳动合同不得影响先订立的劳动合同的履行。

非全日制用工双方当事人不得约定试用期。

非全日制用工双方当事人任何一方都可以随时通知对方终止用工。终止用工，用人单位不向劳动者支付经济补偿。

非全日制用工小时计酬标准不得低于用人单位所在地人民政府规定的最低小时工资标准。用人单位可以按小时、日或周为单位结算工资，但非全日制用工劳动报酬结算支付周期最长不得超过15日。

 边学边思

"最低工资标准"中包含加班费吗？

（五）劳动合同的种类

劳动合同按照不同的标准可划分为不同的种类。按照合同的期限可以分为固定期限劳动合同、无固定期限劳动合同和以完成一定工作任务为期限的劳动合同。

1. 固定期限劳动合同

固定期限劳动合同是指用人单位与劳动者约定合同终止时间的劳动合同。固定期限的劳动合同适用范围广，应变能力强，是实践中运用较多的一种劳动合同。用人单位和劳动者可以根据不同的具体情形选择劳动合同的期限。

2. 无固定期限劳动合同

无固定期限劳动合同，是指用人单位与劳动者约定无确定终止时间的劳动合同。所谓的无确定终止时间，是指劳动合同没有一个确切的终止时间，但无固定期限的劳动合同并非没有终止时间，一旦出现了法律规定的情形，无固定期限劳动合同也同样能够终止或解除。比如劳动者达到法定退休年龄时、劳动者死亡、用人单位被依法宣告破产时，均会引起劳动合同的终止。无固定期限劳动合同当事人并不能随时解除合同，这与一般的不定期合同不同，之所以这样规定，是为了保护劳动者的合法权益，保证劳动者的职业稳定。

无固定期限劳动合同的签订分为两种情况。一是协商，无论职工工龄长短，只要企业与职工协商一致，就可以签订无固定期限劳动合同。二是法定，即有下列情形之一，劳动者提出或者同意续订、订立劳动合同的，除劳动者提出订立固定期限劳动合同外，应当订立无固定期限劳动合同：

（1）劳动者在该用人单位<u>连续工作满10年</u>的。连续工作满10年的起始时间，应当自用人单位用工之日起计算，包括《中华人民共和国劳动合同法》施行前的工作年限。劳动者非因本人原因从原用人单位被安排到新用人单位工作的，劳动者在原用人单位的工作年限合并计算为新用人单位的工作年限。原用人单位已经向劳动者支付经济补偿的，新用人单位在依法解除、终止劳动合同计算支付经济补偿的工作年限时，不再计算劳动者在原用人单位的工作年限；

（2）用人单位初次实行劳动合同制度或者国有企业改制重新订立劳动合同时，劳动者在该用人单位连续工作满10年且距法定退休年龄不足10年的。连续工作满10年的起始时间同上；

（3）连续订立两次固定期限劳动合同，且劳动者没有下述情形，续订劳动合同的：

① 严重违反用人单位的规章制度的；

② 严重失职，营私舞弊，给用人单位造成重大损害的；

③ 劳动者同时与其他用人单位建立劳动关系，对完成本单位的工作任务造成严重影响，或者经用人单位提出，拒不改正的；

④ 以欺诈、胁迫的手段或者乘人之危，使用人单位在违背真实意思的情况下订立或者变更劳动合同，致使劳动合同无效的；

⑤ 被依法追究刑事责任的；

⑥ 劳动者患病或者非因工负伤，在规定的医疗期满后不能从事原工作，也不能从事由用人单位另行安排的工作的；

⑦ 劳动者不能胜任工作，经过培训或者调整工作岗位，仍不能胜任工作的。

连续订立固定期限劳动合同的次数，应当自《中华人民共和国劳动合同法》2008年1月1日施行后续订固定期限劳动合同时开始计算。

（4）用人单位自用工之日起满1年不与劳动者订立书面劳动合同的，视为用人单位自用工之日起满1年的当日已经与劳动者订立无固定期限劳动合同。

3. 以完成一定工作任务为期限的劳动合同

以完成一定工作任务为期限的劳动合同，是指用人单位与劳动者约定以某项工作任务的完成时间为合同期限的劳动合同。当该项工作完成后，劳动合同即告终止。这种劳动合同没有明确约定合同有效时间的长短，而是把某项工作任务完成的时间作为劳动合同终止的时间，实际是固定期限劳动合同的转化。这种劳动合同主要便于用人单位根据工作性质、工作任务完成的状况，灵活确定劳动合同开始和结束的时间，具有较大的灵活性。劳动合同法对以完成一定工作任务为期限的劳动合同在签订上没有特殊或强制性的要求，用人单位与劳动者协商一致，可以订立以完成一定工作任务为期限的劳动合同。一般在以下几种情况下，用人单位与劳动者可以签订以完成一定工作任务为期限的劳动合同：① 以完成单项工作任务为期限的劳动合同；② 以项目承包方式完成承包任务的劳动合同；③ 因季节原因用工的劳动合同；④ 其他双方约定的以完成一定工作任务为期限的劳动合同。

边学边做 5.3

1. 训练目的

掌握无固定期限劳动合同的订立情形。

2. 案例设计

2018年2月，下列人员向所在单位提出订立无固定期限劳动合同。请判断哪些具备法定条件？

（1）赵女士于2003年1月到某公司工作，2005年2月辞职，2009年1月又回到该公司工作。

（2）钱先生于2000年进入某国有企业工作。2015年3月，该企业改制成为私人控股的有限责任公司，年满52岁的钱先生与公司签订了劳动合同。

（3）孙女士于2015年2月进入某公司担任技术开发工作，签订了为期一年、到期自动续期一年且续期次数不限的劳动合同。2018年2月，公司将孙女士提升为技术部副经理。

（4）李先生原为甲公司的资深业务员，于2013年2月被乙公司聘请担任市场开发部经理，并约定先签订一年期合同，如果李先生于期满时提出请求，可以与公司签订无固定期限劳动合同。

3. 分析过程

情形（2）、情形（3）和情形（4）均符合订立无固定期限劳动合同的情形。根据规定，劳动者在该用人单位连续工作满10年的，应当订立无固定期限劳动合同。情形（1）中，连续工作不满10年，因此不符合订立无固定期限劳动合同的法定条件；用人单位初次实行劳动合同制度或者国有企业改制重新订立劳动合同时，劳动者在该用人单位连续工作满10年且距法定退休年龄不足10年的，应当订立无固定期限劳动合同，所以情形（2）满足该条件；连续订立两次固定期限劳动合同，且劳动者没有不能续订情形的，应当订立无固定期限劳动合同，情形（3）中，劳动者在2015年2月后续订两次，所以满足法定条件；用人单位与劳动者协商一致，可以订立无固定期限劳动合同，所以情形（4）满足法定条件。

（六）劳动合同的无效

无效劳动合同是指劳动合同虽然已经成立，但因违反了平等自愿、协商一致、诚实信用、公平等原则和法律、行政法规的强制性规定而使其全部或者部分条款归于无效的劳动合同。

下列劳动合同无效或者部分无效：

（1）以欺诈、胁迫的手段或者乘人之危，使对方在违背真实意思的情况下订立或者变更劳动合同的；

（2）用人单位免除自己的法定责任、排除劳动者权利的；

（3）违反法律、行政法规强制性规定的。

对劳动合同的无效或者部分无效有争议的，由劳动争议仲裁机构或者人民法院确认。劳动合同部分无效，不影响其他部分效力的，其他部分仍然有效。劳动合同被确认无效，劳动者已付出劳动的，用人单位应当向劳动者支付劳动报酬。劳动报酬的数额，参照本单位相同或者相近岗位劳动者的劳动报酬确定。

劳动合同被确认无效，给对方造成损害的，有过错的一方应当承担赔偿责任。

▶ 三、劳动合同的履行和变更

（一）劳动合同的履行

劳动合同的履行是指劳动合同双方当事人按照生效后的劳动合同约定的条款，实现和完成劳动合同约定的各自的权利和义务的活动。

1. 用人单位与劳动者应当按照劳动合同的约定，全面履行各自的义务

（1）用人单位招用劳动者时，应当如实告知劳动者工作内容、工作条件、工作地点、职业危害、安全生产状况、劳动报酬，以及劳动者要求了解的其他情况。

（2）用人单位招用劳动者，不得扣押劳动者的居民身份证和其他证件，不得要求劳动者提供担保或者以其他名义向劳动者收取财物。

（3）用人单位应当按照劳动合同约定和国家规定，向劳动者及时足额支付劳动报酬。用人单位拖欠或者未足额支付劳动报酬的，劳动者可以依法向当地人民法院申请支付令，人民法院应当依法发出支付令。

（4）用人单位应当严格执行劳动定额标准，不得强迫或者变相强迫劳动者加班。用人单位安排加班的，应当按照国家有关规定向劳动者支付加班费。

（5）劳动者拒绝用人单位管理人员违章指挥、强令冒险作业的，不视为违反劳动合同。劳动者对危害生命安全和身体健康的劳动条件，有权对用人单位提出批评、检举和控告。

（6）用人单位变更名称、法定代表人、主要负责人或者投资人等事项，不影响劳动合同的履行。

（7）用人单位发生合并或者分立等情况，原劳动合同继续有效，劳动合同由承继其权利和义务的用人单位继续履行。

（8）用人单位有权了解劳动者与劳动合同直接相关的基本情况，劳动者应当如实说明。

2. 用人单位应当依法建立和完善劳动规章制度，保障劳动者享有劳动权利、履行劳动义务

用人单位在制定、修改或者决定有关劳动报酬、工作时间、休息休假、劳动安全卫生、保险福利、职工培训、劳动纪律以及劳动定额管理等直接涉及劳动者切身利益的规章制度或者重大事项时,应当经职工代表大会或者全体职工讨论,提出方案和意见,与工会或者职工代表平等协商确定。

在规章制度和重大事项决定实施过程中,工会或者职工认为不适当的,有权向用人单位提出,通过协商予以修改完善。

用人单位应当将直接涉及劳动者切身利益的规章制度和重大事项决定公示,或者告知劳动者。如果用人单位的规章制度未经公示或者未对劳动者告知,该规章制度对劳动者不生效。公示或告知可以采用张贴通告、员工手册送达、会议精神传达等方式。

通过民主程序制定的规章制度,不违反国家法律、行政法规及政策规定,并已向劳动者公示的,可以作为人民法院审理劳动争议案件的依据。

用人单位制定的内部规章制度与集体合同或者劳动合同约定的内容不一致,劳动者请求优先适用合同约定的,人民法院应予支持。

(二)劳动合同的变更

劳动合同的变更是指当事人双方对尚未履行或尚未完全履行的劳动合同,依照法律规定的条件和程序,对原劳动合同进行修改、补充或删减,重新调整当事人权利义务关系,使劳动合同能够适应变化了的新情况,从而保证劳动合同的继续履行。

劳动合同变更应遵守平等自愿、协商一致的原则,不得违反法律、行政法规的规定。用人单位与劳动者协商一致,可以变更劳动合同约定的内容。变更劳动合同,应当采用书面形式。变更后的劳动合同文本由用人单位和劳动者各执一份。

劳动合同变更的条件应为订立劳动合同的主客观情况发生变化;其变更程序应与订立劳动合同的程序相同,如原劳动合同经过公证的,变更后的劳动合同也应当经过公证,方为有效变更。

▶ 四、劳动合同的主要内容

劳动合同的条款,一般分为必备条款和约定条款(可备条款)。

(一)劳动合同必备条款

劳动合同的必备条款是法律规定劳动合同必须具备的条款,它是生效劳动合同所必须具备的条款。必备条款的不完善,会导致合同不能成立。向劳动者提供载明法律规定的必备条款的劳动合同文本是用人单位的法定义务,如不履行这一义务,用人单位将承担行政责任和赔偿责任。

根据《中华人民共和国劳动合同法》的规定,劳动合同应当具备以下条款:

1. 用人单位的名称、住所和法定代表人或者主要负责人

名称是指用人单位注册登记时所登记的名称,是代表用人单位的符号。用人单位的住所是用人单位发生法律关系的中心区域。用人单位有两个以上办事机构的,以主要办事机构所在地为住所。劳动合同文本中要记载的用人单位的住所必须标明具体地址。具有法人资格的用人单位,要注明单位的法定代表人;不具有法人资格的用人单位,必须在劳动合同中写明该单位的主要负责人。

2. 劳动者的姓名、住址和居民身份证或者其他有效身份证件号码

劳动者的姓名以户籍登记,以其身份证上所载为准。劳动者的住址,以其户籍所在的居住地为住址,其经常居住地与户籍所在地不一致的,以经常居住地为住址。居民身份证号码是每个公民唯一的、终身不变的身份代码,由公安机关按照公民身份号码国家标准编制。

3. 劳动合同期限

劳动合同分为固定期限劳动合同、无固定期限劳动合同和以完成一定工作任务为期限的劳动合同。

4. 工作内容和工作地点

(1)工作内容包括劳动者从事劳动的工种、岗位和劳动定额、产品质量标准的要求等。这是劳动者提供劳动的具体内容,也是劳动者提供劳动的主要给付义务,是判断劳动者是否履行或者完全履行给付义务的主要标准,也是劳动者判断自己是否胜任该工作、是否愿意从事该工作的关键信息。

(2)工作地点是指劳动者从事工作的具体地理位置。工作地点的确定对于工伤的认定、最低工资标准的执行、劳动保护、劳动条件、职业危害防护等因素具有重要的意义。

5. 工作时间和休息休假

(1)工作时间。工作时间又称劳动时间。是指劳动者为履行劳动义务,在法律规定的标准下,根据劳动合同和集体合同的规定提供劳动的时间。

目前我国实行的工时制度主要有标准工时制、不定时工作制和综合计算工时制三种类型。

① 标准工时制,也称标准工作日,是指法律规定的在一般情况下普遍适用的,按照正常作息办法安排的工作日和工作周的工时制度。我国目前实行劳动者每日工作 8 小时、每周工作 40 小时的标准工时制度。有些企业因工作性质和生产特点不能实行标准工时制度,应保证劳动者每天工作不超过 8 小时,每周工作不超过 40 小时,每周至少休息 1 天。

用人单位由于生产经营需要,经与工会和劳动者协商后可以延长工作时间,一般每日不得超过 1 小时;因特殊原因需要延长工作时间的,在保障劳动者身体健康的条件下延长工作时间,每日不得超过 3 小时,每月不得超过 36 小时。但下列情形不受上述规定的限制:发生自然灾害、事故或者因其他原因,威胁劳动者生命健康和财产安全,需要紧急处理的;生产设备、交通运输线路、公共设施发生故障,影响生产和公众利益,必须及时抢修的;法律、行政法规规定的其他情形。

② 不定时工作制,也称无定时工作制、不定时工作日,是指没有固定工作时间限制的工作制度,主要适用于一些因工作性质或工作条件不受标准工作时间限制的工作岗位。

③ 综合计算工时制,也称综合计算工作日,是指因工作性质特殊需要连续作业或受季节及自然条件限制等情况,分别以周、月、季度、年等为周期,综合计算劳动者工作时间的工时制度,但在周期内劳动者平均日工作时间和平均周工作时间仍与法定标准工作时间基本相同。

对于因工作性质或生产特点的限制,实行不定时工作制或综合计算工时制等其他工作和休息办法的职工,企业应根据国家有关规定,在保障职工身体健康并充分听取职工意见的基础上,采取集中工作、集中休息、轮休调休、弹性工作时间等适当的工作和休息方式,确保职工的休息、休假权利和生产、工作任务的完成。

（2）休息、休假。休息是指劳动者在法定工作时间以外自行支配的时间，包括工作日内的间歇时间、工作日之间的休息时间和每周休息的时间。休假是指劳动者无须履行劳动义务且一般有工资保障的法定休息时间，包括法定休假节日、带薪年休假、探亲假、婚丧假、产假等。以下仅介绍法定休假节日和带薪年休假。

① **法定休假节日**，国家以法律明文规定的必须给予劳动者休息时间的统一节日，包括元旦、春节、清明节、劳动节、端午节、中秋节、国庆节等。

② **带薪年休假**，简称年休假，是指职工工作满一定年限后，每年可享有的保留工作岗位、带薪连续休息的假期。

根据《职工带薪年休假条例》规定，机关、团体、企业、事业单位、民办非企业单位、有雇工的个体工商户等单位的职工连续工作1年以上的，享受带薪年休假（以下简称年休假）。职工在年休假期间享受与正常工作期间相同的工资收入。职工累计工作已满1年不满10年的，年休假5天；已满10年不满20年的，年休假10天；已满20年的，年休假15天。国家法定休假日、休息日不计入年休假的假期。单位应根据生产、工作的具体情况，并考虑职工本人意愿，统筹安排职工年休假。年休假在1个年度内可以集中安排，也可以分段安排，一般不跨年度安排。单位因生产、工作特点确有必要跨年度安排职工年休假的，可以跨1个年度安排。

但当职工有下列情形之一时，不享受当年的年休假：职工依法享受寒暑假，其休假天数多于年休假天数的；职工请事假累计20天以上且单位按照规定不扣工资的；累计工作满1年不满10年的职工，请病假累计2个月以上的；累计工作满10年不满20年的职工，请病假累计3个月以上的；累计工作满20年以上的职工，请病假累计4个月以上的。

值得注意的是，职工新进用人单位符合享受带薪年休假条件的，当年度休假天数按照本单位剩余日历天数折算确定，折算后不足一整天的部分不享受年休假。

6. 劳动报酬

（1）劳动报酬与支付。劳动报酬是指用人单位根据劳动者劳动的数量和质量，以货币形式支付给劳动者的工资，是劳动者付出体力或脑力劳动所得的对价。

工资应当以法定货币支付，不得以实物及有价证券替代货币支付。工资应在用人单位与劳动者约定的日期支付。如遇节假日或休息日，则应提前在最近的工作日支付。工资至少每月支付一次，实行周、日、小时工资制的可按周、日、小时支付工资。

对完成一次性临时劳动或某项具体工作的劳动者，用人单位应按有关协议或合同规定在其完成劳动任务后即支付工资。

劳动者依法享受年休假、探亲假、婚假、丧假的期间以及依法参加社会活动期间，用人单位应当依法支付工资。在部分公民放假的节日期间（妇女节、青年节），对参加社会活动或单位组织庆祝活动和照常工作的职工，单位应支付工资报酬，但不支付加班工资。如果该节日恰逢星期六、星期日，单位安排职工加班工作，则应当依法支付休息日的加班工资。

用人单位在劳动者完成劳动定额或规定的工作任务后，根据实际需要安排劳动者在法定标准工作时间以外工作的，应当按照下列标准支付高于劳动者正常工作时间工资的工资报酬：① 用人单位依法安排劳动者在日标准工作时间以外延长工作时间的，按照不低于劳动合同规定的劳动者本人小时工资标准的150%支付劳动者工资；② 用人单位依法安排劳动者在休息日工作，不能安排补休的，按照不低于劳动合同规定的劳动者本人日或小时工资标准的200%

支付劳动者工资;③ 用人单位依法安排劳动者在法定休假日工作的,按照不低于劳动合同规定的劳动者本人日或小时工资标准的300%支付劳动者工资。

实行计件工资的劳动者,在完成计件定额任务后,由用人单位安排延长工作时间的,根据上述原则,分别按照不低于其本人法定工作时间计件单价的150%、200%、300%支付其工资。

工资应依法足额支付,除法定或约定允许扣除工资的情况外,严禁非法克扣或无故拖欠劳动者工资。

(2)最低工资制度。我国最低工资保障制度是国家通过立法强制规定用人单位支付给劳动者的工资不得低于国家规定的最低工资标准,以保障劳动者能够满足其自身及其家庭成员基本生活需要的法律制度。所谓最低工资标准,是指劳动者在法定工作时间或依法签订的劳动合同约定的工作时间内提供了正常劳动的前提下,用人单位依法应支付的最低劳动报酬。所谓正常劳动,是指劳动者按依法签订的劳动合同约定,在法定工作时间或劳动合同约定的工作时间内从事的劳动。劳动者依法享受带薪年休假、探亲假、婚丧假、生育(产)假、节育手术假等国家规定的假期间,以及法定工作时间内依法参加社会活动期间,视为提供了正常劳动。

根据《工资支付暂行规定》,因劳动者本人原因给用人单位造成经济损失的,用人单位可按照劳动合同的约定要求其赔偿经济损失。经济损失的赔偿,可从劳动者本人的工资中扣除。但每月扣除的部分不得超过劳动者当月工资的20%。若扣除后的剩余工资部分低于当地月最低工资标准,则按最低工资标准支付。

为了保障劳动者的生活水平,《中华人民共和国劳动合同法》还作出如下规定:① 劳动者在试用期的工资不得低于用人单位所在地的最低工资标准;② 在劳务派遣合同中,被派遣劳动者在无工作期间,劳务派遣单位应当按照所在地人民政府规定的最低工资标准,向其按月支付报酬;③ 非全日制用工小时计酬标准不得低于用人单位所在地人民政府规定的最低小时工资标准。

7. 社会保险

用人单位与劳动者应当依法参加社会保险(包括基本养老保险、基本医疗保险、失业保险、工伤保险)并缴纳社会保险费。社会保险的具体内容将在本章第二节介绍。

8. 劳动保护、劳动条件和职业危害防护

劳动保护是指用人单位保护劳动者在工作过程中不受伤害的具体措施。劳动条件是指用人单位为劳动者提供正常工作所必需的条件,包括劳动场所和劳动工具。职业危害防护是用人单位对工作过程中可能产生的影响劳动者身体健康的危害的防护措施。劳动保护、劳动条件和职业危害防护,是劳动合同中保护劳动者身体健康和安全的重要条款。

9. 法律、法规规定应当纳入劳动合同的其他事项

除以上因素外,劳动合同还应包括法律、法规规定的应纳入劳动合同的其他事项。

(二)劳动合同约定条款

劳动合同约定条款也称为可备条款,即劳动合同的约定条款,是指除法定必备条款外,劳动合同当事人可以协商约定、也可以不约定的条款,这是当事人意思表示的自由空间。根据《中华人民共和国劳动合同法》规定,用人单位与劳动者可以协商约定试用期、培训、保守秘密、补充保险和福利待遇等其他事项。约定条款虽然不是法定的,由用人单位与劳动者协商约定,但是劳动合同中的约定条款一旦约定,就与法定条款具有相同的强制性。约定条款主要有

以下几项：

1. **试用期**

试用期是指用人单位和劳动者双方为了相互了解、确定对方是否符合自己的招聘条件或求职意愿而约定的考察期间。在此期间,用人单位可以考察了解劳动者是否符合招用条件,若认为劳动者不符合录用条件并提供证明的,可随时通知劳动者解除劳动关系;劳动者也可以考察了解用人单位提供的劳动条件是否符合劳动合同约定的标准,用人单位有无支付工资的能力,若认为工作内容、劳动条件、劳动报酬等条件不符合预期的,也可以提前3日通知用人单位解除劳动关系。

试用期是一个约定的条款,如果双方没有事先约定,用人单位就不能以试用期为由解除劳动合同。

(1) 试用期期限。《中华人民共和国劳动合同法》根据劳动合同期限对试用期期限进行了限制,如表5.1所示。

表5.1 劳动合同试用期期限与对应的劳动合同期限

劳动合同试用期期限	劳动合同期限
不得约定试用期	(1) 3个月以下 (2) 以完成一定工作任务为期限的劳动合同 (3) 非全日制用工
不得超过1个月	3个月以上不满1年
不得超过2个月	1年以上不满3年
不得超过6个月	3年以上固定期限和无固定期限的劳动合同

(2) 仅约定试用期的处理。根据《中华人民共和国劳动合同法》的规定,试用期应包含在劳动合同期限内。劳动合同仅约定试用期的,试用期不成立,该期限为劳动合同期限。在此期限内,用人单位或者劳动者均不能按照试用期的规定解除劳动合同。同时,用人单位不能降低劳动者的工资,而应实行"同工同酬"。

(3) 试用期的次数。同一用人单位与同一劳动者只能约定一次试用期。若用人单位与劳动者已经约定了一次试用期,则无论是试用期内解除劳动合同后重新聘用劳动者,还是试用期结束后劳动合同续订、变更劳动者岗位,或是劳动合同终止一段时间后又招用该劳动者,用人单位均不得与该劳动者再约定试用期。将约定试用期的次数限制为一次,是为了保护劳动者的合法权益,防止部分用人单位利用劳动合同变更、续订等变动或再次招用的机会,多次与劳动者约定试用期。

(4) 试用期工资。现实中,部分用人单位与劳动者订立的劳动合同期限较短却约定较长期限的试用期,利用试用期工资待遇较低的特点,侵害劳动者的权益,针对该种情况,《中华人民共和国劳动合同法》规定,劳动者在试用期的工资不得低于本单位相同岗位最低档工资或者劳动合同约定工资的80%,并不得低于用人单位所在地的最低工资标准。劳动合同约定工资,是指该劳动者与用人单位订立的劳动合同中约定的劳动者试用期满后的工资。

劳动者在试用期的工资可以理解为两个标准:第一,不得低于本单位同岗位最低档工资;第二,劳动合同约定工资的80%,试用期的工资应不低于上述两个标准中的较高者。

2017年1月1日,贺先生应聘至上海某工具有限公司,担任技术工一职。入职当日,公司与贺先生双方签订劳动合同,约定合同期限为两年,其中试用期两个月(自2017年1月1日起至2018年2月29日止),劳动合同中并未约定录用条件。在2018年2月29日,即试用期的最后一天,人事主管与生产主管对贺先生进行考核,考核发现,贺先生生产的产品合格率不达标、产品质量不达标。于是,公司决定以贺先生试用期不符合录用条件为由,解除了与贺先生的劳动合同。同年3月3日,公司将"解除劳动合同通知书"交与贺先生,其中载明:由于贺先生试用期内考核不合格,不符合录用条件,所以决定即日起解除双方劳动合同。

【案例分析】本案例中,用人单位在未明确试用期内考核标准以及录用条件的情况下,声称劳动者不符合考核条件,这样的做法往往无法被法律所接受。且公司在试用期后即2018年3月3日与贺先生解除劳动合同,已超过试用期,公司不能再以试用期不符合录用条件为由解除劳动合同。

2. 培训与服务期

(1)培训与服务期的概念和基本规定。服务期是指由于用人单位提供专项培训费用,对劳动者进行专业技术培训,双方在劳动合同中或者在服务期协议里约定的劳动者为用人单位必须服务的期间。

劳动关系实践中,用人单位经常通过服务期限协议进行人力资源的合理调配,法律规定用人单位为劳动者提供专项培训费用,对其进行专业技术培训的,才可以与该劳动者订立协议约定服务期,并约定劳动者违反服务期约定的,应当按照约定向用人单位支付违约金。

同时,为保障劳动者的劳动报酬权,用人单位与劳动者约定服务期的,不影响按照正常的工资调整机制提高劳动者在服务期期间的劳动报酬。

如果用人单位与劳动者约定的服务期长于劳动合同期限的,劳动合同期满,双方约定的服务期尚未到期的,劳动合同应当续延至服务期满;双方另有约定的,从其约定。

(2)劳动者违反服务期的违约责任。劳动者违反服务期约定的,应当按照约定向用人单位支付违约金。违约金是用人单位与劳动者在劳动合同中约定的不履行或不完全履行劳动合同约定义务时,由违约方支付给对方的一定金额的货币。

因劳动者违反服务期限协议而约定的违约金的数额不得超过用人单位提供的培训费用,用人单位要求劳动者支付的违约金不得超过服务期尚未履行部分所应分摊的培训费用。用人单位提供的培训费用包括用人单位为了对劳动者进行专业技术培训而支付的有凭证的培训费用、培训期间的差旅费用以及因培训而产生的用于该劳动者的其他直接费用。

(3)服务期解除劳动合同的特殊情形。一般而言,只有劳动者在服务期内提出与用人单位解除劳动关系时,用人单位才可以要求其支付违约金。不过,为了防止可能出现规避责任和权利滥用的情况,规定了如下特殊情形。

如果劳动者因下列违纪等重大过错行为而被用人单位解除劳动关系的,用人单位仍有权要求其支付违约金:

① 劳动者严重违反用人单位的规章制度的;
② 劳动者严重失职,营私舞弊,给用人单位造成重大损害的;

③ 劳动者同时与其他用人单位建立劳动关系,对完成本单位的工作任务造成严重影响,或者经用人单位提出,拒不改正的;

④ 劳动者以欺诈、胁迫的手段或者乘人之危,使用人单位在违背真实意思的情况下订立或者变更劳动合同的;

⑤ 劳动者被依法追究刑事责任的。

如果劳动者在用人单位存在下列情形的前提下提出解除劳动合同,不属于违反服务期的约定,劳动者不需要支付违约金。

① 未按照劳动合同约定提供劳动保护或者劳动条件的;

② 未及时足额支付劳动报酬的;

③ 未依法为劳动者缴纳社会保险费的;

④ 用人单位的规章制度违反法律、法规的规定,损害劳动者权益的;

⑤ 以欺诈、胁迫的手段或者乘人之危,使对方在违背真实意思的情况下订立或者变更劳动合同的;

⑥ 用人单位免除自己的法定责任、排除劳动者权利的;

⑦ 用人单位违反法律、行政法规强制性规定的;

⑧ 法律、行政法规规定劳动者可以解除劳动合同的其他情形。

边学边做 5.4

1. 训练目的

掌握劳动者违反服务期规定的违约金计算。

2. 案例设计

某公司为员工马某提供专项培训费用 5 万元,对其进行专业技术培训,双方约定服务期 5 年,违约金 5 万元。工作满 2 年时,马某辞职,马某最多应向该公司支付多少违约金?

3. 分析过程

马某最多应向该公司支付违约金为 3 万元。根据规定,劳动者违反服务期约定的,应当按照约定向用人单位支付违约金。违约金的数额不得超过用人单位提供的培训费用。对已经履行部分服务期限的,用人单位要求劳动者支付的违约金不得超过服务期尚未履行部分所应分摊的培训费用。约定的服务期为 5 年,每年扣减 1 万元。因已履行劳动合同 2 年,则马某最多应支付的违约金数额为 3 万元。

3. 保密和竞业限制

用人单位与劳动者可以在劳动合同中约定保守用人单位的商业秘密和与知识产权相关的保密事项。对用人单位的商业秘密和与知识产权有关的保密事项予以保密是劳动者的义务,用人单位可以与劳动者在合同中约定保密事项,并明确违反保密义务的责任。

对负有保密义务的劳动者,用人单位可以在劳动合同或者保密协议中与劳动者约定竞业限制条款,并约定在解除或者终止劳动合同后,在竞业限制期限内按月给予劳动者经济补偿。劳动者违反竞业限制约定的,应当按照约定向用人单位支付违约金。

竞业限制是指劳动者不得到与本单位生产或者经营同类产品、从事同类业务的有竞争关系的其他用人单位工作,或者自己开业生产或者经营同类产品、从事同类业务。竞业限制的人员限于用人单位的高级管理人员、高级技术人员和其他负有保密义务的人员。竞业限制的范围、地域、期限由用人单位与劳动者约定，竞业限制的约定不得违反法律、法规的规定，且竞业限制期限不得超过2年。

针对司法实践中出现的关于竞业限制和经济补偿的各种争议，《最高人民法院关于审理劳动争议案件适用法律若干问题的解释（四）》对如何适用竞业限制条款处理争议作了如下说明：

（1）当事人在劳动合同或者保密协议中约定了竞业限制，但未约定解除或者终止劳动合同后给予劳动者经济补偿，劳动者履行了竞业限制义务，要求用人单位按照劳动者在劳动合同解除或者终止前12个月平均工资的30%按月支付经济补偿的，人民法院应予支持。前述规定的月平均工资的30%低于劳动合同履行地最低工资标准的，按照劳动合同履行地最低工资标准支付。

（2）当事人在劳动合同或者保密协议中约定了竞业限制和经济补偿，当事人解除劳动合同时，除另有约定外，用人单位要求劳动者履行竞业限制义务，或者劳动者履行了竞业限制义务后要求用人单位支付经济补偿的，人民法院应予支持。

（3）当事人在劳动合同或者保密协议中约定了竞业限制和经济补偿，劳动合同解除或者终止后，因用人单位的原因导致3个月未支付经济补偿，劳动者请求解除竞业限制约定的，人民法院应予支持。

（4）在竞业限制期限内，用人单位请求解除竞业限制协议时，人民法院应予支持。在解除竞业限制协议时，劳动者请求用人单位额外支付劳动者3个月的竞业限制经济补偿的，人民法院应予支持。

（5）劳动者违反竞业限制约定，向用人单位支付违约金后，用人单位要求劳动者按照约定继续履行竞业限制义务的，人民法院应予支持。

▶ 五、劳动合同的解除、终止

（一）劳动合同的解除

1. 劳动合同解除的概念

劳动合同解除是指在劳动合同有效成立后，双方协商提前结束劳动关系，或因具备法定条件，一方行使解除权而使劳动关系消灭的一种法律行为。劳动合同一旦解除，当事人双方的劳动法律关系即告消灭，通常情况下，劳动合同中所约定的权利义务也相应地不再履行，但保密条款或竞业禁止等特殊约定除外。

2. 劳动合同解除的情形

劳动合同解除分为协商解除和法定解除两种情况。协商解除是指劳动合同可以通过双方当事人协商达成一致后依法解除。协商解除的提出方为用人单位的，用人单位应当按法律规定向劳动者支付经济补偿。

法定解除是指当法律规定的劳动合同解除条件满足时，劳动合同的双方当事人即可依照法定程序解除合同，包括劳动者单方解除劳动合同和用人单位单方解除劳动合同。

（1）劳动者可单方面解除劳动合同的情形。在劳动关系中，劳动者相对于用人单位而言始终处于弱势地位,从保护劳动者权益出发,法律赋予了劳动者单方解除劳动合同的权利。

劳动者单方面解除劳动合同可以分为提前通知解除、随时通知解除和无须事先告知即可解除三种情形。

① 提前通知解除。也称之为预告解除,即劳动者履行预告程序后单方解除劳动合同。

② 随时通知解除。即用人单位有违法、违约情形,劳动者有权单方解除劳动合同,需要注意的是,即便用人单位一方有过错,此时劳动者仍需要履行法律规定的通知义务,但无须提前一段时间进行通知。

③ 无须事先告知即可解除。也称之为立即解除,即在用人单位有危及劳动者人身自由和人身安全的情形时,劳动者有权立即解除劳动合同。

这三种情形涉及用人单位是否向劳动者支付经济补偿金的规定也不相同,归纳如表 5.2 所示。

(2)用人单位可单方面解除劳动合同的情形。《中华人民共和国劳动合同法》在赋予劳动者单方解除权的同时,也赋予用人单位对劳动合同的单方解除权,以保障用人单位的用工自主权,但为了防止用人单位滥用解除权,随意与劳动者解除劳动合同,立法上严格限定企业与劳动者解除劳动合同的条件,保护劳动者的劳动权。

用人单位单方面解除劳动合同可以分为提前通知解除(无过失性辞退)、随时通知解除(过失性辞退)和经济性裁员三种情形,此处所说的"过失"与"非过失",是针对劳动者是否存在过失。

表 5.2 劳动者单方面解除劳动合同的情形

条件	情形	用人单位是否支付经济补偿金
提前通知解除	·劳动者在试用期内提前 3 日通知用人单位,可以解除劳动合同 ·劳动者提前 30 日以书面形式通知用人单位,可以解除劳动合同	否
随时通知解除	·用人单位未按照劳动合同约定提供劳动保护或者劳动条件的 ·用人单位未及时足额支付劳动报酬的 ·用人单位未依法为劳动者缴纳社会保险费的 ·用人单位的规章制度违反法律、法规的规定,损害劳动者权益的 ·用人单位以欺诈、胁迫的手段或者乘人之危,使劳动者在违背真实意思的情况下订立或者变更劳动合同的 ·用人单位在劳动合同中免除自己的法定责任、排除劳动者权利的 ·用人单位违反法律、行政法规强制性规定的	是
无须事先告知即可解除	·用人单位以暴力、威胁或者非法限制人身自由的手段强迫劳动者劳动的 ·用人单位违章指挥、强令冒险作业危及劳动者人身安全的	是

① 提前通知解除。也称之为无过失性辞退或非过错性解除,即劳动者本人无过错,但由于主客观原因致使劳动合同无法履行,用人单位在符合法律规定的情形下,履行法律规定的通知程序后有权单方解除劳动合同。

② 随时通知解除。也称之为过失性辞退或过错性解除,即在劳动者有过错性情形时,用人

单位有权单方解除劳动合同。《中华人民共和国劳动合同法》对过错性解除的程序无严格的限制,且用人单位无须支付劳动者解除劳动合同的经济补偿金,但在解除的条件上有限制性规定。

③ 经济性裁员。是指用人单位为降低劳动成本,改善经营管理,因经济或技术等原因一次裁减20人以上或者裁减不足20人但占企业职工总数10%以上的劳动者。

这三种解除权,用人单位只有在法律规定的情形出现时才能提出,禁止用人单位随意或武断地与劳动者解除劳动合同。劳动合同解除后,除劳动者有过失外,用人单位还须支付经济补偿金。法律规定的情形和经济补偿金的支付,归纳如表5.3所示。

表5.3 用人单位单方面解除劳动合同的情形

条件	情形	用人单位是否支付经济补偿金
提前通知解除（无过失性辞退）	有下列情形之一的,用人单位提前30日以书面形式通知劳动者本人或者额外支付劳动者1个月工资后,可以解除劳动合同: ·劳动者患病或者非因工负伤,在规定的医疗期满后不能从事原工作,也不能从事由用人单位另行安排的工作的 ·劳动者不能胜任工作,经过培训或者调整工作岗位,仍不能胜任工作的 ·劳动合同订立时所依据的客观情况发生重大变化,致使劳动合同无法履行,经用人单位与劳动者协商,未能就变更劳动合同内容达成协议的	是
随时通知解除（过失性辞退）	·劳动者在试用期间被证明不符合录用条件的 ·劳动者严重违反用人单位的规章制度的 ·劳动者严重失职,营私舞弊,给用人单位造成重大损害的 ·劳动者同时与其他用人单位建立劳动关系,对完成本单位的工作任务造成严重影响,或者经用人单位提出,拒不改正的 ·劳动者以欺诈、胁迫的手段或者乘人之危,使用人单位在违背真实意思的情况下订立或者变更劳动合同的 ·劳动者被依法追究刑事责任的	否
经济性裁员	有下列情形之一,需要裁减人员20人以上或者裁减不足20人但占企业职工总数10%以上的,用人单位提前30日向工会或者全体职工说明情况,听取工会或者职工的意见后,裁减人员方案经向劳动行政部门报告,可以裁减人员: ·依照企业破产法规定进行重整的 ·生产经营发生严重困难的 ·企业转产、重大技术革新或者经营方式调整,经变更劳动合同后,仍需裁减人员 ·其他因劳动合同订立时所依据的客观经济情况发生重大变化,致使劳动合同无法履行的	是

（二）劳动合同的终止

1. 劳动合同终止的概念

劳动合同终止,是指符合法律规定情形时,双方当事人的权利义务不复存在,劳动合同的效力即行消灭。但是,劳动合同终止,原有的权利义务不再存在,并不是说劳动合同终止之前发生的权利义务关系消灭,而是说劳动合同终止之后,双方不再执行原劳动合同中约定的事项,如用人单位在合同终止前拖欠劳动者工资的,劳动合同终止后劳动者仍可依法请求法律救济。

劳动合同终止不存在约定终止,只有法定终止。用人单位与劳动者不得在劳动合同法规定的劳动合同终止情形之外约定其他的劳动合同终止条件。

2. 劳动合同终止的情形

根据《中华人民共和国劳动合同法》的规定,有下列情形之一的,劳动合同终止:

(1)劳动合同期满的;
(2)劳动者开始依法享受基本养老保险待遇的;
(3)劳动者达到法定退休年龄的;
(4)劳动者死亡,或者被人民法院宣告死亡或者宣告失踪的;
(5)用人单位被依法宣告破产的;
(6)用人单位被吊销营业执照、责令关闭、撤销或者用人单位决定提前解散的;
(7)法律、行政法规规定的其他情形。

(三)对劳动合同解除和终止的限制性规定

根据《中华人民共和国劳动合同法》的规定,劳动者有下列情形之一的,用人单位既不得解除劳动合同,也不得终止劳动合同,劳动合同应当续延至相应的情形消失时终止:

(1)从事接触职业病危害作业的劳动者未进行离岗前职业健康检查,或者疑似职业病病人在诊断或者医学观察期间的;
(2)在本单位患职业病或者因工负伤并被确认丧失或者部分丧失劳动能力的;
(3)患病或者非因工负伤,在规定的医疗期内的;
(4)女职工在孕期、产期、哺乳期的;
(5)在本单位连续工作满15年,且距法定退休年龄不足5年的;
(6)法律、行政法规规定的其他情形。

(四)医疗期

医疗期是指企业职工因患病或非因工负伤停止工作,治病休息,但不得解除劳动合同的期限。

1. 医疗期期间

企业职工因患病或非因工负伤,需要停止工作,进行医疗时,根据本人实际参加工作年限和在本单位工作年限,给予3个月到24个月的医疗期,具体规定归纳如表5.4所示。

表5.4 根据工作年限所定的医疗期间

实际工作年限	在本单位工作年限	医疗期间
10年以下	5年以下的	3个月
	5年以上的	6个月
10年以上	5年以下的	6个月
	5年以上10年以下的	9个月
	10年以上15年以下的	12个月
	15年以上20年以下的	18个月
	20年以上的	24个月

2. 医疗期的计算方法

（1）医疗期3个月的按6个月内累计病休时间计算；6个月的按12个月内累计病休时间计算；9个月的按15个月内累计病休时间计算；12个月的按18个月内累计病休时间计算；18个月的按24个月内累计病休时间计算；24个月的按30个月内累计病休时间计算。即医疗期的计算从病休第一天开始，累计计算。

（2）病休期间，公休、假日和法定节日包括在内。对某些患特殊疾病（如癌症、精神病、瘫痪等）的职工，在24个月内尚不能痊愈的，经企业和劳动主管部门批准，可以适当延长医疗期。

3. 医疗期内的待遇

（1）企业职工在医疗期内，其病假工资、疾病救济费和医疗待遇按照有关规定执行。病假工资或疾病救济费可以低于当地最低工资标准支付，但最低不能低于最低工资标准的80%。

（2）医疗期内不得解除劳动合同。如医疗期内遇合同期满，则合同必须续延至医疗期满，职工在此期间仍然享受医疗期内待遇。对医疗期满尚未痊愈者，或者医疗期满后，不能从事原工作，也不能从事用人单位另行安排的工作，被解除劳动合同的，用人单位需按经济补偿规定给予其经济补偿。

边学边做 5.5

1. 训练目的

综合掌握劳动合同法的相关知识。

2. 案例设计

2018年4月，吴某被聘为某商场的营业员，并与该商场签订了为期2年的劳动合同，吴某在到商场工作前，已经实际工作6年。吴某与商场签订的劳动合同规定：吴某需先交2 000元风险抵押金和相关证件，如果吴某违约，则2 000元押金不再退还，证件可以退还，吴某试用期为6个月，试用期每月工资为600元，试用期满后每月工资1 000元，当地的最低工资标准为500元。合同还规定，若吴某患病住院，至多可请两个月的病假，且病假期间不支付工资；若吴某严重违反商场的劳动纪律或者怀孕等，商场有权立即通知吴某解除劳动合同，并且不需要给吴某任何经济补偿。吴某在商场工作一年后生病需要住院治疗。试分析该案例中涉及的劳动合同订立、约定试用期、医疗期、劳动合同解除和经济补偿金支付的约定是否合法。

3. 分析过程

（1）关于劳动合同订立环节。合同中规定吴某交纳风险抵押金和商场可以扣押吴某相关证件的做法不符合法律规定。根据规定，用人单位招用劳动者，不得扣押劳动者的居民身份证和其他证件，不得要求劳动者提供担保或者以其他名义向劳动者收取财物。

（2）关于试用期。首先，合同中规定吴某的试用期为6个月不符合法律规定。根据规定，劳动合同期限1年以上不满3年的，试用期不得超过2个月；3年以上固定期限和无固定期限的劳动合同，试用期不得超过6个月。本案例中，吴某与商场签订了2年的固定期限劳动合同，因此试用期最多为2个月。其次，合同中关于吴某的试用期工资每月600元不符合法律规定。根据规定，劳动者在试用期的工资不得低于本单位相同岗位最低档工资或者劳动合同约定工资的80%，并不得低于用人单位所在地的最低工资标准。吴某试用期结束后约定的工资是1 000元，1 000×80%=800（元），合同约定试用期工资600元不符合规定。

（3）关于医疗期期间。首先，吴某可以享受的医疗期期间是3个月。根据规定，劳动者实际工作年限10年以下的，在本单位工作年限5年以下的，医疗期为3个月。故合同约定吴某患病住院可享受病假期间2个月不合法。其次，吴某在规定的医疗期期间内，病假工资或疾病救济费可以低于当地最低工资标准支付，但最低不能低于最低工资标准的80%。

（4）关于劳动合同解除。首先，合同约定吴某如果因严重违反商场的规章制度而解除劳动合同，商场无须向吴某支付经济补偿合法。根据规定，劳动者严重违反用人单位的规章制度的，用人单位可随时通知劳动者解除合同，用人单位无须向劳动者支付经济补偿。其次，合同约定吴某患病住院、怀孕，商场有权立即解除劳动合同不符合法律规定。根据规定，女职工在孕期、产期、哺乳期的，用人单位既不得解除劳动合同，也不得终止劳动合同。

（五）经济补偿金

1. 经济补偿金的含义

经济补偿金是用人单位解除或终止劳动合同时，在劳动者无过错的情况下，用人单位依照法律规定按照一定标准向劳动者支付的一次性货币补偿。经济补偿金的目的在于从经济方面制约用人单位的解雇行为，对失去工作的劳动者给予经济上的补偿，并解决劳动合同短期化问题。

 边学边思

如何区分经济补偿金与违约金、赔偿金的不同？

2. 用人单位应当向劳动者支付经济补偿的情形

（1）由用人单位提出解除劳动合同并与劳动者协商一致而解除劳动合同的；

（2）劳动者符合随时通知解除和不需事先通知即可解除劳动合同规定情形而解除劳动合同的；

（3）用人单位符合提前30日以书面形式通知劳动者本人或者额外支付劳动者1个月工资后，可以解除劳动合同规定情形而解除劳动合同的；

（4）用人单位符合可裁减人员规定而解除劳动合同的；

（5）除用人单位维持或者提高劳动合同约定条件续订劳动合同，劳动者不同意续订的情形外，劳动合同期满终止固定期限劳动合同的；

（6）以完成一定工作任务为期限的劳动合同因任务完成而终止的；

（7）用人单位被依法宣告破产终止劳动合同的；

（8）用人单位被吊销营业执照、责令关闭、撤销或者用人单位决定提前解散而终止劳动合同的；

（9）法律、行政法规规定的其他情形。

3. 经济补偿支付标准

（1）基本支付标准。《中华人民共和国劳动合同法》和《违反和解除劳动合同的经济补偿办法》规定,解除或终止劳动合同的经济补偿按劳动者在本单位工作的年限,每满1年支付1个月工资的标准向劳动者支付。6个月以上不满1年的,按1年计算;不满6个月的,向劳动者支付半个月工资标准的经济补偿。所称"月工资"是指劳动者在劳动合同解除或者终止前12个月的平均工资。月工资按照劳动者应得工资计算,包括计时工资或者计件工资以及奖金、津贴和补贴等货币性收入。劳动者工作不满12个月的,按照实际工作的月数计算平均工资。

经济补偿金的计算公式为:

经济补偿金 = 劳动合同解除或终止前在本单位的工作年限(简称"工作年限") × 月工资

(2)限制支付标准。

① 劳动者在劳动合同解除或者终止前12个月的平均工资低于当地最低工资标准的,按照当地最低工资标准计算。

经济补偿金的计算公式为:

经济补偿金 = 工作年限 × 月最低工资标准

② 劳动者月工资高于用人单位所在直辖市、设区的市级人民政府公布的本地区上年度职工月平均工资3倍的,向其支付经济补偿的标准按职工月平均工资3倍的数额支付,向其支付经济补偿的年限最高不超过12年。

经济补偿金的计算公式为:

经济补偿金 = 工作年限(最高不超过12年) × 当地上年度职工月平均工资 × 3

(六)劳动合同解除和终止的效力

(1)劳动合同解除和终止后,用人单位和劳动者双方不再履行劳动合同,劳动关系消灭。

(2)劳动合同解除或终止的,用人单位应当在解除或者终止劳动合同时出具解除或者终止劳动合同的证明,并在15日内为劳动者办理档案和社会保险关系转移手续。劳动者应当按照双方约定,办理工作交接。用人单位应当在解除或者终止劳动合同时向劳动者支付经济补偿的,在办结工作交接时支付。

(3)用人单位对已经解除或者终止的劳动合同的文本,至少保存2年备查。

边学边做 5.6

1. 训练目的

掌握用人单位向劳动者支付经济补偿金的计算标准。

2. 案例设计

在某直辖市工作的张某工作年限为18年,2018年张某因本公司被申请重整而解除劳动合同,当时月工资为9 800元。假设该直辖市人民政府公布的本地区2017年度职工月平均工资为2 700元,张某可以得到的经济补偿金是多少?

3. 分析过程

张某可以得到的经济补偿金是97 200元。经济补偿金 = 工作年限 × 月工资,如果劳动者月工资高于用人单位所在直辖市、设区的市级人民政府公布的本地区上年度职工月平均工资3

倍的,经济补偿金＝工作年限(最高不超过12年)× 当地上年度职工月平均工资×3。本案例中,张某的月工资高于该直辖市人民政府公布的本地区上年度职工月平均工资的3倍。张某可以得到的经济补偿金=12×2 700×3=97 200(元)。

边学边做 5.7

1. 训练目的

掌握用人单位向劳动者支付经济补偿金的计算标准。

2. 案例设计

孙某与甲公司签订了为期3年的劳动合同,月工资1 200元(当地最低月工资标准为800元)。期满终止合同时,甲公司未向孙某提出以不低于原工资标准续订劳动合同意向,劳动合同到期终止,甲公司应向孙某支付的经济补偿金额是多少?

3. 分析过程

孙某可以得到的经济补偿金是3 600元。经济补偿按劳动者在本单位工作的年限,每满1年支付1个月工资的标准向劳动者支付。本案例中孙某工作满3年,应支付3个月的工资作为补偿。即经济补偿金=1 200×3=3 600(元)。

▶ 六、集体合同

(一) 集体合同的概念

集体合同,是企业职工一方与用人单位通过平等协商,就劳动报酬、工作时间、休息休假、劳动安全卫生、保险福利等事项订立的书面协议。集体合同是协调劳动关系、保护劳动者权益、建立现代企业管理制度的重要手段。劳动合同与集体合同的关系体现在以下两个方面:

(1) 企业和职工个人签订的劳动合同所定的各种待遇如劳动条件和劳动标准等不得低于集体合同的规定。

(2) 劳动合同对劳动报酬和劳动条件等标准约定不明确,引发争议的,用人单位与劳动者可以重新协商;协商不成的,适用集体合同规定;没有集体合同或者集体合同未规定支付劳动报酬的,实行同工同酬;没有集体合同或者集体合同未规定劳动条件等标准的,适用国家有关规定。

(二) 集体合同的订立

集体合同的订立,是指工会或职工代表与企业单位之间,为规定用人单位和全体职工的权利义务而依法就集体合同条款经过协商一致,确立集体合同关系的法律行为。集体协商双方的代表人数应当对等,每方至少3人,并各确定1名首席代表。在我国,集体合同主要是由工会代表企业职工一方与用人单位订立的。尚未建立工会的用人单位,由上级工会指导劳动者推举的代表与用人单位订立。

集体合同分为行业性集体合同、区域性集体合同和专项集体合同。所谓行业性集体合同、区域性集体合同,是指在县级以下区域内,建筑业、采矿业、餐饮服务业等行业可以由工会与企业方面代表订立行业性集体合同,或者订立区域性集体合同。所谓专项集体合同,是指企业职工一方与用人单位可以订立劳动安全卫生、女职工权益保护、工资调整机制等专项集体合同。

集体合同订立后,应当报送劳动行政部门;劳动行政部门自收到集体合同文本之日起15日内未提出异议的,集体合同即行生效。

依法订立的集体合同对用人单位和劳动者具有约束力。行业性、区域性集体合同对当地本行业、本区域的用人单位和劳动者具有约束力。

(三)集体合同争议处理

用人单位违反集体合同,侵犯职工劳动权益的,工会可以依法要求用人单位承担责任;因履行集体合同发生争议,经协商解决不成的,工会可以依法申请仲裁、提起诉讼。

▶ 七、劳务派遣

劳务派遣,是指劳务派遣单位与劳动者订立劳动合同后,由派遣单位与实际用工单位通过签订劳务派遣协议,将劳动者派遣到用工单位工作,用工单位实际使用劳动者,用工单位向劳务派遣单位支付管理费、劳动者工资、社会保险费用等而形成的关系。劳务派遣是典型的"有关系无劳动,有劳动无关系",即劳务派遣单位与劳动者建立劳动关系,签订劳动合同,但劳动者却不为劳务派遣单位提供劳动,劳动者为用工单位提供劳动,但却不签订劳动合同,造成了劳动力的雇用和劳动力的使用分离。

劳务派遣制度中的各种关系如图5.1所示。

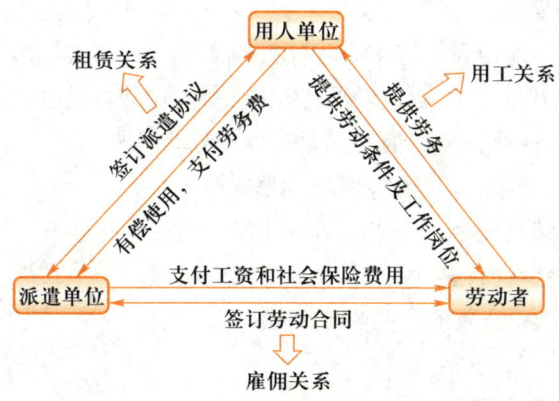

图5.1 劳务派遣制度中的各种关系

(一)劳务派遣岗位

劳务派遣一般在临时性、辅助性或者替代性的工作岗位上实施。临时性工作岗位是指存续时间<u>不超过6个月</u>的岗位;辅助性工作岗位是指为主营业务岗位提供服务的非主营业务岗位,如一些生产经营单位中的保安、保洁等后勤服务岗位;替代性工作岗位是指用工单位的劳动者在因脱产学习、休假等原因而无法工作的一定期间内,可以由其他劳动者替代工作的岗位。用工单位应当严格控制劳务派遣用工数量,使用的被派遣劳动者数量不得超过其用工总量的10%。该用工总量是指用工单位订立劳动合同人数与使用的被派遣劳动者人数之和。

（二）劳务派遣单位

（1）劳务派遣单位是将劳动者派遣到实际用工单位的企业法人。

（2）《中华人民共和国劳动合同法》明确劳务派遣单位就是用人单位，应当履行用人单位对劳动者的义务，遵守劳动法的相关规定，与被派遣的劳动者订立书面劳动合同。

（3）劳务派遣单位与劳动者签订的劳动合同应符合如下要求：

① 劳务派遣单位应当与被派遣劳动者订立 2 年以上的固定期限劳动合同。

② 应按月支付劳动者劳动报酬；被派遣劳动者在无工作期间，劳务派遣单位应当按照所在地人民政府规定的最低工资标准，向其按月支付报酬。

③ 劳务派遣单位违法解除或者终止被派遣劳动者的劳动合同的，应依照《中华人民共和国劳动合同法》承担违法解除或终止劳动合同的法律责任。

（三）劳务派遣协议

（1）劳务派遣协议是劳务派遣单位与实际用工单位就劳务派遣事项签订的书面协议。

（2）劳务派遣一般在临时性、辅助性或者替代性的工作岗位上实施；用工单位应当根据工作岗位的实际需要与劳务派遣单位确定派遣期限，不得将连续用工期限分割订立成数个短期劳务派遣协议。

（3）劳务派遣单位应当将劳务派遣协议的内容告知被派遣劳动者。

（四）用工单位的义务

《中华人民共和国劳动合同法》虽未规定在劳务派遣关系中实际用工单位是《中华人民共和国劳动法》意义上的用人单位，但从以下几个方面强化了劳务派遣中实际用工单位的义务：

（1）执行国家劳动标准，提供相应的劳动条件和劳动保护；

（2）告知被派遣劳动者的工作要求和劳动报酬；

（3）支付加班费、绩效奖金，提供与工作岗位相关的福利待遇；

（4）对在岗被派遣劳动者进行工作岗位所必需的培训；

（5）连续用工的，实行正常的工资调整机制。

（五）被派遣劳动者的权利

《中华人民共和国劳动合同法》赋予劳务派遣者如下权利：

（1）被派遣劳动者享有与用工单位的劳动者同工同酬的权利。用工单位无同类岗位劳动者的，参照用工单位所在地相同或者相近岗位劳动者的劳动报酬确定；

（2）被派遣劳动者有权在劳务派遣单位或者用工单位依法参加或者组织工会，维护自身的合法权益；

（3）被派遣劳动者可以与用人单位协商一致解除劳动合同，也可以在用人单位有违法、违约情形时单方解除劳动合同。

▶ 八、劳动争议的解决

劳动争议解决的流程如图 5.2 所示。

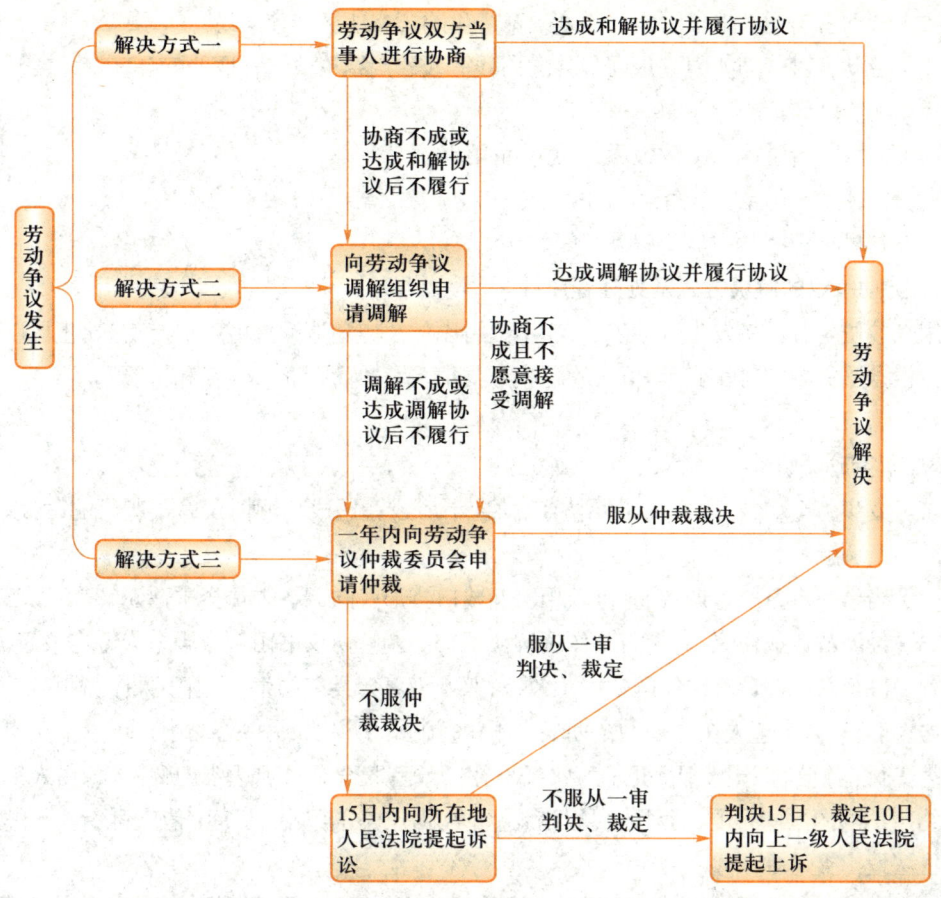

图 5.2 劳动争议解决的流程

（一）劳动争议及解决方法

1. 劳动争议的概念

劳动争议又称劳动纠纷，是指劳动关系双方当事人因执行劳动法律、法规或履行劳动合同、集体合同发生的纠纷。劳动争议发生在劳动者与用人单位之间，劳动争议的主体与《中华人民共和国劳动法》《中华人民共和国劳动合同法》规定的劳动关系的主体相同。

2. 劳动争议的适用范围

劳动争议具体包括：

（1）因确认劳动关系发生的争议；

（2）因订立、履行、变更、解除和终止劳动合同发生的争议；

（3）因除名、辞退和辞职、离职发生的争议；

（4）因工作时间、休息休假、社会保险、福利、培训以及劳动保护发生的争议；

（5）因劳动报酬、工伤医疗费、经济补偿或者赔偿金等发生的争议；

（6）法律、法规规定的其他劳动争议。

下列纠纷不属于劳动争议：

（1）劳动者请求社会保险经办机构发放社会保险金的纠纷；

（2）劳动者与用人单位因住房制度改革产生的公有住房转让纠纷；

（3）劳动者对劳动能力鉴定委员会的伤残等级鉴定结论或者对职业病诊断鉴定委员会的职业病诊断鉴定结论的异议纠纷；

（4）家庭或者个人与家政服务人员之间的纠纷；

（5）个体工匠与帮工、学徒之间的纠纷；

（6）农村承包经营户与受雇人之间的纠纷。

3. 劳动争议的解决方式及处理程序

用人单位与劳动者发生劳动争议，当事人可以依法申请调解、仲裁、提起诉讼，也可以协商解决。根据这一规定，我国劳动争议的解决方式主要有协商、调解、仲裁和诉讼。

（二）劳动调解

（1）发生劳动争议，当事人不愿协商、协商不成或者达成和解协议后不履行的，可以向调解组织申请调解。

（2）当事人双方愿意调解的，可以用书面或口头形式向调解委员会申请调解。

（3）经调解达成协议的，应当制作调解协议书。调解协议书由双方当事人签名或者盖章，经调解员签名并加盖调解组织印章后生效，对双方当事人具有约束力，当事人应当履行。达成调解协议后，一方当事人在协议约定期限内不履行调解协议的，另一方当事人可以依法申请仲裁。因支付拖欠劳动报酬、工伤医疗费、经济补偿或者赔偿金事项达成调解协议，用人单位在协议约定期限内不履行的，劳动者可以持调解协议书依法向人民法院申请支付令。人民法院应当依法发出支付令。

（4）自劳动争议调解组织收到调解申请之日起15日内未达成调解协议的，当事人可以依法申请仲裁。

（三）劳动仲裁

劳动仲裁是劳动争议案件诉讼前的必经程序：发生劳动争议，当事人不愿调解、调解不成或者达成调解协议后不履行的，可以向劳动争议仲裁委员会申请仲裁。劳动争议发生后，当事人任何一方都可直接向劳动争议仲裁委员会申请仲裁。

劳动争议仲裁不收费。劳动争议仲裁委员会的经费由财政予以保障。

1. 劳动仲裁管辖

劳动争议仲裁委员会负责管辖本区域内发生的劳动争议。劳动争议由劳动合同履行地或者用人单位所在地的劳动争议仲裁委员会管辖。双方当事人分别向劳动合同履行地和用人单位所在地的劳动争议仲裁委员会申请仲裁的，由劳动合同履行地的劳动争议仲裁委员会管辖。

案件受理后，劳动合同履行地和用人单位所在地发生变化的，不改变争议仲裁的管辖。多个仲裁委员会都有管辖权的，由先受理的仲裁委员会管辖。

2. 劳动仲裁时效

（1）劳动争议申请仲裁的时效期间为1年。

（2）仲裁时效期间从当事人知道或者应当知道其权利被侵害之日起计算。

（3）因当事人一方向对方当事人主张权利，或者向有关部门请求权利救济，或者对方当事人同意履行义务而中断的,从中断时起,仲裁时效期间重新计算。

(4)因不可抗力或者有其他正当理由,当事人不能在法律规定的仲裁时效期间申请仲裁的,仲裁时效中止。从中止时效的原因消除之日起,仲裁时效期间继续计算。

(5)劳动关系存续期间因拖欠劳动报酬发生争议的,劳动者申请仲裁不受1年仲裁时效期间的限制;但是,劳动关系终止的,应当自劳动关系终止之日起1年内提出。

3. 劳动仲裁申请和受理

申请人申请仲裁应当提交书面仲裁申请,并按照被申请人人数提交副本。书写仲裁申请确有困难的,可以口头申请,由劳动争议仲裁委员会记入笔录,并告知对方当事人。劳动争议仲裁委员会接到当事人仲裁申请后,应当在5日内作出是否受理的决定。受理后,应当在收到仲裁申请的45日内作出仲裁裁决。案情复杂需要延期的,经劳动争议仲裁委员会主任批准,可以延期并书面通知当事人,但是延长期限最长不得超过15日。逾期未作出仲裁裁决的,当事人可以就该劳动争议事项向人民法院提起诉讼。

4. 开庭和裁决

劳动争议仲裁应公开进行,但当事人协议不公开进行或者涉及国家秘密、商业秘密和个人隐私的除外。

(1)开庭前的准备。仲裁庭应当在开庭5日前,将开庭日期、地点书面通知双方当事人。当事人有正当理由的,可以在开庭3日前请求延期开庭。是否延期,由劳动争议仲裁委员会决定。

劳动争议仲裁委员会裁决劳动争议案件实行仲裁庭制。仲裁庭由3名仲裁员组成,设首席仲裁员。简单劳动争议案件可以由1名仲裁员独任仲裁。劳动争议仲裁委员会应当在受理仲裁申请之日起5日内将仲裁庭的组成情况书面通知当事人。

仲裁员有下列情形之一的,应当回避,当事人有权以口头或者书面方式提出回避申请:

① 是本案当事人或者当事人、代理人的近亲属的;
② 与本案有利害关系的;
③ 与本案当事人、代理人有其他关系,可能影响公正裁决的;
④ 私自会见当事人、代理人,或者接受当事人、代理人请客送礼的。

劳动争议仲裁委员会对回避申请应当及时作出决定,并以口头或者书面方式通知当事人。仲裁员私自会见当事人、代理人,或者接受当事人、代理人请客送礼的,或者有索贿受贿、徇私舞弊、枉法裁决行为的,应当依法承担法律责任。劳动争议仲裁委员会应当将其解聘。

(2)开庭审理程序。申请人收到仲裁庭书面通知,无正当理由拒不到庭或者未经仲裁庭同意中途退庭的,可以视为撤回仲裁申请。被申请人收到书面通知,无正当理由拒不到庭或者未经仲裁庭同意中途退庭的,可以缺席裁决。

开庭审理时,仲裁员应当听取申请人的陈述和被申请人的答辩,主持庭审调查、质证和辩论、征询当事人最后意见。

(3)和解。当事人申请劳动争议仲裁后,可以自行和解。达成和解协议的,可以撤回仲裁申请,也可以请求仲裁庭根据和解协议制作调解书。

(4)调解。仲裁庭在作出裁决前,应当先行调解。调解达成协议的,仲裁庭应当制作调解书。调解书应当写明仲裁请求和当事人协议的结果。调解书由仲裁员签名,加盖劳动争议仲裁委员会印章,送达双方当事人。调解书经双方当事人签收后,发生法律效力。调解不成或者调解书送达前,一方当事人反悔的,仲裁庭应当及时作出裁决。

(5)裁决。协商不成且不愿意接受调解、调解不成或者调解书送达前一方当事人反悔的,仲裁庭应当及时作出裁决。裁决应当按照多数仲裁员的意见作出,少数仲裁员的不同意见应当记入笔录。仲裁庭不能形成多数意见时,裁决应当按照首席仲裁员的意见作出。裁决书应当载明仲裁请求、争议事实、裁决理由、裁决结果和裁决日期。裁决书由仲裁员签名,加盖劳动争议仲裁委员会印章。对裁决持不同意见的仲裁员,可以签名,也可以不签名。

5. 劳动仲裁实行一裁终局的情形

为使劳动者的权益得到快捷的保护,减少劳动争议案件的处理时间,劳动争议仲裁委员会对下列案件实行一裁终局:

(1)追索劳动报酬、工伤医疗费、经济补偿或者赔偿金,不超过当地月最低工资标准12个月金额的争议;

(2)因执行国家的劳动标准在工作时间、休息休假、社会保险等方面发生的争议。

上述案件的仲裁裁决为终局裁决,裁决书自作出之日起发生法律效力。劳动者对一裁终局的仲裁裁决不服的,可以自收到仲裁裁决书之日起15日内向人民法院起诉。而用人单位对一裁终局的仲裁裁决,不能再向法院起诉,也不能申请再次仲裁,但在具备下列法定情形时,用人单位可以向劳动争议仲裁委员会所在地的中级人民法院申请撤销:① 适用法律、法规确有错误的;② 劳动争议仲裁委员会无管辖权的;③ 违反法定程序的;④ 裁决所根据的证据是伪造的;⑤ 对方当事人隐瞒了足以影响公正裁决的证据的;⑥ 仲裁员在仲裁该案时有索贿受贿、徇私舞弊、枉法裁决行为的。

除一裁终局的仲裁裁决以外的其他劳动争议案件的仲裁裁决,当事人不服的,可以自收到仲裁裁决书之日起15日内向人民法院提起诉讼;期满不起诉的,裁决书发生法律效力。一方当事人逾期不履行,另一方当事人可以向人民法院申请强制执行。受理申请的人民法院应当依法执行。

6. 劳动仲裁的先予执行

仲裁庭对追索劳动报酬、工伤医疗费、经济补偿或者赔偿金的案件,根据当事人的申请,可以裁决先予执行,移送人民法院执行。

(四)劳动诉讼

劳动诉讼是指劳动争议当事人不服劳动争议仲裁机构的裁决,在法定期间内向人民法院起诉,由人民法院依照法定程序进行审理和判决,并对当事人具有强制执行力的一种劳动争议处理方式。我国劳动争议的处理适用"仲裁前置",即发生劳动争议后,当事人必须首先申请仲裁,再按照如下规则提起劳动诉讼。

(1)对劳动争议仲裁委员会不予受理或者逾期未作出决定的,申请人可以就该劳动争议事项向人民法院提起诉讼。

(2)劳动者对劳动争议的终局裁决不服的,可以自收到仲裁裁决书之日起15日内向人民法院提起诉讼。

（3）当事人对终局裁决情形之外的其他劳动争议案件的仲裁裁决不服的，可以自收到仲裁裁决书之日起 15 日内提起诉讼。

（4）终局裁决被人民法院裁定撤销的，当事人可以自收到裁定书之日起 15 日内就该劳动争议事项向人民法院提起诉讼。

▶ 九、违反劳动合同法的法律责任

（一）订立劳动合同相关的法律责任

（1）用人单位自用工之日起超过一个月不满一年未与劳动者订立书面劳动合同的，应当向劳动者每月支付二倍的工资。

（2）用人单位违反劳动合同法规定不与劳动者订立无固定期限劳动合同的，自应当订立无固定期限劳动合同之日起向劳动者每月支付二倍的工资。

（二）劳动合同内容相关的法律责任

（1）用人单位提供的劳动合同文本未载明劳动合同法规定的劳动合同必备条款或者用人单位未将劳动合同文本交付劳动者的，由劳动行政部门责令改正；给劳动者造成损害的，应当承担赔偿责任。

（2）用人单位违反劳动合同法规定与劳动者约定试用期的，由劳动行政部门责令改正；违法约定的试用期已经履行的，由用人单位以劳动者试用期满月工资为标准，按已经履行的超过法定试用期的期间向劳动者支付赔偿金。

（3）用人单位有下列情形之一的，由劳动行政部门责令限期支付劳动报酬、加班费或者经济补偿；劳动报酬低于当地最低工资标准的，应当支付其差额部分；逾期不支付的，责令用人单位按应付金额 50% 以上 100% 以下 的标准向劳动者加付赔偿金：

① 未按照劳动合同的约定或者国家规定及时足额支付劳动者劳动报酬的；

② 低于当地最低工资标准支付劳动者工资的；

③ 安排加班不支付加班费的；

（4）劳动者违反劳动合同中约定的保密义务或者竞业限制，给用人单位造成损失的，应当承担赔偿责任。

（三）劳动者人身权益相关的法律责任

用人单位有下列情形之一的，依法给予行政处罚；构成犯罪的，依法追究刑事责任；给劳动者造成损害的，应当承担赔偿责任：

（1）以暴力、威胁或者非法限制人身自由的手段强迫劳动的；

（2）违章指挥或者强令冒险作业危及劳动者人身安全的；

（3）侮辱、体罚、殴打、非法搜查或者拘禁劳动者的；

（4）劳动条件恶劣、环境污染严重，给劳动者身心健康造成严重损害的。

（四）解除和终止劳动合同相关的法律责任

（1）用人单位依法解除或者终止劳动合同，未依照法律规定向劳动者支付经济补偿的，由劳动行政部门责令限期支付经济补偿；劳动报酬低于当地最低工资标准的，应当支付其差额部分；逾期不支付的，责令用人单位按应付金额50%以上100%以下的标准向劳动者加付赔偿金。

（2）用人单位违法解除或者终止劳动合同的，应当依照法律规定的经济补偿标准的二倍向劳动者支付赔偿金。用人单位自用工之日起超过1个月不满1年未与劳动者订立书面劳动合同的，应当向劳动者每日支付2倍的工资。

（3）用人单位违反劳动合同法的规定未向劳动者出具解除或者终止劳动合同的书面证明，由劳动行政部门责令改正；给劳动者造成损害的，应当承担赔偿责任。

（4）用人单位招用与其他用人单位尚未解除或者终止劳动合同的劳动者，给其他用人单位造成损失的，应当承担连带赔偿责任。

（5）劳动者依法解除或者终止劳动合同，用人单位扣押劳动者档案或者其他物品的，由劳动行政部门责令限期退还劳动者本人，并以每人500元以上2 000以下的标准处以罚款；给劳动者造成损害的，应当承担赔偿责任。

（6）劳动者违反劳动合同法的规定解除劳动合同，给用人单位造成损失的，应当承担赔偿责任。

（五）劳动合同无效相关的法律责任

劳动合同依照劳动合同法的规定被确认无效，给对方造成损害的，有过错的一方应当承担赔偿责任。

（六）其他法律责任

（1）用人单位直接涉及劳动者切身利益的规章制度违反法律、法规规定的，由劳动行政部门责令改正，给予警告；给劳动者造成损害的，应当承担赔偿责任。

（2）用人单位违反劳动合同法有关建立职工名册规定的，由劳动行政部门责令限期改正；逾期不改正的，由劳动行政部门处2 000元以上2万元以下的罚款。

（3）用人单位违反法律规定，扣押劳动者居民身份证等证件的，由劳动行政部门责令限期退还劳动者本人，并依照有关法律规定给予处罚。用人单位违反劳动合同法规定，以担保或者其他名义向劳动者收取财物的，由劳动行政部门责令限期退还劳动者本人，并以每人500元以上2 000元以下的标准处以罚款；给劳动者造成损害的，应当承担赔偿责任。

（4）对不具备合法经营资格的用人单位的违法犯罪行为，依法追究法律责任；劳动者已经付出劳动的，该单位或者其出资人应当依照劳动合同法有关规定向劳动者支付劳动报酬、经济补偿、赔偿金；给劳动者造成损害的，应当承担赔偿责任。

（5）个人承包经营违反劳动合同法规定招用劳动者，给劳动者造成损害的，发包的组织与个人承包经营者承担连带赔偿责任。

（6）劳务派遣单位违反劳动合同法规定的，由劳动行政部门和其他有关主管部门责令改正；情节严重的，以每人1 000元以上5 000元以下的标准处以罚款，并由工商行政管理部门吊销营业执照；给被派遣劳动者造成损害的，劳务派遣单位与用工单位承担连带赔偿责任。

▶ 第二节 社会保险法律制度

▶ 一、社会保险的概念和种类

（一）社会保险的概念

社会保险是指国家为使公民共享发展成果，促进社会和谐稳定，通过立法确定的，以保险形式实行的，对处于年老、患病、工伤、失业、生育等情况下的公民提供一定物质帮助或相应补偿，使其能维持基本生活的一种社会保障制度。

参与社会保险制度的被保险人，在满足一定条件的情况下，可从社会保险基金获得固定的收入或损失的补偿，它的本质是一种社会再分配制度，它的目标是保证物质及劳动力的再生产和社会的稳定。社会保险的主要项目包括养老保险、医疗保险、失业保险、工伤保险、生育保险。

20 世纪 80 年代，我国开始进行"五险分立"的社会保险改革，2011 年 7 月 1 日起实施的《中华人民共和国社会保险法》是一部社会保险制度的综合性法律。这部法律的最大亮点是养老保险、医疗保险覆盖所有公民。《中华人民共和国社会保险法》从法律的层面把所有的城乡居民都纳入到了保险制度范围内。此外，国务院、人力资源和社会保障部陆续发布了一系列单行条例和规定，如 1999 年 1 月 22 日中华人民共和国国务院令第 258 号发布的《失业保险条例》，2003 年 4 月 27 日中华人民共和国国务院令第 375 号发布、2010 年 12 月 20 日修订的《工伤保险条例》等，都是社会保险法律制度的组成部分。2017 年 1 月 19 日，国务院办公厅印发了《生育保险和职工基本医疗保险合并实施试点方案》，在 2017 年 6 月底前启动生育保险和职工基本医疗保险合并实施试点工作，试点在 12 个试点城市行政区域开展，期限为 1 年左右。

（二）社会保险的种类

世界各个国家的社会保险项目不尽一致。目前我国的社会保险项目主要包括以下几项。

1. 基本养老保险

养老保险是劳动者在达到法定退休年龄退休后，从政府和社会得到一定的经济物质帮助和服务的一项社会保险制度。国有企业、集体企业、外商投资企业、私营企业和其他城镇企业及其职工，实行企业化管理的事业单位及其职工必须参加基本养老保险。

2. 基本医疗保险

基本医疗保险是为补偿劳动者因疾病风险造成的经济损失而建立的一项社会保险制度。基本医疗保险基金由统筹基金和个人账户构成。基本医疗保险费由用人单位和职工个人共同缴纳。

3. 工伤保险

工伤保险也称职业伤害保险。通过雇主缴费和政府补贴建立工伤保险基金。劳动者由于工作原因并在工作过程中受意外伤害，或因接触粉尘、放射线、有毒害物质等职业危害因素引起职业病后，由国家和社会给负伤、致残者提供医疗服务、带薪休假；向伤残的成员及其供养的家庭成员提供伤残抚恤金的社会保障项目。

4. 失业保险

失业保险是指国家通过立法强制建立失业保险基金，当劳动者非因本人自愿失业，在规定的期限内可以从国家和社会获得物质帮助和就业服务的制度。失业保险的建立，发挥了保障失业者基本生活、促进就业和稳定社会的作用。

▶ 二、基本养老保险

（一）基本养老保险的概念

基本养老保险，是对达到法定退休年龄或因年老丧失劳动能力的老年人予以基本生活保障的社会保险制度。在这一制度下，用人单位和劳动者必须依法缴纳养老保险费，在劳动者达到国家规定的退休年龄或因其他原因而退出劳动岗位后，社会保险经办机构依法向其支付养老金等待遇，从而保障其基本生活。

（二）基本养老保险的类型

我国基本养老保险根据被保险人身份的不同可以分为以下三类：

1. 职工基本养老保险

职工应当参加基本养老保险，由用人单位和职工共同缴纳基本养老保险费。灵活就业人员（即无雇工的个体工商户、未在用人单位参加职工基本养老保险的非全日制从业人员等）可以参加职工基本养老保险，其基本养老保险费由个人按照国家规定缴纳，分别计入职工基本养老保险统筹基金和个人账户。

公务员和参照公务员管理的工作人员养老保险的办法由国务院规定。

2. 新型农村社会养老保险

新型农村社会养老保险，简称新农保，新农保基金由个人缴费、集体补助、政府补贴构成。新型农村社会养老保险待遇由基础养老金和个人账户养老金组成。参加新型农村社会养老保险的农村居民，符合国家规定条件的，按月领取新型农村社会养老保险待遇。

（三）职工基本养老社会保险基金的筹集

我国职工基本养老保险实行社会统筹和个人账户相结合的部分积累制模式，即个人部分实行预先累积制，社会统筹部分实行现收现付制。职工基本养老保险基金由用人单位和个人缴费以及政府补贴等组成。

1. 社会统筹部分主要由用人单位缴纳

按照现行政策，自2018年5月1日起，企业职工基本养老保险单位缴费比例超过19%的省（区、市），以及按照《人力资源社会保障部 财政部关于阶段性降低社会保险费率的通知》单位缴费比例降至19%的省（区、市），基金累计结余可支付月数（截至2017年年底）高于9个月的，可阶段性执行19%的单位缴费比例至2019年4月30日。具体方案由各省（区、市）研究确定。

2. 个人账户部分主要由职工个人缴纳

《关于建立统一的企业职工基本养老保险制度的决定》（国发〔1997〕26号）规定：我国基本养老保险个人账户基金是按本人缴费工资11%的数额为职工建立的，个人缴费全部记入个人账户，其余部分从企业缴费中划入。《国务院关于完善企业职工基本养老保险制度的决定》（国发〔2005〕38号）规定：从2006年1月1日起，个人账户的规模统一由本人缴费工资的11%调整为8%，全部由个人缴费形成，单位缴费不再划入个人账户。职工应当按照国家规定的本人工资的比例缴纳基本养老保险费，记入个人账户。个人缴费不计征个人所得税，在计算个人所得税的应税收入时，应当扣除个人缴纳的养老保险费。个人账户不得提前支取，记账利率不得低于银行定期存款利率，免征利息税。个人死亡的，个人账户余额可以继承。

缴费工资，也称缴费工资基数，一般为职工本人上一年度月平均工资（有条件的地区也可以以本人上月工资收入为个人缴费工资基数）。月平均工资按照国家统计局规定列入工资总额统计的项目计算，包括工资、奖金、津贴、补贴等收入，不包括用人单位承担或者支付给员工的社会保险费、劳动保护费、福利费、用人单位与员工解除劳动关系时支付的一次性补偿以及计划生育费用等其他不属于工资的费用。新招职工（包括研究生、大学生、大中专毕业生等）以起薪当月工资收入作为缴费工资基数；从第二年起，按上一年实发工资的月平均工资作为缴费工资基数。即：

个人养老账户月存储额 = 本人月缴费工资 × 8%

本人月平均工资低于当地职工月平均工资60%的，按当地职工月平均工资的60%作为缴费基数。本人月平均工资高于当地职工月平均工资300%的，按当地职工月平均工资的300%作为缴费基数，超过部分不计入缴费工资基数，也不记入计发养老金的基数。

城镇个体工商户和灵活就业人员的缴费基数为当地上年度在岗职工平均工资，缴费比例为20%，其中8%记入个人账户。

（四）职工基本养老保险享受条件与待遇

1. 职工基本养老保险享受条件

（1）本人达到法定退休年龄并办理了退休手续。我国现行法定退休年龄是1978年实施的《国务院关于安置老弱病残干部的暂行办法》和《国务院关于工人退休、退职的暂行办法》所规定的退休年龄。即，男年满60周岁，女工人年满50周岁，女干部年满55周岁；从事井下、高温、高空、特别繁重体力劳动或其他有害身体健康工作的，退休年龄男年满55周岁，女年满45周岁；因病或非因工致残，由医院证明并经劳动鉴定委员会确认完全丧失劳动能力的，退休年龄为男年满50周岁，女年满45周岁。

（2）所在单位和个人依法参加基本养老保险并履行缴费义务。

（3）个人累计缴费时间满15年。参加基本养老保险的个人，达到法定退休年龄时累计缴费满15年的，按月领取基本养老金。国有企业、事业单位职工参加基本养老保险前的工作年限视同缴费年限，视同缴费年限期间应当缴纳的基本养老保险费由政府承担。

参加基本养老保险的个人，达到法定退休年龄，若累计缴费不足15年的，可以缴费至满15年，按月领取基本养老金；也可以转入新型农村社会养老保险或者城镇居民社会养老保险，按照国务院规定享受相应的养老保险待遇。

个人跨统筹地区就业的，其基本养老保险关系随本人转移，缴费年限累计计算。个人达到法定退休年龄时，基本养老金分段计算、统一支付。具体办法由国务院规定。

参加职工基本养老保险的个人达到法定退休年龄后，累计缴费不足15年（含依照第二条规定延长缴费），且未转入新型农村社会养老保险或者城镇居民社会养老保险的，个人可以书面申请终止职工基本养老保险关系。社会保险经办机构收到申请后，应当书面告知其转入新型农村社会养老保险或者城镇居民社会养老保险的权利以及终止职工基本养老保险关系的后果，经本人书面确认后，终止其职工基本养老保险关系，并将个人账户储存额一次性支付给本人。

2. 职工基本养老保险待遇

参加基本养老保险的个人，可享受的养老保险待遇一般包括基本养老金、死亡待遇和病残津贴。

（1）基本养老金。符合条件的退休职工可以按月领取基本养老金，基本养老金由统筹养老金和个人账户养老金组成。基本养老金根据个人累计缴费年限、缴费工资、当地职工平均工资、个人账户金额、城镇人口平均预期寿命等因素确定。国家建立基本养老金正常调整机制，根据职工平均工资增长、物价上涨情况，适时提高基本养老保险待遇水平，调整幅度为省、自治区、直辖市当地企业在岗职工平均工资年增长率的一定比例。

（2）死亡待遇。

① 劳动者因病或非因工死亡的，其遗属可以领取丧葬补助金和遗属抚恤金。所需资金从基本养老保险基金中支付。

② 如果个人死亡同时符合领取基本养老保险丧葬补助金、工伤保险丧葬补助金和失业保险丧葬补助金条件的，其遗属只能选择领取其中的一项。

③ 参加职工基本养老保险的个人死亡后，其个人账户中的余额可以全部依法继承。

（3）病残津贴。参加基本养老保险的个人，在未达到法定退休年龄时因病或者非因工致残完全丧失劳动能力的，可以领取病残津贴，所需资金从基本养老保险基金中支付。

▶ 三、基本医疗保险

（一）基本医疗保险的概念

医疗保险是指参保人由于患病或非因工负伤后，在医疗和生活上获得物质帮助的一种社会保险制度。我国基本医疗保险通过用人单位和个人缴费，建立医疗保险基金，参保人员患病就诊发生医疗费用后，由医疗保险经办机构给予一定的经济补偿，以避免或减轻劳动者因患病、治疗等所带来的经济风险。

（二）基本医疗保险的类型

1. 职工基本医疗保险

职工应当参加职工基本医疗保险，由用人单位和职工按照国家规定共同缴纳基本医疗保险费。城镇所有用人单位,包括企业(国有企业、集体企业、外商投资企业、私营企业等)、机关、事业单位、社会团体、民办非企业单位及其职工,都要参加基本医疗保险。乡镇企业及其职工、城镇个体经济组织业主及其从业人员是否参加基本医疗保险,由各省、自治区、直辖市人民政府决定。

无雇工的个体工商户、未在用人单位参加基本医疗保险的非全日制从业人员以及其他灵活就业人员可以参加职工基本医疗保险,由个人按照国家规定缴纳基本医疗保险费。

2. 城乡居民基本医疗保险

2016年1月,国务院发布《关于整合城乡居民基本医疗保险制度的意见》,该意见就整合城乡居民医保制度政策明确提出了"六统一"的要求:一要统一覆盖范围。城乡居民医保制度覆盖除职工基本医疗保险应参保人员以外的其他所有城乡居民。二要统一筹资政策。坚持多渠道筹资,合理确定城乡统一的筹资标准,现有城镇居民医保和新农合个人缴费标准差距较大地区可采取差别缴费的办法逐步过渡。三要统一保障待遇。逐步统一保障范围和支付标准,政策范围内住院费用支付比例保持在75%左右,逐步提高门诊保障水平。四要统一医保目录。由各省(区、市)在现有城镇居民医保和新农合目录的基础上,适当考虑参保人员需求变化,制定统一的医保药品和医疗服务项目目录。五要统一定点管理。统一定点机构管理办法,强化定点服务协议管理,建立健全考核评价机制和动态的准入退出机制。六要统一基金管理。城乡居民医保执行国家统一的基金财务制度、会计制度和基金预决算管理制度。

(三)职工基本医疗保险费的缴纳

职工基本医疗保险费由用人单位和职工共同缴纳。用人单位缴费率应控制在职工工资总额的 6% 左右,职工缴费率一般为本人工资收入的2%。

参加职工基本医疗保险的个人,达到法定退休年龄时累计缴费达到国家规定年限的,退休后不再缴纳基本医疗保险费,按照国家规定享受基本医疗保险待遇;未达到国家规定年限的,可以缴费至国家规定年限。个人跨统筹地区就业的,其基本医疗保险关系随本人转移,缴费年限累计计算。

(四)基本医疗保险基金的构成

基本医疗保险基金由统筹基金和个人账户构成。职工个人缴纳的基本医疗保险费,全部计入个人账户。用人单位缴纳的基本医疗保险费分为两部分,一部分用于建立统筹基金,一部分划入个人账户。划入个人账户的比例一般为用人单位缴费的30%左右,具体比例由统筹地区根据个人账户的支付范围和职工年龄等因素确定。

(五)职工基本医疗保险基金的支付

1. 支付的条件

目前各地对职工基本医疗保险费用结算的方式并不一致。要享受职工基本医疗保险待遇一般要符合以下条件:

(1)参保人员必须到职工基本医疗保险的定点医疗机构就医购药或定点零售药店购买

药品;

（2）参保人员在看病就医过程中所发生的医疗费用必须符合职工基本医疗保险药品目录、诊疗项目、医疗服务设施标准的范围和给付标准。

2. 支付的限额

（1）参保人员符合职工基本医疗保险支付范围的医疗费用中,在社会医疗统筹基金起付标准以上与最高支付限额以下的费用部分,由社会医疗统筹基金按一定比例支付。

（2）起付标准原则上控制在当地职工年平均工资的 10% 左右,最高支付限额原则上控制在当地职工年平均工资的 6 倍左右。在社会医疗统筹基金起付标准以下的费用部分,由个人账户资金支付或个人自付;统筹基金起付线以上至封顶线以下的费用部分,个人也要承担一定比例的费用,一般为 10%,可由个人账户支付,也可自付。参保人员在封顶线以上的医疗费用部分,可以通过单位补充医疗保险或参加商业保险等途径解决。

（3）参保人员医疗费用中应当由职工基本医疗保险基金支付的部分,由社会保险经办机构与医疗机构、药品经营单位直接结算。

（六）不纳入基本医疗保险基金支付范围的医疗费用

下列医疗费用不纳入基本医疗保险基金支付范围:

（1）应当从工伤保险基金中支付的。

（2）应当由第三人负担的。医疗费用应当由第三人负担,第三人不支付或者无法确定第三人的,由基本医疗保险基金先行支付,然后向第三人追偿。

（3）应当由公共卫生负担的。

（4）在境外就医的。

▶ 四、工伤保险

（一）工伤保险的概念

工伤保险是指劳动者在职业工作中或规定的特殊情况下遭遇意外伤害或职业病,导致暂时或永久丧失劳动能力以及死亡时,劳动者或其遗属能够从国家和社会获得物质帮助的社会保险制度。目前我国在全国范围内建立了工伤保险基金,对劳动者在生产经营活动中因遭受意外伤害或职业病而造成死亡、暂时或永久丧失劳动能力时,给予劳动者及其遗属提供的法定的医疗救治以及必要的经济补偿。这种补偿既包括医疗、康复所需费用,也包括保障基本生活的费用。

（二）工伤保险费的缴纳

职工应当参加工伤保险,由用人单位缴纳工伤保险费,职工不缴纳工伤保险费。

工伤保险费率实行行业差别费率,国家根据不同行业的工伤风险程度确定行业的差别费率,并根据使用工伤保险基金、工伤发生率等情况在每个行业内确定费率档次。社会保险经办机构根据用人单位使用工伤保险基金、工伤发生率和所属行业费率档次等情况,确定用人单位缴费费率。

用人单位应当按照本单位职工工资总额,根据社会保险经办机构确定的费率按时足额缴纳工伤保险费。工资总额是指用人单位直接支付给本单位全部职工的劳动报酬总额。

(三)工伤认定与劳动能力鉴定

工伤保险遵循无过错原则,即只要劳动者在劳动过程中发生的职业伤害不是受害人故意所为,原则上受害人都能得到补偿。

1. 工伤认定

(1)应当认定工伤的情形。职工有下列情形之一的,应当认定为工伤:

① 在工作时间和工作场所内,因工作原因受到事故伤害的;

② 工作时间前后在工作场所内,从事与工作有关的预备性或收尾性工作受到事故伤害的;

③ 在工作时间和工作场所内,因履行工作职责受到暴力等意外伤害的;

④ 患职业病的;

⑤ 因工外出期间,由于工作原因受到伤害或者发生事故下落不明的;

⑥ 在上下班途中,受到非本人主要责任的交通事故或者城市轨道交通、客运轮渡、火车事故伤害的;

⑦ 法律、行政法规规定应当认定为工伤的其他情形。

(2)视同工伤的情形。职工有下列情形之一的,视同工伤:

① 在工作时间和工作岗位,突发疾病死亡或者在 48 小时内经抢救无效死亡的;

② 在抢险救灾等维护国家利益、公共利益活动中受到伤害的;

③ 原在军队服役,因战、因公负伤致残,已取得革命伤残军人证,到用人单位后旧伤复发的。

(3)不认定为工伤的情形。职工因下列情形之一导致本人在工作中伤亡的,不认定为工伤:

① 故意犯罪;

② 醉酒或者吸毒;

③ 自残或者自杀;

④ 法律、行政法规规定的其他情形。

2. 劳动能力鉴定

职工发生工伤,经治疗伤情相对稳定后存在残疾、影响劳动能力的,应当进行劳动能力鉴定。劳动功能障碍分为十个伤残等级,最重的为一级,最轻的为十级。生活自理障碍分为三个等级:生活完全不能自理、生活大部分不能自理和生活部分不能自理。劳动能力鉴定标准由国务院社会保险行政部门会同国务院卫生行政部门等部门制定。

(1)劳动能力鉴定申请。劳动能力鉴定由用人单位、工伤职工或者其近亲属向设区的市级劳动能力鉴定委员会提出申请,并提供工伤认定决定和职工工伤医疗的有关资料。

(2)作出劳动能力鉴定结论。设区的市级劳动能力鉴定委员会收到劳动能力鉴定申请后,应当从其建立的医疗卫生专家库中随机抽取 3 名或者 5 名相关专家组成专家组,由专家组提出鉴定意见。设区的市级劳动能力鉴定委员会根据专家组的鉴定意见作出工伤职工劳动能力鉴定结论;必要时,可以委托具备资格的医疗机构协助进行有关的诊断。

设区的市级劳动能力鉴定委员会应当自收到劳动能力鉴定申请之日起60日内作出劳动能力鉴定结论,必要时,作出劳动能力鉴定结论的期限可以延长30日。劳动能力鉴定结论应当及时送达申请鉴定的单位和个人。

申请鉴定的单位或者个人对设区的市级劳动能力鉴定委员会作出的鉴定结论不服的,可以在收到该鉴定结论之日起15日内向省、自治区、直辖市劳动能力鉴定委员会提出再次鉴定申请。省、自治区、直辖市劳动能力鉴定委员会作出的劳动能力鉴定结论为最终结论。

自劳动能力鉴定结论作出之日起1年后,工伤职工或者其近亲属、所在单位或者经办机构认为伤残情况发生变化的,可以申请劳动能力复查鉴定。

(四)工伤保险待遇

1. 工伤医疗待遇

职工因工作遭受事故伤害或者患职业病进行治疗,且经工伤认定的,享受工伤医疗待遇。其中,经劳动能力鉴定丧失劳动能力的,享受伤残待遇。职工工伤费用由工伤保险基金和用人单位支付,具体包括以下两种情形:

(1)由工伤保险基金支付的职工工伤医疗费用。

① 治疗工伤的医疗费用和康复费用;

② 住院伙食补助费;

③ 到统筹地区以外就医的交通食宿费;

④ 安装配置伤残辅助器具所需费用;工伤职工因日常生活或者就业需要,经劳动能力鉴定委员会确认,可以安装假肢、矫形器、假眼、义齿和配置轮椅等辅助器具的,所需费用按照国家规定的标准从工伤保险基金支付。

(2)由用人单位支付的职工工伤医疗期间费用。

① 停工留薪期工资福利待遇。停工留薪期,是指职工因工作遭受事故伤害或者患职业病需要暂停工作接受工伤医疗的期间。在停工留薪期内,职工的原工资福利待遇不变,由所在单位按月支付。**停工留薪期一般不超过12个月**。伤情严重或者情况特殊,经设区的市级劳动能力鉴定委员会确认,可以适当延长,但延长期间不得超过12个月。

工伤职工评定伤残等级后,停止享受停工留薪期待遇,按照规定享受伤残待遇。工伤职工在停工留薪期满后仍需治疗的,继续享受工伤医疗待遇。但工伤职工治疗非工伤引发的疾病,不享受工伤医疗待遇,按照基本医疗保险办法处理。

② 生活不能自理的工伤职工在停工留薪期需要护理的,由所在单位负责。

2. 伤残待遇

经劳动能力鉴定委员会鉴定,评定伤残等级的工伤职工,享受伤残待遇,具体包括以下两种：

（1）生活护理费。工伤职工已经评定伤残等级并经劳动能力鉴定委员会确认需要生活护理的，从工伤保险基金按月支付生活护理费。

（2）补助金及伤残津贴。职工因工致残的，除依法从工伤保险基金中支付日常护理费用外，还可以获得补助金和伤残津贴，补助金包括一次性伤残补助金、一次性工伤医疗补助金和一次性伤残就业补助金。职工因工致残时，工伤保险基金中支付一次性伤残补助金；因故与原用人单位解除劳动合同时，工伤保险基金支付一次性工伤医疗补助金，用人单位支付一次性伤残就业补助金。一次性工伤医疗补助金和一次性伤残就业补助金的具体标准由省、自治区、直辖市人民政府规定。

职工获得的伤残津贴是按照工伤职工的伤残等级确定的，按月支付的津贴，与上述补助金的一次性支付不同。

伤残补助金和按月支付的伤残津贴具体标准，如表5.5所示。

表5.5 伤残补助金和按月支付的伤残津贴具体标准

伤残等级	一次性伤残补助金	按月支付的伤残津贴	一次性工伤医疗补助金和一次性伤残就业补助金
一级	27个月本人工资	本人工资的90%	（1）保留劳动关系，退出劳动岗位 （2）退休后，享受基本养老保险待遇
二级	25个月本人工资	本人工资的85%	
三级	23个月本人工资	本人工资的80%	
四级	21个月本人工资	本人工资的75%	
五级	18个月本人工资	本人工资的70%（用人单位难以安排工作的）	工伤职工本人提出，可以与用人单位解除或者终止劳动关系，由工伤保险基金支付一次性工伤医疗补助金，由用人单位支付一次性伤残就业补助金
六级	16个月本人工资	本人工资的60%（用人单位难以安排工作的）	
七级	13个月本人工资	—	劳动、聘用合同期满终止或职工本人提出解除的，享有一次性工伤医疗补助金和一次性伤残就业补助金
八级	11个月本人工资	—	
九级	9个月本人工资	—	
十级	7个月本人工资	—	

3. 遗属待遇

职工因工死亡，或者伤残职工在停工留薪期内因工伤导致死亡的，其近亲属享受从工伤保险基金领取丧葬补助金、供养亲属抚恤金和一次性工亡补助金的待遇。

（1）丧葬补助金，为6个月的统筹地区上年度职工月平均工资。

（2）供养亲属抚恤金，按照职工本人工资的一定比例发放给由因工死亡职工生前提供主要生活来源、无劳动能力的亲属。供养亲属的具体范围由国务院社会保险行政部门规定。

（3）一次性工亡补助金，为上一年度全国城镇居民人均可支配收入的20倍。一至四级伤残职工在停工留薪期满后死亡的，其近亲属可以享受前两项遗属待遇，不享受一次性工亡补助金待遇。

（五）特别规定

1. 关于本人工资的认定

工伤保险中所称的本人工资，是指工伤职工因工作遭受事故伤害或者患职业病前12个月平均月缴费工资。本人工资高于统筹地区职工平均工资300%的，按照统筹地区职工平均工资的300%计算；本人工资低于统筹地区职工平均工资60%的，按照统筹地区职工平均工资的60%计算。

2. 工伤保险待遇的终止

工伤职工有下列情形之一的，停止享受工伤保险待遇：

（1）丧失享受待遇条件的；

（2）拒不接受劳动能力鉴定的；

（3）拒绝治疗的。

3. 工伤保险与基本养老保险的衔接

因工致残享受伤残津贴的职工达到退休年龄并办理退休手续后，停发伤残津贴，按照国家有关规定享受基本养老保险待遇。被鉴定为一级至四级伤残的职工，基本养老保险待遇低于伤残津贴的，由工伤保险基金补足差额。

4. 工伤保险基金的追偿权

（1）职工所在用人单位未依法缴纳工伤保险费，发生工伤事故的，由用人单位支付工伤保险待遇。用人单位不支付的，从工伤保险基金中先行支付，由用人单位偿还。用人单位不偿还的，社会保险经办机构可以追偿。

（2）由于第三人的原因造成工伤，第三人不支付工伤医疗费用或者无法确定第三人的，由工伤保险基金先行支付。工伤保险基金先行支付后，有权向第三人追偿。

5. 职工在多家单位同时就业的

职工（包括非全日制从业人员）在两个或两个以上用人单位同时就业的，各用人单位应当分别为职工缴纳工伤保险费。职工发生工伤，由职工受到伤害时工作的单位依法承担工伤保险责任。

▶ 五、失业保险

（一）失业保险的概念

失业保险是指国家通过立法强制实行的，由社会集中建立基金，对因失业而暂时中断生活来源的劳动者提供物质帮助的制度。它是社会保障体系的重要组成部分，是社会保险的主要项目之一。

(二) 失业保险基金的来源

(1) 用人单位和职工按照国家规定缴纳失业保险费。这是失业保险基金的主要来源。根据《失业保险条例》的规定,城镇企业事业单位按照本单位工资总额的 2% 缴纳失业保险费,职工按照本人工资的 1% 缴纳失业保险费。2015 年 2 月 27 日,人力资源社会保障部、财政部发布了《关于调整失业保险费率有关问题的通知》,该通知规定:从 2015 年 3 月 1 日起,失业保险费率暂由现行条例规定的 3% 降至 2%,单位和个人缴费的具体比例由各省、自治区、直辖市人民政府确定。在省、自治区、直辖市行政区域内,单位及职工的费率应当统一。2016 年 4 月 14 日,人力资源社会保障部、财政部发布了《关于阶段性降低社会保险费率的通知》,该通知规定:从 2016 年 5 月 1 日起,失业保险总费率在 2015 年已降低 1 个百分点基础上可以阶段性降至 1%~1.5%,其中个人费率不超过 0.5%,降低费率的期限暂按 2 年执行。具体方案由各省(区、市)确定。

(2) 失业保险基金的利息收入。

(3) 财政补贴。

(4) 依法纳入失业保险基金的其他资金,如企业拖欠失业保险费而产生的滞纳金等。

(三) 失业保险待遇

1. 失业保险金

(1) 失业保险金的领取条件。失业人员符合下列条件的,从失业保险基金中领取失业保险金:

① 失业前用人单位和本人已经缴纳失业保险费满 1 年的。

② 非因本人意愿中断就业的。包括:劳动合同终止;用人单位解除劳动合同;被用人单位开除、除名和辞退;因用人单位过错由劳动者解除劳动合同;法律、法规、规章规定的其他情形。

③ 已经进行失业登记,并有求职要求的。

(2) 失业保险金的领取程序。

① 用人单位应当及时为失业人员出具终止或者解除劳动关系的证明,并将失业人员的名单自终止或者解除劳动关系之日起 15 日内告知社会保险经办机构。

② 失业人员应当持本单位为其出具的终止或者解除劳动关系的证明,及时到指定的公共就业服务机构办理失业登记。失业人员凭失业登记证明和个人身份证明,到社会保险经办机构办理领取失业保险金的手续。

③ 失业保险金领取期限自办理失业登记之日起计算。

(3) 失业保险金的领取期限。失业保险金根据失业人员失业前所在单位和本人的缴费年限领取。失业保险金的标准由省、自治区、直辖市人民政府确定,并不得低于城市居民最低生活保障标准。

《中华人民共和国社会保险法》中规定的失业保险金的领取期限可归纳如表 5.6 所示。

表 5.6 失业保险金的领取期限

累计缴费年限	领取期限
满 1 年不足 5 年	最长为 12 个月
满 5 年不足 10 年	最长为 18 个月
10 年以上	最长为 24 个月

职工重新就业后,再次失业的,缴费时间重新计算,领取失业保险金的期限与前次失业应当领取而尚未领取的失业保险金的期限合并计算,最长不超过 24 个月。

失业人员因当期不符合失业保险金领取条件的,原有缴费时间予以保留,重新就业并参保的,缴费时间累计计算。

职工跨统筹地区就业的,其失业保险关系随本人转移,缴费年限累计计算。

(4) 失业保险金的发放标准。失业保险金的标准,按照低于当地最低工资标准、高于城市居民最低生活保障标准的水平,由省、自治区、直辖市人民政府确定。

2. 其他失业保险待遇

(1) 失业人员在领取失业保险金期间,参加职工基本医疗保险,享受基本医疗保险待遇。失业人员应当缴纳的基本医疗保险费从失业保险基金中支付,个人不缴纳基本医疗保险费。

(2) 失业人员在领取失业保险金期间死亡的,参照当地对在职职工死亡的规定,向其遗属发给一次性丧葬补助金和抚恤金,所需资金从失业保险基金中支付。个人死亡同时符合领取基本养老保险丧葬补助金、工伤保险丧葬补助金和失业保险丧葬补助金条件的,其遗属只能选择领取其中的一项。

(3) 失业人员在领取失业保险金期间,应当积极求职,接受职业介绍和职业培训。失业人员接受职业介绍、职业培训的补贴由失业保险基金按照规定支付。补贴的办法和标准由省、自治区、直辖市人民政府规定。

(四)停止享受失业保险待遇的情形

失业人员在领取失业保险金期间有下列情形之一的,停止领取失业保险金,并同时停止享受其他失业保险待遇:

(1) 重新就业的;
(2) 应征服兵役的;
(3) 移居境外的;
(4) 享受基本养老保险待遇的;
(5) 无正当理由,拒不接受当地人民政府指定部门或者机构介绍的适当工作或者提供的培训的。

边学边做 5.8

1. 训练目的

熟悉失业保险金的领取期限判断标准。

2. 案例设计

王某因劳动合同终止而失业,已办理登记并有求职要求,此系王某首次失业,已知王某与用人单位累计缴纳失业保险费满 7 年。请判断王某领取失业保险金的最长期限。

3. 分析过程

王某领取失业保险金的最长期限是 18 个月,失业人员失业前用人单位和本人累计缴费满 1 年不足 5 年的,领取失业保险金的期限最长为 12 个月;累计缴费满 5 年不足 10 年的,领取失业保险金的期限最长为 18 个月;累计缴费 10 年以上的,领取失业保险金的期限最长为 24 个月。本案例中累计缴费年限为 7 年,所以领取失业保险金的期限最长为 18 个月。

▶ 六、社会保险费征缴

(一)社会保险登记

1. 用人单位的社会保险登记

国务院办公厅于 2016 年 6 月 30 日印发《关于加快推进"五证合一、一照一码"登记制度改革的通知》,明确从 2016 年 10 月 1 日起正式实施"五证合一、一照一码",在全面实施工商营业执照、组织机构代码证、税务登记证"三证合一"登记制度改革的基础上,再整合社会保险登记证和统计登记证,实现"五证合一、一照一码"。以"三证合一"工作机制及技术方案为基础,按照"五证合一、一照一码"登记制度改革的要求加以完善。全面实行"一套材料、一表登记、一窗受理"的工作模式,申请人办理企业注册登记时只需填写"一张表格",向"一个窗口"提交"一套材料"。登记部门直接核发加载统一社会信用代码的营业执照,相关信息在全国企业信用信息公示系统公示,并归集至全国信用信息共享平台。

已按照"三证合一"登记模式领取加载统一社会信用代码营业执照的企业,不需要重新申请办理"五证合一"登记,由登记机关将相关登记信息发送至社会保险经办机构、统计机构等单位。

2. 个人的社会保险登记

用人单位应当自用工之日起 30 日内为其职工向社会保险经办机构申请办理社会保险登记。

自愿参加社会保险的无雇工的个体工商户、未在用人单位参加社会保险的非全日制从业人员以及其他灵活就业人员,应当向社会保险经办机构申请办理社会保险登记。

国家建立全国统一的个人社会保障号码。个人社会保障号码为公民身份号码。

(二)社会保险费缴纳

(1)用人单位应当自行申报、按时足额缴纳社会保险费,非因不可抗力等法定事由不得缓缴、减免。

(2)职工应当缴纳的社会保险费由用人单位代扣代缴,用人单位应当按月将缴纳社会保险费的明细情况告知本人。

（3）无雇工的个体工商户、未在用人单位参加社会保险的非全日制从业人员以及其他灵活就业人员,可以直接向社会保险费征收机构缴纳社会保险费。

▶ 七、社会保险基金

（一）社会保险基金的概念

社会保险基金是按照国家法律、法规,由缴费单位和个人分别按照缴费基数的一定比例缴纳以及其他合法方式筹集的,用于保障保险对象的社会保险待遇的专项资金。

（二）社会保险基金管理运营

1. 社会保险基金的管理要求

（1）社会保险基金包括基本养老保险基金、基本医疗保险基金、工伤保险基金、失业保险基金和生育保险基金。

（2）各项社会保险基金按照社会保险险种分别建账,分账核算,执行国家统一的会计制度。社会保险基金专款专用,任何组织和个人不得侵占或者挪用。

（3）基本养老保险基金逐步实行全国统筹,其他社会保险基金逐步实行省级统筹。

（4）社会保险基金存入财政专户,通过预算实现收支平衡。社会保险基金按照统筹层次设立预算。

（5）社会保险基金预算按照社会保险项目分别编制。

（6）县级以上人民政府在社会保险基金出现支付不足时,给予补贴。社会保险经办机构应当定期向社会公布参加社会保险情况以及社会保险基金的收入、支出、结余和收益情况。

2. 社会保险基金的运营要求

社会保险基金在保证安全的前提下,按照国务院规定投资运营实现保值增值。不得违规投资运营,不得用于平衡其他政府预算,不得用于兴建、改建办公场所和支付人员经费、运行费用、管理费用,或者违反法律、行政法规规定挪作其他用途。

▶ 八、违反社会保险法的法律责任

（一）用人单位违反社会保险法的法律责任

（1）负有各种社会保险缴费义务的用人单位,必须办理社会保险登记,领取社会保险登记证,用人单位不办理社会保险登记的,由社会保险行政部门责令限期改正;逾期不改正的,对用人单位处应缴社会保险费数额1倍以上3倍以下的罚款。需要指出的是,不仅用人单位是法律责任的主体,其直接负责的主管人员和其他直接责任人员也要承担责任,即对其直接负责的主管人员和其他直接责任人员处500元以上3 000元以下的罚款。

（2）用人单位拒不出具终止或者解除劳动关系证明的,由劳动行政部门责令改正;给劳动者造成损害的,应当承担赔偿责任。

（3）用人单位未按时足额缴纳社会保险费的,由社会保险费征收机构责令限期缴纳或者补足,并自欠缴之日起,按日加收 0.05% 的滞纳金;逾期仍不缴纳的,由有关行政部门处欠缴数额 1 倍以上 3 倍以下的罚款。

(二)骗保行为的法律责任

(1)社会保险经办机构以及医疗机构、药品经营单位等社会保险服务机构以欺诈、伪造证明材料或者其他手段骗取社会保险基金支出的,由社会保险行政部门责令退回骗取的社会保险金,处骗取金额 2 倍以上 5 倍以下的罚款;属于社会保险服务机构的,解除服务协议;直接负责的主管人员和其他直接责任人员有执业资格的,依法吊销其执业资格。

(2)以欺诈、伪造证明材料或者其他手段骗取社会保险待遇的,由社会保险行政部门责令退回骗取的社会保险金,处骗取金额 2 倍以上 5 倍以下的罚款。

1. 训练目的

掌握骗保行为法律责任的具体应用。

2. 案例设计

恒达有限责任公司为减轻经济负担,通过更改职工档案、编造证明材料等手段,为部分愿意提前退休的职工以特殊工种为由办理了退休手续。后该市社保机构在进行年度资格审查时发现了该公司有 20 名员工的材料存在伪造痕迹,而这 20 名员工已领取基本养老金 6 个月,共计 30 万元。对于该案例,请分析恒达有限责任公司应承担的法律责任。

3. 分析过程

首先,社会保险行政部门应责令这些员工退回骗取的社会保险金 30 万元;其次,对该公司和员工可以处 60 万元(2 倍)以上 150 万元(5 倍)以下的罚款。

(三)行政部门、社会保险经办机构、社会保险费征收机构的法律责任

(1)社会保险行政部门和其他有关行政部门、社会保险经办机构、社会保险费征收机构及其工作人员泄露用人单位和个人信息的,对直接负责的主管人员和其他直接责任人员依法给予处分;给用人单位或者个人造成损失的,应当承担赔偿责任。

(2)社会保险经办机构及其工作人员有下列行为之一的,由社会保险行政部门责令改正;给社会保险基金、用人单位或者个人造成损失的,依法承担赔偿责任;对直接负责的主管人员和其他直接责任人员依法给予处分:

① 未履行社会保险法定职责的;

② 未将社会保险基金存入财政专户的;

③ 克扣或者拒不按时支付社会保险待遇的;

④ 丢失或者篡改缴费记录、享受社会保险待遇记录等社会保险数据、个人权益记录的;

⑤ 有违反社会保险法律、法规的其他行为的。

(3)社会保险费征收机构擅自更改社会保险费缴费基数、费率,导致少收或者多收社会保险费的,由有关行政部门责令其追缴应当缴纳的社会保险费或者退还不应当缴纳的社会保

费；对直接负责的主管人员和其他直接责任人员依法给予处分。

（四）其他法律责任

（1）违反社会保险法规定，隐匿、转移、侵占、挪用社会保险基金或者违规投资运营的，由社会保险行政部门、财政部门、审计机关责令追回；有违法所得的，没收违法所得；对直接负责的主管人员和其他直接责任人员依法给予处分。

（2）国家工作人员在社会保险管理、监督工作中滥用职权、玩忽职守、徇私舞弊的，依法给予处分。

（3）违反社会保险法规定，构成犯罪的，依法追究刑事责任。

▶ 本章知识回顾

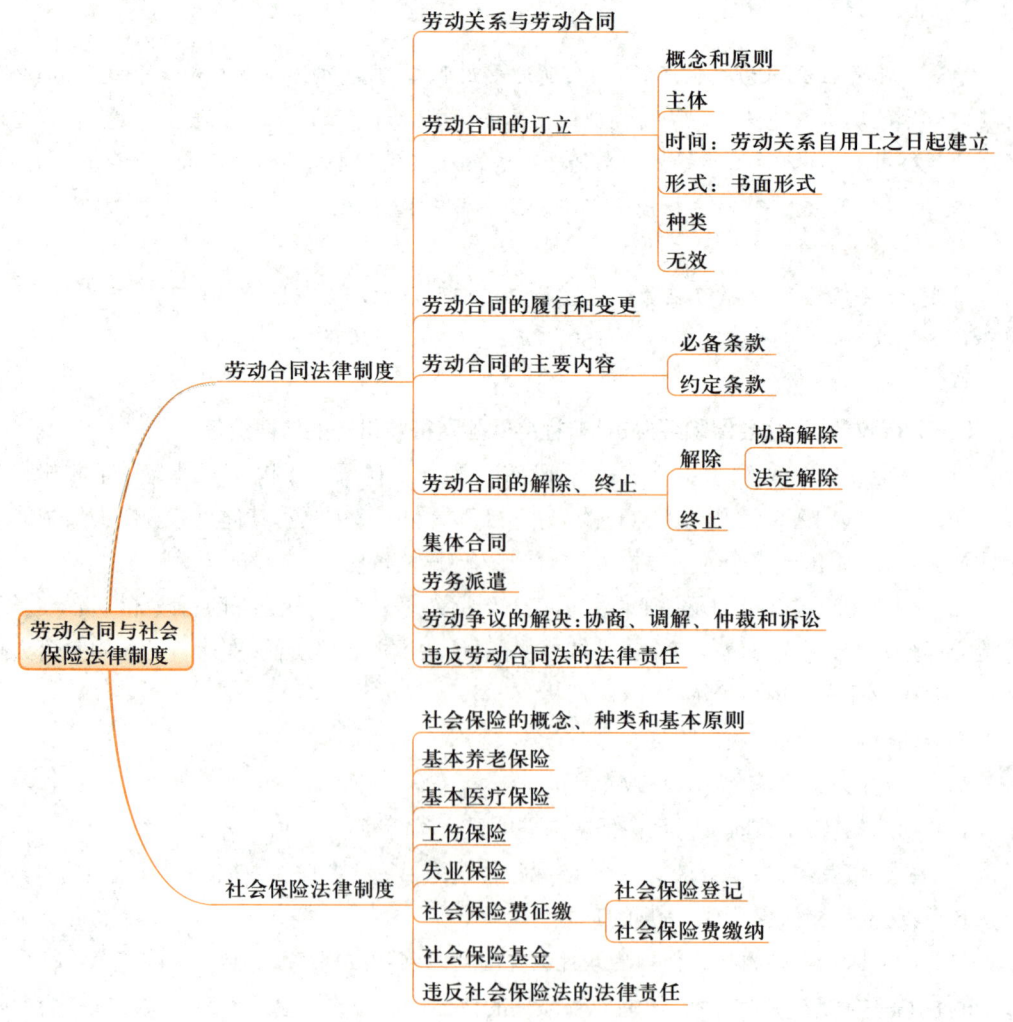

▶ 开心一扫

自愿放弃社保,您说了能行?

  实际工作中,员工参加工作后,用人单位会为员工缴纳社会保险费用,员工自身缴纳的部分也需要由用人单位代扣代缴,由此导致了实发工资要比未缴纳社保少很多的情况,那实际工作中员工是否可以放弃缴纳社保,而直接让单位发放相应的现金呢?我们来看看小新的故事。

第六章 增值税法律制度

本章 → 导读

本章主要介绍增值税的征税范围、纳税人、税率与征收率、销项税额和进项税额的确认与计算、税收优惠等构成要素。增值税是以商品（含应税劳务和应税服务）在流转过程中产生的增值额作为征税对象而征收的一种流转税，我国现行的增值税的基本规范是2008年11月5日国务院令第538号公布的《中华人民共和国增值税暂行条例》，并根据最新政策进行了调整。

教学 → 目标

▶ **考核目标**

1. 掌握增值税的征税范围
2. 掌握增值税应纳税额的计算
3. 熟悉增值税的纳税人
4. 熟悉增值税的纳税义务发生时间和纳税地点
5. 熟悉增值税的减免税规定
6. 了解增值税的纳税期限
7. 了解增值税专用发票的使用规定

▶ **实践目标**

1. 能够准确判断增值税的具体征税范围和混合销售行为、兼营行为
2. 能够准确判断增值税的一般纳税人与小规模纳税人的具体标准
3. 能够准确计算销项税额、进项税额和应纳税额
4. 熟悉涉及增值税的基本税收优惠政策并能将其运用到具体的涉税案例中

第一节 增值税法律制度概述

一、增值税的概念

（一）增值税的概念和性质

增值税是对销售货物或者提供劳务过程中实现的增值额征收的一种税。增值税以应税货物和应税劳务为课税对象，一般以销售额为计税依据，同时实行税款抵扣的计税方式，这一计税方式决定了增值税是属于流转税性质的税种。作为流转税，增值税与以特定消费品征收的消费税有着很多共同的特性。

（二）增值税在我国的历史沿革

1979年，我国开始对开征增值税的可行性进行调研，继而选择城市进行试点。1983年，征税地点扩大到全国范围；1984年，国务院发布《中华人民共和国增值税暂行条例（草案）》，这一阶段的增值税的税率档次过多，征税范围并不包括全部产品和所有环节，只是引进了增值税计税方法，并非真正意义上的增值税。

随着社会主义市场经济体制目标在我国的确立，原增值税已不能适应新形势的要求。1993年12月13日，国务院发布了《中华人民共和国增值税暂行条例》；1993年12月25日，财政部制发了《中华人民共和国增值税暂行条例实施细则》，自1994年1月1日起施行。增值税与消费税、营业税、关税等税种相配合构成我国流转税新体系，并成为流转税体系中的骨干税种。随着我国增值税转型改革在全国范围内推开，国务院于2008年11月10日修订并重新公布了《中华人民共和国增值税暂行条例》。2008年12月15日，财政部和国家税务总局也相应制发修订后的《中华人民共和国增值税暂行条例实施细则》，自2009年1月1日起施行。2011年10月28日，财政部和国家税务总局修订并重新公布了《中华人民共和国增值税暂行条例实施细则》，自11月1日起提高了增值税起征点。经国务院批准，自2013年8月1日起，在全国范围内开展交通运输业和部分现代服务业营改增试点。自2014年1月1日起，铁路运输和邮政业也纳入了营业税改征增值税的试点。自2014年6月1日起，将电信业纳入营改增试点范围，实行差异化税率。自2016年5月1日起，在全国范围内全面推开营业税改征增值税试点，建筑业、房地产业、金融业、生活服务业等全部营业税纳税人，均纳入试点范围，由缴纳营业税改为缴纳增值税。

（三）增值税的计税原理

增值税的计税原理是通过增值税的计税方法体现出来的。增值税的计税方法是以每一生产经营环节上发生的货物或劳务的销售额为计税依据，然后按规定税率计算出货物或劳务的整体税负，同时通过税款抵扣方式将外购项目在以前环节已纳的税款予以扣除，从而在一定程度上避免了重复征税。

二、增值税的类型

增值税按对外购固定资产处理方式的不同,可划分为生产型增值税、收入型增值税和消费型增值税。

(一)生产型增值税

生产型增值税是指计算增值税时,不允许扣除任何外购固定资产的价款,课税基数除包括纳税人新创造价值外,还包括当期计入成本的外购固定资产价款部分,即法定增值额相当于当期工资、利息、租金、利润等理论增值额和折旧额之和。这种类型的增值税能最大限度地保证财政收入,但是对固定资产存在重复征税,而且固定资产投资比例越高的行业,重复征税就越严重。

(二)收入型增值税

收入型增值税是指计算增值税时,对外购固定资产价款只允许扣除当期计入产品价值的折旧费部分,课税基数相当于当期工资、利息、租金和利润等各增值项之和。这种类型的增值税从理论上讲是一种标准的增值税,但由于外购固定资产价款是以计提折旧的方式分期转入产品价值的,且转入部分没有逐笔对应的外购凭证,因此从操作技术上看,这给凭发票抵扣进项税额带来困难,从而影响了这种方法的广泛运用。

(三)消费型增值税

消费型增值税是指计算增值税时,允许将当期购入的固定资产价款一次全部扣除,课税基数相当于纳税人当期全部销售额扣除外购的全部生产资料价款后的余额。这种类型的增值税在购进固定资产的当期因扣除额增加,会减少财政收入。但这种方法最宜采用规范的凭发票扣除的计算方法,因为凭固定资产的外购发票可以一次将其已纳税款全部扣除,既便于操作,也便于管理,所以消费型增值税是三种类型中最简便、最能体现增值税优越性的一种类型。

三、增值税的计税方法

增值税的计税方法分为直接计算法和间接计算法两种类型。

(一)直接计算法

直接计算法是指首先计算出应税货物或劳务的增值额,然后用增值额乘以适用税率求出应纳税额。

(二)间接计算法

间接计算法是指不直接根据增值额计算增值税,而是首先计算出应税货物的整体税负,然后从整体税负中扣除法定的外购项目已纳税款。因为这种方法是以外购项目的实际已纳税额为依据的,所以又称之为购进扣税法或发票扣税法。这种方法简便易行,计算准确,既适用于单一税率,又适用于多档税率,因此,是实行增值税的国家广泛采用的计税方法。

第二节 增值税法律制度的主要内容

一、增值税的纳税人

增值税实行凭专用发票抵扣税款的制度,客观上要求纳税人具备健全的会计核算制度和能力。在实际经济生活中,我国增值税的纳税人众多,会计核算水平差异较大,大量的小企业和个人还不具备用发票抵扣税款的条件,为了简化增值税的计算和征收,减少税收征管漏洞,将增值税纳税人按会计核算水平和经营规模分为一般纳税人和小规模纳税人这两类纳税人,分别对其采取不同的增值税计税方法。

目前,我国已经在全国范围内开展营改增试点,本节增值税各个构成要素均按照传统行业(销售货物、提供加工、修理修配劳务、进口货物)和营业税改征增值税行业(以下简称"营改增")两部分分别介绍。

(一)纳税人

1. 传统行业纳税人

根据《中华人民共和国增值税暂行条例》及其实施细则的规定,在中华人民共和国境内销售货物或者提供加工、修理修配劳务以及进口货物的单位和个人,为增值税的纳税人。

在中国境内销售货物或者提供加工、修理修配劳务,是指:

(1)销售货物的起运地或者所在地在境内;

(2)提供的应税劳务发生地在境内。

单位,是指企业、行政单位、事业单位、军事单位、社会团体及其他单位。

个人,是指个体工商户和其他个人。

单位租赁或者承包给其他单位或者个人经营的,以承租人或者承包人为纳税人。

2. "营改增"纳税人

在中华人民共和国境内销售服务、无形资产或者不动产(以下简称应税行为)的单位和个人,为增值税纳税人。

单位,是指企业、行政单位、事业单位、军事单位、社会团体及其他单位。

个人,是指个体工商户和其他个人。

下列情形不属于在中华人民共和国境内销售服务或者无形资产:

(1)境外单位或者个人向境内单位或者个人销售完全在境外发生的服务。

(2)境外单位或者个人向境内单位或者个人销售完全在境外使用的无形资产。

(3)境外单位或者个人向境内单位或者个人出租完全在境外使用的有形动产。

(4)财政部和国家税务总局规定的其他情形。

(二)纳税人的分类

根据纳税人的经营规模以及会计核算健全程度的不同,增值税的纳税人可划分为一般纳税人和小规模纳税人。其中,一般纳税人是指年应征增值税销售额(以下简称应税销售额),超过财政部、国家税务总局规定的小规模纳税人标准的企业和企业性单位。小规模纳税人是指年销售额在规定标准以下,并且会计核算不健全,不能按规定报送有关税务资料的增值税纳税人。

1. 传统行业小规模纳税人的管理

自 2018 年 5 月 1 日起,小规模纳税人应税销售额的标准统一调整为 500 万元,具体的小规模纳税人的标准是:

(1)从事货物生产或者提供应税劳务的纳税人,以及以从事货物生产或者提供应税劳务为主,并兼营货物批发或者零售的纳税人,年应税销售额在 500 万元以下(含本数,下同)的。

以从事货物生产或者提供应税劳务为主,是指纳税人的年货物生产或者提供应税劳务的销售额占年应税销售额的比重在 50% 以上。

(2)对上述规定以外的纳税人,年应税销售额在 500 万元以下的。

2018 年 4 月 4 日,财政部、国家税务总局为完善增值税制度,进一步支持中小微企业发展,发布了《关于统一增值税小规模纳税人标准的通知》,其中规定已登记为增值税一般纳税人的单位和个人,在 2018 年 12 月 31 日前,可转登记为小规模纳税人,其未抵扣的进项税额作转出处理。

小规模纳税人会计核算健全,能够提供准确税务资料的,可以向主管税务机关申请认定为一般纳税人,不作为小规模纳税人。会计核算健全,是指能够按照国家统一的会计制度规定设置账簿,根据合法、有效凭证进行会计核算。

小规模纳税人实行简易征税办法,并且一般不使用增值税专用发票,但基于增值税征收管理中一般纳税人与小规模纳税人之间客观存在的经济往来的实情,小规模纳税人可以到税务机关代开增值税专用发票。

> **提示**
>
> 自 2016 年 8 月 1 日起,税务总局陆续开展了增值税小规模纳税人自行开具增值税专用发票试点工作。目前,试点工作已覆盖住宿业、鉴证咨询业、建筑业、工业以及信息传输、软件和信息技术服务业等行业。试点纳税人可以选择自行开具增值税专用发票或者向国税机关申请代开。已经选择自行开具增值税专用发票的增值税小规模纳税人,国税机关不再为其代开。

2. 传统行业一般纳税人的登记和管理

一般纳税人,是指年应税销售额,超过《中华人民共和国增值税暂行条例实施细则》规定的小规模纳税人标准的企业和企业性单位(以下简称企业)。

下列纳税人不属于一般纳税人:

(1)按照政策规定,选择按照小规模纳税人纳税的。

(2)年应税销售额超过规定标准的其他个人。

增值税一般纳税人资格实行登记制,登记事项由增值税纳税人向其主管税务机关办理。纳税人年应税销售额超过财政部、国家税务总局规定标准,且符合有关政策规定,选择按小规模纳税人纳税的,应当向主管税务机关提交书面说明。

除财政部、国家税务总局另有规定外,纳税人自其选择的一般纳税人资格生效之日起,按照增值税一般计税方法计算应纳税额,并按照规定领用增值税专用发票。

关于一般纳税人和小规模纳税人认定标准的归纳,如表6.1所示。

表6.1 一般纳税人和小规模纳税人的标准

小规模纳税人	一般纳税人
生产货物或提供应税劳务的纳税人,或以其为主,并兼营货物批发或零售的纳税人	批发或零售货物的纳税人
年应税销售额在500万元(含)以下	年应税销售额在500万元以上
年应税销售额不超过500万元	年应税销售额超过500万元

3. "营改增"行业纳税人分类及标准

应税行为的年应征增值税销售额(以下简称应税销售额)超过500万元的纳税人为一般纳税人,未超过规定标准的纳税人为小规模纳税人。

年应税销售额超过规定标准的其他个人不属于一般纳税人。年应税销售额超过规定标准但不经常发生应税行为的单位和个体工商户可选择按照小规模纳税人纳税。年应税销售额未超过规定标准的纳税人,会计核算健全,能够提供准确税务资料的,可以向主管税务机关办理一般纳税人资格登记,成为一般纳税人。

符合一般纳税人条件的纳税人应当向主管税务机关办理一般纳税人资格登记。除国家税务总局另有规定外,一经登记为一般纳税人后,不得转为小规模纳税人。

（三）扣缴义务人

中华人民共和国境外的单位或者个人在境内发生应税劳务,在境内未设有经营机构的,以其境内代理人为扣缴义务人;在境内没有代理人的,以购买方为扣缴义务人。

中华人民共和国境外单位或者个人在境内发生应税行为,在境内未设有经营机构的,以购买方为增值税扣缴义务人。

▶ 二、增值税的征收范围

（一）传统行业的增值税征税范围

根据《中华人民共和国增值税暂行条例》及其实施细则的规定,增值税的征税范围包括在中华人民共和国境内销售货物、提供加工、修理修配劳务和进口货物。

1. 销售货物

销售货物,是指有偿转让货物的所有权。货物是指有形动产,包括电力、热力、气体在内。有偿,是指从购买方取得货币、货物或者其他经济利益。

2. 提供加工、修理修配劳务

提供加工、修理修配劳务(以下简称应税劳务),是指有偿提供加工、修理修配劳务。单位或者个体工商户聘用的员工为本单位或者雇主提供加工、修理修配劳务,不包括在内。

加工是指受托加工货物,即委托方提供原料及主要材料,受托方按照委托方的要求,制造货物并收取加工费的业务;修理修配是指受托对损伤和丧失功能的货物进行修复,使其恢复原状和功能的业务。需要注意的是,增值税应税劳务的修理修配,是指对损伤和丧失功能的货物进行修复,使其恢复原状和功能的业务,主要是针对动产,比如生产设备、生活用品等的保养和维修劳务。而建筑业的修缮主要是对建筑物或构筑物进行修补、加固、养护、改善,使之恢复原来的使用价值或延长其使用期限的工程作业。

3. 进口货物

进口货物是指申报进入中国海关境内的货物。我国增值税法规定,只要是报关进口的应税货物,均属于增值税的征税范围,除享受免税政策外,在进口环节缴纳增值税。

4. 视同销售货物行为

单位或者个体工商户的下列行为,视同销售货物:

(1)将货物交付其他单位或者个人代销;

(2)销售代销货物;

(3)设有两个以上机构并实行统一核算的纳税人,将货物从一个机构移送至其他机构用于销售,但相关机构设在同一县(市)的除外;

(4)将自产、委托加工的货物用于集体福利或者个人消费;

(5)将自产、委托加工或者购进的货物作为投资,提供给其他单位或者个体工商户;

(6)将自产、委托加工或者购进的货物分配给股东或者投资者;

(7)将自产、委托加工或者购进的货物无偿赠送其他单位或者个人。

理解上述几种视同销售行为需要注意以下两个方面:

第一,(1)和(2)可以理解为委托代销业务中两个涉税环节,当受托方将代销的货物实际对外出售时,应视为销售自己的货物按照规定计算销项税额,此为视同销售业务中的(2);当受托方与委托方结算代销货物价款时,委托方应向受托方开出增值税专用发票,委托方计算销项税额,同时受托方以该专用发票凭票抵扣进项税额,此为视同销售业务中的(1)。

第二,视同销售行为中,所涉及的外购货物进项税额,凡符合规定的,允许作为当期进项税额抵扣。另外,购进货物用于第(4)项的,进项税额不得抵扣,已经抵扣的,应作进项税额转出处理。

5. 混合销售行为

一项销售行为如果既涉及货物又涉及服务,为混合销售。从事货物的生产、批发或者零售的单位和个体工商户的混合销售行为,按照销售货物缴纳增值税;其他单位和个体工商户的混合销售行为,按照销售服务缴纳增值税。

上述从事货物的生产、批发或者零售的单位和个体工商户,包括以从事货物的生产、批发或者零售为主,并兼营销售服务的单位和个体工商户在内。

自2017年5月起,纳税人销售活动板房、机器设备、钢结构件等自产货物的同时提供建筑、安装服务,不属于混合销售,应分别核算货物和建筑服务的销售额,分别适用不同的税率或征收率。

6. 兼营行为

兼营是指纳税人的经营范围既包括销售货物和加工修理修配劳务,又包括销售服务、无形资产或者不动产。但是,销售货物、加工修理修配劳务、服务、无形资产或者不动产不同时发生在同一项销售行为中。

根据《中华人民共和国增值税暂行条例实施细则》和《营业税改征增值税试点有关事项的规定》,纳税人销售货物、加工修理修配劳务、服务、无形资产或者不动产适用不同税率或者征收率的,应当分别核算适用不同税率或者征收率的销售额,未分别核算销售额的,按照以下方法处理:兼有不同税率的销售货物、加工修理修配劳务、服务、无形资产或者不动产,从高适用税率;兼有不同征收率的销售货物、加工修理修配劳务、服务、无形资产或者不动产,从高适用征收率;兼有不同税率和征收率的销售货物、加工修理修配劳务、服务、无形资产或者不动产,从高适用税率。

7. 混合销售行为与兼营行为的异同点及其税务处理的规定

混合销售与兼营,两者有相同的方面,又有明显的区别。两者行为的经营范围都有销售货物和提供劳务这两类经营项目,区别是混合销售强调的是在同一销售行为中存在着两类经营项目的混合,销售货款及劳务价款是同时从一个购买方取得的;兼营强调的是在同一纳税人的经营活动中存在着两类经营项目,但这两类经营项目不是在同一销售行为中发生。

混合销售纳税的主要原则是按"经营主业"划分,分别按照"销售货物"或"销售服务"征收增值税。兼营的纳税原则是分别核算、分别按照适用税率征收增值税;对兼营行为不分别核算的,从高适用税率征收增值税。

8. 征税范围的特殊规定

(1)货物期货(包括商品期货和贵金属期货),应当征收增值税,在期货的实物交割环节纳税,其中:交割时采取由期货交易所开具发票的,以期货交易所为纳税人。期货交易所增值税按次计算,其进项税额为该货物交割时供货会员单位开具的增值税专用发票上注明的销项税额,期货交易所本身发生的各种进项税额不得抵扣。交割时采取由供货的会员单位直接将发票开给购货会员单位的,以供货会员单位为纳税人。

(2)银行销售金银的业务,应当征收增值税。

(3)典当业的死当物品销售业务和寄售业代委托人销售寄售物品的业务,均应征收增值税。

(4)缝纫业务,应征收增值税。

(5)电力公司向发电企业收取的过网费,应当征收增值税。

(6)纳税人在资产重组过程中,通过合并、分立、出售、置换等方式,将全部或者部分实物资产以及与其相关联的债权、负债和劳动力一并转让给其他单位和个人,不属于增值税的征税范围,其中涉及的货物转让,不征收增值税。

(7)旅店业和饮食业纳税人销售非现场消费的食品应当缴纳增值税。

(8)纳税人提供的矿产资源开采、挖掘、切割、破碎、分拣、洗选等劳务,属于增值税应税劳务,应当缴纳增值税。

(二)"营改增"税目

1. 交通运输服务

交通运输服务,是指使用运输工具将货物或者旅客送达目的地,使其空间位置得到转移的业务活动。包括陆路运输服务、水路运输服务、航空运输服务和管道运输服务。

（1）陆路运输服务，是指通过陆路（地上或者地下）运送货物或者旅客的运输业务活动，包括铁路运输服务和其他陆路运输服务。

（2）水路运输服务，是指通过江、河、湖、川等天然、人工水道或者海洋航道运送货物或者旅客的运输业务活动。水路运输的程租、期租业务，属于水路运输服务。

（3）航空运输服务，是指通过空中航线运送货物或者旅客的运输业务活动。航空运输的湿租业务，属于航空运输服务。

（4）管道运输服务，是指通过管道设施输送气体、液体、固体物质的运输业务活动。

2. 邮政服务

邮政服务，是指中国邮政集团公司及其所属邮政企业提供邮件寄递、邮政汇兑、机要通信和邮政代理等邮政基本服务的业务活动，包括邮政普遍服务、邮政特殊服务和其他邮政服务。

（1）邮政普遍服务，是指函件、包裹等邮件寄递，以及邮票发行、报刊发行和邮政汇兑等业务活动。

（2）邮政特殊服务，是指义务兵平常信函、机要通信、盲人读物和革命烈士遗物的寄递等业务活动。

（3）其他邮政服务，是指邮册等邮品销售、邮政代理等业务活动。

3. 电信服务

电信服务，是指利用有线、无线的电磁系统或者光电系统等各种通信网络资源，提供语音通话服务，传送、发射、接收或者应用图像、短信等电子数据和信息的业务活动，包括基础电信服务和增值电信服务。

（1）基础电信服务，是指利用固网、移动网、卫星、互联网，提供语音通话服务的业务活动，以及出租或者出售带宽、波长等网络元素的业务活动。

（2）增值电信服务，是指利用固网、移动网、卫星、互联网、有线电视网络，提供短信和彩信服务、电子数据和信息的传输及应用服务、互联网接入服务等业务活动。卫星电视信号落地转接服务，按照增值电信服务计算缴纳增值税。

4. 建筑服务

建筑服务，是指各类建筑物、构筑物及其附属设施的建造、修缮、装饰，线路、管道、设备、设施等的安装以及其他工程作业的业务活动，包括工程服务、安装服务、修缮服务、装饰服务和其他建筑服务。

（1）工程服务，是指新建、改建各种建筑物、构筑物的工程作业，包括与建筑物相连的各种设备或者支柱、操作平台的安装或者装设工程作业，以及各种窑炉和金属结构工程作业。

（2）安装服务，是指生产设备、动力设备、起重设备、运输设备、传动设备、医疗实验设备以及其他各种设备、设施的装配、安置工程作业，包括与被安装设备相连的工作台、梯子、栏杆的装设工程作业，以及被安装设备的绝缘、防腐、保温、油漆等工程作业。

（3）修缮服务，是指对建筑物、构筑物进行修补、加固、养护、改善，使之恢复原来的使用价值或者延长其使用期限的工程作业。

（4）装饰服务，是指对建筑物、构筑物进行修饰装修，使之美观或者具有特定用途的工程作业。

（5）其他建筑服务，是指上列工程作业之外的各种工程作业服务，如钻井（打井）、拆除建筑物或者构筑物、平整土地、园林绿化、疏浚（不包括航道疏浚）、建筑物平移、搭脚手架、爆破、矿山穿孔、表面附着物（包括岩层、土层、沙层等）剥离和清理等工程作业。

5. 金融服务

金融服务，是指经营金融保险的业务活动。包括贷款服务、直接收费金融服务、保险服务和金融商品转让。

（1）贷款服务，是指将资金贷与他人使用而取得利息收入的业务活动。

（2）直接收费金融服务，是指为货币资金融通及其他金融业务提供相关服务并且收取费用的业务活动。包括提供货币兑换、账户管理、电子银行、信用卡、信用证、财务担保、资产管理、信托管理、基金管理、金融交易场所（平台）管理、资金结算、资金清算、金融支付等服务。

（3）保险服务，是指投保人根据合同约定，向保险人支付保险费，保险人对于合同约定的可能发生的事故因其发生所造成的财产损失承担赔偿保险金责任，或者当被保险人死亡、伤残、疾病或者达到合同约定的年龄、期限等条件时承担给付保险金责任的商业保险行为。包括人身保险服务和财产保险服务。

（4）金融商品转让，是指转让外汇、有价证券、非货物期货和其他金融商品所有权的业务活动。其他金融商品转让包括基金、信托、理财产品等各类资产管理产品和各种金融衍生品的转让。

6. 现代服务

现代服务，是指围绕制造业、文化产业、现代物流产业等提供技术性、知识性服务的业务活动。包括研发和技术服务、信息技术服务、文化创意服务、物流辅助服务、租赁服务、鉴证咨询服务、广播影视服务、商务辅助服务和其他现代服务。

（1）研发和技术服务，包括研发服务、技术转让服务、技术咨询服务、合同能源管理服务、工程勘察勘探服务。

（2）信息技术服务，包括软件服务、电路设计及测试服务、信息系统服务、业务流程管理服务和信息系统增值服务。

（3）文化创意服务，包括设计服务、知识产权服务、广告服务和会议展览服务。

（4）物流辅助服务，包括航空服务、港口码头服务、货运客运场站服务、打捞救助服务、装卸搬运服务、仓储服务和收派服务。

（5）租赁服务，包括融资租赁服务和经营租赁服务。融资性售后回租不按照本税目缴纳增值税。

（6）鉴证咨询服务，包括认证服务、鉴证服务和咨询服务。

（7）广播影视服务，包括广播影视节目（作品）的制作服务、发行服务和播映（含放映）服务。

（8）商务辅助服务，包括企业管理服务、经纪代理服务、人力资源服务、安全保护服务。

（9）其他现代服务，是指除研发和技术服务、信息技术服务、文化创意服务、物流辅助服务、租赁服务、鉴证咨询服务、广播影视服务和商务辅助服务以外的现代服务。

7. 生活服务

生活服务，是指为满足城乡居民日常生活需求提供的各类服务活动，包括文化体育服务、教育医疗服务、旅游娱乐服务、餐饮住宿服务、居民日常服务和其他生活服务。

（1）文化体育服务,包括文化服务和体育服务。

（2）教育医疗服务,包括教育服务和医疗服务。

（3）旅游娱乐服务,包括旅游服务和娱乐服务。

（4）餐饮住宿服务,包括餐饮服务和住宿服务。

（5）居民日常服务,是指主要为满足居民个人及其家庭日常生活需求提供的服务,包括市容市政管理、家政、婚庆、养老、殡葬、照料和护理、救助救济、美容美发、按摩、桑拿、氧吧、足疗、沐浴、洗染、摄影扩印等服务。

（6）其他生活服务,是指除文化体育服务、教育医疗服务、旅游娱乐服务、餐饮住宿服务和居民日常服务之外的生活服务。

8. 销售无形资产

销售无形资产,是指转让无形资产所有权或者使用权的业务活动。无形资产,是指不具实物形态,但能带来经济利益的资产,包括技术、商标、著作权、商誉、自然资源使用权和其他权益性无形资产。

9. 销售不动产

销售不动产,是指转让不动产所有权的业务活动。不动产,是指不能移动或者移动后会引起性质、形状改变的财产,包括建筑物、构筑物等。

▶ 三、增值税的税率和征收率

我国增值税采用比例税率的形式。为了发挥增值税的中性作用,原则上增值税的税率应该对不同行业不同企业实行单一税率,称为基本税率。实践中为了照顾一些特殊行业或产品,也增设了低税率档次,对出口产品实行零税率。为了适应征税纳税人分为两类的情况,对这两类不同的纳税人又采用了不同的税率和征收率。我国增值税采用的比例税率分为基本税率、低税率和零税率三档,适用于一般纳税人,小规模纳税人采取征收率。

（一）税率

1. 基本税率

增值税的基本税率为16%,适用的具体范围为:

（1）纳税人销售或者进口货物,除《中华人民共和国增值税暂行条例》列举的外,税率均为16%;

（2）纳税人提供加工、修理修配劳务,税率为16%;

> **提示**
>
> 2018年4月4日,财政部、国家税务总局为完善增值税制度,发布了"关于调整增值税税率的通知",其中规定纳税人发生增值税应税销售行为或者进口货物,原适用17%和11%税率的,税率分别调整为16%、10%。

2. 低税率

增值税的低税率为 10% 和 6%。一般纳税人销售或者进口下列货物,按低税率 10% 计征增值税:

(1)粮食、食用植物油。粮食包括稻谷、大米、大豆、小麦、杂粮、鲜山芋、山芋干、山芋粉以及经过加工的面粉(各种花式面粉除外)。

(2)自来水、暖气、冷气、热水、煤气、石油液化气、天然气、沼气、居民用煤炭制品。

(3)图书、报纸、杂志。

(4)饲料、化肥、农药、农机、农膜。农用挖掘机、养鸡设备系列、养猪设备系列产品属于农机,适用 10% 增值税税率。

(5)农产品。农产品,是指种植业、养殖业、林业、牧业、水产业生产的各种植物、动物的初级产品。具体征税范围暂继续按照《财政部、国家税务总局关于印发〈农业产品征税范围注释〉的通知》(财税字〔1995〕52 号)及现行相关规定执行。其中:玉米胚芽属于初级农产品;玉米浆、玉米皮、玉米纤维(又称喷浆玉米皮)和玉米蛋白粉不属于初级农产品;淀粉不属于农产品的范围。

(6)音像制品(自 2007 年 1 月 1 日起)。音像制品,是指正式出版的录有内容的录音带、录像带、唱片、激光唱盘和激光视盘。

(7)电子出版物(自 2007 年 1 月 1 日起)。电子出版物,是指以数字代码方式,使用计算机应用程序,将图文声像等内容信息编辑加工后存储在具有确定的物理形态的磁、光、电等介质上,通过内嵌在计算机、手机、电子阅读设备、电子显示设备、数字音/视频播放设备、电子游戏机、导航仪以及其他具有类似功能的设备上读取使用,具有交互功能,用以表达思想、普及知识和积累文化的大众传播媒体。

(8)二甲醚(自 2008 年 1 月 1 日起)。二甲醚,是指化学分子式为 CH_3OCH_3,常温常压下为具有轻微醚香味、易燃、无毒、无腐蚀性的气体。

(9)食用盐。食用盐的范围包括符合《食用盐》(GB 5461—2016)和《食品安全国家标准 食用盐》(GB 2721—2015)两项国家标准的食用盐。

3. "营改增"行业税率

一般纳税人提供应税服务采取比例税率,具体规定为:

(1)提供交通运输、邮政、基础电信、建筑、不动产租赁服务、销售不动产、转让土地使用权,税率为 10%。

(2)提供有形动产租赁服务,税率为 16%。

(3)以上两项以外的,税率为 6%。

(4)境内单位和个人发生的跨境应税行为,税率为零。具体范围由财政部和国家税务总局另行规定。

(二)征收率

1. 征收率的一般规定

增值税对小规模纳税人及一些特殊情况采用简易征收办法,小规模纳税人及一般纳税人特殊情况适用征收率。

小规模纳税人采用简易办法征收增值税,征收率一般为3%。一般纳税人在特殊情况下,也按简易办法分别依照3%、4%和6%的征收率计算缴纳增值税。经国务院批准,自2014年7月1日起,决定简并和统一增值税征收率,将6%和4%的增值税征收率统一调整为3%。

根据"营改增"的规定,增值税征收率为3%,财政部和国家税务总局另有规定的除外。

2. 征收率的特殊规定

（1）一般纳税人销售自己使用过的属于《中华人民共和国增值税暂行条例》第十条规定不得抵扣且未抵扣进项税额的固定资产,按简易办法依3%征收率减按2%征收增值税。

（2）一般纳税人销售自己使用过的其他固定资产(以下简称已使用过的固定资产)应按不同情形征收增值税:

① 销售自己使用过的2009年1月1日以后购进或者自制的固定资产,按照适用税率征收增值税。

② 2008年12月31日以前未纳入扩大增值税抵扣范围试点的纳税人,销售自己使用过的2008年12月31日以前购进或者自制的固定资产,按照简易办法依照3%征收率减按2%征收增值税。

③ 2008年12月31日以前已纳入扩大增值税抵扣范围试点的纳税人,销售自己使用过的在本地区扩大增值税抵扣范围试点以前购进或者自制的固定资产,按照简易办法依照3%征收率减按2%征收增值税;销售自己使用过的在本地区扩大增值税抵扣范围试点以后购进或者自制的固定资产,按照适用税率征收增值税。

（3）一般纳税人销售自己使用过的除固定资产以外的物品,应当按照适用税率征收增值税。

（4）小规模纳税人(除其他个人外,下同)销售自己使用过的固定资产,减按2%征收率征收增值税。

小规模纳税人销售自己使用过的除固定资产以外的物品,应按3%的征收率征收增值税。

（5）纳税人销售旧货,按照简易办法依照3%征收率减按2%征收增值税。

旧货,是指进入二次流通的具有部分使用价值的货物(含旧汽车、旧摩托车和旧游艇),但不包括自己使用过的物品。

上述纳税人销售自己使用过的固定资产、物品和旧货适用按照简易办法依照3%征收率按2%征收增值税的,按下列公式确定销售额和应纳税额:

销售额 = 含税销售额 ÷（1+3%）

应纳税额 = 销售额 × 2%

（6）一般纳税人销售自产的下列货物,可选择按照简易办法依照3%征收率计算缴纳增值税,选择简易办法计算缴纳增值税后,36个月内不得变更,具体适用范围为:

① 县级及县级以下小型水力发电单位生产的电力。小型水力发电单位,是指各类投资主体建设的装机容量为5万千瓦以下(含5万千瓦)的小型水力发电单位。

② 建筑用和生产建筑材料所用的砂、土、石料。

③ 以自己采掘的砂、土、石料或其他矿物连续生产的砖、瓦、石灰(不含黏土实心砖、瓦)。

④ 用微生物、微生物代谢产物、动物毒素、人或动物的血液或组织制成的生物制品。

⑤ 自来水（对属于一般纳税人的自来水公司销售自来水按简易办法依照3%征收率征收增值税，不得抵扣其购进自来水取得增值税扣税凭证上注明的增值税税款）。

⑥ 商品混凝土（仅限于以水泥为原料生产的水泥混凝土）。

（7）一般纳税人销售货物属于下列情形之一的，暂按简易办法依照3%征收率计算缴纳增值税：

① 寄售商店代销寄售物品（包括居民个人寄售的物品在内）；

② 典当业销售死当物品。

纳税人销售使用过物品和旧货的税务处理区别如表6.2所示。

表6.2 纳税人销售使用过物品和旧货的税务处理区别

纳税人	销售分类	税务处理规定	计税公式
一般纳税人	销售旧货	按简易办法依3%征收率减按2%征收增值税	增值税=售价（含税）÷（1+3%）×2%
	一般纳税人销售自己使用过的规定不得抵扣且未抵扣进项税额的固定资产		
	销售自己使用过的2008年12月31日以前购进或者自制的固定资产		
一般纳税人	销售自己使用过的2009年1月1日以后购进或自制的固定资产	按正常销售货物适用税率	增值税=售价（含税）÷（1+16%）×16%（自2018年5月1日起，税率调整为16%，2018年5月1日前税率为17%）
	销售自己使用过的固定资产以外的物品		
小规模纳税人（除其他个人外）	销售自己使用过的固定资产	减按2%征收率征收增值税	增值税=售价（含税）÷（1+3%）×2%
	销售旧货		
	销售自己使用过的固定资产以外的物品	按3%征收率征收增值税	增值税=售价（含税）÷（1+3%）×3%

3. 征收率的其他规定

（1）小规模纳税人，转让其取得的不动产，按照5%的征收率征收增值税。

（2）一般纳税人转让其2016年4月30日前取得的不动产，选择简易计税方法计税的，按照5%的征收率征收增值税。

（3）小规模纳税人出租其取得的不动产（不含个人出租住房），按照5%的征收率征收增值税。

（4）一般纳税人出租其2016年4月30日前取得的不动产，选择简易计税方法计税的，按照5%的征收率征收增值税。

（5）房地产开发企业（一般纳税人）销售自行开发的房地产老项目，选择简易计税方法计税的，按照5%的征收率征收增值税。

（6）房地产开发企业（小规模纳税人）销售自行开发的房地产项目，按照5%的征收率征收增值税。

（7）纳税人提供劳务派遣服务，选择差额纳税的，按照5%的征收率征收增值税。

▶ 四、增值税的应纳税额

我国目前对一般纳税人采用的一般计税方法是国际上通行的购进扣税法，即先按当期销售额和适用税率计算出销项税额（先就销售的全部金额征税），然后对当期购进项目向对方支付的税款进行抵扣，从而间接计算出对当期增值额部分的应纳税额。

（一）一般纳税人应纳税额的计算

一般纳税人销售货物或者提供应税劳务，采取扣税法计算应纳增值税额。其计算公式为：

$$应纳税额 = 当期销项税额 - 当期进项税额$$

当期销项税额小于当期进项税额不足抵扣时，其不足部分可以结转下期继续抵扣。

销项税额是指纳税人销售货物或者提供应税劳务，按照销售额和适用税率计算并向购买方收取的增值税税款，其计算公式为：

$$销项税额 = 销售额 \times 适用税率$$

可见，一般纳税人计算增值税应纳税额时，主要有两个因素：一是销售额；二是进项税额。

1. 一般销售方式下的销售额

（1）销售额的概念和内容。根据《中华人民共和国增值税暂行条例》及其实施细则的规定，销售额是指纳税人销售货物或者提供应税劳务向购买方收取的全部价款和价外费用，但是不包括收取的销项税额。价外费用，包括价外向购买方收取的手续费、补贴、基金、集资费、返还利润、奖励费、违约金、滞纳金、延期付款利息、赔偿金、代收款项、代垫款项、包装费、包装物租金、储备费、优质费、运输装卸费以及其他各种性质的价外收费。上述价外费用无论其会计制度如何核算，均应并入销售额计算销项税额。但下列项目不包括在销售额内：

① 受托加工应征消费税的消费品所代收代缴的消费税。

需要注意的是，这里所说的消费税为委托加工环节代收代缴的消费税，虽然由受托方代收，但不作为受托方收取"加工费"的价外收入，该代收的消费税不缴纳增值税。例如，甲企业委托乙企业加工一批卷烟，已知甲企业提供的材料成本为100万元，支付给乙企业的加工费为40万元（不含税），消费税税率为30%。甲企业为消费税的纳税义务人，应纳消费税60万元，由受托方乙企业代收代缴。乙企业为增值税的纳税人（提供加工劳务），在计算乙企业的销项税额时，其代收代缴的60万元的消费税不属于价外费用。

② 以委托方名义开具发票代委托方收取的款项。

③ 同时符合以下条件代为收取的政府性基金或者行政事业性收费：由国务院或者财政部批准设立的政府性基金，由国务院或者省级人民政府及其财政、价格主管部门批准设立的行政事业性收费；收取时开具省级以上财政部门印制的财政票据；所收款项全额上缴财政。

④ 销售货物的同时代办保险等而向购买方收取的保险费，以及向购买方收取的代购买方缴纳的车辆购置税、车辆牌照费。

（2）含税销售额的换算。增值税实行价外税，计算销项税额时，销售额中不应含有增值税款。如果销售额中包含了增值税款即销项税额，则应将含税销售额换算成不含税销售额。计算公式为：

$$不含税销售额 = 含税销售额 \div （1+增值税税率）$$

 边学边思

增值税属于价外税，消费税属于价内税。两者有什么异同？增值税和消费税的缴纳对企业有何影响？

2. 视同销售货物行为销售额的确定

《中华人民共和国增值税暂行条例实施细则》中已列明了单位和个体工商户几种视同销售行为，如将货物交付他人代销，将自产、委托加工或购买的货物无偿赠送他人等。这八种视同销售行为中某些行为由于不是以资金的形式反映出来的，会出现无销售额的情况，因此主管税务机关有权按照下列顺序核定其销售额：

（1）按纳税人最近时期同类货物的平均销售价格确定；

（2）按其他纳税人最近时期同类货物的平均销售价格确定；

（3）按组成计税价格确定。其计算公式为：

$$组成计税价格 = 成本 \times （1+成本利润率）$$

征收增值税的货物，同时又征收消费税的，其组成计税价格中应包含消费税税额。其计算公式为：

$$组成计税价格 = 成本 \times （1+成本利润率）+ 消费税税额$$

或：

$$组成计税价格 = 成本 \times （1+成本利润率）\div （1-消费税税率）$$

公式中的成本分两种情况：一是销售自产货物的为实际生产成本；二是销售外购货物的为实际采购成本。公式中的成本利润率为10%。但属于应从价定率征收消费税的货物，其组成计税价格公式中的成本利润率，为《消费税若干具体问题的规定》中规定的成本利润率（详见第七章消费税法律制度）。

3. 特殊销售方式下销售额的确定

（1）采取折扣方式销售。折扣销售是指销货方在销售货物或应税劳务时，因购货方购货数量较大等原因而给予购货方的价格优惠。根据税法规定，纳税人采取折扣方式销售货物，如果将销售额和折扣额在同一张发票上分别注明，可以按折扣后的销售额征收增值税；如果将折扣额另开发票，不论其在财务上如何处理，均不得从销售额中减除折扣额。

需要注意的是，此处税法所称的折扣销售不同于会计上所说的现金折扣，现金折扣是指销货方在销售货物或提供应税劳务和应税服务后，为了鼓励购货方及早偿还货款而协议许诺给购货方的一种折扣优待。例如，购货方10天内付款，货款折扣2%；20天付款，折扣1%；30天内全价付款。现金折扣发生在销售之后，享受折扣的比例取决于购货方的付款时间，可以认为是一种融资性质的理财费用，因此，现金折扣不得从销售额中减除。企业在确定销售额时应把折扣销售与现金折扣区分开来。

（2）销售退回或折让。

一般纳税人因销售货物退回或者折让而退还给购买方的增值税额，应从发生销售货物退回或者折让当期的销项税额中扣减。

一般纳税人销售货物或者应税劳务，开具增值税专用发票后，发生销售货物退回或者折让、开票有误等情形，应按国家税务总局的规定开具红字增值税专用发票。未按规定开具红字增值税专用发票的，增值税额不得从销项税额中扣减。

（3）以旧换新方式销售。以旧换新销售是指纳税人在销售货物时，折价收回同类旧货物，并以折价款部分冲减新货物价款的一种销售方式。根据税法规定，采取以旧换新方式销售货物的，应按新货物的同期销售价格确定销售额，不得扣减旧货物的收购价格。

但是对金银首饰以旧换新业务，可以按销售方实际收取的不含增值税的全部价款征收增值税。

（4）还本销售方式销售。还本销售是指纳税人在销售货物后，到一定期限将货款一次或分次退还给购货方全部或部分价款的一种销售方式。这种方式实际上是一种筹资，是一种以货物换取资金的使用价值，到期还本不付息的方法。根据税法规定，采取还本销售方式销售货物，其销售额就是货物的销售价格，不得从销售额中减除还本支出。

（5）以物易物方式销售。以物易物是指购销双方不是以货币结算，而是以同等价款的货物相互结算，实现货物购销的一种方式。根据税法的规定，以物易物双方都应作购销处理，以各自发出的货物核算销售额并计算销项税额，以各自收到的货物按规定核算购货额并计算进项税额。在以物易物活动中，应分别开具合法的票据，如收到的货物不能取得相应的增值税专用发票或其他合法票据的，不能抵扣进项税额。

（6）包装物押金的税务处理。包装物是指纳税人包装本单位货物的各种物品。根据税法规定，纳税人为销售货物而出租、出借包装物收取的押金，单独记账核算的，且时间在1年以内又未过期的，不并入销售额征税；但对因逾期未收回包装物不再退还的押金，应按所包装货物的适用税率计算增值税款。实践中，应注意以下具体规定：

① "逾期"是指符合合同约定实际逾期或以1年为期限，对收取1年以上的押金，无论是否退还均并入销售额征税。

② 包装物押金是含税收入，在并入销售额征税时，需要先将该押金换算为不含税收入，再计算应纳增值税款。

③ 包装物押金不同于包装物租金，包装物租金属于价外费用，在销售货物时随同货款一并计算增值税款。

④ 从1995年6月1日起，对销售除啤酒、黄酒外的其他酒类产品而收取的包装物押金，无论是否返还以及会计上如何核算，均应并入当期销售额征收增值税。

关于包装物押金的增值税税务处理，如表6.3所示。

表 6.3　包装物押金的增值税税务处理

货物		条件	增值税
酒类包装物押金	其他酒类	不受逾期或 1 年的限制	并入销售额
	啤酒、黄酒	单独核算 1 年以内且未逾期	不并入销售额
		合同逾期或 1 年以上	并入销售额
其他货物包装物押金		单独核算 1 年以内且未逾期	不并入销售额
		合同逾期或 1 年以上	并入销售额

（7）直销方式销售。直销企业先将货物销售给直销员，直销员再将货物销售给消费者的，直销企业的销售额为其向直销员收取的全部价款和价外费用。直销员将货物销售给消费者时，应按照现行规定缴纳增值税。

直销企业通过直销员向消费者销售货物，直接向消费者收取货款，直销企业的销售额为其向消费者收取的全部价款和价外费用。

（8）外币销售额的折算。纳税人按人民币以外的货币结算销售额的，其销售额的人民币折合率可以选择销售额发生的当天或者当月 1 日的人民币外汇中间价。纳税人应在事先确定采用何种折合率，确定后在 1 年内不得变更。

4. "营改增"纳税人的销售额确定

（1）销售额，是指纳税人发生应税行为取得的全部价款和价外费用，财政部和国家税务总局另有规定的除外。

价外费用，是指价外收取的各种性质的收费，但不包括以下项目：

① 代为收取并符合规定的政府性基金或者行政事业性收费。

② 以委托方名义开具发票代委托方收取的款项。

（2）有关行业销售额的特殊规定。

① 贷款服务，以提供贷款服务取得的全部利息及利息性质的收入为销售额。

② 直接收费金融服务，以提供直接收费金融服务收取的手续费、佣金、酬金、管理费、服务费、经手费、开户费、过户费、结算费、转托管费等各类费用为销售额。

③ 金融商品转让，按照卖出价扣除买入价后的余额为销售额。

转让金融商品出现的正负差，按盈亏相抵后的余额为销售额。若相抵后出现负差，可结转下一纳税期与下期转让金融商品销售额相抵，但年末时仍出现负差的，不得转入下一个会计年度。

金融商品的买入价，可以选择按照加权平均法或者移动加权平均法进行核算，选择后 36 个月内不得变更。

金融商品转让，不得开具增值税专用发票。

④ 经纪代理服务，以取得的全部价款和价外费用，扣除向委托方收取并代为支付的政府性基金或者行政事业性收费后的余额为销售额。向委托方收取的政府性基金或者行政事业性收费，不得开具增值税专用发票。

⑤ 航空运输企业的销售额，不包括代收的机场建设费和代售其他航空运输企业客票而代

收转付的价款。

⑥ 试点纳税人中的一般纳税人（以下称一般纳税人）提供客运场站服务，以其取得的全部价款和价外费用，扣除支付给承运方运费后的余额为销售额。

⑦ 试点纳税人提供旅游服务，可以选择以取得的全部价款和价外费用，扣除向旅游服务购买方收取并支付给其他单位或者个人的住宿费、餐饮费、交通费、签证费、门票费和支付给其他接团旅游企业的旅游费用后的余额为销售额。

选择上述办法计算销售额的试点纳税人，向旅游服务购买方收取并支付的上述费用，不得开具增值税专用发票，可以开具增值税普通发票。

⑧ 试点纳税人提供建筑服务适用简易计税方法的，以取得的全部价款和价外费用扣除支付的分包款后的余额为销售额。

⑨ 房地产开发企业中的一般纳税人销售其开发的房地产项目（选择简易计税方法的房地产老项目除外），以取得的全部价款和价外费用，扣除受让土地时向政府部门支付的土地价款后的余额为销售额。

房地产老项目，是指《建筑工程施工许可证》注明的合同开工日期在2016年4月30日前的房地产项目。

（3）销售额的其他相关规定。

① 纳税人兼营免税、减税项目的，应当分别核算免税、减税项目的销售额；未分别核算的，不得免税、减税。

② 纳税人发生应税行为，开具增值税专用发票后，发生开票有误或者销售折让、中止、退回等情形的，应当按照国家税务总局的规定开具红字增值税专用发票；未按照规定开具红字增值税专用发票的，不得扣减销项税额或者销售额。

③ 纳税人发生应税行为，将价款和折扣额在同一张发票上分别注明的，以折扣后的价款为销售额；未在同一张发票上分别注明的，以价款为销售额，不得扣减折扣额。

④ 纳税人发生应税行为价格明显偏低或者偏高且不具有合理商业目的的，或者发生视同销售行为而无销售额的，主管税务机关有权按照下列顺序确定销售额：

第一，按照纳税人最近时期销售同类服务、无形资产或者不动产的平均价格确定。

第二，按照其他纳税人最近时期销售同类服务、无形资产或者不动产的平均价格确定。

第三，按照组成计税价格确定。组成计税价格的公式为：

$$组成计税价格 = 成本 \times (1+ 成本利润率)$$

成本利润率由国家税务总局确定。

不具有合理商业目的的，是指以谋取税收利益为主要目的，通过人为安排，减少、免除、推迟缴纳增值税税款，或者增加退还增值税税款。

5. 进项税额的确定

纳税人购进货物或者接受应税劳务和应税服务支付或者负担的增值税额，为进项税额。一般纳税人在计算应纳税额时，需要从销项税额中抵扣进项税额，因此严格把握哪些进项税额可以抵扣，哪些进项税额不能抵扣是十分重要的，对此，税法也做了较为严格的

规定。

一般来说，准予抵扣的进项税额可以根据以下两种方法确定：一是进项税额体现支付或者负担的增值税额，直接在销货方开具的增值税专用发票和海关完税凭证上注明的税额，不需要纳税人自行计算，俗称"**凭票抵扣**"；二是购进某些货物或者接受应税劳务时，其进项税额是根据支付金额和法定扣除率计算出来的，俗称"**计算抵扣**"。

（1）准予从销项税额中抵扣的进项税额。根据《中华人民共和国增值税暂行条例》的规定，准予从销项税额中抵扣的进项税额，限于下列增值税扣税凭证上注明的增值税税额和按规定的扣除率计算的进项税额。

① 从销售方取得的**增值税专用发票**（含税控机动车销售统一发票）上注明的增值税额。

② 从海关取得的**海关进口增值税专用缴款书**上注明的增值税额。

纳税人进口货物，凡已缴纳了进口环节增值税的，不论其是否已经支付货款，其取得的海关进口增值税专用缴款书均可作为增值税进项税额抵扣凭证。

③ 购进农产品，按照以下办法扣除：

取得一般纳税人开具的增值税专用发票或海关进口增值税专用缴款书的，以增值税专用发票或海关进口增值税专用缴款书上注明的增值税额为进项税额。

从按照简易计税方法依照3%征收率计算缴纳增值税的小规模纳税人取得增值税专用发票的，以增值税专用发票上注明的金额和10%的扣除率计算进项税额。取得（开具）农产品销售发票或收购发票的，以农产品销售发票或收购发票上注明的农产品买价和10%的扣除率计算进项税额。

营改增试点期间，纳税人购进用于生产销售或委托受托加工16%税率货物的农产品，按照12%的扣除率计算进项税额。

纳税人从批发、零售环节购进适用免征增值税政策的蔬菜、部分鲜活肉蛋而取得的普通发票，不得作为计算抵扣进项税额的凭证。纳税人购进农产品既用于生产销售或委托受托加工16%税率货物，又用于生产销售其他货物服务的，应当分别核算用于生产销售或委托受托加工16%税率货物和其他货物服务的农产品进项税额。未分别核算的，统一以增值税专用发票或海关进口增值税专用缴款书上注明的增值税额为进项税额，或以农产品收购发票或销售发票上注明的农产品买价和10%的扣除率计算进项税额。

购进农产品增值税进项税额核定扣除的，按照《农产品增值税进项税额核定扣除试点实施办法》等规定执行。

④ 纳税人购进服务、无形资产或者不动产，取得的增值税专用发票上注明的增值税额为进项税额，准予从销项税额中抵扣。

2016年5月1日后取得并在会计制度上按固定资产核算的不动产或者2016年5月1日后取得的不动产在建工程，其进项税额应自取得之日起分2年从销项税额中抵扣，第一年抵扣比例为60%，第二年抵扣比例为40%。

融资租入的不动产以及在施工现场修建的临时建筑物、构筑物，其进项税额不适用上述分2年抵扣的规定。

⑤ 纳税人自用的应征消费税的摩托车、汽车、游艇，其进项税额准予从销项税额中抵扣。

⑥ 纳税人从境外单位或者个人购进服务、无形资产或者不动产,按照规定应当扣缴增值税的,准予从销项税额中抵扣的进项税额为自税务机关或者扣缴义务人取得的解缴税款的完税凭证上注明的增值税额。

⑦ 纳税人购进货物或者接受加工修理修配劳务,用于《销售服务、无形资产或者不动产注释》所列项目的,不属于《增值税暂行条例》第十条所称的用于非增值税应税项目,其进项税额准予从销项税额中抵扣。

（2）不得从销项税额中抵扣的进项税额。按照规定,下列项目的进项税额不得从销项税额中抵扣:

① 用于简易计税方法的计税项目、免征增值税项目、集体福利或者个人消费的购进货物、加工修理修配劳务、服务、无形资产和不动产。其中涉及的固定资产、无形资产、不动产,仅指专用于上述项目的固定资产、无形资产(不包括其他权益性无形资产)、不动产。

纳税人的交际应酬消费属于个人消费。

② 非正常损失的购进货物,以及相关的加工修理修配劳务和交通运输服务。

③ 非正常损失的在产品、产成品所耗用的购进货物(不包括固定资产)、加工修理修配劳务和交通运输服务。

④ 非正常损失的不动产,以及该不动产所耗用的购进货物、设计服务和建筑服务。

⑤ 非正常损失的不动产在建工程所耗用的购进货物、设计服务和建筑服务。

纳税人新建、改建、扩建、修缮、装饰不动产,均属于不动产在建工程。

⑥ 购进的旅客运输服务、贷款服务、餐饮服务、居民日常服务和娱乐服务。

⑦ 纳税人接受贷款服务向贷款方支付的与该笔贷款直接相关的投融资顾问费、手续费、咨询费等费用,其进项税额不得从销项税额中抵扣。

上述第④项、第⑤项所称货物,是指构成不动产实体的材料和设备,包括建筑装饰材料和给排水、采暖、卫生、通风、照明、通信、煤气、消防、中央空调、电梯、电气、智能化楼宇设备及配套设施。

不动产、无形资产的具体范围,按照《销售服务、无形资产、不动产注释》执行。

固定资产,是指使用期限超过12个月的机器、机械、运输工具以及其他与生产经营有关的设备、工具、器具等有形动产。

非正常损失,是指因管理不善造成货物被盗、丢失、霉烂变质,以及因违反法律法规造成货物或者不动产被依法没收、销毁、拆除的情形。

⑧ 一般纳税人按照简易办法征收增值税的,不得抵扣进项税额。

⑨ 纳税人兼营简易计税方法计税项目、免征增值税项目而无法划分不得抵扣的进项税额,按照下列公式计算不得抵扣的进项税额:

不得抵扣的进项税额 = 当期无法划分的全部进项税额 ×（当期简易计税方法计税项目销售额 + 免征增值税项目销售额）÷ 当期全部销售额

⑩ 有下列情形之一者,应当按照销售额和增值税税率计算应纳税额,不得抵扣进项税额,也不得使用增值税专用发票:

第一,一般纳税人会计核算不健全,或者不能够提供准确税务资料的。

第二,应当办理一般纳税人资格登记而未办理的。

边学边做 6.1

1. 训练目的

掌握交通运输服务涉及增值税的计算。

2. 案例设计

某交通运输企业为一般纳税人,2018年12月份运费收入为160万元(含税),购进货物取得增值税专用发票注明税款为5.2万元。已知交通运输服务的增值税税率为10%,则该企业2018年12月份应纳增值税是多少?

3. 分析过程

"营改增"交通运输服务适用增值税税率为10%。

该企业应缴纳的增值税 =160÷(1+10%)×10%−5.2=9.35(万元)。

(3)扣减进项税额的规定。

① 已抵扣进项税额的购进货物(不含固定资产)、劳务、服务,发生《增值税暂行条例实施细则》和《营业税改征增值税试点实施办法》规定的不得从销项税额中抵扣情形(简易计税方法计税项目、免征增值税项目除外)的,应当将该进项税额从当期进项税额中扣减;无法确定该进项税额的,按照当期实际成本计算应扣减的进项税额。

② 已抵扣进项税额的固定资产、无形资产或者不动产,发生《增值税暂行条例实施细则》和《营业税改征增值税试点实施办法》规定的不得从销项税额中抵扣情形的,按照下列公式计算不得抵扣的进项税额:

<u>不得抵扣的进项税额 = 固定资产、无形资产或者不动产净值 × 适用税率</u>

固定资产、无形资产或者不动产净值,是指纳税人根据财务会计制度计提折旧或摊销后的余额。

③ 纳税人适用一般计税方法计税的,因销售折让、中止或者退回而退还给购买方的增值税额,应当从当期的销项税额中扣减;因销售折让、中止或者退回而收回的增值税额,应当从当期的进项税额中扣减。

④ 按照《增值税暂行条例》和《营业税改征增值税试点有关事项的规定》不得抵扣且未抵扣进项税额的固定资产、无形资产、不动产,发生用途改变,用于允许抵扣进项税额的应税项目,可在用途改变的次月按照下列公式,依据合法有效的增值税扣税凭证,计算可以抵扣的进项税额:

<u>可以抵扣的进项税额 = 固定资产、无形资产、不动产净值/(1+适用税率)× 适用税率</u>

上述可以抵扣的进项税额应取得合法有效的增值税扣税凭证。

(4)进项税额抵扣期限的规定。为了保证计算应纳税额的合理性、准确性,纳税人必须严格把握当期进项税额从当期销项税额中抵扣这个时间点,即"当期"。"当期"是指税务机关依照税法规定对纳税人确定的纳税期限;只有在纳税期限内实际发生的销项税额、进项税额,才是法定的当期销项税额或当期进项税额。

① 自2017年7月1日起,增值税一般纳税人取得的2017年7月1日及以后开具的增值税专用发票和机动车销售统一发票,应自开具之日起360日内认证或登录增值税发票选择确

认平台进行确认,并在规定的纳税申报期内,向主管国税机关申报抵扣进项税额。

② 增值税一般纳税人取得的 2017 年 7 月 1 日及以后开具的海关进口增值税专用缴款书,应自开具之日起 360 日内向主管国税机关报送《海关完税凭证抵扣清单》,申请稽核比对。

（5）增值税期末留抵税额。

由于增值税实行购进扣税法,有时企业当期购进的货物很多,在计算应纳税额时会出现当期销项税额小于当期进项税额不足抵扣的情况。根据税法规定,当期进项税额不足抵扣的部分可以结转下期继续抵扣。

原增值税一般纳税人兼有销售服务、无形资产或者不动产的,截至纳入"营改增"试点之日前的增值税期末留抵税额,不得从销售服务、无形资产或者不动产的销项税额中抵扣。

（6）一般纳税人适用简易办法征税的规定。

一般纳税人发生下列应税行为可以选择适用简易计税方法计税:

① 公共交通运输服务。

公共交通运输服务,包括轮客渡、公交客运、地铁、城市轻轨、出租车、长途客运、班车。

② 经认定的动漫企业为开发动漫产品提供的动漫脚本编撰、形象设计、背景设计、动画设计、分镜、动画制作、摄制、描线、上色、画面合成、配音、配乐、音效合成、剪辑、字幕制作、压缩转码服务,以及在境内转让动漫版权。

③ 电影放映服务、仓储服务、装卸搬运服务、收派服务和文化体育服务。

④ 以纳入营改增试点之日前取得的有形动产为标的物提供的经营租赁服务。

⑤ 在纳入营改增试点之日前签订的尚未执行完毕的有形动产租赁合同。

边学边做 6.2

1. 训练目的

掌握一般纳税人增值税的综合计算。

2. 案例设计

视通电器商场为增值税一般纳税人。2018 年 5 月份发生如下经济业务:

（1）销售特种空调取得含税销售收入 176 320 元,同时提供运输服务收取运费 19 720 元（未单独核算）。

（2）销售电视机 120 台,每台含税零售单价为 2 204 元。

（3）代销一批数码相机,按含税销售总额的 5% 提取代销手续费 14 391 元。

（4）购进热水器 50 台,不含税单价 800 元,货款已付;购进 iPad Mini 100 台,不含税单价 1 600 元,货款已付。两项业务均已取得增值税专用发票。

3. 分析过程

（1）本案例中,视通电器商场购进业务均已取得增值税专用发票,所以可以抵扣进项税额。该商场当期进项税额 =（800×50+1 600×100）×16%=32 000（元）

（2）特种空调销售收入含税,需要换算;运费部分作为价外费用所以要与货物一并计算销项税额。

销售特种空调销项税额 =176 320÷（1+16%）×16%+19 720÷（1+16%）×16%
=27 040（元）

（3）电视机给出的是含税零售单价，所以要乘以数量再换算成不含税销售额计算销项税。

销售电视机销项税额 =2 204÷（1+16%）×16%×120=36 480（元）

（4）视通电器商场作为受托方代销数码相机，属于视同销售行为中的"销售代销的货物"，因此应计算销项税额，案例中给出的是代销手续费和手续费的提取比例，因此可以倒推出商场对外出售数码相机的含税销售总额。收取代销手续费按商务辅助服务缴纳增值税。

含税销售额 =14 391÷5%=287 820（元）
代销业务销项税额 =287 820÷（1+16%）×16%=39 699.31（元）
收取代销手续费销项税额 =14 391÷（1+6%）×6%=814.58（元）

（5）计算商场当期应缴纳的增值税额。

销项税额 =27 040+36 480+39699.31+814.58=104 033.89（元）
应纳增值税 =104 033.89−32 000=72 033.89（元）

（二）小规模纳税人应纳税额的计算

1. 应纳税额的计算

小规模纳税人销售货物或者应税劳务，实行按销售额和征收率计算应纳税额的简易办法，并不得抵扣进项税额。其应纳税额计算公式为：

应纳税额 = 销售额 × 征收率

需要注意的是，按照简易计税方法，无论是一般纳税人还是小规模纳税人，均不涉及进项税额抵扣的问题，按照"征收率"计算出的税款即为"增值税"，而非"销项税额"。实行简易计税办法，其《中华人民共和国增值税暂行条例》规定的3%的征收率，是结合增值税多档税率的货物或应税劳务和应税服务的环节税收负担水平而设计的，其税收负担与一般纳税人基本一致，因此不能再抵扣进项税额。

小规模纳税人取得的销售额与一般纳税人的销售额所包含的内容是一致的，都是销售货物或提供应税劳务向购买方收取的全部价款和价外费用，但是不包括从买方收取的增值税税额。

2. 含税销售额的换算

对小规模纳税人销售货物或者提供应税劳务采取销售额和增值税款合并定价的，必须将取得的含税销售额换算为不含税销售额，其计算公式为：

不含税销售额 = 含税销售额 ÷（1+ 征收率）

纳税人提供的适用简易计税方法计税的应税服务，因服务中止或者折让而退还给接受方的销售额，应当从当期销售额中扣减。扣减当期销售额后仍有余额造成多缴的税款，可以从以后的应纳税额中扣减。

边学边做 6.3

1. 训练目的

掌握小规模纳税人增值税的计算思路。

2. 案例设计

某商业零售企业为增值税小规模纳税人,2018年9月购进货物(商品)取得普通发票,共计支付金额120 000元;本月销售货物取得零售收入共计150 000元,另外取得包装费8 080元。本月还销售自己使用过的旧车一辆,取得收入45 000元。该企业9月份应缴纳的增值税是多少?

3. 分析过程

该企业9月份应缴纳的增值税是5 478.06元。该小规模纳税人9月份应纳增值税=(150 000+8 080)÷(1+3%)×3%+45 000÷(1+3%)×2%=5 478.06(元)。

(三)进口货物应纳税额的计算

纳税人在计算增值税进项税额时直接以购进货物或应税劳务的不含税价格作为计税依据或计税价格,但在进口产品计算增值税时不能得到类似销售额这样一个计税依据,而是要通过计算取得,即要计算组成计税价格。根据《中华人民共和国增值税暂行条例》的规定,纳税人进口货物,无论是一般纳税人还是小规模纳税人,均应按照组成计税价格和规定的税率计算应纳税额,不允许抵扣发生在境外的任何税金。其计算公式为:

应纳税额 = 组成计税价格 × 税率

组成计税价格的构成分以下两种情况:

(1)如果进口货物不征收消费税,则上述公式中组成计税价格的计算公式为:

组成计税价格 = 关税完税价格 + 关税

(2)如果进口货物征收消费税,则上述公式中组成计税价格的计算公式为:

组成计税价格 = 关税完税价格 + 关税 + 消费税

纳税人在计算进口货物的增值税时应该注意以下问题:

(1)进口货物增值税的组成计税价格中包括已纳关税税额,如果进口货物属于应税消费品,其组成计税价格中还要包括进口环节已纳的消费税税额。

(2)在计算进口环节的应纳增值税税额时不得抵扣任何税额,即在计算进口环节的应纳增值税税额时,不得抵扣发生在我国境外的各种税金。需要注意的是,所谓进口环节由海关代征的增值税,本质上是一项"进项税",其作为进项税是可以在销项税额中抵扣的,但在集散该项"进项税"本身时,不得抵扣其他任何的所谓税金。例如,企业从境外进口货物,关税完税价格为100万元,关税为15万元,该企业进口后将该产品用于生产加工后销售,不含税价格为200万元。则组成计税价格=100+15=115(万元),应该缴纳的进口环节增值税=115×16%=18.4(万元),注意,计算此处进口环节缴纳的增值税是不得抵扣任何进项税的。内销商品的销项税额=200×16%=32(万元),进项税额=18.4(万元),注意,此处为进口环节缴纳的增值税,可以在内销的销项税额中抵扣。应纳增值税=32-18.4=13.6(万元)。

（3）根据《中华人民共和国海关法》和《中华人民共和国进出口关税条例》的规定，一般贸易下进口货物的关税完税价格以海关审定的成交价格为基础的到岸价格作为完税价格。所谓成交价格，是一般贸易项下进口货物的买方为购买该项货物向卖方实际支付或应当支付的价格；它是指到岸价格，包括货价，加上货物运抵我国关境内输入地点起卸前的包装费、运费、保险费和其他劳务费等费用构成的一种价格。

特殊贸易下进口的货物，由于进口时没有"成交价格"可作依据，为此，《中华人民共和国进出口关税条例》对这些进口货物制定了确定其完税价格的具体办法。

关于消费税的计算方法详见第七章消费税法律制度。

边学边做 6.4

1. 训练目的

掌握进口货物海关代征增值税的计算。

2. 案例设计

某生产企业为增值税一般纳税人，2018年10月从国外进口一批原材料，海关核定的关税完税价格为200万元。已知进口关税税率为10%，增值税税率为16%。试分析计算该公司进口环节应纳增值税税额。

3. 分析过程

$$组成计税价格 = 关税完税价格 + 关税$$
$$= 200 \times 10\% + 200 = 220（万元）$$
$$进口环节缴纳的增值税 = 组成计税价格 \times 16\%$$
$$= 220 \times 16\% = 35.2（万元）$$

该进口环节缴纳的增值税应视为企业的一项"进项税额"，凭当期取得的海关填发的进口增值税专用缴款书在销项税额中抵扣。

五、增值税的征收管理

（一）纳税义务发生时间

1. 增值税传统行业纳税义务发生时间

（1）纳税人销售货物或者应税劳务，其纳税义务发生时间为收讫销售款项或者取得索取销售款项凭据的当天；先开具发票的，为开具发票的当天。按销售结算方式的不同，具体分为以下七种情况：

① 采取直接收款方式销售货物，不论货物是否发出，均为收到销售款或者取得索取销售款凭据的当天。

纳税人生产经营活动中采取直接收款方式销售货物，已将货物移送对方并暂估销售收入入账，但既未取得销售款或取得索取销售款凭据也未开具销售发票的，其纳税义务发生时间为取得销售款或取得索取销售款凭据的当天；先开具发票的，为开具发票的当天。

② 采取托收承付和委托银行收款方式销售货物，为发出货物并办妥托收手续的当天。

③ 采取赊销和分期收款方式销售货物,为书面合同约定的收款日期的当天;无书面合同的或者书面合同没有约定收款日期的,为货物发出的当天。

④ 采取预收货款方式销售货物,为货物发出的当天,但生产销售生产工期超过12个月的大型机械设备、船舶、飞机等货物,为收到预收款或者书面合同约定的收款日期的当天。

⑤ 委托其他纳税人代销货物,为收到代销单位的代销清单或者收到全部或者部分货款的当天。未收到代销清单及货款的,为发出代销货物满180天的当天。

⑥ 销售应税劳务,为提供劳务同时收讫销售款或者取得索取销售款的凭据的当天。

⑦ 纳税人发生视同销售货物行为,为货物移送的当天。

(2)纳税人进口货物,其纳税义务发生时间为报关进口的当天。

(3)增值税扣缴义务发生时间为纳税人增值税纳税义务发生的当天。

2. "营改增"行业纳税义务发生时间

(1)纳税人发生应税行为并收讫销售款项或者取得索取销售款项凭据的当天;先开具发票的,为开具发票的当天。

收讫销售款项,是指纳税人销售服务、无形资产、不动产过程中或者完成后收到款项。

取得索取销售款项凭据的当天,是指书面合同确定的付款日期;未签订书面合同或者书面合同未确定付款日期的,为服务、无形资产转让完成的当天或者不动产权属变更的当天。

(2)纳税人提供建筑服务、租赁服务采取预收款方式的,其纳税义务发生时间为收到预收款的当天。

(3)纳税人从事金融商品转让的,为金融商品所有权转移的当天。

(4)纳税人发生视同销售服务、无形资产或者不动产情形的,其纳税义务发生时间为服务、无形资产转让完成的当天或者不动产权属变更的当天。

(5)增值税扣缴义务发生时间为纳税人增值税纳税义务发生的当天。

(二)纳税地点

1. 增值税传统行业纳税地点

(1)固定业户应当向其机构所在地的主管税务机关申报纳税。总机构和分支机构不在同一县(市)的,应当分别向各自所在地的主管税务机关申报纳税;经国务院财政、税务主管部门或者其授权的财政、税务机关批准,可以由总机构汇总向总机构所在地的主管税务机关申报纳税。

固定业户到外县(市)销售货物或者应税劳务,应当向其机构所在地的主管税务机关申请开具外出经营活动税收管理证明,并向其机构所在地的主管税务机关申报纳税;未开具证明的,应当向销售地或者劳务发生地的主管税务机关申报纳税;未向销售地或者劳务发生地的主管税务机关申报纳税的,由其机构所在地的主管税务机关补征税款。

(2)非固定业户销售货物或者应税劳务,应当向销售地或者劳务发生地的主管税务机关申报纳税;未向销售地或者劳务发生地的主管税务机关申报纳税的,由其机构所在地或者居住地的主管税务机关补征税款。

(3)进口货物,应当向报关地海关申报纳税。

(4)扣缴义务人应当向其机构所在地或者居住地的主管税务机关申报缴纳其扣缴的税款。

2. "营改增"行业纳税地点

（1）固定业户应当向其机构所在地或者居住地主管税务机关申报纳税。总机构和分支机构不在同一县（市）的，应当分别向各自所在地的主管税务机关申报纳税；经财政部和国家税务总局或者其授权的财政和税务机关批准，可以由总机构合并向总机构所在地的主管税务机关申报纳税。

（2）非固定业户应当向应税服务发生地主管税务机关申报纳税；未申报纳税的，由其机构所在地或者居住地主管税务机关补征税款。

（3）其他个人提供建筑服务，销售或者租赁不动产，转让自然资源使用权，应向建筑服务发生地、不动产所在地、自然资源所在地主管税务机关申报纳税。

（4）扣缴义务人应当向其机构所在地或者居住地主管税务机关申报缴纳其扣缴的税款。

（三）纳税期限

1. 增值税传统行业纳税期限

根据《中华人民共和国增值税暂行条例》及其实施细则的规定，增值税的纳税期限分别为1日、3日、5日、10日、15日、1个月或者1个季度。

纳税人的具体纳税期限，由主管税务机关根据纳税人应纳税额的大小分别核定；不能按照固定期限纳税的，可以按次纳税。以1个季度为纳税期限的规定仅适用于小规模纳税人。

小规模纳税人的具体纳税期限，由主管税务机关根据其应纳税额的大小分别核定。

纳税人以1个月或者1个季度为1纳税期的，自期满之日起15日内申报纳税；以1日、3日、5日、10日或者15日为1个纳税期的，自期满之日起5日内预缴税款，于次月1日起15日内申报纳税并结清上月应纳税款。

扣缴义务人解缴税款的期限，依照上述规定执行。

纳税人进口货物，应当自海关填发进口增值税专用缴款书之日起15日内缴纳税款。

2. "营改增"行业纳税期限

增值税的纳税期限分别为1日、3日、5日、10日、15日、1个月或者1个季度。纳税人的具体纳税期限，由主管税务机关根据纳税人应纳税额的大小分别核定。以1个季度为纳税期限的规定适用于小规模纳税人、银行、财务公司、信托投资公司、信用社，以及财政部和国家税务总局规定的其他纳税人。不能按照固定期限纳税的，可以按次纳税。

纳税人以1个月或者1个季度为1纳税期的，自期满之日起15日内申报纳税；以1日、3日、5日、10日或者15日为1个纳税期的，自期满之日起5日内预缴税款，于次月1日起15日内申报纳税并结清上月应纳税款。

扣缴义务人解缴税款的期限，按照上述规定执行。

（四）营业税改征增值税后的征收机关

营业税改征的增值税，由国家税务总局负责征收。

（五）增值税专用发票

增值税专用发票使用和管理的好坏，直接关系到整个增值税制度能否正常有效运作，关系到增值税的优点能否发挥。

1. 增值税专用发票的基本规定

增值税专用发票不仅是纳税人从事经济活动的重要凭证,也是记载销货方的销项税额和购货方的进项税额的凭证。在专用发票上注明的税额既是销货方的销项税额,又是购货方的进项税额,是购货方进行税款抵扣的依据和凭证。

纳税人销售货物或者提供应税劳务和应税服务,应当向索取增值税专用发票的购买方开具增值税专用发票,并在增值税专用发票上分别注明销售额和销项税额。

小规模纳税人以外的纳税人(即一般纳税人)因销售货物退回或者折让而退还给购买方的增值税额,应从发生销售货物退回或者折让当期的销项税额中扣减;因购进货物退出或者折让而收回的增值税额,应从发生购进货物退出或者折让当期的进项税额中扣减。

一般纳税人销售货物、提供应税劳务和应税服务,开具增值税专用发票后,发生销售货物退回或者折让、开票有误等情形,应按国家税务总局的规定开具红字增值税专用发票。未按规定开具红字增值税专用发票的,增值税额不得从销项税额中扣减。

2. 增值税专用发票的领购

一般纳税人领购专用设备后,凭"最高开票限额申请表""发票领购簿"到主管税务机关办理初始发行。初始发行,是指主管税务机关将一般纳税人的企业名称、税务登记代码、开票限额、购票限量、购票人员姓名、密码、开票机数量、国家税务总局规定的其他信息等载入空白金税盘和IC卡的行为。一般纳税人凭发票领购簿、金税盘(或IC卡)和经办人身份证明领购专用发票。

一般纳税人有下列情形之一的,不得领购开具专用发票:

(1)会计核算不健全,不能向税务机关准确提供增值税销项税额、进项税额、应纳税额数据及其他有关增值税税务资料的。

(2)有《中华人民共和国税收征管法》规定的税收违法行为,拒不接受税务机关处理的。

(3)有下列行为之一,经税务机关责令限期改正而仍未改正的:

① 虚开增值税专用发票;

② 私自印制专用发票;

③ 向税务机关以外的单位和个人买取专用发票;

④ 借用他人专用发票;

⑤ 未按规定开具专用发票;

⑥ 未按规定保管专用发票和专用设备;

⑦ 未按规定申请办理防伪税控系统变更发行;

⑧ 未按规定接受税务机关检查。

有上列情形的,如已领购专用发票,主管税务机关应暂扣其结存的专用发票和IC卡。

3. 增值税专用发票的使用管理

一般纳税人应通过增值税防伪税控系统(以下简称防伪税控系统)使用专用发票。使用,包括领购、开具、缴销、认证、稽核比对专用发票及其相应的数据电文。

增值税专用发票由基本联次或者基本联次附加其他联次构成,基本联次为以下3联:

(1)发票联,作为购买方核算采购成本和增值税进项税额的记账凭证;

(2)抵扣联,作为购买方报送主管税务机关认证和留存备查的抵扣凭证;

（3）记账联，作为销售方核算销售收入和增值税销项税额的记账凭证。

其他联次的用途，由一般纳税人自行确定。

专用发票实行最高开票限额管理。最高开票限额，是指单份专用发票开具的销售额合计数不得达到的上限额度。一般纳税人申请最高开票限额时，需填报"最高开票限额申请表"。最高开票限额由一般纳税人申请，税务机关依法审批。最高开票限额为10万元及以下的，由区（县）级税务机关审批；最高开票限额为100万元的，由地市级税务机关审批；最高开票限额为1 000万元及以上的，由省级税务机关审批。防伪税控系统的具体发行工作由区（县）级税务机关负责。

为了简化增值税发票领用和使用程序，自2014年5月1日起，一般纳税人申请专用发票最高开票限额不超过10万元，主管税务机关不需要事前进行实地查验。各省税务机关可在此基础上适当扩大不需要事前实地查验的范围，实地查验的范围和方法由各省国税机关确定。

4. 增值税专用发票开具范围

一般纳税人销售货物或者提供应税劳务和应税服务，应向购买方开具专用发票。属于下列情形之一的，不得开具增值税专用发票：

（1）商业企业一般纳税人零售烟、酒、食品、服装、鞋帽（不包括劳保专用部分）、化妆品等消费品的；

（2）销售货物、提供应税劳务和应税服务适用免税规定的（法律、法规及国家税务总局另有规定的除外）；

（3）向消费者个人销售货物、提供应税劳务和应税服务的；

（4）小规模纳税人销售货物、提供应税劳务和应税服务的（需要开具专用发票的，可向主管税务机关申请代开，国家税务总局另有规定的除外）。

5. 增值税专用发票开具要求

增值税专用发票应按下列要求开具：

（1）项目齐全，与实际交易相符；

（2）字迹清楚，不得压线、错格；

（3）发票联和抵扣联加盖发票专用章；

（4）按照增值税纳税义务的发生时间开具。

边学边做6.5

1. 训练目的

掌握涉及增值税的综合计算。

2. 案例设计

某酒厂为增值税一般纳税人，主要生产白酒和果酒。2018年5月生产经营情况如下：

（1）购进业务：从国内购进生产用原材料，取得增值税专用发票，注明价款80万元、增值税12.8万元，由于运输途中保管不善，原材料丢失3%；从农民手中购进其自产的葡萄作为生产果酒的原材料，取得收购发票，注明价款10万元；从小规模纳税人处购进劳保用品，取得税务机关代开的增值税专用发票,注明价款2万元、增值税0.06万元。

(2)企业不动产在建工程领用以前月份购进的已经抵扣进项税额的材料,成本5万元。该材料适用的增值税税率为16%。

(3)销售业务:采用分期收款方式销售白酒,合同规定,不含税销售额共计200万元,本月应收回60%货款,其余货款于6月10日收回。销售果酒取得不含税销售额15万元,同时收取优质费3.48万元。

假定本月取得的相关凭证符合税法规定并可以在本月抵扣。

该企业财务人员在申报增值税时计算过程如下:

准予从销项税额中抵扣的进项税额=12.8+10×10%+0.06=13.86(万元)

销项税额=(200+15)×16%=34.4(万元)

应纳增值税额=34.4−13.86=20.54(万元)

试分析上述案例中企业财务人员申报增值税时存在的问题,并计算出该企业当期应缴纳的正确的增值税税额。

3. 分析过程

(1)该酒厂当月计算增值税存在的问题如下:

① 运输途中因保管不善丢失的3%的原材料的进项税额不得抵扣。根据规定,非正常损失的购进货物及相关的加工修理修配劳务和交通运输服务的进项税额不得从销项税额中抵扣。

② 不动产在建工程领用以前月份购进的已经抵扣进项税额的材料进项税额未转出。根据规定,用于非增值税应税项目的购进货物或者应税劳务的进项税额不得从销项税额中抵扣,已抵扣进项税额的,应将该项购进货物或者应税劳务的进项税额从当期发生的进项税额中扣减。

③ 分期收款方式销售货物不应按照销售额的全部计算销项税额。根据规定,采取分期收款方式销售货物,增值税的纳税义务发生时间为书面合同约定的收款日期的当天。

④ 销售果酒收取的优质费未计入销售额计算销项税额。根据规定,销售果酒收取的优质费,属于价外费用,应计入销售额计算销项税额。

(2)该酒厂当月增值税的计算如下:

① 该企业销项税额=200×60%×16%+15×16%+3.48÷(1+16%)×16%=22.08(万元)

② 该企业准予从销项税额中抵扣的进项税额=12.8×(1−3%)+10×10%+0.06−5×16%×40%=13.156(万元)

③ 该企业应该缴纳的增值税=22.08−13.156=8.924(万元)

▶ 六、增值税的税收优惠

(一)传统行业增值税税收优惠

1. 免税项目

根据《中华人民共和国增值税暂行条例》的规定,下列项目免征增值税:

（1）农业生产者销售的自产农产品。

农业，是指种植业、养殖业、林业、牧业、水产业。农业生产者，包括从事农业生产的单位和个人。农业生产者销售的自产农产品，是指直接从事植物的种植、收割和动物的饲养、捕捞的单位和个人销售的自产农产品。农产品是指初级农产品，具体范围由财政部、国家税务总局确定。

（2）避孕药品和用具。

（3）古旧图书。古旧图书，是指向社会收购的古书和旧书。

（4）直接用于科学研究、科学试验和教学的进口仪器、设备。

（5）外国政府、国际组织无偿援助的进口物资和设备。

（6）由残疾人的组织直接进口供残疾人专用的物品。

（7）销售的自己使用过的物品。自己使用过的物品，是指其他个人自己使用过的物品。

除上述规定外，增值税的免税、减税项目由国务院规定。任何地区、部门均不得规定免税、减税项目。

2. 享受税收优惠的特殊规定

（1）纳税人兼营免税、减税项目的，应当分别核算免税、减税项目的销售额；未分别核算销售额的，不得免税、减税。

（2）纳税人销售货物或者应税劳务适用免税规定的，可以放弃免税，依照《中华人民共和国增值税暂行条例》的规定缴纳增值税。放弃免税后，36个月内不得再申请免税。

3. 增值税的起征点

增值税起征点的适用范围限于个人。纳税人销售额未达到起征点的，免征增值税；达到起征点的，全额计算缴纳增值税。增值税起征点的幅度规定如下：

（1）按期纳税的，为月销售额5 000～20 000元（含本数）；

（2）按次纳税的，为每次（日）销售额300～500元。

省、自治区、直辖市财政厅（局）和税务局应在规定的幅度内，根据实际情况确定本地区适用的起征点，并报财政部、国家税务总局备案。

（二）"营改增"行业的税收优惠

1. 免税项目

根据《营业税改增值税试点过渡政策的规定》，下列项目免征增值税：

（1）托儿所、幼儿园提供的保育和教育服务。

（2）养老机构提供的养老服务。

（3）残疾人福利机构提供的育养服务。

（4）婚姻介绍服务。

（5）殡葬服务。

（6）残疾人员本人为社会提供的服务。

（7）医疗机构提供的医疗服务。

（8）从事学历教育的学校提供的教育服务。

（9）学生勤工俭学提供的服务。

（10）农业机耕、排灌、病虫害防治、植物保护、农牧保险以及相关技术培训业务,家禽、牲畜、水生动物的配种和疾病防治。

（11）纪念馆、博物馆、文化馆、文物保护单位管理机构、美术馆、展览馆、书画院、图书馆在自己的场所提供文化体育服务取得的第一道门票收入。

（12）寺院、宫观、清真寺和教堂举办文化、宗教活动的门票收入。

（13）行政单位之外的其他单位收取的符合《营业税改征增值税试点实施办法》第十条规定条件的政府性基金和行政事业性收费。

（14）个人转让著作权。

（15）个人销售自建自用住房。

（16）2018年12月31日前,公共租赁住房经营管理单位出租公共租赁住房。

（17）台湾航运公司、航空公司从事海峡两岸海上直航、空中直航业务在大陆取得的运输收入。

（18）纳税人提供的直接或者间接国际货物运输代理服务。

（19）以下利息收入：① 2016年12月31日前,金融机构农户小额贷款；② 国家助学贷款；③ 国债、地方政府债；④ 人民银行对金融机构的贷款；⑤ 住房公积金管理中心用住房公积金在指定的委托银行发放的个人住房贷款；⑥ 外汇管理部门在从事国家外汇储备经营过程中,委托金融机构发放的外汇贷款；⑦ 统借统还业务中,企业集团或企业集团中的核心企业以及集团所属财务公司按不高于支付给金融机构的借款利率水平或者支付的债券票面利率水平,向企业集团或者集团内下属单位收取的利息。

（20）被撤销金融机构以货物、不动产、无形资产、有价证券、票据等财产清偿债务。

（21）保险公司开办的一年期以上人身保险产品取得的保费收入。

（22）下列金融商品转让收入：① 合格境外投资投资者（QFII）委托境内公司在我国从事证券买卖业务；② 香港市场投资者（包括单位和个人）通过沪港通买卖上海证券交易所上市A股；③ 对香港市场投资者（包括单位和个人）通过基金互认买卖内地基金份额；④ 证券投资基金（封闭式证券投资基金,开放式证券投资基金）管理人运用基金买卖股票、债券；⑤ 个人从事金融商品转让业务。

（23）金融同业往来利息收入。

（24）符合条件的担保机构从事中小企业信用担保或者再担保业务取得的收入（不含信用评级、咨询、培训等收入）3年内免征增值税。

（25）国家商品储备管理单位及其直属企业承担商品储备任务,从中央或者地方财政取得的利息补贴收入和价差补贴收入。

（26）纳税人提供技术转让、技术开发和与之相关的技术咨询、技术服务。

（27）符合条件的合同能源管理服务。

（28）2017年12月31日前,科普单位的门票收入,以及县级及以上党政部门和科协开展科普活动的门票收入。

（29）政府举办的从事学历教育的高等、中等和初等学校（不含下属单位）,举办进修班、培训班取得的全部归该学校所有的收入。

（30）政府举办的职业学校设立的主要为在校学生提供实习场所,并由学校出资自办、由学校负责经营管理、经营收入归学校所有的企业,从事《销售服务、无形资产、不动产注释》中"现代服务"(不含融资租赁服务、广告服务和其他现代服务)、"生活服务"(不含文化体育服务、其他生活服务和桑拿、氧吧)业务活动取得的收入。

（31）家政服务企业由员工制家政服务员提供家政服务取得的收入。

（32）福利彩票、体育彩票的发行收入。

（33）军队空余房产租赁收入。

（34）为了配合国家住房制度改革,企业、行政事业单位按房改成本价、标准价出售住房取得的收入。

（35）将土地使用权转让给农业生产者用于农业生产。

（36）涉及家庭财产分割的个人无偿转让不动产、土地使用权。

（37）土地所有者出让土地使用权和土地使用者将土地使用权归还给土地所有者。

（38）县级以上地方人民政府或自然资源行政主管部门出让、转让或收回自然资源使用权(不含土地使用权)。

（39）随军家属就业。

（40）军队转业干部就业。

2. 起征点

增值税起征点仅适用于个体工商户小规模纳税人和其他个人,增值税起征点幅度如下：

（1）按期纳税的,为月销售额 5 000 ~ 20 000 元(含本数)。

（2）按次纳税的,为每次(日)销售额 300 ~ 500 元(含本数)。

个人提供应税服务的销售额未达到增值税起征点的,免征增值税;达到起征点的,全额计算缴纳增值税。

3. 小微企业减免规定

增值税小规模纳税人,月销售额不超过 3 万元(含 3 万元,下同)的,免征增值税。其中,以 1 个季度为纳税期限的增值税小规模纳税人,季度销售额不超过 9 万元的,免征增值税。

增值税小规模纳税人月销售额超过 3 万元(按季纳税 9 万元)的,当期因代开增值税专用发票已经缴纳的税款,在专用发票全部联次追回或者按规定开具红字专用发票后,可以向主管税务机关申请退还。

其他个人采取一次性收取租金形式出租不动产,取得的租金收入,可在租金对应的租赁期内平均分摊,分摊后的月租金收入不超过 3 万元的,可享受小微企业免征增值税的优惠政策。

4. 增值税即征即退和扣减增值税规定

（1）增值税即征即退政策。

① 一般纳税人提供管道运输服务,对其增值税实际税负超过 3% 的部分实行增值税即征即退政策。

② 经人民银行、银监会或者商务部批准从事融资租赁业务的试点纳税人中的一般纳税人,提供有形动产融资租赁服务和有形动产融资性售后回租服务,对其增值税实际税负超过

3%的部分实行增值税即征即退政策。

③ 增值税实际税负,是指纳税人当期提供应税服务实际缴纳的增值税额占纳税人当期提供应税服务取得的全部价款和价外费用的比例。

（2）扣减增值税规定。

① 退役士兵创业就业。

② 重点群体创业就业。

5. 减免税的其他规定

纳税人发生应税行为适用免税、减税规定的,可以放弃免税、减税,依照《营业税改征增值税试点实施办法》的规定缴纳增值税。放弃免税、减税后,36个月内不得再申请免税、减税。

▶ 本章知识回顾

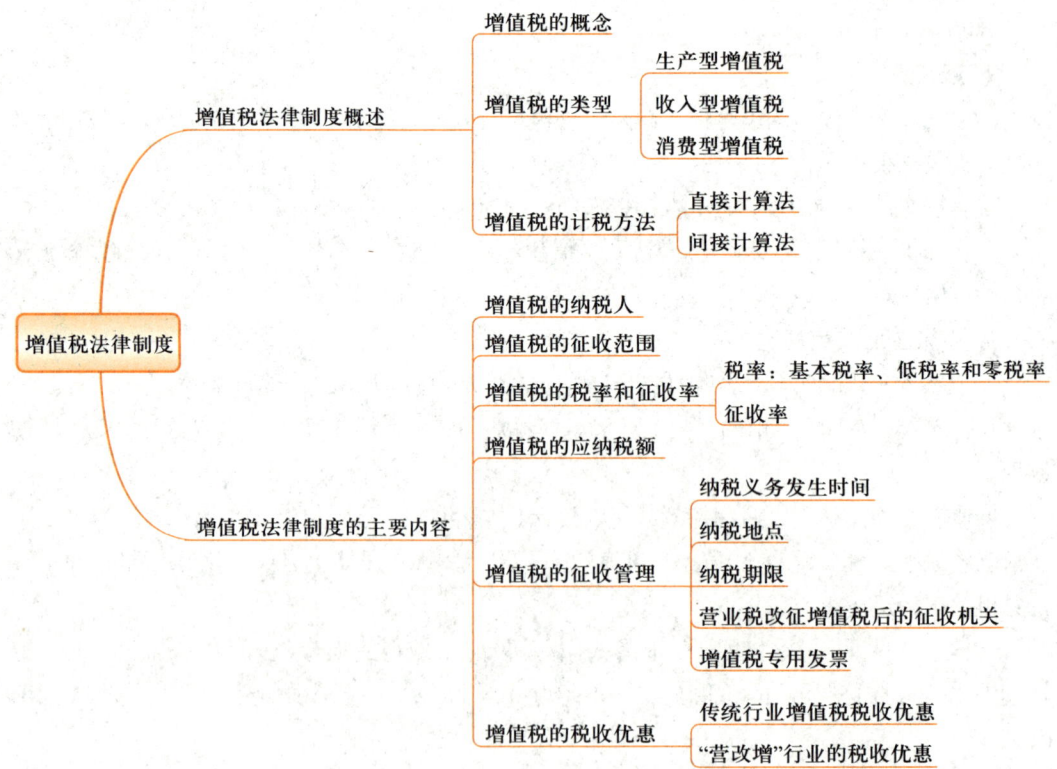

▶ 开心一扫

办理增值税免税需考虑的事项

国家为了扶持特定行业的发展,通常会制定一些税收优惠政策,作为增值税纳税人,享受税收优惠政策,需要注意哪些事项呢?办理税收优惠的手续和流程是怎样的呢?今天咱们就来学习一下。

第七章 消费税法律制度

本章主要介绍消费税的征税范围、税目、纳税义务人和扣缴义务人、计税方法、税率、应纳税额的计算。消费税是国际上普遍采用的对特定的某些消费品和消费行为征收的一种间接税,是世界各国广泛实行的税种。广义上,消费税对所有消费品包括生活必需品和日用品普遍课税。一般概念上,消费税主要对特定消费品或特定消费行为如奢侈品等课税。

▶ **考核目标**
1. 掌握消费税的征税范围
2. 掌握消费税的应纳税额的计算
3. 熟悉消费税的纳税人
4. 熟悉消费税的纳税义务发生时间和纳税地点
5. 了解消费税的纳税期限

▶ **实践目标**
1. 能够准确理解消费税的价内税特征和与增值税纳税环节的区分
2. 能够准确把握消费税的征税范围及其税目
3. 能够计算不同纳税环节的消费税税款
4. 能从具体案例中综合分析增值税和消费税的应纳税额计算步骤

根据《中华人民共和国消费税暂行条例》的规定,消费税是我国境内从事生产、委托加工和进口应税消费品的单位和个人,就其销售额或销售数量,在特定环节征收的一种税。

我国的消费税是在 1994 年税制改革中新设置的税种。它由原产品税脱胎出来,与实行普遍调节的增值税配套,对某些产品进行特殊调节。需要注意的是,我国以前对汽车、彩电等开征的特别消费税与目前实行的消费税是有本质区别的。目前开征的消费税一般是在生产环节征收,具有引导消费、调节收入、引导生产结构、增加财政收入等多种功能,具有广泛性和稳定性,而汽车、彩电特别消费税则是我国在特定形势下为平抑物价、平衡供求矛盾而采取的一种临时性措施,是在原有的增值税等基础上征收的,由零售商在零售环节代扣代缴。

我国现行消费税的特点有以下四个：

（1）征收范围具有选择性。我国消费税在征收范围上根据产业政策与消费政策仅选择部分消费品征税，而不是对所有消费品都征收消费税。

（2）征收环节具有单一性。主要在生产和进口环节上征收。

（3）平均税率水平比较高且税负差异大。消费税的平均税率水平一般定得比较高，并且不同征税项目的税负差异较大，对需要限制或控制消费的消费品，通常税负较重。

（4）征收方法具有灵活性。既采用对消费品制定单位税额，以消费品的数量实行从量定额的征收方法，也采用对消费品制定比例税率，以消费品的价格实行从价定率的征收方法。

第一节 消费税纳税义务人与征税范围

一、消费税纳税义务人

在中华人民共和国境内生产、委托加工和进口《消费税暂行条例》规定的消费品的单位和个人，以及国务院确定的销售《消费税暂行条例》规定的消费品的其他单位和个人，为消费税的纳税人。

单位，是指企业、行政单位、事业单位、军事单位、社会团体及其他单位。

个人，是指个体工商户及其他个人。

在中华人民共和国境内，是指生产、委托加工和进口属于应当缴纳消费税的消费品的起运地或者所在地在境内。

二、消费税征税范围

根据《中华人民共和国消费税暂行条例》及其实施细则的规定，目前，我国消费税的征收范围包含商品生产流通的四个环节，具体包括：

（一）生产应税消费品

生产应税消费品销售是消费税征收的主要环节，该环节简称"生产环节"，因为消费税具有单一环节征税的特点，一般情况下，在生产销售环节征税以后，货物在流通环节无论再转销流转多少次，不再缴纳消费税，我们将这种征税特点称为"一次课征制"。

纳税人生产的应税消费品，于纳税人销售时纳税。

纳税人自产自用的应税消费品，用于连续生产应税消费品的，不纳税；用于其他方面的，于移送使用时纳税。

用于连续生产应税消费品，是指纳税人将自产自用应税消费品作为直接材料生产最终应税消费品，自产自用应税消费品构成最终应税消费品的实体。

用于其他方面，是指纳税人将自产自用的应税消费品用于生产非应税消费品、在建工程、管理部门、非生产机构、提供劳务、馈赠、赞助、集资、广告、样品、职工福利、奖励等方面。

工业企业以外的单位和个人的下列行为视为应税消费品的生产行为，按规定征收消费税：
（1）将外购的消费税非应税产品以消费税应税产品对外销售的；
（2）将外购的消费税低税率应税产品以高税率应税产品对外销售的。

（二）委托加工应税消费品

委托加工的应税消费品，是指由委托方提供原料和主要材料，受托方只收取加工费和代垫部分辅助材料加工的应税消费品。对于由受托方提供原材料生产的应税消费品，或者受托方先将原材料卖给委托方，然后再接受加工的应税消费品，以及由受托方以委托方名义购进原材料生产的应税消费品，不论在财务上是否作为销售处理，都不得作为委托加工应税消费品，而应当按照销售自制应税消费品缴纳消费税。

委托加工的应税消费品，除受托方为个人外，由受托方在向委托方交货时代收代缴消费税。委托个人加工的应税消费品，由委托方收回后缴纳消费税。

委托加工的应税消费品，委托方用于连续生产应税消费品的，所纳税款准予按规定抵扣。

委托方将收回的应税消费品，以不高于受托方的计税价格出售的，为直接出售，不再缴纳消费税；委托方以高于受托方的计税价格出售的，不属于直接出售，需按照规定申报缴纳消费税，在计税时准予扣除受托方已代收代缴的消费税。

（三）进口应税消费品

单位和个人进口应税消费品，于报关进口时缴纳消费税。为了减少征税成本，进口环节缴纳的消费税由海关代征。

（四）零售应税消费品

1. 商业零售金银首饰

自1995年1月1日起，金银首饰消费税由生产销售环节征收改为零售环节征收。改在零售环节征收消费税的金银首饰仅限于金基、银基合金首饰以及金、银和金基、银基合金的镶嵌首饰。从2002年1月1日起，对钻石及钻石饰品消费税的纳税环节由生产环节、进口环节后移至零售环节。从2003年5月1日起，铂金首饰消费税改为零售环节征税。

下列业务视同零售业，在零售环节缴纳消费税：
（1）为经营单位以外的单位和个人加工金银首饰。加工包括带料加工、翻新改制、以旧换新等业务，不包括修理和清洗。
（2）经营单位将金银首饰用于馈赠、赞助、集资、广告样品、职工福利、奖励等方面。
（3）未经中国人民银行总行批准，经营金银首饰批发业务的单位将金银首饰销售给经营单位。

2. 零售超豪华小汽车

自2016年12月1日起，对超豪华小汽车，在生产（进口）环节按现行税率征收消费税基础上，在零售环节加征消费税，将超豪华小汽车销售给消费者的单位和个人为超豪华小汽车零售环节纳税人。

（五）批发销售卷烟

为了适当增加财政收入，完善烟产品消费税制度，自 2009 年 5 月 1 日起，在卷烟批发环节加征一道从价税，后又自 2015 年 5 月 10 日起，将卷烟批发环节从价税税率由 5% 提高至 11%，并按 0.005 元 / 支加征从量税。具体规定为：

（1）烟草批发企业将卷烟销售给零售单位的，要再征一道从价税率为 11%、从量税额为 0.005 元 / 支的复合税。

（2）烟草批发企业将卷烟销售给其他烟草批发企业的，不缴纳消费税。

（3）纳税人兼营卷烟批发和零售业务的，应当分别核算批发和零售环节的销售额、销售数量；未分别核算批发和零售环节销售额、销售数量的，按照全部销售额、销售数量计征批发环节消费税。

（4）卷烟消费税改为在生产和批发两个环节征收后，批发企业在计算应纳税额时不得扣除已含的生产环节的消费税税款。

▶ 第二节 消费税税目与税率

▶ 一、消费税税目

按照《消费税暂行条例》的规定，2015 年 1 月调整消费税税目后，确定征收消费税的有包括烟、酒、高档化妆品等 15 个税目，有的税目还进一步划分若干子目。具体内容如下：

（一）烟

凡是以烟叶为原料加工生产的产品，不论使用何种辅料，均属于本税目的征收范围。具体包括 3 个子目，分别是：

（1）卷烟，包括甲类卷烟和乙类卷烟。

甲类卷烟，是指每标准条（200 支）调拨价格在 70 元（不含增值税）以上（含 70 元）的卷烟；

乙类卷烟，是指每标准条（200 支）调拨价格在 70 元（不含增值税）以下的卷烟。

（2）雪茄烟，雪茄烟的征收范围包括各种规格、型号的雪茄烟。

（3）烟丝，烟丝的征收范围包括以烟叶为原料加工生产的不经卷制的散装烟。

（二）酒

酒是酒精度在 1 度以上的各种酒类饮料。酒类包括白酒、黄酒、啤酒和其他酒。

（1）白酒。包括粮食白酒和薯类白酒。

① 粮食白酒，是指以高粱、玉米、大米、糯米、大麦、小麦、青稞等各种粮食为原料，经过糖化、发酵后，采用蒸馏方法酿制的白酒。

② 薯类白酒，是指以白薯（红薯、地瓜）、木薯、马铃薯、芋头、山药等各种干鲜薯类为

原料,经过糖化、发酵后,采用蒸馏方法酿制的白酒。用甜菜酿制的白酒,比照薯类白酒征税。

(2)黄酒,是指以糯米、粳米、籼米、大米、黄米、玉米、小麦、薯类等为原料,经加温、糖化、发酵、压榨酿制的酒。包括各种原料酿制的黄酒和酒度超过12度(含12度)的土甜酒。

(3)啤酒,是指以大麦或其他粮食为原料,加入啤酒花,经糖化、发酵、过滤酿制的含有二氧化碳的酒。

对饮食业、商业、娱乐业举办的啤酒屋(啤酒坊)利用啤酒生产设备生产的啤酒,应当征收消费税。

(4)其他酒,是指除粮食白酒、薯类白酒、黄酒、啤酒以外,酒度在1度以上的各种酒,包括糠麸白酒、其他原料白酒、土甜酒、复制酒、果木酒、汽酒、药酒、葡萄酒等。

对以黄酒为酒基生产的配制或泡制酒,按其他酒征收消费税。调味料酒不征消费税。

(三)高档化妆品

本税目征收范围包括高档美容、修饰类化妆品、高档护肤类化妆品和成套化妆品。

高档美容、修饰类化妆品和高档护肤类化妆品是指生产(进口)环节销售(完税)价格(不含增值税)在10元/毫升(克)或15元/片(张)及以上的美容、修饰类化妆品和护肤类化妆品。

舞台、戏剧、影视演员化妆用的上妆油、卸装油、油彩,不属于本税目的征收范围。

(四)贵重首饰及珠宝玉石

本税目的征税范围包括各种金银珠宝首饰和经采掘、打磨、加工的各种珠宝玉石。

(1)金银首饰、铂金首饰和钻石及钻石饰品,包括凡以金、银、白金、宝石、珍珠、钻石、翡翠、珊瑚、玛瑙等高贵稀有物质以及其他金属、人造宝石等制作的各种纯金银首饰及镶嵌首饰(含人造金银、合成金银首饰)等。

(2)其他贵重首饰和珠宝玉石,包括钻石、珍珠、松石、青金石、欧泊石、橄榄石、长石、玉、石英、玉髓、石榴石、锆石、尖晶石、黄玉、碧玺、金禄石、绿柱石、刚玉、琥珀、珊瑚、煤玉、龟甲、合成刚玉、合成玉石、双合石以及玻璃仿制品等。

宝石坯是经采掘、打磨、初级加工的珠宝玉石半成品,对宝石坯应按规定征收消费税。

(五)鞭炮、焰火

本税目征收范围包括各种鞭炮、焰火。具体包括喷花类、旋转类、旋转升空类、火箭类、吐珠类、线香类、小礼花类、烟雾类、造型玩具类、爆竹类、摩擦炮类、组合烟花类、礼花弹类等。

体育上用的发令纸、鞭炮药引线,不按本税目征收。

(六)成品油

本税目包括汽油、柴油、石脑油、溶剂油、航空煤油、润滑油、燃料油7个子目。

(1)汽油。汽油是指用原油或其他原料加工生产的辛烷值不小于66的可用作汽油发动机燃料的各种轻质油。含铅汽油是指铅含量每升超过0.013克的汽油。汽油分为车用汽油和航空汽油。

以汽油、汽油组分调和生产的甲醇汽油、乙醇汽油也属于本税目征收范围。

（2）柴油。柴油是指用原油或其他原料加工生产的凝点或倾点在 –50℃～30℃ 的可用作柴油发动机燃料的各种轻质油和以柴油组分为主，经调和精制可用作柴油发动机燃料的非标油。

以柴油、柴油组分调和生产的生物柴油也属于本税目征收范围。

（3）石脑油。石脑油又叫化工轻油，是以石油加工生产的或二次加工汽油经加氢精制而得的用于化工原料的轻质油。

石脑油的征收范围包括除汽油、柴油、航空煤油、溶剂油以外的各种轻质油。非标汽油、重整生成油、拔头油、戊烷原料油、轻裂解料（减压柴油VGO和常压柴油AGO）、重裂解料、加氢裂化尾油、芳烃抽余油均属于轻质油，属于石脑油征收范围。

（4）溶剂油。溶剂油是以石油加工生产的用于涂料、油漆生产、食用油加工、印刷油墨、皮革、农药、橡胶、化妆品生产和机械清洗、胶粘行业的轻质油。

橡胶填充油、溶剂油原料，属于溶剂油征收范围。

（5）航空煤油。航空煤油也叫喷气燃料，是以石油或其他原料加工生产的用于喷气发动机和喷气推进系统燃料的各种轻质油。

航空煤油的消费税暂缓征收。

（6）润滑油。润滑油是用原油或其他原料加工生产的用于内燃机、机械加工过程的润滑产品。润滑油分为矿物性润滑油、植物性润滑油、动物性润滑油和化工原料合成润滑油。

润滑油的征收范围包括：以石油为原料加工的矿物性润滑油、矿物性润滑油基础油、植物性润滑油、动物性润滑油和化工原料合成润滑油。

（7）燃料油。燃料油也称重油、渣油。燃料油征收范围包括用于电厂发电、船舶锅炉燃料、加热炉燃料、冶金和其他工业炉燃料。腊油、船用重油、常压重油、减压重油、180CTS燃料油、7号燃料油、糠醛油、工业燃料，4～6号燃料油等油品的主要用途是作为燃料燃烧，属于燃料油征收范围。

自2012年11月1日起，催化料、焦化料属于燃料油的征收范围，应当征收消费税。

（七）摩托车

本税目征税范围包括气缸容量在250毫升（含）以下的摩托车和气缸容量在250毫升（不含）以上的摩托车两种。

对最大设计车速不超过50公里/小时，发动机气缸总工作容量不超过50毫升的三轮摩托车不征收消费税。

（八）小汽车

汽车是指由动力驱动，具有4个或4个以上车轮的非轨道承载的车辆。

本税目征收范围包括含驾驶员座位在内最多不超过9个座位（含）的，在设计和技术特性上用于载运乘客和货物的各类乘用车和含驾驶员座位在内的座位数在10～23座（含23座）的，在设计和技术特性上用于载运乘客和货物的各类中轻型商用客车，以及超豪华小汽车。

用排气量小于1.5升(含)的乘用车底盘(车架)改装、改制的车辆属于乘用车征收范围。用排气量大于1.5升的乘用车底盘(车架)或用中轻型商用客车底盘(车架)改装、改制的车辆属于中轻型商用客车征收范围。

含驾驶员人数(额定载客)为区间值的(如8~10人、17~26人)小汽车,按其区间值下限人数确定征收范围。

超豪华小汽车,是每辆零售价格为130万元(不含增值税)及以上的乘用车和中轻型商用客车,即乘用车和中轻型商用客车子税目中的超豪华小汽车。

电动汽车不属于本税目征收范围。

车身长度大于7米(含),并且座位在10~23座(含)以下的商用客车,不属于中轻型商用客车征税范围,不征收消费税。

沙滩车、雪地车、卡丁车、高尔夫车不属于消费税征收范围,不征收消费税。

对于企业购进货车或箱式货车改装生产的商务车、卫星通信车等专用汽车不属于消费税征收范围,不征收消费税。

对于购进乘用车和中轻型商用客车整车改装生产的汽车,应按规定征收消费税。

(九)高尔夫球及球具

本税目征税范围包括高尔夫球、高尔夫球杆及高尔夫球包(袋)、高尔夫球杆的杆头、杆身和握把。

(十)高档手表

高档手表是指销售价格(不含增值税)每只在10 000元(含)以上的各类手表。

本税目征收范围包括符合以上标准的各类手表。

(十一)游艇

游艇是指长度大于8米小于90米,船体由玻璃钢、钢、铝合金、塑料等多种材料制作,可以在水上移动的水上浮载体。按照动力划分,游艇分为无动力艇、帆艇和机动艇。

本税目征收范围包括艇身长度大于8米(含)小于90米(含),内置发动机,可以在水上移动,一般为私人或团体购置,主要用于水上运动和休闲娱乐等非营利活动的各类机动艇。

(十二)木制一次性筷子

木制一次性筷子,又称卫生筷子,是指以木材为原料,经过锯段、浸泡、旋切、刨切、烘干、筛选、打磨、倒角、包装等环节加工而成的各类一次性使用的筷子。

本税目征收范围包括各种规格的木制一次性筷子和未经打磨、倒角的木制一次性筷子。

(十三)实木地板

实木地板是指以木材为原料,经锯割、干燥、刨光、截断、开榫、涂漆等工序加工而成的块状或条状的地面装饰材料。实木地板按生产工艺不同,可分为独板(块)实木地板、实木指接地板、实木复合地板三类；按表面处理状态不同，可分为未涂饰地板（白坯板、素板）和漆饰地板两类。

本税目征收范围包括各类规格的实木地板、实木指接地板、实木复合地板及用于装饰墙壁、天棚的侧端面为棒、槽的实木装饰板以及未经涂饰的素板。

（十四）电池

自 2015 年 2 月 1 日起对电池（铅蓄电池除外）征收消费税。电池，是一种将化学能、光能等直接转换为电能的装置，一般由电极、电解质、容器、极端组成，通常还有隔离层组成的基本功能单元，以及用一个或多个基本功能单元装配成的电池组。其范围包括：原电池、蓄电池、燃料电池、太阳能电池和其他电池。

对无汞原电池、金属氢化物镍蓄电池（又称"氢镍蓄电池"或"镍氢蓄电池"）、锂原电池、锂离子蓄电池、太阳能电池、燃料电池、全钒液流电池免征消费税。2015 年 12 月 31 日前对铅蓄电池缓征消费税；自 2016 年 1 月 1 日起，对铅蓄电池按 4% 税率征收消费税。

（十五）涂料

涂料是指涂于物体表面能形成具有保护、装饰和特殊性能的固态涂膜的一类液体或固体材料之总称。我国自 2015 年 2 月 1 日起对涂料征收消费税。

施工状态下挥发性有机物（Volatile Organic Compounds，VOC）含量低于 420 克/升（含）的涂料免征消费税。

▶ 二、消费税税率

消费税税率采取比例税率和定额税率两种形式，以适应不同应税消费品的实际情况。

消费税根据不同的税目或子目确定相应的税率或单位税额。一般情况下，对一种消费品只选择一种税率形式，但为了更有效地保全消费税税基，对卷烟和白酒，则采取了比例税率和定额税率双重征收的形式。消费税税目税率表如表 7.1 所示。

表 7.1 消费税税目税率表

税目	税率
一、烟	
1. 卷烟	
（1）甲类卷烟	56% 加 0.003 元/支
（2）乙类卷烟	36% 加 0.003 元/支
（3）批发环节	11% 加 0.005 元/支
2. 雪茄烟	36%
3. 烟丝	30%
二、酒	
1. 白酒	20% 加 0.5 元/500 克（或者 500 毫升）
2. 黄酒	240 元/吨

续表

税目	税率
3. 啤酒 　（1）甲类啤酒 　（2）乙类啤酒 4. 其他酒	 250元/吨 220元/吨 10%
三、高档化妆品	15%
四、贵重首饰及珠宝玉石 1. 金银首饰、铂金首饰和钻石及钻石饰品 2. 其他贵重首饰和珠宝玉石	 5% 10%
五、鞭炮、焰火	15%
六、成品油 1. 汽油 2. 柴油 3. 石脑油 4. 溶剂油 5. 航空煤油 6. 润滑油 7. 燃料油	 1.52元/升 1.2元/升 1.52元/升 1.2元/升 1.52元/升 1.52元/升 1.2元/升
七、摩托车 1. 气缸容量（排气量，下同）250毫升（含250毫升）以下的 2. 气缸容量在250毫升以上（不含）的	 3% 10%
八、小汽车 1. 乘用车 　（1）气缸容量（排气量，下同）在1.0升（含1.0升）以下的	 1%
（2）气缸容量在1.0升以上至1.5升（含1.5升）的	3%
（3）气缸容量在1.5升以上至2.0升（含2.0升）的	5%
（4）气缸容量在2.0升以上至2.5升（含2.5升）的	9%
（5）气缸容量在2.5升以上至3.0升（含3.0升）的	12%
（6）气缸容量在3.0升以上至4.0升（含4.0升）的	25%
（7）气缸容量在4.0升以上的	40%
2. 中轻型商用客车	5%
3. 超豪华小汽车	10%（零售环节）
九、高尔夫球及球具	10%
十、高档手表	20%
十一、游艇	10%
十二、木制一次性筷子	5%
十三、实木地板	5%
十四、电池	4%
十五、涂料	4%

消费税采取列举法按具体应税消费品设置税目税率,征税界限清楚,一般不易发生错用税率的情况。但是,存在下列情况时,纳税人应按照相关规定确定适用税率:

(1)纳税人兼营不同税率的应税消费品,应当分别核算不同税率应税消费品的销售额、销售数量。未分别核算销售额、销售数量,或者将不同税率的应税消费品组成成套消费品销售的,从高适用税率。需要解释的是,纳税人兼营不同税率的应税消费品,是指纳税人生产销售两种税率以上的应税消费品。所谓"从高适用税率",就是对兼营高低不同税率的应税消费品,当不能分别核算销售额、销售数量,或者将不同税率的应税消费品组成成套消费品销售的,就以应税消费品中适用的高税率与混合在一起的销售额、销售数量相乘,得出应缴纳的消费税额。

(2)啤酒每吨出厂价(含包装物及包装物押金)在3 000元(含3 000元,不含增值税)以上的是甲类啤酒,每吨出厂价(含包装物及包装物押金)在3 000元(不含增值税)以下的是乙类啤酒。包装物押金不包括重复使用的塑料周转箱的押金。

(3)关于卷烟适用税率的特殊规定。

① 纳税人自产自用的卷烟应当按照纳税人生产的同牌号规格的卷烟销售价格确定征税类别和适用税率。

② 委托加工的卷烟按照受托方同牌号规格卷烟的征税类别和适用税率征税。没有同牌号规格卷烟的,一律按卷烟最高税率征税。

③ 残次品卷烟应当按照同牌号规格正品卷烟的征税类别确定适用税率。

④ 下列卷烟不分征税类别一律按照56%卷烟税率征税,并按照定额每标准箱150元计算征税:a. 白包卷烟;b. 手工卷烟;c. 未经国务院批准纳入计划的企业和个人生产的卷烟。

▶ 第三节 消费税计税依据

根据《中华人民共和国消费税暂行条例》的规定,消费税应纳税额的计算分为从价计征、从量计征和从价从量复合计征三种方法。以下分三种情况介绍销售额的确定。

▶ 一、从价计征

在消费税从价定率计算方法下,应纳税额等于应税消费品的销售额乘以适用税率,应纳税额的多少取决于应税消费品的销售额和适用税率两个因素。

(一)从价计征的销售额

销售额为纳税人销售应税消费品向购买方收取的全部价款和价外费用,不包括应向购买方收取的增值税税款。价外费用,是指价外向购买方收取的手续费、补贴、基金、集资费、返还利润、奖励费、违约金、滞纳金、延期付款利息、赔偿金、代收款项、代垫款项、包装费、包装物租金、储备费、优质费、运输装卸费以及其他各种性质的价外收费。但下列项目不包括在销售额内:

1. 符合条件的代垫运输费用

不作为价外费用的运输费用需同时满足以下两个条件：

（1）承运部门的运输费用发票开具给购买方的；

（2）纳税人将该项发票转交给购买方的。

2. 符合条件的代为收取的政府性基金或者行政事业性收费

不作为价外费用的代为收取的政府性基金和行政事业性收费需同时满足以下两个条件：

（1）由国务院或者财政部批准设立的政府性基金，由国务院或者省级人民政府及其财政、价格主管部门批准设立的行政事业性收费；

（2）收取时开具省级以上财政部门印制的财政票据；

（3）所收款项全额上缴财政。

（二）含增值税销售额的换算

应税消费品在缴纳消费税的同时，与一般货物一样，还应缴纳增值税。按照《中华人民共和国消费税暂行条例实施细则》的规定，应税消费品的销售额，不包括应向购货方收取的增值税税款。如果纳税人应税消费品的销售额中未扣除增值税税款或者因不得开具增值税专用发票而发生价款和增值税税款合并收取的，在计算消费税时，应将含增值税的销售额换算为不含增值税税款的销售额。其换算公式为：

应税消费品的销售额 = 含增值税的销售额 ÷（1+ 增值税税率或征收率）

在使用换算公式时，应根据纳税人的具体情况分别使用增值税税率或征收率。如果消费税的纳税人同时又是增值税一般纳税人的，应适用16%的增值税税率；如果消费税的纳税人是增值税小规模纳税人的，应适用3%的征收率。

▶ 二、从量计征

在从量定额计算方法下，应纳税额等于应税消费品的销售数量乘以单位税额，应纳税额的多少取决于应税消费品的销售数量和单位税额两个因素。

（一）销售数量的确定

销售数量是指纳税人生产、加工和进口应税消费品的数量。具体规定为：

（1）销售应税消费品的，为应税消费品的销售数量。

（2）自产自用应税消费品的，为应税消费品的移送使用数量。

（3）委托加工应税消费品的，为纳税人收回的应税消费品数量。

（4）进口的应税消费品，为海关核定的应税消费品进口征税数量。

（二）从量定额的换算标准

《中华人民共和国消费税暂行条例》规定，黄酒、啤酒是以吨为税额单位；汽油、柴油是以升为税额单位的。但是，考虑到在实际销售过程中，一些纳税人会把吨或升这两个计量单位混用，因此税法为了规范不同产品的计量单位，以准确计算应纳税额，《中华人民共和国消费税暂行条例实施细则》规定了吨与升两个计量单位的换算标准，换算标准如表7.2所示。

表7.2 计量单位换算标准

序号	名称	计量单位的换算标准
1	黄酒	1吨=962升
2	啤酒	1吨=988升
3	汽油	1吨=1 388升
4	柴油	1吨=1 176升
5	航空煤油	1吨=1 246升
6	石脑油	1吨=1 385升
7	溶剂油	1吨=1 282升
8	润滑油	1吨=1 126升
9	燃料油	1吨=1 015升

▶ **三、从价从量复合计征**

根据消费税法的规定，卷烟和白酒实行从价定率和从量定额相结合的复合计征办法征收消费税。

复合计征销售额为纳税人生产销售卷烟、白酒向购买方收取的全部价款和价外费用。

复合计征销售数量为纳税人生产销售、进口、委托加工、自产自用卷烟、白酒的销售数量、海关核定数量、委托方收回数量和移送使用数量。

边学边做 7.1

1. 训练目的

消费税销售额的确定和消费税计算。

2. 案例设计

甲酒厂为增值税一般纳税人，2018年5月销售果木酒，取得不含增值税销售额10万元，同时收取包装物租金0.58万元、优质费2.32万元。已知果木酒消费税税率为10%，增值税税率为16%，试分析计算甲酒厂当月销售果木酒应缴纳消费税税额。

3. 分析过程

纳税人销售应税消费品向购买方收取的全部价款和价外费用构成销售额，但不包括增值税税款。本案例中，包装物租金、优质费属于价外费用，在计入销售额的时候需要换算为不含税的价款。则甲酒厂当月销售果木酒应缴纳消费税税额=[10+(0.58+2.32)÷(1+16%)]×10%=1.25（万元）。

▶ **四、消费税计税依据的特殊规定**

（一）设立非独立核算门市部销售

纳税人通过自设非独立核算门市部销售的自产应税消费品，应当按照门市部对外销售额或者销售数量征收消费税。

（二）以最高销售价格作为计税依据的情形

纳税人用于换取生产资料和消费资料、投资入股和抵偿债务等方面的应税消费品，应当以纳税人同类应税消费品的最高销售价格作为计税依据计算消费税。

（三）酒类关联企业间交易消费税的处理

白酒生产企业向商业销售单位收取的"品牌使用费"是随着应税白酒的销售而向购货方收取的，属于应税白酒销售价款的组成部分，因此，不论企业采取何种方式或以何种名义收取价款，均应并入白酒的销售额中缴纳消费税。

（四）消费税计税价格的核定

纳税人应税消费品的计税价格明显偏低并无正当理由的，由主管税务机关核定计税价格。其核定权限规定如下：

（1）卷烟、白酒和小汽车的计税价格由国家税务总局核定，送财政部备案。
（2）其他应税消费品的计税价格由省、自治区和直辖市国家税务局核定。
（3）进口的应税消费品的计税价格由海关核定。

边学边做 7.2

1. 训练目的

掌握消费税计算中的特殊项目。

2. 案例设计

某化妆品公司（一般纳税人）2018年10月销售给甲经销商化妆品（消费税税率为15%）100箱，销售价为1 000元/箱，销售给乙经销商同类化妆品80箱，销售价为1 100元/箱；当月，还将20箱同类化妆品发给其原材料供应商以抵偿上月的应付货款。1月份该化妆品公司应缴纳消费税是多少？

3. 分析过程

纳税人用于抵偿债务的应税消费品，应当以纳税人同类应税消费品的"最高销售价格"作为计税依据计算消费税。应纳消费税额=（100×1 000+80×1 100+20×1 100）×15%=31 500（元）。

（五）包装物押金

实行从价计征办法征收消费税的应税消费品连同包装销售的，无论包装物是否单独计价以及在会计上如何核算，均应并入应税消费品的销售额中缴纳消费税。

如果包装物不作价随同产品销售，而是收取押金，此项押金则不应并入应税消费品的销售额中征税。但对因逾期未收回的包装物不再退还的或者已收取的时间超过12个月的押金，应并入应税消费品的销售额缴纳消费税。

对包装物既作价随同应税消费品销售，又另外收取押金的包装物的押金，凡纳税人在规定的期限内没有退还的，均应并入应税消费品的销售额，按照应税消费品的适用税率缴纳消费税。

对酒类生产企业销售酒类产品而收取的包装物押金,无论押金是否返还及会计上如何核算,均应并入酒类产品销售额,征收消费税。

增值税和消费税计税依据都涉及包装物押金的税务处理,其主要差异如表7.3所示。

表7.3 增值税和消费税对包装物押金的税务处理

包装物押金	增值税		消费税	
	取得时	逾期时	取得时	逾期时
一般应税消费品	×	√	×	√
除啤酒、黄酒以外的其他酒	√	—	√	—
啤酒、黄酒	×	√	×	×

(六)以旧换新业务

纳税人采用以旧换新(含翻新改制)方式销售的金银首饰,应按实际收取的不含增值税的全部价款确定计税依据征收消费税。

对既销售金银首饰,又销售非金银首饰的生产、经营单位,应将两类商品划分清楚,分别核算销售额。凡划分不清楚或不能分别核算的并在生产环节销售的,一律从高适用税率征收消费税;在零售环节销售的,一律按金银首饰征收消费税。

金银首饰与其他产品组成成套消费品销售的,应按销售额全额征收消费税。

金银首饰连同包装物销售的,无论包装是否单独计价,也无论会计上如何核算,均应并入金银首饰的销售额,计征消费税。

带料加工的金银首饰,应按受托方销售同类金银首饰的销售价格确定计税依据征收消费税。没有同类金银首饰销售价格的,按照组成计税价格计算纳税。

(七)外币折算

纳税人销售的应税消费品,以人民币以外的货币结算销售额的,其销售额的人民币折合率可以选择销售额发生的当天或者当月1日的人民币汇率中间价。纳税人应事先确定采取何种折合率,确定后1年内不得变更。

▶ 第四节 消费税应纳税额的计算

▶ 一、生产销售环节应纳消费税的计算

纳税人在生产销售环节应缴纳的消费税,包括直接对外生产销售应税消费品应缴纳的消费税和自产自用应税消费品应缴纳的消费税。

(一)直接对外生产销售应税消费品应缴纳的消费税的计算

(1)实行从价定率计征消费税的,其计算公式为:

$$应纳税额 = 销售额 \times 比例税率$$

（2）实行从量定额计征消费税的，其计算公式为：

$$应纳税额 = 销售数量 \times 定额税率$$

（3）实行从价定率和从量定额复合方法计征消费税的，其计算公式为：

$$应纳税额 = 销售额 \times 比例税率 + 销售数量 \times 定额税率$$

现行消费税的征税范围中，只有卷烟、白酒采用复合计算方法。

（二）自产自用应税消费品应缴纳的消费税的计算

所谓自产自用，是指纳税人生产应税消费品后，不是用于直接对外销售，而是用于连续生产应税消费品或用于其他方面。这种自产自用应税消费品形式，在实际经济活动中是很常见的，但在是否纳税上也最容易出现混淆。《中华人民共和国消费税暂行条例》中对于自产自用应税消费品的行为也作了明确的规定。

1. 用于连续生产应税消费品

纳税人自产自用的应税消费品，用于连续生产应税消费品的，不纳税。这是指作为生产最终应税消费品的直接材料并构成最终产品实体的应税消费品。例如，卷烟厂生产烟丝，烟丝本身属于应税消费品，同时又是生产卷烟的原材料，若卷烟厂将自己生产的烟丝继续加工生产为最终的应税消费品卷烟的，该"自用"环节不是消费性自用，而是生产性自用，此时税法规定，只对生产的卷烟征收消费税。若生产的烟丝直接对外销售的，则烟丝应依照税法规定的税率计算缴纳消费税。

2. 用于其他方面的应税消费品

纳税人自产自用的应税消费品，除用于连续生产应税消费品外，凡用于其他方面的，于移送使用时纳税。用于其他方面的，是指纳税人用于生产非应税消费品、在建工程、管理部门、非生产机构，提供劳务，以及用于馈赠、赞助、集资、广告、样品、职工福利、奖励等方面。

所谓"用于生产非应税消费品"，是指把自产的应税消费品用于生产消费税条例税目税率表所列15类产品以外的产品。

所谓"用于在建工程"，是指把自产的应税消费品用于本单位的各项建设工程。

所谓"用于管理部门、非生产机构"，是指把自己生产的应税消费品用于与本单位有隶属关系的管理部门或非生产机构。

所谓"用于馈赠、赞助、集资、广告、样品、职工福利、奖励"，是指把自己生产的应税消费品无偿赠送给他人或以资金的形式投资于外单位某些事业或作为商品广告、经销样品或以福利、奖励的形式发给职工。

总之，企业自产的应税消费品虽然没有用于销售或连续生产应税消费品，但只要是用于税法所规定的范围的都要视同销售，要依法缴纳消费税。

纳税人用于其他方面的应税消费品，于移送使用时，按照纳税人生产的同类消费品的销售价格计算纳税；没有同类消费品销售价格的，按照组成计税价格计算纳税。

（1）实行从价定率办法计征消费税的，其计算公式为：

$$组成计税价格 = （成本 + 利润） \div （1 - 比例税率）$$

$$应纳税额 = 组成计税价格 \times 比例税率$$

（2）实行复合计税办法计征消费税的，其计算公式为：

$$组成计税价格 = (成本 + 利润 + 自产自用数量 \times 定额税率) \div (1 - 比例税率)$$

$$应纳税额 = 组成计税价格 \times 比例税率 + 自产自用数量 \times 定额税率$$

上述公式中所说的"成本"，是指应税消费品的产品生产成本。

上述公式中所说的"利润"，是指根据应税消费品的全国平均成本利润率计算的利润。应税消费品的全国平均成本利润率由国家税务总局确定。其具体标准如表7.4所示。

表7.4 应税消费品的全国平均成本利润率

货物名称	利润率	货物名称	利润率
1. 甲类卷烟	10%	11. 摩托车	6%
2. 乙类卷烟	5%	12. 高尔夫球及球具	10%
3. 雪茄烟	5%	13. 高档手表	20%
4. 烟丝	5%	14. 游艇	10%
5. 粮食白酒	10%	15. 木制一次性筷子	5%
6. 薯类白酒	5%	16. 实木地板	5%
7. 其他酒	5%	17. 乘用车	8%
8. 高档化妆品	5%	18. 中轻型商用客车	5%
9. 鞭炮、焰火	5%	19. 电池	4%
10. 贵重首饰及珠宝玉石	6%	20. 涂料	7%

▶ **二、委托加工环节应税消费品应纳税额的计算**

企业、单位或个人由于设备、技术、人力等方面的局限或其他方面的原因，常常要委托其他单位代为加工应税消费品，然后将加工完成的应税消费品收回，直接销售或自己使用。这属于生产应税消费品的另外一种形式，应税消费品从无到有生产出来，即便并非纳税人自行生产，也属于消费税的征税范围。例如，某卷烟厂将外购的烟叶提供给某加工厂，委托该加工厂加工成烟丝，卷烟厂收回烟丝后直接对外出售，此时该委托加工环节就需要缴纳消费税，纳税义务人为卷烟厂，消费税由加工厂通过"代收代缴"的方式向税务机关解缴。

（一）委托加工应税消费品的确定

根据《中华人民共和国消费税暂行条例实施细则》的规定，委托加工的应税消费品，是指由委托方提供原料和主要材料，受托方只收取加工费和代垫部分辅助材料加工的应税消费品。对于由受托方提供原材料生产的应税消费品，或者受托方先将原材料卖给委托方，然后再接受加工的应税消费品，以及由受托方以委托方名义购进原材料生产的应税消费品，不论纳税人在财务上是否作销售处理，都不得作为委托加工应税消费品，而应当按照销售自制应税消费品缴纳消费税。

（二）代收代缴税款

《中华人民共和国消费税暂行条例》及其实施细则对委托加工应税消费品代收代缴税款作了明确的规定：受托方是法定的代收代缴义务人，由受托方在向委托方交货时代收代缴消费税。这样,受托方就是法定的代收代缴义务人。如果受托方对委托加工的应税消费品没有代收代缴或少代收代缴消费税,应按照税收征收管理法的规定,承担代收代缴的法律责任。因此,受托方必须严格履行代收代缴义务,正确计算和按时代缴税款。为了加强对受托方代收代缴税款的管理,1994 年 5 月,国家税务总局在颁发的《关于消费税若干征税问题的通知》中,对委托个体经营者加工应税消费品纳税问题做了调整,由原定一律由受托方代收代缴税款,改为纳税人委托个体经营者加工应税消费品,一律于委托方收回后在委托方所在地缴纳消费税。2008 年 12 月 15 日财政部、国家税务总局第 51 号令颁布的《中华人民共和国消费税暂行条例实施细则》也规定,委托个人加工的应税消费品,由委托方收回后缴纳消费税。

边学边思

什么是消费税代收代缴义务人?代扣代缴与代收代缴有什么区别?

(三)委托加工应税消费品组成计税价格

委托加工的应税消费品,按照受托方的同类消费品的销售价格计算纳税,没有同类消费品销售价格的,按照组成计税价格计算纳税。

1. 有同类消费品销售价格的

(1)实行从价定率办法计征消费税的,其应纳税额的计算公式为:

$$应纳税额 = 同类消费品销售单价 \times 委托加工数量 \times 适用税率$$

(2)实行复合计税办法计征消费税的,其应纳税额的计算公式为:

$$应纳税额 = 同类消费品销售单价 \times 委托加工数量 \times 适用税率 + 委托加工数量 \times 定额税率$$

2. 没有同类消费品销售价格的

(1)实行从价定率办法计征消费税的,其计算公式为:

$$组成计税价格 = (材料成本 + 加工费) \div (1 - 比例税率)$$
$$应纳税额 = 组成计税价格 \times 比例税率$$

(2)实行复合计税办法计征消费税的,其计算公式为:

$$组成计税价格 = (材料成本 + 加工费 + 委托加工数量 \times 定额税率) \div (1 - 比例税率)$$
$$应纳税额 = 组成计税价格 \times 比例税率 + 委托加工数量 \times 定额税率$$

需要注意的是,计算消费税组成计税价格时,该计税依据中包含应缴纳的消费税本身,即消费税属于价内税。

材料成本,是指委托方所提供加工材料的实际成本。委托加工应税消费品的纳税人,必须在委托加工合同上如实注明(或以其他方式提供)材料成本,凡未提供材料成本的,受托方主管税务机关有权核定其材料成本。

加工费,是指受托方加工应税消费品向委托方所收取的全部费用(包括代垫辅助材料的实际成本),不包括增值税税款。这是税法对受托方的要求。其目的在于两方面:一方面可以保证组成计税价格及代收代缴消费税额能被准确计算出来;另一方面是税法对受托方就加工费计算缴纳增值税的必然要求。

边学边做 7.3

1. 训练目的

掌握委托加工业务组成计税价格的确定。

2. 案例设计

企业委托加工应税消费品,其提供的材料成本为 210 万元,支付的加工费为 90 万元,该应税消费品适用 16% 的增值税税率,25% 的消费税税率,受托方没有同类应税消费品的销售价格,则委托加工消费品应纳消费税款为多少万元?

3. 分析过程

由于受托方没有同类应税消费品的销售价格,所以应该计算组成计税价格。

委托加工应税消费品的组成计税价格=(材料成本+加工费)/(1-消费税税率)

所以结合本案例所给的数据,"委托加工"的组成计税价格=(材料成本+加工费)/(1-消费税税率)=(210+90)/(1-25%)=400(万元)

那么,应纳消费税=组成计税价格×消费税税率=400×25%=100(万元)

三、进口环节应纳消费税的计算

(一)进口应税消费品的基本规定

1. 纳税义务人

1993 年 12 月,国家税务总局、海关总署联合颁发的《关于对进口货物征收增值税、消费税有关问题的通知》规定,进口应税消费品的收货人或办理报关手续的单位和个人,为进口应税消费品消费税的纳税义务人。

2. 计税依据

进口应税消费品以组成计税价格为计税依据。

3. 税率

进口应税消费品消费税的税目、税率(税额),依照《中华人民共和国消费税暂行条例》所附的《消费税税目税率(税额)表》执行。

4. 纳税期限

进口的应税消费品,于报关进口时缴纳消费税;进口的应税消费品的消费税由海关代征;进口的应税消费品,由进口人或者其代理人向报关地海关申报纳税;纳税人进口应税消费品,按照关税征收管理的相关规定,应当自海关填发海关进口消费税专用缴款书之日起 15 日内缴纳税款。

(二)进口应税消费品组成计税价格的计算

纳税人进口应税消费品,按照组成计税价格和规定的税率计算应纳税额。

1. 从价定率征应纳税额的计算

从价定率计征消费税的,其计算公式为:

组成计税价格=(关税完税价格+关税)÷(1-消费税比例税率)

$$应纳税额 = 组成计税价格 \times 消费税比例税率$$

上式中所称"关税完税价格",是指海关核定的关税计税价格。

2. 从量定额计征应纳税额的计算

实行从量定额办法的应税消费品的,其计算公式为:

$$应纳税额 = 应税消费品数量 \times 消费税定额税率$$

上式中,"应税消费品数量"是指海关核定的应税消费品的进口征税数量。

3. 复合计征计税应纳税额的计算

实行复合计税办法计征消费税的,其计算公式为:

$$组成计税价格 = (关税完税价格 + 关税 + 进口数量 \times 定额税率) \div (1 - 消费税比例税率)$$

$$应纳税额 = 组成计税价格 \times 消费税比例税率 + 进口数量 \times 定额税率$$

除国务院另有规定者外,进口环节消费税一律不得给予减税、免税。

边学边做 7.4

1. **训练目的**

掌握进口环节增值税和消费税的计算。

2. **案例设计**

国内某大型商业企业,2018年10月进口化妆品一批,关税完税价格60万元,该批化妆品进口后,当月全部加工成新的成套化妆品出售,开具增值税专用发票,取得销售额190万元(不含税)。已知:关税税率为40%,增值税税率16%;化妆品消费税税率为15%;已经取得了海关进口增值税专用缴款书。

试求:

(1)该商业企业本月应缴纳多少进口关税?多少进口增值税?多少进口消费税?

(2)进口后加工成新化妆品销售时应缴纳多少增值税?多少消费税?

3. **分析过程**

(1)应纳进口关税 = $60 \times 40\%$ = 24(万元)

(2)进口消费税的组成价格 = $(60+24) \div (1-15\%)$ = 98.82(万元)

(3)应纳进口消费税额 = $98.82 \times 15\%$ = 14.82(万元)

(4)应纳进口增值税额 = $(60+24+14.82) \times 16\%$ = 15.81(万元)

(5)加工成新化妆品销售时应纳增值税额 = $190 \times 16\% - 15.81$ = 14.59(万元)

(6)加工成新化妆品销售时应纳消费税额 = $190 \times 15\% - 14.82$ = 13.68(万元)

▶ 四、已纳消费税扣除的计算

为了避免重复征税,现行消费税相关法规规定,将外购应税消费品和委托加工收回的应税消费品继续生产应税消费品销售的,可以将外购应税消费品和委托加工收回应税消费品已缴纳的消费税给予扣除。

(一)外购应税消费品已纳税款的扣除

由于某些应税消费品是用外购已缴纳消费税的应税消费品连续生产出来的,在对这些连续生产出来的应税消费品计算征税时,税法规定应按当期生产领用数量计算准予扣除外购的应税消费品已纳的消费税税款。扣除范围包括:

(1) 外购已税烟丝生产的卷烟;

(2) 外购已税化妆品生产的化妆品;

(3) 外购已税珠宝、玉石生产的贵重首饰及珠宝、玉石;

(4) 外购已税鞭炮、焰火生产的鞭炮、焰火;

(5) 外购已税摩托车零件生产的摩托车(如用外购两轮摩托车改装三轮摩托车);

(6) 外购已税杆头、杆身和握把生产的高尔夫球杆;

(7) 外购已税木制一次性筷子生产的木制一次性筷子;

(8) 外购已税实木地板生产的实木地板;

(9) 外购已税汽油、柴油、石脑油、燃料油、润滑油用于连续生产应税成品油。

上述当期准予扣除外购应税消费品已纳消费税税款的计算公式为:

当期准予扣除的外购应税消费品已纳税款 = 当期准予扣除的外购应税消费品买价 × 外购应税消费品适用税率

当期准予扣除的外购应税消费品买价 = 期初库存的外购应税消费品的买价 + 当期购进的应税消费品的买价 − 期末库存的外购应税消费品的买价

外购已税消费品的买价是指购货发票上注明的销售额(不包括增值税税款)。

纳税人用外购的已税珠宝、玉石为原料生产的改在零售环节征收消费税的金银首饰(镶嵌首饰),在计税时一律不得扣除外购珠宝、玉石的已纳税款。

对自己不生产应税消费品,而只是购进后再销售应税消费品的工业企业,其销售的化妆品、鞭炮、焰火和珠宝、玉石,凡不能构成最终消费品直接进入消费品市场,而需进一步生产加工的,应当征收消费税,同时允许扣除上述外购应税消费品的已纳税款。

允许扣除已纳税款的应税消费品,只限于从工业企业购进的应税消费品和进口环节已缴纳消费税的应税消费品,对从境内商业企业购进应税消费品的已纳税款一律不得扣除。

边学边做 7.5

1. 训练目的

掌握外购应税消费品连续加工的消费税抵扣。

2. 案例设计

2018年3月,某卷烟厂从甲工业企业购进烟丝,取得增值税专用发票,注明价款50万元;使用60%用于生产A牌卷烟(甲类卷烟);本月销售A牌卷烟80箱(标准箱),取得不含税销售额400万元。已知:甲类卷烟消费税税率为56%加150元/标准箱、烟丝消费税税率为30%。当月该卷烟厂应纳消费税税额是多少?

3. 分析过程

该卷烟厂当月应缴纳的消费税是216.2万元。卷烟的消费税实行复合计征,外购已税烟丝连续生产卷烟的,已纳消费税可以扣除。当月该卷烟厂应纳消费税税

额 =400×56%+150×80÷10 000–50×30%×60%=216.2（万元）。

（二）委托加工收回的应税消费品已纳税款的扣除

委托加工的应税消费品因为已由受托方代收代缴消费税，因此，委托方收回货物后用于连续生产应税消费品的，其已纳税款准予按照规定从连续生产的应税消费品应纳消费税税额中抵扣。按照消费税法的规定，下列连续生产的应税消费品准予从应纳消费税税额中按当期生产领用数量计算扣除委托加工收回的应税消费品已纳消费税税款：

（1）以委托加工收回的已税烟丝为原料生产的卷烟；

（2）以委托加工收回的已税化妆品为原料生产的化妆品；

（3）以委托加工收回的已税珠宝、玉石为原料生产的贵重首饰及珠宝、玉石；

（4）以委托加工收回的已税鞭炮、焰火为原料生产的鞭炮、焰火；

（5）以委托加工收回的已税摩托车连续生产的摩托车；

（6）以委托加工收回的已税杆头、杆身和握把为原料生产的高尔夫球杆；

（7）以委托加工收回的已税木制一次性筷子为原料生产的木制一次性筷子；

（8）以委托加工收回的已税实木地板为原料生产的实木地板；

（9）以委托加工收回的已税汽油、柴油、石脑油、燃料油、润滑油为原料连续生产的应税消费品。

上述当期准予扣除委托加工收回的应税消费品已纳消费税税款的计算公式是：

当期准予扣除的委托加工应税消费品已纳税款 = 期初库存的委托加工应税消费品已纳税款 + 当期收回的委托加工应税消费品已纳税款 – 期末库存的委托加工应税消费品已纳税款

需要注意的是，纳税人用委托加工收回的已税珠宝、玉石生产的改在零售环节征收消费税的金银首饰，在计税时一律不得扣除委托加工收回的珠宝、玉石原料的已纳消费税税款。

▶ 第五节 消费税征收管理

▶ 一、消费税纳税义务发生时间

纳税人生产的应税消费品于销售时纳税，进口消费品应当于应税消费品报关进口环节纳税，但金银首饰、钻石及钻石饰品在零售环节纳税。消费税纳税义务发生的时间，以货款结算方式或行为发生时间分别确定。

（1）纳税人销售应税消费品的，按不同的销售结算方式确定，分别为：

① 采取赊销和分期收款结算方式的，为书面合同约定的收款日期的当天；书面合同没有约定收款日期或者无书面合同的，为发出应税消费品的当天。

② 采取预收货款结算方式的，为发出应税消费品的当天。

③ 采取托收承付和委托银行收款方式的，为发出应税消费品并办妥托收手续的当天。

④ 采取其他结算方式的，为收讫销售款或者取得索取销售款凭据的当天。

（2）纳税人自产自用应税消费品的，为移送使用的当天。

（3）纳税人委托加工应税消费品的，为纳税人提货的当天。

（4）纳税人进口应税消费品的，为报关进口的当天。

▶ 二、消费税纳税期限

根据《中华人民共和国消费税暂行条例》规定，消费税的纳税期限分别为1日、3日、5日、10日、15日、1个月或者1个季度；纳税人的具体纳税期限，由主管税务机关根据纳税人应纳税额的大小分别核定；不能按照固定期限纳税的，可以按次纳税。

纳税人以1个月或者1个季度为1个纳税期的，自期满之日起15日内申报纳税；以1日、3日、5日、10日或者15日为1个纳税期的，自期满之日起5日内预缴税款，于次月1日起至15日内申报纳税并结清上月应纳税款。

纳税人进口应税消费品，应当自海关填发海关进口消费税专用缴款书之日起15日内缴纳税款。

▶ 三、消费税纳税地点

消费税的纳税地点分为以下几种情况：

（1）纳税人销售的应税消费品，以及自产自用的应税消费品，除国务院财政、税务主管部门另有规定外，应当向纳税人机构所在地或者居住地的主管税务机关申报纳税。

（2）委托加工的应税消费品，除受托方为个人外，由受托方向机构所在地或者居住地的主管税务机关解缴消费税税款。受托方为个人的，由委托方向机构所在地的主管税务机关申报纳税。

（3）进口的应税消费品，由进口人或者其代理人向报关地海关申报纳税。

（4）纳税人到外县（市）销售或者委托外县（市）代销自产应税消费品的，于应税消费品销售后，向机构所在地或者居住地主管税务机关申报纳税。

（5）纳税人的总机构与分支机构不在同一县（市）的，应当分别向各自机构所在地的主管税务机关申报纳税。

纳税人的总机构与分支机构不在同一县（市），但在同一省（自治区、直辖市）范围内，经省（自治区、直辖市）财政厅（局）、国家税务局审批同意，可以由总机构汇总向总机构所在地的主管税务机关申报缴纳消费税。

省（自治区、直辖市）财政厅（局）、国家税务局应将审批同意的结果，上报财政部、国家税务总局备案。

（6）纳税人销售的应税消费品，如因质量等原因由购买者退回时，经机构所在地或者居住地主管税务机关审核批准后，可退还已缴纳的消费税税款。

（7）出口的应税消费品办理退税后，发生退关，或者国外退货进口时予以免税的，报关出口者必须及时向其机构所在地或者居住地主管税务机关申报补缴已退还的消费税税款。

纳税人直接出口的应税消费品办理免税后，发生退关或者国外退货，进口时已予以免税的，经机构所在地或者居住地主管税务机关批准，可暂不办理补税，待其转为国内销售时，再申报补缴消费税。

（8）个人携带或者邮寄进境的应税消费品的消费税，连同关税一并计征，具体办法由国务院关税税则委员会会同有关部门制定。

▶ 本章知识回顾

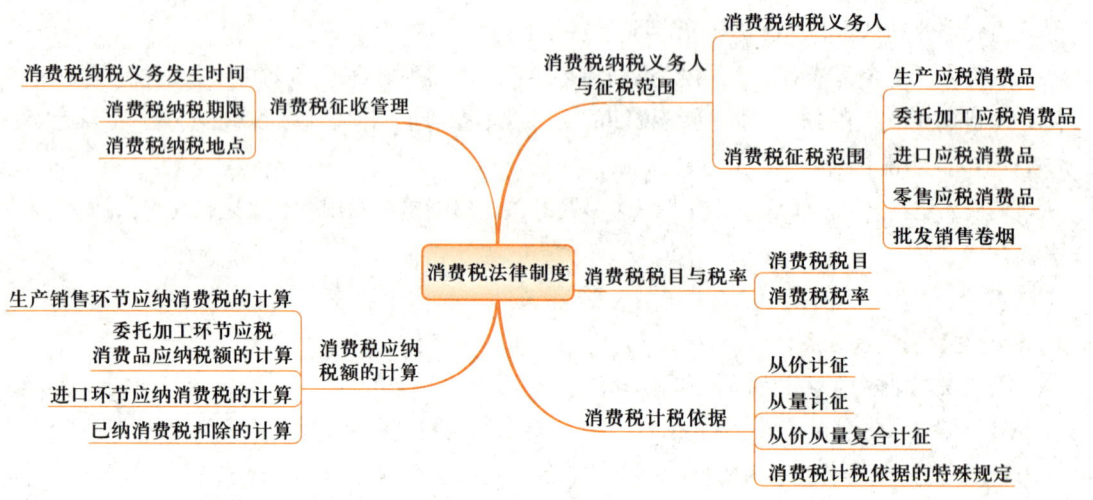

▶ 开心一扫

"网红脸"炼成记——精致妆容下的消费税

在如今这个"看脸"的时代,不论是女孩子还是男孩子,都越来越注重个人形象,因此化妆成为一种必需的流行时尚。"网红"们全靠一张张美颜脸称霸网络。"都说姐漂亮,其实是妆出来的。"在精致妆容之下,你知道那些价值不菲的化妆品缴纳的消费税额是多少吗?今天就带你走进化妆品的世界。

第八章 企业所得税、个人所得税法律制度

本章导读

本章主要介绍我国现行的两类所得税法律制度,分别是企业所得税和个人所得税。企业所得税,是国家对企业生产经营所得和其他所得征收的一种所得税。企业所得税在国际上又称为"公司税""公司所得税""法人税"或"法人所得税"。它是国家参与企业利润分配、调节企业收益水平、正确处理国家与企业分配关系的一个重要税种。我国现行企业所得税是以2007年3月16日第十届全国人民代表大会第五次会议审议通过并于2008年1月1日起施行的《中华人民共和国企业所得税法》(以下简称《企业所得税法》),以及国务院2007年11月28日通过的《中华人民共和国企业所得税法实施条例》(以下简称《实施条例》)为法律依据。随后国家财政、税务主管部门又制定了一系列部门规章和规范性文件,这些法律法规、部门规章及规范性文件构成了我国的企业所得税法律制度。

个人所得税是以自然人取得的各类应税所得为征税对象而征收的一种所得税,是政府利用税收对个人收入进行调节的一种手段。个人所得税的纳税人不仅包括个人,还包括具有自然人性质的企业。我国目前阶段的个人所得税的征收与企业所得税截然不同,企业所得税采用的是综合征收制,即对纳税人全年的各项所得加以汇总,就其总额进行征税;个人所得税则采用分类征收制,即将纳税人的不同来源、不同性质的所得项目,分别规定不同的税率征税。在理解两类所得税征收机制的问题上,这个区别应重点关注。个人所得税法是指国家制定的用以调整个人所得税征收与缴纳之间权利和义务关系的法律规范。个人所得税的基本规范是由1980年9月10日第五届全国人民代表大会第三次会议制定的,1980年以后,我国又相继制定了《中华人民共和国个人所得税法》《中华人民共和国城乡个体工商业户所得税暂行条例》以及《中华人民共和国个人收入调节税暂行条例》。1993年10月31日,第八届全国人民代表大会常委会第四次会议对《中华人民共和国个人所得税法》进行了修正,自1994年1月1日起施行。该法多年来经过了七次修改,目前我国适用的是2018年8月31日,

由第十三届全国人民代表大会常务委员会第五次会议修改通过并公布的，自 2019 年 1 月 1 日起施行。

▶ **考核目标**
1. 掌握企业所得税、个人所得税的纳税人
2. 掌握企业所得税、个人所得税的征税对象和税率
3. 掌握个人所得税的税目
4. 掌握企业所得税应纳税所得额的计算
5. 掌握企业所得税资产的税务处理和应纳税额的计算
6. 掌握个人所得税的计税依据和应纳税额的计算
7. 熟悉企业所得税、个人所得税的税收优惠
8. 熟悉企业所得税源泉扣缴和特别纳税调整
9. 了解企业所得税、个人所得税的征收管理

▶ **实践目标**
1. 能够准确区分企业所得税、个人所得税居民纳税人和非居民纳税人
2. 能够独立完成企业所得税综合计算
3. 能够确定两类所得税计税基础与计算应纳税所得额
4. 能结合具体案例分析涉及企业所得税计算与缴纳的各类事项
5. 能结合具体案例分析个人取得不同所得项目的归类和应纳税额的计算

▶ 第一节　企业所得税法律制度

▶ 一、企业所得税纳税人

在中华人民共和国境内，企业和其他取得收入的组织（以下统称"企业"）为企业所得税的纳税人，依照《企业所得税法》的规定缴纳企业所得税。企业所得税纳税人包括各类企业、事业单位、社会团体、民办非企业单位和从事经营活动的其他组织。依照中国法律、行政法规成立的个人独资企业、合伙企业，不适用《企业所得税法》调整范畴，不属于企业所得税纳税义务人，不缴纳企业所得税。

根据国际上通行的属地与属人原则，即来源地税收管辖权和居民税收管辖权原则，我国税法按照"登记注册地标准"和"实际管理机构标准"相结合原则，把企业分为居民企业和非居民企业，分别确定不同的纳税义务，这是基于不同企业承担的纳税义务不同而进行的分类。把企业分为居民企业和非居民企业，是为了更好地保障我国税收管辖权的有效行使和避免双重课税。其中，居民企业承担无限纳税义务，应就来源于中国境内、境外的全部所得纳税；非居民企业承担有限纳税义务,一般只就来源于中国境内的所得纳税。

(一)居民企业

1. 居民企业的范围

居民企业,是指依法在中国境内成立,或者依照外国(地区)法律成立但实际管理机构在中国境内的企业。这里的企业包括国有企业、集体企业、私营企业、联营企业、股份制企业、外商投资企业、外国企业以及有生产、经营所得和其他取得收入的组织。实际管理机构,是指对企业的生产经营、人员、账务、财产等实施实质性全面管理和控制的机构。这里可以具体分为两种情况:

(1)在我国境内依法注册成立的企业认定为居民企业;

(2)在外国依法注册成立但其实际管理机构在中国境内的企业也认定为居民企业。

需要注意的是第二种情况,其针对的是一些特殊企业行为。一些企业往往为了规避所在地国家税收或转移税收负担,通常在低税率地区或避税地注册成立基地公司,人为地选择注册地以达到规避税负的目的。为此,税法采用了实际管理机构认定标准,规定对在外国(地区)注册、但实际管理机构在中国境内的企业,也认定为居民企业,须承担无限纳税义务,从而保证我国税收利益不受损害。

2. 居民企业的纳税义务

居民企业应当就其来源于中国境内、境外的所得缴纳企业所得税。

(二)非居民企业

1. 非居民企业范围

非居民企业,是指依照外国(地区)法律成立且实际管理机构不在中国境内,但在中国境内设立机构、场所的,或者在中国境内未设立机构、场所,但有来源于中国境内所得的企业。

2. 非居民企业的纳税义务

非居民企业按照是否在我国设立机构、场所,以及所得来源是否与该机构、场所有联系,具体可分为以下几种征税情况:

(1)在中国境内设立机构、场所。

① 非居民企业在中国境内设立机构、场所的,应当就其所设机构、场所取得的来源于中国境内的所得,缴纳企业所得税。

② 非居民企业在中国境内设立机构、场所的,发生在中国境外但与其所设机构、场所有实际联系的所得,缴纳企业所得税。

③ 非居民企业在中国境内设立机构、场所的,但取得的所得与其所设机构、场所没有实际联系的,应当就其来源于中国境内的所得缴纳企业所得税。

(2)在中国境内未设立机构、场所。

非居民企业在中国境内未设立机构、场所的,应当就其来源于中国境内的所得缴纳企业所得税。

需要注意的是,实际联系,是指非居民企业在中国境内设立的机构、场所拥有据以取得所得的股权、债权,以及拥有、管理、控制据以取得所得的财产等。

二、企业所得税征税对象

企业所得税征税对象,是纳税人(包括居民企业和非居民企业)所取得的生产经营所得、其他所得和清算所得。

(一)居民企业的征税对象

居民企业应当就其来源于中国境内、境外的所得缴纳企业所得税。包括销售货物所得、提供劳务所得、转让财产所得、获取股息红利等权益性投资所得、利息所得、租金所得、特许权使用费所得、接受捐赠所得和其他所得。

(二)非居民企业的征税对象

非居民企业在中国境内设立机构、场所的,应当就其所设机构、场所取得的来源于中国境内的所得,以及发生在中国境外但与其所设机构、场所有实际联系的所得,缴纳企业所得税。

非居民企业在中国境内未设立机构、场所的,或者虽设立机构、场所但取得的所得与其所设机构、场所没有实际联系的,应当就其来源于中国境内的所得缴纳企业所得税。

(三)所得来源地的确定

所得来源地判断标准的划分直接关系到企业纳税义务的大小,也是国家行使征税权的依据。根据《企业所得税法》及其实施细则的规定,来源于中国境内、境外的所得,按照以下原则确定:

(1)销售货物所得,按照交易活动发生地确定;

(2)提供劳务所得,按照劳务发生地确定;

(3)转让财产所得,不动产转让所得按照不动产所在地确定,动产转让所得按照转让动产的企业或者机构、场所所在地确定,权益性投资资产转让所得按照被投资企业所在地确定;

(4)股息、红利等权益性投资所得,按照分配所得的企业所在地确定;

(5)利息所得、租金所得、特许权使用费所得,按照负担、支付所得的企业或者机构、场所所在地确定,或者按照负担、支付所得的个人的住所地确定;

(6)其他所得,由国务院财政、税务主管部门确定。

对于以上税法所规定的居民企业与非居民企业的征税对象,我们可以再结合图示来进一步讲解,如图8.1所示。

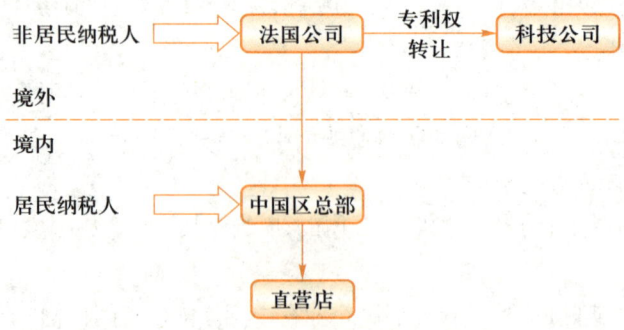

图 8.1 居民企业与非居民企业

图 8.1 中,法国公司是在境外设立的,对于我国来说属于非居民纳税人。其在中国境内设立的中国区总部和相应的直营店则属于在境内设立的机构、场所。从纳税义务来看,依照税法规定可以分为以下几种情况:

① 中国区总部及其管理的直营店在我国境内、境外取得的收入均在我国缴纳企业所得税。

② 法国公司仅就在中国境内取得的所得按照 10% 的税率缴纳预提所得税,境外所得不在我国纳税。

③ 假设法国公司向境外某科技公司转让一项专利权,该专利权是中国区总部设计并在我国注册登记的,此时属于非居民企业(法国公司)在中国境外但与其所设机构、场所(中国区总部)有实际联系的所得,依照税法规定,应在我国缴纳企业所得税,属于中国区总部的收入总额。

▶ 三、企业所得税税率

企业所得税税率是体现国家与企业分配关系的核心要素。税率设计的原则是兼顾国家、企业、职工个人三者利益,既要保护国家财政收入的稳定增长,又要使企业在发展生产、经营方面有一定的财力保证;既要考虑到国家的实际情况和负担能力,又要维护税率的统一性。

(1)居民企业以及在中国境内设立机构、场所且取得的所得与其所设机构、场所有实际联系的非居民企业,应当就其来源于中国境内、境外的所得缴纳企业所得税,适用税率为 25%。

(2)**非居民企业**在中国境内未设立机构、场所的,或者虽设立机构、场所但取得的所得与其所设机构、场所没有实际联系的,应当就其来源于中国境内的所得缴纳企业所得税,适用税率为 20%。

需要注意的是,上述情形(2)中针对非居民企业的 20% 税率是《企业所得税法》中所规定的"法定税率",而《实施条例》中对此做了优惠的税率规定,即在中国境内未设立机构、场所的,或者虽设立机构、场所但取得的所得与其所设机构、场所没有实际联系的,应当就其来源于中国境内的所得,减按 10% 的税率征收企业所得税。

企业所得税的税率归纳如表 8.1 所示。

表 8.1 企业所得税税率

种类	税率	适用范围
基本税率	25%	适用于居民企业和在中国境内设有机构、场所且所得与机构、场所有关联的非居民企业
两档优惠税率	减按 20%	符合条件的小型微利企业
	减按 15%	国家重点扶持的高新技术企业
预提所得税税率(扣缴义务人代扣代缴)	20%(实际征税时适用 10% 税率)	适用于在中国境内未设立机构、场所的,或者虽设立机构、场所,但取得的所得与其所设机构、场所没有实际联系的非居民企业

提示

"两档优惠税率"在后面的税收优惠中有讲解。

▶ 四、企业所得税应纳税所得额的计算

应纳税所得额是企业所得税的计税依据,在企业所得税法律制度中占有重要地位。按照《企业所得税法》的规定,应纳税所得额为企业每一个纳税年度的收入总额,减除不征税收入、免税收入、各项扣除以及允许弥补的以前年度亏损后的余额。公式为:

应纳税所得额 = 收入总额 − 不征税收入 − 免税收入 − 各项扣除 − 以前年度亏损

要准确计算应纳税所得额,首先,要确定企业收入总额;其次,要确定企业不征税收入和免税收入;再次,要确定企业成本费用的扣除额,以及协调和处理好与会计计算上的差异,最后计算出企业的应纳税所得额。在计算应纳税所得额时,企业财务、会计处理办法与税收法律法规的规定不一致的,应当依照税收法律法规的规定计算。

企业所得税的复杂性主要体现在企业应纳税所得额的计算上,它也是企业所得税征纳双方重点工作环节之一。

(一)一般规定

(1)企业应纳税所得额的计算,除特殊规定外,以权责发生制为原则,即属于当期的收入和费用,不论款项是否收付,均作为当期的收入和费用;不属于当期的收入和费用,即使款项已经在当期收付,也不作为当期的收入和费用。

(2)纳税人年度收入总额减除不征税收入、免税收入和各项扣除后小于零的数额,为亏损。企业纳税年度发生的亏损,准予向以后年度结转,用以后年度的所得弥补,但结转年限最长不得超过 5 年。

提示

自 2018 年 1 月 1 日起,将高新企业和科技型中小企业亏损结转年限由 5 年延长至 10 年。

(3)企业所得税收入、扣除的具体范围、标准和资产的税务处理的具体办法,税法授权由国务院财政、税务主管部门规定。

(二)收入总额

收入总额是指企业以货币形式和非货币形式从各种来源取得的收入。包括:销售货物收入,提供劳务收入,转让财产收入,股息、红利等权益性投资收益,利息收入,租金收入,特许权使用费收入,接受捐赠收入以及其他收入。

企业取得收入的货币形式,包括现金、存款、应收账款、应收票据、准备持有至到期的债券以及债务的豁免等。企业取得收入的非货币形式,包括固定资产、生物资产、无形资产、股权投资、存货、不准备持有至到期的债券投资、劳务以及有关权益等。非货币形式收入应当按照公

允价值确定收入额。

1. 销售货物收入

销售货物收入,是指企业销售商品、产品、原材料、包装物、低值易耗品以及其他存货取得的收入。

除法律法规另有规定外,企业销售货物收入的确认,必须遵循权责发生制原则和实质重于形式原则。

(1)企业销售商品同时满足下列条件的,应确认收入的实现:

① 商品销售合同已经签订,企业已将商品所有权相关的主要风险和报酬转移给购货方;

② 企业已对售出的商品既没有保留通常与所有权相联系的继续管理权,也没有实施有效控制;

③ 收入的金额能够可靠地计量;

④ 已发生或将发生的销售方的成本能够可靠地核算。

(2)符合收入确认条件,采取下列商品销售方式的,应按以下规定确认收入实现时间:

① 销售商品采用托收承付方式的,在办妥托收手续时确认收入。

② 销售商品采用预收款方式的,在发出商品时确认收入。

③ 销售商品需要安装和检验的,在购买方接受商品以及安装和检验完毕时确认收入。如果安装程序比较简单,可在发出商品时确认收入。

④ 销售商品采用支付手续费方式委托代销的,在收到代销清单时确认收入。

(3)采用售后回购方式销售商品的,销售的商品按售价确认收入,回购的商品作为购进商品处理。有证据表明不符合销售收入确认条件的,如以销售商品方式进行融资,收到的款项应确认为负债,回购价格大于原售价的,差额应在回购期间确认为利息费用。

(4)销售商品以旧换新的,销售商品应当按照销售商品收入确认条件确认收入,回收的商品作为购进商品处理。

(5)企业为促进商品销售而在商品价格上给予的价格扣除属于商业折扣,商品销售涉及商业折扣的,应当按照扣除商业折扣后的金额确定销售商品收入金额。

债权人为鼓励债务人在规定的期限内付款而向债务人提供的债务扣除属于现金折扣,销售商品涉及现金折扣的,应当按扣除现金折扣前的金额确定销售商品收入金额,现金折扣在实际发生时作为财务费用扣除。

企业因售出商品的质量不合格等原因而在售价上给予的减让属于销售折让;企业因售出商品质量、品种不符合要求等原因而发生的退货属于销售退回。企业已经确认销售收入的售出商品发生销售折让和销售退回,应当在发生当期冲减当期销售商品收入。

2. 劳务收入

提供劳务收入,是指企业从事建筑安装、修理修配、交通运输、仓储租赁、金融保险、邮电通信、咨询经纪、文化体育、科学研究、技术服务、教育培训、餐饮住宿、中介代理、卫生保健、社区服务、旅游、娱乐、加工以及其他劳务服务活动取得的收入。

企业在各个纳税期期末,提供劳务交易的结果能够可靠估计的,应采用完工进度(百分比)法确认提供劳务收入。

(1)提供劳务交易的结果能够可靠估计,是指同时满足下列条件:

① 收入的金额能够可靠地计量；
② 交易的完工进度能够可靠地确定；
③ 交易中已发生和将发生的成本能够可靠地核算。
（2）企业提供劳务完工进度的确定，可选用下列方法：
① 已完工作的测量；
② 已提供劳务占劳务总量的比例；
③ 发生成本占总成本的比例。
（3）企业应按照从接受劳务方已收或应收的合同或协议价款确定劳务收入总额，根据纳税期末提供劳务收入总额乘以完工进度扣除以前纳税年度累计已确认提供劳务收入后的金额，确认为当期劳务收入；同时，按照提供劳务估计总成本乘以完工进度扣除以前纳税期间累计已确认劳务成本后的金额，结转为当期劳务成本。

3. 转让财产收入

转让财产收入，是指企业转让固定资产、生物资产、无形资产、股权、债权等财产取得的收入。转让财产收入应当按照从财产受让方已收或应收的合同或协议价款确认收入。

4. 股息、红利等权益性投资收益

股息、红利等权益性投资收益，是指企业因权益性投资从被投资方取得的收入。股息、红利等权益性投资收益，除国务院财政、税务主管部门另有规定外，按照被投资方作出利润分配决定的日期确认收入的实现。

5. 利息收入

利息收入，是指企业将资金提供他人使用但不构成权益性投资，或者因他人占用本企业资金取得的收入，包括存款利息、贷款利息、债券利息、欠款利息收入。利息收入，按照合同约定的债务人应付利息的日期确认收入的实现。

6. 租金收入

租金收入，是指企业提供固定资产、包装物或者其他有形资产的使用权取得的收入。租金收入，按照合同约定的承租人应付租金的日期确认收入的实现。如果交易合同或协议中规定租赁期限跨年度，且租金提前一次性支付的，出租人可对上述已确认的收入，在租赁期内，分期均匀计入相关年度收入。

7. 特许权使用费收入

特许权使用费收入，是指企业提供专利权、非专利技术、商标权、著作权以及其他特许权的使用权取得的收入。特许权使用费收入，按照合同约定的特许权使用人应付特许权使用费的日期确认收入的实现。

8. 接受捐赠收入

接受捐赠收入，是指企业接受的来自其他企业、组织或者个人无偿给予的货币性资产、非货币性资产。接受捐赠收入，按照实际收到捐赠资产的日期确认收入的实现。

企业以买一赠一等方式组合销售本企业商品的，不属于捐赠，应将总的销售金额按各项商品的公允价值的比例来分摊确认各项的销售收入。

9. 其他收入

其他收入，是指企业取得《企业所得税法》具体列举的收入外的其他收入，包括企业资产

溢余收入、逾期未退包装物押金收入、确实无法偿付的应付款项、已作坏账损失处理后又收回的应收款项、债务重组收入、补贴收入、违约金收入、汇兑收益等。

10. 特殊收入的确认

（1）以分期收款方式销售货物的，按照合同约定的收款日期确认收入的实现。

（2）企业受托加工制造大型机械设备、船舶、飞机，以及从事建筑、安装、装配工程业务或者提供其他劳务等，持续时间超过 12 个月的，按照纳税年度内完工进度或者完成的工作量确认收入的实现。

（3）采取产品分成方式取得收入的，按照企业分得产品的日期确认收入的实现，其收入额按照产品的公允价值确定。

（4）企业发生非货币性资产交换，以及将货物、财产、劳务用于捐赠、偿债、赞助、集资、广告、样品、职工福利或者利润分配等用途的，应当视同销售货物、转让财产或者提供劳务，但国务院财政、税务主管部门另有规定的除外。

（三）不征税收入和免税收入

1. 不征税收入

不征税收入，从性质上讲不属于企业营利性活动带来的经济利益，不应计入企业应纳税所得额。同时，不征税收入也不同于免税收入，不征税收入属于非营利性活动带来的经济收益，是单位组织专门从事特定职责而取得的收入，理论上不应列为应税所得范畴；免税收入是纳税人应税收入的组成部分，是国家为了实现某些经济和社会目标，在特定时期对特定项目取得的经济利益给予的税收优惠。

下列收入为不征税收入：

（1）财政拨款。财政拨款，是指各级人民政府对纳入预算管理的事业单位、社会团体等组织拨付的财政资金，但国务院和国务院财政、税务主管部门另有规定的除外。

（2）依法收取并纳入财政管理的行政事业性收费、政府性基金。行政事业性收费，是指依照法律法规等有关规定，按照国务院规定程序批准，在实施社会公共管理，以及在向公民、法人或者其他组织提供特定公共服务过程中，向特定对象收取并纳入财政管理的费用。政府性基金，是指企业依照法律、行政法规等有关规定，代政府收取的具有专项用途的财政资金。

（3）国务院规定的其他不征税收入。国务院规定的其他不征税收入，是指企业取得的，由国务院财政、税务主管部门规定专项用途并经国务院批准的财政性资金。

2. 免税收入

免税收入，是指属于企业的应税所得，但是按照税法规定免予征收企业所得税的收入。企业的免税收入包括：

（1）国债利息收入。国债利息收入，是指企业持有国务院财政部门发行的国债取得的利息收入。

需要注意的是，根据国家税务总局公告 2011 年第 36 号规定，企业到期前转让国债，或者从非发行者投资购买的国债，其持有期间尚未兑付的国债利息收入，按以下公式计算确定：

$$国债利息收入 = 国债金额 \times (适用年利率 \div 365) \times 持有天数$$

（2）符合条件的居民企业之间的股息、红利等权益性投资收益。符合条件的居民企业之间的股息、红利等权益性投资收益,是指居民企业直接投资于其他居民企业取得的投资收益。

鉴于股息、红利是税后利润分配形成的,对居民企业之间的股息、红利收入免征企业所得税,是消除法律性重复征税的国际通行做法。

(3)在中国境内设立机构、场所的非居民企业从居民企业取得与该机构、场所有实际联系的股息、红利等权益性投资收益。股息、红利等权益性投资收益,不包括连续持有居民企业公开发行并上市流通的股票不足12个月取得的投资收益。

(4)符合条件的非营利组织的收入。根据《企业所得税法》第26条的规定,符合条件的非营利组织的收入为免税收入。免税收入不包括非营利组织从事营利性活动取得的收入,但国务院财政、税务主管部门另有规定的除外。对非营利组织从事非营利性活动取得的收入给予免税,但从事营利性活动取得的收入则要征税。

(四)税前扣除项目

企业实际发生的与取得收入有关的、合理的支出,包括成本、费用、税金、损失和其他支出,准予在计算应纳税所得额时扣除。这里所说的合理的支出,是指符合生产经营活动常规,应当计入当期损益或者有关资产成本的必要和正常的支出。除另有规定外,企业实际发生的成本、费用、税金、损失和其他支出,不得重复扣除。

除税收法规另有规定外,税前扣除一般应遵循以下原则:

(1)权责发生制原则。权责发生制原则是指企业费用应在发生的所属期扣除,而不是在实际支付时确认扣除。

(2)配比原则。配比原则是指企业发生的费用应当与收入配比扣除。除特殊规定外,企业发生的费用不得提前或滞后申报扣除。

(3)相关性原则。相关性原则是指企业可扣除的费用从性质和根源上必须与取得应税收入直接相关。

(4)确定性原则。企业可扣除的费用不论何时支付,其金额必须是确定的。

(5)合理性原则。符合生产经营活动常规,应当计入当期损益或者有关资产成本的必要和正常的支出。

企业的不征税收入用于支出所形成的费用或者财产,不得扣除或者计算对应的折旧、摊销扣除。

1. 成本

成本,是指企业在生产经营活动中发生的销售成本、销货成本、业务支出以及其他耗费。即企业销售商品(产品、材料、下脚料、废料、废旧物资等)、提供劳务、转让固定资产、无形资产的成本。

2. 费用

费用,是指企业每一个纳税年度在生产经营活动中发生的销售费用、管理费用和财务费用。已经计入成本的有关费用除外。

(1)销售费用,是指应由企业负担的为销售商品而发生的费用,包括广告费、运输费、装卸费、包装费、展览费、保险费、销售佣金、代销手续费、经营性租赁费及销售部门发生的差旅费、工资、福利费等。

（2）管理费用，是指企业的行政管理部门为管理组织经营活动提供各项支援性服务而发生的费用。

（3）财务费用，是指企业筹集经营性资金而发生的费用，包括利息净支出、汇兑净损失、金融机构手续费以及其他非资本化支出。

3. 税金

税金，是指企业发生的除企业所得税和允许抵扣的增值税以外的各项税金及其附加。即纳税人按照规定缴纳的消费税、资源税、土地增值税、关税、城市维护建设税、教育费附加，以及发生的房产税、车船税、城镇土地使用税、印花税等。企业缴纳的增值税属于价外税，故不在扣除之列。

准许扣除的税金有两种方式：一是在发生当期扣除；二是在发生当期计入相关资产的成本，在以后各期分摊扣除。

边学边思

请问契税可在企业所得税前扣除吗？为什么？

4. 损失

损失，是指企业在生产经营活动中发生的固定资产和存货的盘亏、毁损、报废损失，转让财产损失，呆账损失，坏账损失，自然灾害等不可抗力因素造成的损失以及其他损失。

企业发生的损失，减除责任人赔偿和保险赔款后的余额，依照国务院财政、税务主管部门的规定扣除。

企业已经作为损失处理的资产，在以后纳税年度又全部收回或者部分收回时，应当计入当期收入。

5. 扣除的其他支出

其他支出，是指除成本、费用、税金、损失外，企业在生产经营活动中发生的与生产经营活动有关的、合理的支出。

（五）税前扣除具体标准

1. 工资、薪金支出

企业发生的合理的工资薪金支出，准予扣除。工资薪金，是指企业每一纳税年度支付给在本企业任职或者受雇的员工的所有现金形式或者非现金形式的劳动报酬，包括基本工资、奖金、津贴、补贴、年终加薪、加班工资，以及与员工任职或者受雇有关的其他支出。

理解上述税前扣除的工资、薪金支出，需注意以下几个问题：

（1）工资薪金总额，是指企业按照有关合理工资薪金的规定实际发放的工资薪金总和，不包括企业的职工福利费、职工教育经费、工会经费以及养老保险费、医疗保险费、失业保险费、工伤保险费、生育保险费等社会保险费和住房公积金。

（2）合理的工资薪金，是指企业按照股东大会、董事会、薪酬委员会或相关管理机构制定的工资薪金制度规定实际发放给员工的工资薪金。

（3）对工资支出合理性的判断,主要包括两个方面:第一,雇员实际提供了服务;第二,报酬总额在数量上是合理的。实践中主要考虑雇员的职责、过去的报酬情况,以及雇员的业务量和复杂程度等相关因素。同时,还要考虑当地同行业职工平均工资水平。

2. 职工福利费、工会经费、职工教育经费

企业发生的职工福利费、工会经费、职工教育经费按标准扣除。未超过标准的按实际发生数额扣除,超过扣除标准的只能按标准扣除。

（1）企业发生的职工福利费支出,不超过工资薪金总额14%的部分,准予扣除。企业的职工福利费,包括以下内容:

① 尚未实行分离办社会职能的企业,其内设福利部门所发生的设备、设施和人员费用,包括职工食堂、职工浴室、理发室、医务所、托儿所、疗养院等集体福利部门的设备设施的维修保养费用,和福利部门工作人员的工资薪金、社会保险费、住房公积金、劳务费等。

② 为职工卫生保健、生活、住房、交通等所发放的各项补贴和非货币性福利,包括企业向职工发放的因公外地就医费用、未实行医疗统筹企业职工医疗费用、职工供养直系亲属医疗补贴、供暖费补贴、职工防暑降温费、职工困难补贴、救济费、职工食堂经费补贴、职工交通补贴等。

③ 按照其他规定发生的其他职工福利费,包括丧葬补助费、抚恤费、安家费、探亲假路费等。

需要注意的是,企业发生的职工福利费,应该单独设置账册,进行准确核算。没有单独设置账册准确核算的,税务机关应责令企业在规定的期限内进行改正。逾期仍未改正的,税务机关可对企业发生的职工福利费进行合理的核定。

（2）企业拨缴的工会经费,不超过工资薪金总额2%的部分,准予扣除。

（3）除国务院财政、税务主管部门另有规定外,自2018年1月1日起,企业发生的职工教育经费支出,不超过工资薪金总额的8%的部分,准予扣除;超过部分,准予在以后纳税年度结转扣除。

此外,可以按照比例扣除的三项经费中,只有职工教育经费支出超出当年限额标准的,可以在以后纳税年度结转扣除。

3. 社会保险费

（1）企业依照国务院有关主管部门或者省级人民政府规定的范围和标准为职工缴纳的基本养老保险费、基本医疗保险费、失业保险费、工伤保险费、生育保险费等基本社会保险费和住房公积金,准予扣除。

（2）企业为投资者或者职工支付的补充养老保险费、补充医疗保险费,分别在不超过职工工资总额5%标准内的部分,在计算应纳税所得额时准予扣除;超过的部分,不予扣除。

（3）除企业依照国家有关规定为特殊工种职工支付的人身安全保险费和国务院财政、税务主管部门规定可以扣除的其他商业保险费外,企业为投资者或者职工支付的商业保险费,不得扣除。企业职工因公出差乘坐交通工具发生的人身意外保险费支出,准予企业在计算应纳税所得额时扣除。

（4）企业参加雇主责任险、公众责任险等责任保险,按照规定缴纳的保险费,准予在企业所得税税前扣除。

4. 财产保险费

企业参加财产保险，按照有关规定缴纳的保险费，准予扣除。

5. 借款费用与利息支出

（1）企业在生产经营活动中发生的合理的不需要资本化的借款费用，准予扣除。企业为购置、建造固定资产、无形资产和经过12个月以上的建造才能达到预定可销售状态的存货发生借款的，在有关购置、建造期间发生的合理的借款费用，应当作为资本性支出计入有关资产的成本，并依照《实施条例》的规定扣除。

（2）企业通过发行债券、取得贷款、吸收保户储金等方式融资而发生的合理的费用支出，符合资本化条件的，应计入相关资产成本；不符合资本化条件的，应作为财务费用，准予在企业所得税前据实扣除。

（3）企业在生产经营活动中发生的下列利息支出，准予扣除：

① 非金融企业向金融企业借款的利息支出、金融企业的各项存款利息支出和同业拆借利息支出、企业经批准发行债券的利息支出；

② 非金融企业向非金融企业借款的利息支出，不超过按照金融企业同期同类贷款利率计算的数额的部分。

需要注意的是，上述所谓金融机构，是指各类银行、保险公司及经中国人民银行批准从事金融业务的非银行金融机构。企业在按照合同要求首次支付利息并进行税前扣除时，应提供"金融企业的同期同类贷款利率情况说明"，以证明其利息支出的合理性。

③ 凡企业投资者在规定期限内未缴足其应缴资本额的，该企业对外借款所发生的利息，相当于投资者实缴资本额与在规定期限内应缴资本额的差额应计付的利息，其不属于企业合理的支出，应由企业投资者负担，不得在计算企业应纳税所得额时扣除。

④ 企业向股东或其他与企业有关联关系的自然人借款的利息支出，应根据《企业所得税法》及《财政部国家税务总局关于企业关联方利息支出税前扣除标准有关税收政策问题的通知》规定的条件，计算企业所得税扣除额。

企业向除股东或其他与企业有关联关系的自然人以外的内部职工或其他人员借款的利息支出，其借款情况同时符合以下条件的，其利息支出在不超过按照金融企业同期同类贷款利率计算的数额的部分，准予扣除。

a. 企业与个人之间的借贷是真实、合法、有效的，并且不具有非法集资目的或其他违反法律、法规的行为；

b. 企业与个人之间签订了借款合同。

6. 环境保护专项资金

企业依照法律、行政法规有关规定提取的用于环境保护、生态恢复等方面的专项资金，准予扣除。上述专项资金提取后改变用途的，不得扣除。

7. 劳动保护费

企业发生的合理的劳动保护支出，准予扣除。

8. 手续费及佣金支出

（1）企业发生与生产经营有关的手续费及佣金支出，不超过以下规定计算限额以内的部分，准予扣除；超过部分，不得扣除。

① 保险企业：财产保险企业按照全部保费收入扣除退保金等后余额的15%计算限额；人身保险企业按当年全部保费收入扣除退保金等后余额的10%计算限额。

② 其他企业：按与具有合法经营资格中介服务机构或个人（不含交易双方及其雇员、代理人和代表人等）所签订服务协议或合同确认的收入金额的5%计算限额。

③ 从事代理服务、主营业务收入为手续费、佣金的企业（如证券、期货、保险代理等企业），其为取得该类收入而实际发生的营业成本（包括手续费及佣金支出），准予在企业所得税前据实扣除。

（2）企业应与具有合法经营资格中介服务企业或个人签订代办协议或合同，并按规定支付手续费及佣金。除委托个人代理外，企业以现金等非转账方式支付的手续费及佣金不得在税前扣除。

（3）企业为发行权益性证券支付给有关证券承销机构的手续费及佣金不得在税前扣除。

（4）企业不得将手续费及佣金支出计入回扣、业务提成、返利、进场费等费用。

（5）企业已计入固定资产、无形资产等相关资产的手续费及佣金支出，应当通过折旧、摊销等方式分期扣除，不得在发生当期直接扣除。

（6）企业支付的手续费及佣金不得直接冲减服务协议或合同金额，并如实入账。企业应当如实向当地主管税务机关提供当年手续费及佣金计算分配表和其他相关资料，并依法取得合法真实凭证。

9. 汇兑损失

企业在货币交易中，以及纳税年度终了时将人民币以外的货币性资产、负债按照期末即期人民币汇率中间价折算为人民币时产生的汇兑损失，除已经计入有关资产成本以及与向所有者进行利润分配相关的部分外，准予扣除。

10. 公益性捐赠支出

企业发生的公益性捐赠支出，不超过年度利润总额12%的部分，准予在计算应纳税所得额时扣除；超过年度利润总额12%的部分，准予结转以后三年内在计算应纳税所得时扣除。

年度利润总额，是指企业依照国家统一会计制度的规定计算的大于零的利润金额（未弥补以前年度亏损前的当年实现的利润总额）。

例如，某企业2018年税前会计利润为250万元，其中列支了130万元通过红十字会向某灾区的捐款。

捐赠扣除限额=250×12%=30（万元），实际发生130万元，当年只能扣除30万元，超出的100万元不能在当年企业所得税前扣除，如果不考虑其他纳税调整事项，当年应纳税所得额=250+100=350（万元）。

公益性捐赠，是指企业通过公益性社会组织或者县级（含县级）以上人民政府及其组成部门和直属机构，用于《中华人民共和国公益事业捐赠法》规定的公益事业、慈善活动的捐赠。具体范围包括：

（1）救助灾害、救济贫困、扶助残疾人等困难的社会群体和个人的活动；

（2）教育、科学、文化、卫生、体育事业；

（3）环境保护、社会公共设施建设；

（4）促进社会发展和进步的其他社会公共和福利事业。

公益性社会组织应当依法取得公益性捐赠税前扣除资格。

公益性社会组织,是指同时符合下列条件的基金会、慈善组织等社会组织:

(1)依法登记,具有法人资格;

(2)以发展公益事业为宗旨,且不以营利为目的;

(3)全部资产及其增值为该法人所有;

(4)收益和营运结余主要用于符合该法人设立目的的事业;

(5)终止后的剩余财产不归属任何个人或者营利组织;

(6)不经营与其设立目的无关的业务;

(7)有健全的财务会计制度;

(8)捐赠者不以任何形式参与社会团体财产的分配;

(9)国务院财政、税务主管部门会同国务院民政部门等登记管理部门规定的其他条件。

公益性社会组织和县级以上人民政府及其组成部门和直属机构在接受捐赠时,捐赠资产的价值,按以下原则确认:

(1)接受捐赠的货币性资产,应当按照实际收到的金额计算;

(2)接受捐赠的非货币性资产,应当以其公允价值计算。

11. 业务招待费

(1)企业发生的与生产经营活动有关的业务招待费支出,按照发生额的60%扣除,但最高不得超过当年销售(营业)收入的5‰。

例如,某企业2018年度销售收入为272 000元,发生业务招待费5 000元,此时业务招待费扣除金额需要由两个标准来判断,如下:

标准一:业务招待费金额的60%。5 000×60%=3 000(元)

标准二:销售(营业)收入的5‰。272 000×5‰=1 360(元)

这两个标准按照"就低不就高"的原则确定当期实际的扣除限额为1 360元。

企业当期实际发生业务招待费5 000元,超过了限额1 360元,因此当期应按照1 360元在税前扣除。需要注意的是,超过限额的部分3 640元(即5 000-1 360)不得结转以后年度扣除,此处形成所得税会计中的永久性差异。

(2)企业在筹建期间,发生的与筹办活动有关的业务招待费支出,可按实际发生额的60%计入企业筹办费,并按有关规定在税前扣除。

对从事股权投资业务的企业(包括集团公司总部、创业投资企业等),其从被投资企业所分配的股息、红利以及股权转让收入,可以按规定的比例计算业务招待费扣除限额。

12. 广告费和业务宣传费

(1)企业发生的符合条件的广告费和业务宣传费支出,除国务院财政、税务主管部门另有规定外,不超过当年销售(营业)收入15%的部分,准予扣除;超过部分,准予在以后纳税年度结转扣除。企业在筹建期间,发生的广告费和业务宣传费,可按实际发生额计入企业筹办费,并按有关规定在税前扣除。

(2)企业申报扣除的广告费支出应与赞助支出严格区分。企业申报扣除的广告费支出必须符合下列条件:广告是通过工商部门批准的专门机构制作的已实际支付费用,并已取得相应发票通过一定的媒体传播,而各种赞助支出,是指各种非广告性质的赞助支出。赞助支出不得在税前扣除。

（3）自2016年1月1日起至2020年12月31日，对化妆品制造或销售、医药制造和饮料制造（不含酒类制造）企业发生的广告费和业务宣传费支出，不超过当年销售（营业）收入30%的部分，准予扣除；超过部分，准予在以后纳税年度结转扣除。

（4）烟草企业的烟草广告费和业务宣传费支出，一律不得在计算应纳税所得额时扣除。

边学边思

税法对于广告费的支出有一条规定，超过部分可无限期向以后年度结转，请问如何通过具体事例来理解？

13. 租赁费

企业根据生产经营活动的需要租入固定资产支付的租赁费，按照以下方法扣除：

（1）以经营租赁方式租入固定资产发生的租赁费支出，按照租赁期限均匀扣除。经营性租赁是指所有权不转移的租赁。

（2）以融资租赁方式租入固定资产发生的租赁费支出，按照规定构成融资租入固定资产价值的部分应当提取折旧费用分期扣除。融资租赁是指在实质上转移与一项资产所有权有关的全部风险和报酬的一种租赁。

14. 有关资产的费用

企业转让各类固定资产发生的费用，允许扣除。企业按规定计算的固定资产折旧费、无形资产和递延资产的摊销费，准予扣除。

15. 总机构分摊的费用

非居民企业在中国境内设立的机构、场所，就其中国境外总机构发生的与该机构、场所生产经营有关的费用，能够提供总机构出具的费用汇集范围、定额、分配依据和方法等证明文件，并合理分摊的，准予扣除。

16. 资产损失

企业当期发生的固定资产和流动资产盘亏、毁损净损失，由其提供清查盘存资料经主管税务机关审核后，准予扣除；企业因存货盘亏、毁损、报废等原因不得从销项税金中抵扣的进项税金，应视同企业财产损失，准予与存货损失一起在所得税前按规定扣除。

17. 其他扣除项目

依照有关法律、行政法规和国家有关税法规定准予扣除的其他项目。如会员费、合理的会议费、差旅费、违约金、诉讼费用等。

（六）不得扣除项目

在计算应纳税所得额时，下列支出不得扣除：

（1）向投资者支付的股息、红利等权益性投资收益款项。股息、红利是对被投资者税后利润的分配，本质上不是企业取得经营收入的正常的费用支出，因此不允许在税前扣除。

（2）企业所得税税款。企业所得税是国家参与企业经营成果分配的一种形式，其本质是企业利润分配支出,不能本末倒置将其作为企业的成本、费用在税前扣除。

（3）税收滞纳金。税收滞纳金是对企业未按国家规定缴税期限及时足额缴纳税款的一种处罚措施,为此强制规定其税收滞纳金不得在税前扣除。

（4）罚金、罚款和被没收财物的损失。罚金、罚款和被没收财物的损失是国家或有关执法部门对纳税人违反法律法规规定的一种经济制裁或经济处罚,因此强制规定其不得在税前扣除。同时规定,罚金、罚款和被没收财物的损失,不包括纳税人按照经济合同规定支付的违约金（包括银行罚息）、罚款和诉讼费。

（5）超过规定标准的捐赠支出。

（6）赞助支出。具体是指企业发生的与生产经营活动无关的各种非广告性质支出。

（7）未经核定的准备金支出。具体是指不符合国务院财政、税务主管部门规定的各项资产减值准备、风险准备等准备金支出。

（8）与取得收入无关的其他支出。企业之间支付的管理费、企业内营业机构之间支付的租金和特许权使用费,以及非银行企业内营业机构之间支付的利息,均不得在税前扣除。

（9）与取得收入无关的其他支出。

（七）亏损弥补

1. 企业所得税中涉及亏损的概念

亏损,是指企业依照《中华人民共和国企业所得税法》及其暂行条例的规定,将每一纳税年度的收入总额减除不征税收入、免税收入和各项扣除后小于零的数额。

2. 税前亏损弥补期限

税法规定,企业某一纳税年度发生的亏损可以用下一年度的所得弥补,下一年度的所得不足以弥补的,可以逐年延续弥补,但最长不得超过5年。2018年1月1日起,将高新技术企业和科技型中小企业亏损结转年限由5年延长至10年。而且,企业在汇总计算缴纳企业所得税时,其境外营业机构的亏损不得抵减境内营业机构的盈利。

税法规定,企业发生的亏损,下一年度实现的利润应该首先弥补以前年度的亏损；若下一年度实现的利润大于以前年度的亏损,应一次性将以前年度出现的亏损全部弥补。企业如果连续发生亏损,以后年度实现利润后,应首先弥补第一个亏损年度的亏损额,然后再弥补第二个亏损年度的亏损额,以此类推；不能颠倒几个亏损年度的前后弥补顺序,也不能随意选择某一个亏损年度的亏损额予以弥补。

所称"亏损逐年延续弥补,最长不得超过5（10）年",是指某一年度当年实际发生亏损（不包括结转上一年度亏损）,以其下一年算起,连续5（10）年作为该年度实际亏损的弥补期。在5（10）年亏损弥补期内,不论哪个年度发生盈利还是亏损,都作为一个弥补年度。在连续5（10）年内仍不足弥补的亏损,自第6（11）年起就不能再用税前利润予以弥补。

（八）非居民企业的应纳税所得额

（1）股息、红利等权益性投资收益和利息、租金、特许权使用费所得,以收入全额为应纳税所得额。

（2）转让财产所得,以收入全额减除财产净值后的余额为应纳税所得额。

（3）其他所得。参照前两项规定的方法计算应纳税所得额。

▶ 五、资产的税务处理

（一）企业资产概述

企业资产，是指企业拥有或者控制的、用于经营管理活动且与取得应税收入有关的资产。税法规定，纳入税务处理范围的资产形式主要有固定资产、生物资产、无形资产、长期待摊费用、投资资产、存货等，均以历史成本为计税基础。历史成本是指企业取得该项资产时实际发生的支出。企业持有各项资产期间资产增值或者减值，除国务院财政、税务主管部门规定可以确认损益外，不得调整该资产的计税基础。

1. 资产的税务处理重点

由于税收对资产主要政策关注点是其所发生的费用如何扣除问题，所以政策重点是两个方面：一是资产的定价，即如何确定其计税基础；二是计提资产费用的标准和扣除办法。

2. 资产计价原则

税收对企业资产主要采用历史成本计价原则，即以取得资产时的支出总额确认其计税基础。同时税法规定：企业持有各项资产期间资产增值或者减值，除国务院财政、税务主管部门规定可以确认损益外，不得调整该资产的计税基础。

3. 资产的净值

资产的净值是指有关资产、财产的计税基础减除已经按照规定扣除的折旧、折耗、摊销、准备金等后的余额。企业转让资产，该项资产的净值，准予在计算应纳税所得额时扣除。

（二）固定资产的税务处理

固定资产，是指企业为生产产品、提供劳务、出租或者经营管理而持有的、使用时间超过12个月的非货币性资产，包括房屋、建筑物、机器、机械、运输工具以及其他与生产经营活动有关的设备、器具、工具等。在计算应纳税所得额时，企业按照规定计算的固定资产折旧，准予扣除。

1. 固定资产计税基础的确定

（1）外购的固定资产，以购买价款和支付的相关税费以及直接归属于使该资产达到预定用途发生的其他支出为计税基础；

（2）自行建造的固定资产，以竣工结算前发生的支出为计税基础；

（3）融资租入的固定资产，以租赁合同约定的付款总额和承租人在签订租赁合同过程中发生的相关费用为计税基础，租赁合同未约定付款总额的，以该资产的公允价值和承租人在签订租赁合同过程中发生的相关费用为计税基础；

（4）盘盈的固定资产，以同类固定资产的重置完全价值为计税基础；

（5）通过捐赠、投资、非货币性资产交换、债务重组等方式取得的固定资产，以该资产的公允价值和支付的相关税费为计税基础；

（6）改建的固定资产，除法定的支出外，以改建过程中发生的改建支出增加计税基础。企业固定资产投入使用后，由于工程款项尚未结清而未取得全额发票的，可暂按合同规定的金额计入固定资产计税基础计提折旧,待发票取得后进行调整。但该项调整应在固定资产投入使用后12个月内进行。

2. 固定资产折旧的范围

在计算应纳税所得额时,企业按照规定计算的固定资产折旧,准予扣除。不得计算折旧扣除的固定资产包括:

(1)房屋、建筑物以外未投入使用的固定资产;
(2)以经营租赁方式租入的固定资产;
(3)以融资租赁方式租出的固定资产;
(4)已足额提取折旧仍继续使用的固定资产;
(5)与经营活动无关的固定资产;
(6)单独估价作为固定资产入账的土地;
(7)其他不得计算折旧扣除的固定资产。

3. 固定资产折旧年限

除国务院财政、税务主管部门另有规定外,固定资产计算折旧的最低年限如下:

(1)房屋、建筑物,为20年;
(2)飞机、火车、轮船、机器、机械和其他生产设备,为10年;
(3)与生产经营活动有关的器具、工具、家具等,为5年;
(4)飞机、火车、轮船以外的运输工具,为4年;
(5)电子设备,为3年。

4. 固定资产折旧计提方法

(1)固定资产按照直线法计算的折旧,准予扣除。
(2)企业应当自固定资产投入使用月份的次月起计算折旧;停止使用的固定资产,应当自停止使用月份的次月起停止计算折旧。
(3)企业应当根据固定资产的性质和使用情况,合理确定固定资产的预计净残值。固定资产的预计净残值一经确定,不得变更。

5. 加速折旧

企业的固定资产由于技术进步等原因,确需加速折旧的,可以缩短折旧年限或者采取加速折旧的方法。可以缩短折旧年限或者采取加速折旧方法的固定资产包括:

(1)由于技术进步,产品更新换代较快的固定资产;
(2)常年处于强震动、高腐蚀状态的固定资产。

采取缩短折旧年限方法的,最低折旧年限不得低于法定折旧年限的60%;采取加速折旧方法的,可以采取双倍余额递减法或者年数总和法。

对于一些固定资产占总资产有较大比例的特殊行业,税法规定了特殊的加速折旧优惠政策,包括:

(1)生物药品制造业,专用设备制造业,铁路、船舶、航空航天和其他运输设备制造业,计算机、通信和其他电子设备制造业,仪器仪表制造业,信息传输、软件和信息技术服务业等6个行业的企业2014年1月1日后新购进的固定资产,可缩短折旧年限或采取加速折旧的方法。
(2)自2015年1月1日起,对轻工、纺织、机械、汽车四个领域重点行业的企业,2015年

1月1日后新购进的固定资产,可由企业选择缩短折旧年限或采取加速折旧的方法。其中最低折旧年限不得低于《实施条例》中规定折旧年限的60%。采取加速折旧方法的,可采取双倍余额递减法或者年数总和法。

(3)企业在2018年1月1日至2020年12月31日期间购进(包括自行建造)的设备、器具,单位价值不超过500万元的,允许一次性计入当期成本费用在计算应纳税所得额时扣除,不再分年度计算折旧。

(三)生物资产的税务处理

生物资产,是指有生命的动物和植物。生物资产分为消耗性生物资产、生产性生物资产和公益性生物资产。消耗性生物资产,是指为出售而持有的,或在将来收获为农产品的生物资产,包括生长中的农田作物、蔬菜、用材林以及存栏待售的牲畜等。生产性生物资产,是指为产出农产品、提供劳务或出租等目的而持有的生物资产,包括经济林、薪炭林、产畜和役畜等。公益性生物资产,是指以防护、环境保护为主要目的的生物资产,包括防风固沙林、水土保持林和水源涵养林等。

1. 生产性生物资产计税基础的确定

生产性生物资产按照以下方法确定计税基础:

(1)外购的生产性生物资产,以购买价款和支付的相关税费为计税基础;

(2)通过捐赠、投资、非货币性资产交换、债务重组等方式取得的生产性生物资产,以该资产的公允价值和支付的相关税费为计税基础。

2. 生产性生物资产折旧计提方法

生产性生物资产按照直线法计算的折旧,准予扣除。企业应当自生产性生物资产投入使用月份的次月起计算折旧;停止使用的生产性生物资产,应当自停止使用月份的次月起停止计算折旧。

企业应当根据生产性生物资产的性质和使用情况,合理确定生产性生物资产的预计净残值。生产性生物资产的预计净残值一经确定,不得变更。

3. 生产性生物资产最低折旧年限

生产性生物资产计算折旧的最低年限如下:

(1)林木类生产性生物资产,为10年;

(2)畜类生产性生物资产,为3年。

(四)无形资产的税务处理

无形资产,是指企业为生产产品、提供劳务、出租或经营管理而持有的、没有实物形态的非货币性长期资产,包括专利权、商标权、著作权、土地使用权、非专利技术、商誉等。在计算应纳税所得额时,企业按照规定计算的无形资产摊销费用,准予扣除。

1. 无形资产的计税基础确定

无形资产按照以下方法确定计税基础:

(1)外购的无形资产,以购买价款和支付的相关税费以及直接归属于使该资产达到预定用途发生的其他支出为计税基础;

（2）自行开发的无形资产，以开发过程中该资产符合资本化条件后至达到预定用途前发生的支出为计税基础；

（3）通过捐赠、投资、非货币性资产交换、债务重组等方式取得的无形资产，以该资产的公允价值和支付的相关税费为计税基础。

2. 无形资产不得摊销扣除的情形

下列无形资产不得计算摊销费用扣除：

（1）自行开发的支出已在计算应纳税所得额时扣除的无形资产；

（2）自创商誉；

（3）与经营活动无关的无形资产；

（4）其他不得计算摊销费用扣除的无形资产。

3. 无形资产摊销方法及摊销年限

（1）无形资产按照直线法计算的摊销费用，准予扣除。无形资产的摊销年限不得低于10年。

（2）作为投资或者受让的无形资产，有关法律规定或者合同约定了使用年限的，可以按照规定或者约定的使用年限分期摊销。外购商誉的支出，在企业整体转让或者清算时，准予扣除。

（五）长期待摊费用的税务处理

长期待摊费用，是指企业发生的应在1个年度以上或几个年度进行摊销的费用。在计算应纳税所得额时，企业发生的下列支出作为长期待摊费用，按照规定摊销的，准予扣除：

（1）已足额提取折旧的固定资产的改建支出，按照固定资产预计尚可使用年限分期摊销。

（2）租入固定资产的改建支出，按照合同约定的剩余租赁期限分期摊销。

所谓固定资产的改建支出，是指改变房屋或者建筑物结构、延长使用年限等发生的支出。改建的固定资产延长使用年限的，除前述规定外，应当适当延长折旧年限。

（3）固定资产的大修理支出，按照固定资产尚可使用年限分期摊销。

固定资产的大修理支出指同时符合下列条件的支出：

① 修理支出达到取得固定资产时的计税基础50%以上；

② 修理后固定资产的使用年限延长2年以上。

（4）其他应当作为长期待摊费用的支出，自支出发生月份的次月起，分期摊销，摊销年限不得低于3年。

（六）存货的税务处理

存货，是指企业持有以备出售的产品或者商品、处在生产过程中的在产品、在生产或者提供劳务过程中耗用的材料和物料等。存货按照以下方法确定成本：

1. 存货的计税基础

（1）通过支付现金方式取得的存货，以购买价款和支付的相关税费为成本；

（2）通过支付现金以外的方式取得的存货，以该存货的公允价值和支付的相关税费为成本；

（3）生产性生物资产收获的农产品，以产出或者采收过程中发生的材料费、人工费和分摊的间接费用等必要支出为成本。

2. 存货的成本计算方法

（1）企业使用或者销售存货，按照规定计算的存货成本，准予在计算应纳税所得额时扣除。

（2）企业使用或者销售的存货的成本计算方法，可以在先进先出法、加权平均法、个别计价法中选用一种。计价方法一经选用，不得随意变更。

（3）除国务院财政、税务主管部门另有规定外，企业在重组过程中，应当在交易发生时确认有关资产的转让所得或者损失，相关资产应当按照交易价格重新确定计税基础。

（七）投资资产的税务处理

投资资产，是指企业对外进行权益性投资和债权性投资形成的资产。

1. 投资资产的成本

投资资产按照以下方式确定成本：

（1）通过支付现金方式取得的投资资产，以购买价款为成本；

（2）通过支付现金以外的方式取得的投资资产，以该资产的公允价值和支付的相关税费为成本。

2. 投资资产成本的扣除方法

企业对外投资期间，投资资产的成本在计算应纳税所得额时不得扣除。企业在转让或者处置投资资产时，投资资产的成本，准予扣除。

▶ 六、企业所得税应纳税额的计算

应纳税额是指企业依法缴纳的企业所得税税额。各国为促进本国企业"走出去"，一般对其境外投资企业采取税收抵免制度，即允许企业在境外投资缴纳的税款可在当期应纳税额计算中予以抵免，以避免双重征税，合理减轻企业负担。

（一）企业所得税的应纳税额的计算

企业所得税的应纳税额的计算公式为：

<u>应纳税额 = 应纳税所得额 × 适用税率 − 减免税额 − 抵免税额</u>

所称减免税额和抵免税额，是指依照企业所得税法和国务院的税收优惠规定减征、免征和抵免的应纳税额。

企业抵免境外所得税额后实际应纳所得税额的计算公式为：

<u>企业实际应纳所得税额 = 企业境内外所得应纳税总额 − 企业所得税减免、抵免优惠税额 − 境外所得税抵免额</u>

根据计算公式可以看出，应纳税额的多少，取决于应纳税所得额和适用税率两个因素。在实际过程中，应纳税所得额的计算一般有两种方法。

1. 直接计算法

在<u>直接计算法</u>下，企业每一纳税年度的收入总额减除不征税收入、免税收入、各项扣除以

及允许弥补的以前年度亏损后的余额为应纳税所得额。即为：

应纳税所得额 = 收入总额 − 不征税收入 − 免税收入 −
各项扣除金额 − 允许弥补的以前年度亏损

公式中收入总额为税法规定的收入总额，准予扣除项目金额为按税法规定范围和限制标准计算的扣税金额。

2. 间接计算法

在间接计算法下，是在会计利润总额的基础上加或减按照税法规定调整的项目金额后，即为应纳税所得额。计算公式为：

应纳税所得额 = 会计利润总额 ± 纳税调整项目金额

税收调整项目金额包括两方面的内容，一是企业的财务会计处理和税收规定不一致的应予以调整的金额；二是企业按税法规定准予扣除的税收金额。具体来讲，公式中的"+ 纳税调整项目金额"包括：① 会计利润计算中已扣除，但超过税法规定扣除标准部分，例如，业务招待费、广告宣传费等超标部分；② 会计利润计算中已扣除，但税法规定不得扣除的项目金额，例如，税收滞纳金、行政罚款、未经核准的准备金支出等；③ 未计或少计的应税收益。公式中的"− 纳税调整项目金额"包括：① 弥补以前年度（5年内）未弥补亏损额；② 减税或免税收益等。

（二）境外所得抵扣税额的计算

企业取得的下列所得已在境外缴纳的所得税税额，可以从其当期应纳税额中抵免，抵免限额为该项所得依照本法规定计算的应纳税额；超过抵免限额的部分，可以在以后5个年度内，用每年抵免限额抵免当年应抵税额后的余额进行抵补：

（1）居民企业来源于中国境外的应税所得；

（2）非居民企业在中国境内设立机构、场所，取得发生在中国境外但与该机构、场所有实际联系的应税所得。

境外所得抵扣税款具体计算中，需要注意以下几个问题：

（1）已在境外缴纳的所得税税额，是指企业来源于中国境外的所得依照中国境外税收法律以及相关规定应当缴纳并已经实际缴纳的企业所得税性质的税款。

（2）抵免限额，是指企业来源于中国境外的所得，依照规定计算的应纳税额。除国务院财政、税务主管部门另有规定外，该抵免限额应当分国（地区）不分项计算，计算公式如下：

抵免限额 = 中国境内、境外所得的应纳税总额 × 来源于某国（地区）的应纳税所得额 ÷
中国境内、境外应纳税所得总额

（3）所谓5个年度，是指从企业取得的来源于中国境外的所得，已经在中国境外缴纳的企业所得税性质的税额超过抵免限额的当年的次年起连续5个纳税年度。

自2017年7月1日起，企业可以选择按国（地区）分别计算（即"分国（地区）不分项"）或者不按国（地区）分别汇总计算（即"不分国（地区）不分项"）。其来源于境外的应纳税所得额，按照规定的税率，分别计算其可抵免境外所得税税额和抵免限额。上述方式一经选择，5年内不得改变。

居民企业从其直接或间接控制的外国企业分得的来源于中国境外的股息、红利等权益性投资收益,外国企业在境外实际缴纳的所得税税额中属于该项所得负担的部分,可以作为该居民企业的可抵免境外所得税税额,在该法规定的抵免限额内抵免。

上述所称直接控制,是指居民企业直接持有外国企业 20% 以上股份。

上述所称间接控制,是指居民企业以间接持股方式持有外国企业 20% 以上股份,具体认定办法由国务院财政、税务主管部门另行制定。

企业按规定抵免企业所得税税额时,应当提供中国境外税务机关出具的税款所属年度的有关纳税凭证。

关于境外所得抵免问题,在实际操作中,我们可以采用以下的计算步骤:

第一步:先计算国内外应缴纳的税额＝国内外应纳税所得额×25%(注:高新技术企业所得税税率为 15%);

第二步:计算限额(可以理解为国外所得额在国内要缴纳的税额),**限额＝国外税前所得额×25%**[注:如果境外是税后利润要换算成税前所得,即税后所得÷(1-境外税率)];

第三步:境外缴纳的税额和限额进行比较,境外税额大于限额不用补税,反之要补税。

比如境外缴纳的税额是 5 万元,限额是 4 万元,不用补税,也不退税。境外缴纳的税额是 5 万元,限额是 6 万元,要补税 1 万元。

汇总我国缴纳的所得税＝第一步计算的税额＋补税额。

边学边做 8.1

1. 训练目的

掌握境外所得境内抵免的具体计算。

2. 案例设计

假设我国居民公司在 2018 年度来自境内所得 8 万元,来自境外税后收益 2 万元。已经在境外缴纳所得税 0.5 万元。境内外所得税税率分别为 25% 和 20%,则 2018 年该公司在我国应纳企业所得税是多少?

3. 分析过程

2018 年该公司在我国应纳企业所得税是 2.215 万元。计算结果如下:

该公司 2018 年境内外应纳税所得额＝8+2+0.5=10.5(万元),境外已纳税额 0.5 万元,抵免限额＝(2+0.5)×25%=0.625(万元)>0.5(万元),该公司 2018 年应在我国应纳企业所得税＝10.5×25%-0.5=2.125(万元)。

▶ 七、企业所得税税收优惠

税收优惠,是指国家运用税收政策在税收法律、行政法规中规定对某一部分特定企业和课税对象给予减轻或免除税收负担的一种措施。我国企业所得税的税收优惠包括免税收入、可以减免税的所得、优惠税率、民族自治地方的减免税、加计扣除、抵扣应纳税所得额、加速折旧、减计收入、抵免应纳税额和其他专项优惠政策。企业同时从事适用不同企业所得税待遇的项目的,其优惠项目应当单独计算所得,并合理分摊企业的期间费用;没有单独计算的,不得享受企业所得税优惠。

（一）免征与减征优惠

1. 从事农、林、牧、渔业项目的所得

企业从事农、林、牧、渔业项目的所得，包括免征和减征两部分。

（1）企业从事下列项目的所得，免征企业所得税：

① 蔬菜、谷物、薯类、油料、豆类、棉花、麻类、糖料、水果、坚果的种植；

② 农作物新品种的选育；

③ 中药材的种植；

④ 林木的培育和种植；

⑤ 牲畜、家禽的饲养；

⑥ 林产品的采集；

⑦ 灌溉、农产品初加工、兽医、农技推广、农机作业和维修等农、林、牧、渔服务业项目；

⑧ 远洋捕捞。

（2）减半征收企业所得税。企业从事下列项目的所得，减半征收企业所得税：

① 花卉、茶以及其他饮料作物和香料作物的种植；

② 海水养殖、内陆养殖。

2. 从事国家重点扶持的公共基础设施项目投资经营的所得

《企业所得税法》所称的国家重点扶持的公共基础设施项目，是指《公共基础设施项目企业所得税优惠目录》规定的港口码头、机场、铁路、公路、城市公共交通、电力、水利等项目。

（1）企业从事上述国家重点扶持的公共基础设施项目的投资经营的所得，自项目取得第一笔生产经营收入所属纳税年度起，第1年至第3年免征企业所得税，第4年至第6年减半征收企业所得税，简称"三免三减半"。

（2）企业承包经营、承包建设和内部自建自用上述项目，不得享受上述企业所得税优惠。

3. 从事符合条件的环境保护、节能节水项目的所得

符合条件的环境保护、节能节水项目，包括公共污水处理、公共垃圾处理、沼气综合开发利用、节能减排技术改造、海水淡化等。项目的具体条件和范围由国务院财政、税务主管部门商国务院有关部门制定，报国务院批准后公布施行。

企业从事上述规定的符合条件的环境保护、节能节水项目的所得，自项目取得第一笔生产经营收入所属纳税年度起，第1年至第3年免征企业所得税，第4年至第6年减半征收企业所得税。

以上规定享受减免税优惠的项目，在减免税期限内转让的，受让方自受让之日起，可以在剩余期限内享受规定的减免税优惠；减免税期限届满后转让的，受让方不得就该项目重复享受减免税优惠。

4. 符合条件的技术转让所得

符合条件的技术转让所得免征、减征企业所得税，是指一个纳税年度内，居民企业技术转让所得不超过500万元的部分，免征企业所得税；超过500万元的部分，减半征收企业所得税。其计算公式为：

技术转让所得 = 技术转让收入 − 技术转让成本 − 相关税费

需要注意的是,上述所称技术转让的范围,包括居民企业转让专利技术、计算机软件著作权、集成电路布图设计权、植物新品种、生物医药新品种,以及财政部和国家税务总局确定的其他技术。

5. 非居民企业所得

下列所得可以免征企业所得税:

（1）外国政府向中国政府提供贷款取得的利息所得。

（2）国际金融组织向中国政府和居民企业提供优惠贷款取得的利息所得。

（3）经国务院批准的其他所得。

> **提示**
>
> 从2014年11月17日起,对境外合格投资者（QFII）、人民币合格境外机构投资者（RQFII）取得来源于中国境内的股票等权益性投资资产转让所得,暂免征收企业所得税。

（二）小型微利企业优惠

1. 小型微利企业的认定

符合条件的小型微利企业,是指从事国家非限制和禁止行业,并符合下列条件的企业:

（1）工业企业,年度应纳税所得额不超过50万元,从业人数不超过100人,资产总额不超过3 000万元;

（2）其他企业,年度应纳税所得额不超过50万元,从业人数不超过80人,资产总额不超过1 000万元。

从业人数,包括与企业建立劳动关系的职工人数和企业接受的劳务派遣用工人数。

从业人数和资产总额指标,应按企业全年的季度平均值确定。

年度中间开业或者终止经营活动的,以其实际经营期作为一个纳税年度确定上述相关指标。

2. 小型微利企业的优惠政策

符合条件的小型微利企业,减按20%的税率征收企业所得税。

自2018年1月1日至2020年12月31日,对年应纳税所得额低于100万元（含100万元）的小型微利企业,其所得减按50%计入应纳税所得额,按20%的税率缴纳企业所得税。

（三）高新技术企业优惠

国家需要重点扶持的高新技术企业,减按15%的税率征收企业所得税。

国家需要重点扶持的高新技术企业,是指拥有核心自主知识产权,并同时符合下列条件的企业:

（1）产品（服务）属于《国家重点支持的高新技术领域》规定的范围;

（2）研究开发费用占销售收入的比例不低于规定比例;

（3）高新技术产品（服务）收入占企业总收入的比例不低于规定比例;

（4）科技人员占企业职工总数的比例不低于规定比例；

（5）高新技术企业认定管理办法规定的其他条件。

2018年具备高新技术企业或科技型中小企业资格的企业，无论2013年至2017年是否具备资格，其2013年至2017年发生的尚未弥补完的亏损，均准予结转以后年度弥补，最长结转年限为10年。2018年以后年度具备资格的企业，依此类推，进行亏损结转弥补税务处理。

（四）加计扣除优惠

所谓加计扣除，是指在计算应纳税所得额时按照税法规定扣除一定的附加项目。企业涉及加计扣除的优惠包括两项内容。

1. 研究开发费用

研究开发费用的加计扣除，是指企业为开发新技术、新产品、新工艺发生的研究开发费用，未形成无形资产计入当期损益的，在按照规定据实扣除的基础上，按照研究开发费用的50%加计扣除；形成无形资产的，按照无形资产成本的150%摊销。

企业开展研发活动中实际发生的研发费用，未形成无形资产计入当期损益的，在按规定据实扣除的基础上，在2018年1月1日至2020年12月31日期间，再按照实际发生额的75%在税前加计扣除；形成无形资产的，在上述期间按照无形资产成本的175%在税前摊销。

下列行业不适用税前加计扣除政策：烟草制造业；住宿和餐饮业；批发和零售业；房地产业；租赁和商务服务业；娱乐业；财政部和国家税务总局规定的其他行业。

提示

从2018年1月1日起，取消企业委托境外研发费用不得加计扣除的限制。

2. 安置残疾人员及国家鼓励安置的其他就业人员所支付的工资

企业安置残疾人员所支付工资费用的加计扣除，是指企业安置残疾人员的，在按照支付给残疾职工工资据实扣除的基础上，按照支付给残疾职工工资的100%加计扣除。残疾人员的范围适用《中华人民共和国残疾人保障法》的有关规定。企业安置国家鼓励安置的其他就业人员所支付的工资的加计扣除办法，由国务院另行规定。

（五）创投企业优惠

创业投资企业从事国家需要重点扶持和鼓励的创业投资，可以按投资额的一定比例抵扣应纳税所得额。

抵扣应纳税所得额，是指创业投资企业采取股权投资方式投资于未上市的中小高新技术企业两年以上的，可以按照其投资额的70%在股权持有满两年的当年抵扣该创业投资企业的应纳税所得额；当年不足抵扣的，可以在以后纳税年度结转抵扣。

（六）民族自治地方的减免税

民族自治地方的自治机关对本民族自治地方的企业应缴纳的企业所得税中属于地方分享

的部分,可以决定减征或者免征。自治州、自治县决定减征或者免征的,须报省、自治区、直辖市人民政府批准。

民族自治地方,是指依照《中华人民共和国民族区域自治法》的规定,实行民族区域自治的自治区、自治州、自治县。

对民族自治地方内国家限制和禁止行业的企业,不得减征或者免征企业所得税。

(七)减计收入优惠

企业综合利用资源,生产符合国家产业政策规定的产品所取得的收入,可以在计算应纳税所得额时减计收入。

减计收入,是指企业以《资源综合利用企业所得税优惠目录》规定的资源作为主要原材料,生产国家非限制和禁止并符合国家和行业相关标准的产品取得的收入,减按90% 计入收入总额。上述所称原材料占生产产品材料的比例不得低于前述优惠目录规定的标准。

(八)应纳税额抵免优惠

(1)应纳税额抵免,是指企业购置并实际使用《环境保护专用设备企业所得税优惠目录》《节能节水专用设备企业所得税优惠目录》和《安全生产专用设备企业所得税优惠目录》规定的环境保护、节能节水、安全生产等专用设备的,该专用设备的投资额的10%可以从企业当年的应纳税额中抵免;当年不足抵免的,可以在以后5个纳税年度结转抵免。

(2)享受上述规定的企业所得税优惠的企业,应当实际购置并自身实际投入使用上述规定的专用设备;企业购置上述专用设备在5年内转让、出租的,应当停止享受企业所得税优惠,并补缴已经抵免的企业所得税税款。

(3)企业购置用于环境保护、节能节水、安全生产等专用设备的投资额,可以按一定比例实行税额抵免。

(4)购置并实际使用的环境保护、节能节水和安全生产专用设备,包括承租方企业以融资租赁方式租入的、并在融资租赁合同中约定租赁期届满时租赁设备所有权转移给承租方企业,且符合规定条件的上述专用设备。凡融资租赁期届满后租赁设备所有权未转移至承租方企业的,承租方企业应停止享受抵免企业所得税优惠,并补缴已经抵免的企业所得税税款。

(5)自2009年1月1日起,增值税一般纳税人购进固定资产发生的进项税额可从其销项税额中抵扣。如增值税进项税额允许抵扣,其专用设备投资额不再包括增值税进项税额;如增值税进项税额不允许抵扣,其专用设备投资额应为增值税专用发票上注明的价税合计金额。企业购买专用设备取得普通发票的,其专用设备投资额为普通发票上注明的金额。

(九)西部地区的减免税

对设在西部地区以《西部地区鼓励类产业目录》中新增鼓励类产业项目为主营业务,且其当年度主营业务收入占企业收入总额70%以上的企业,自2014年10月1日起,可减按15%税率缴纳企业所得税。

▶ 八、征收管理

企业所得税的征收管理是企业所得税管理制度的重要内容,是保证国家税款及时、足额上缴国库的关键环节。企业所得税的征收管理除了企业所得税法规定以外,还应依照《中华人民共和国税收征收管理法》规定执行。

(一)纳税地点

1. 居民企业的纳税地点

(1)除税收法律、行政法规另有规定外,居民企业以企业登记注册地为纳税地点;但登记注册地在境外的,以实际管理机构所在地为纳税地点。

(2)居民企业在中国境内设立不具有法人资格的营业机构的,应当汇总计算并缴纳企业所得税。企业汇总计算并缴纳企业所得税时,应当统一核算应纳税所得额,具体办法由国务院财政、税务主管部门另行制定。

2. 非居民企业的纳税地点

(1)非居民企业在中国境内设立机构、场所的,以机构、场所所在地为纳税地点。非居民企业在中国境内设立两个或者两个以上机构、场所的,经税务机关审核批准,可以选择由其主要机构、场所汇总缴纳企业所得税。

(2)在中国境内未设立机构、场所的,或者虽设立机构、场所但取得的所得与其所设机构、场所没有实际联系的非居民企业,以扣缴义务人所在地为纳税地点。

需要注意的是,以上所称主要机构、场所,应当同时符合下列条件:

① 对其他机构、场所的生产经营活动负有监督管理责任;

② 设有完整的账簿、凭证,能够准确反映各机构、场所的收入、成本、费用和盈亏情况。

经税务机关审核批准,是指经各机构、场所所在地税务机关的共同上级税务机关审核批准。

(3)非居民企业经批准汇总缴纳企业所得税后,需要增设、合并、迁移、关闭机构、场所或者停止机构、场所业务的,应当事先由负责汇总申报缴纳企业所得税的主要机构、场所向其所在地税务机关报告;需要变更汇总缴纳企业所得税的主要机构、场所的,依照前述规定办理。

(二)纳税期限

(1)企业所得税按年计征,分月或者分季预缴,年终汇算清缴,多退少补。

(2)企业所得税纳税年度自公历1月1日起至12月31日止。

企业在一个纳税年度中间开业,或者终止经营活动,使该纳税年度的实际经营期不足12个月的,应当以其实际经营期为1个纳税年度。企业依法清算时,应当以清算期间作为1个纳税年度。

企业应当自年度终了之日起5个月内,向税务机关报送年度企业所得税纳税申报表,并汇算清缴,结清应缴应退税款。

企业在年度中间终止经营活动的,应当自实际经营终止之日起60日内,向税务机关办理当期企业所得税汇算清缴。

（三）纳税申报

（1）按月或按季预缴的，应当自月份或者季度终了之日起 15 日内，向税务机关报送预缴企业所得税纳税申报表，预缴税款。

（2）企业在报送企业所得税纳税申报表时，应当按照规定附送财务会计报告和其他有关资料。

（3）企业应当在办理注销登记前，就其清算所得向税务机关申报并依法缴纳企业所得税。

（4）企业分月或者分季预缴企业所得税时，应当按照月度或者季度的实际利润额预缴；按照月度或者季度的实际利润额预缴有困难的，可以按照上一纳税年度应纳税所得额的月度或者季度平均额预缴，或者按照经税务机关认可的其他方法预缴。预缴方法一经确定，该纳税年度内不得随意变更。

（5）企业在纳税年度内无论盈利或者亏损，都应当依照规定期限，向税务机关报送预缴企业所得税纳税申报表、年度企业所得税纳税申报表、财务会计报告和税务机关规定应当报送的其他有关资料。

（四）计税货币

（1）依法缴纳的企业所得税以人民币计算。企业所得以人民币以外的货币计算的，应当折合成人民币计算并缴纳税款。

（2）企业所得以人民币以外的货币计算的，预缴企业所得税时，应当按照月度或者季度最后 1 日的人民币汇率中间价，折合成人民币计算应纳税所得额。

（3）年度终了汇算清缴时，对已经按照月度或者季度预缴税款的，不再重新折合计算，只就该纳税年度内未缴纳企业所得税的部分，按照纳税年度最后一日的人民币汇率中间价，折合成人民币计算应纳税所得额。

（4）经税务机关检查确认，企业少计或者多计前述规定的所得的，应当按照检查确认补税或者退税时的上一个月最后一日的人民币汇率中间价，将少计或者多计的所得折合成人民币计算应纳税所得额，再计算应补缴或者应退的税款。

边学边做 8.2

1. 训练目的

掌握企业所得税的综合计算。

2. 案例设计

某自行车厂为增值税一般纳税人，主要生产"动力"牌自行车，2018 年度实现会计利润 600 万元。该厂财务人员对 2018 年度企业所得税进行汇算清缴，发现部分财务资料如下：

（1）销售自行车取得不含增值税销售收入 5 950 万元，同时收取送货运费收入 58 万元。取得到期国债利息收入 25 万元、企业债券利息收入 12 万元。

（2）发生财务费用 125 万元，其中：支付银行借款利息 54 万元，支付因向某商场借款 1 000 万元而发生的利息 71 万元。

（3）发生销售费用1 400万元，其中：广告费用750万元，业务宣传费186万元。

（4）发生管理费用320万元，其中：业务招待费55万元。

（5）发生营业外支出91万元，其中：通过当地市政府捐赠85万元，用于该市所属某边远山区饮用水工程建设。当年因拖欠应缴税款，被税务机关加收滞纳金6万元。

已知：增值税税率为16%，企业所得税税率为25%，同期银行贷款年利率为6.1%。

要求：根据上述资料，计算该自行车厂2018年度应缴纳的企业所得税。

3. 分析过程

（1）由于案例给出了企业当年实现的净利润，因此采用间接计算法来确定应纳税所得额。

（2）国债利息收入属于免税收入，不用计算缴纳所得税。

（3）根据规定，非金融企业向非金融企业借款的利息支出，不超过按照金融企业同期同类贷款利率计算的数额的部分准予扣除。向某商场借款1 000万元而发生的利息71万元，超过按照金融企业同期同类贷款利率计算的数额部分不得扣除，本题中，应调增所得额=（71-1 000×6.1%）=10（万元）。

（4）企业发生的公益性捐赠支出，在年度利润总额12%以内的部分，准予在计算应纳税所得额时扣除，超过的部分，不得扣除。本案例中，会计利润为600万元，其12%为72万元，而实际捐赠额为85万元，因此应调增应纳税所得额=85-72=13（万元）。

（5）税收滞纳金属于企业所得税税前不得扣除的项目。

（6）根据规定，企业发生的符合条件的广告费和业务宣传费支出，除国务院财政、税务主管部门另有规定外，不超过当年销售（营业）收入15%的部分，准予扣除；超过部分，准予在以后纳税年度结转扣除。

本案例中，广告费用和业务宣传费超过扣除标准部分的数额不得扣除。

税前可以扣除的销售费用=1 400-[750+186-（5 950+58÷1.16）×15%]=1 364（万元）。

（7）企业发生的与生产经营活动有关的业务招待费支出，按照发生额的60%扣除，但最高不得超过当年销售（营业）收入的5‰。

本题中企业营业收入为5 950+58÷1.16=6 000（万元），6 000×5‰=30（万元）。

业务招待费发生额为55万元，55×60%=33（万元），可以扣除的业务招待费为30万元。

应调增应纳税所得额=55-30=25（万元）。

（8）计算2018年度该自行车厂应纳企业所得税额。

① 国债利息收入应调减应纳税所得额25万元；

② 向某商场借款1 000万元的利息支出应调增应纳税所得额的数额10万元；

③ 广告费用和业务宣传费应调增应纳税所得额的数额36万元；

④ 业务招待费应调增应纳税所得额的数额25万元；

⑤ 捐赠支出应调增应纳税所得额的数额13万元；

⑥ 被税务机关加收滞纳金应调增应纳税所得额的数额6万元。

全年应纳税所得额=600-25+10+36+25+13+6=665（万元）

全年应纳企业所得税税额=665×25%=166.25（万元）

第二节 个人所得税法律制度

一、个人所得税纳税人

个人所得税的纳税人可以泛指取得所得的自然人，包括居民纳税人和非居民纳税人。

需要注意的是，个人独资企业和合伙企业不缴纳企业所得税，只对投资者个人取得的生产经营所得征收个人所得税。个人独资企业和合伙企业分别是指依照我国相关法律登记成立的个人独资、合伙性质的企业、律师事务所以及其他相关机构或组织。

个人独资企业虽然属于企业形式的经营实体，但根据《个人独资企业法》的规定，其投资人必须为自然人，且其企业不具有法人资格，因此其投资人为个人所得税纳税人；根据《合伙企业法》的规定，合伙企业的投资人可以是法人，也可以是自然人，只有其投资人为自然人的情况下，其取得的所得才缴纳个人所得税，因此作为个人所得税纳税人的合伙企业实质是指其作为自然人身份的投资人。

（一）居民纳税人和非居民纳税人

在中国境内有住所，或者无住所而一个纳税年度内在中国境内居住累计满183天的个人，为居民个人。居民个人从中国境内和境外取得的所得，依照本法规定缴纳个人所得税。

在中国境内无住所又不居住，或者无住所而一个纳税年度内在中国境内居住累计不满183天的个人，为非居民个人。非居民个人从中国境内取得的所得，依照本法规定缴纳个人所得税。

纳税年度自公历1月1日至12月31日。

个人独资企业和合伙企业不缴纳企业所得税，只对投资者个人或个人合伙人取得的生产经营所得征收个人所得税。

（二）居民纳税人和非居民纳税人的纳税义务

在中国境内无住所的居民个人，在境内居住累计满183天的年度连续不满五年的，或满五年但其间有单次离境超过30天情形的，其来源于中国境外的所得，经向主管税务机关备案，可以只就由中国境内企事业单位和其他经济组织或者居民个人支付的部分缴纳个人所得税；在境内居住累计满183天的年度连续满5年的纳税人，且在5年内未发生单次离境超过30天情形的，从第6年起，中国境内居住累计满183天的，应当就其来源于中国境外的全部所得缴纳个人所得税。

在中国境内无住所，且在一个纳税年度中在中国境内连续或者累计居住不超过90天的个人，其来源于中国境内的所得，由境外雇主支付并且不由该雇主在中国境内的机构、场所负担的部分，免予缴纳个人所得税。

（三）所得来源的确定

除国务院财政、税务主管部门另有规定外，下列所得，不论支付地点是否在中国境内，均为来源于中国境内的所得：

（1）因任职、受雇、履约等而在中国境内提供劳务取得的所得；

（2）在中国境内开展经营活动而取得与经营活动相关的所得；

（3）将财产出租给承租人在中国境内使用而取得的所得；

（4）许可各种特许权在中国境内使用而取得的所得；

（5）转让中国境内的不动产、土地使用权取得的所得；转让对中国境内企事业单位和其他经济组织投资形成的权益性资产取得的所得；在中国境内转让动产以及其他财产取得的所得；

（6）由中国境内企事业单位和其他经济组织以及居民个人支付或负担的稿酬所得、偶然所得；

（7）从中国境内企事业单位和其他经济组织或者居民个人取得的利息、股息、红利所得。

▶ 二、个人所得税征税对象

（一）具体征税范围

个人所得税的征税对象是个人取得的应税所得。按应纳税所得的来源划分，现行个人所得税共11个应税项目，分别为：

（1）工资、薪金所得；

（2）经营所得；

（3）劳务报酬所得；

（4）稿酬所得；

（5）特许权使用费所得；

（6）利息、股息、红利所得；

（7）财产租赁所得；

（8）财产转让所得；

（9）偶然所得。

（二）个人所得的形式

个人所得的形式，包括现金、实物、有价证券和其他形式的经济利益。所得为实物的，应当按照取得的凭证上所注明的价格计算应纳税所得额；无凭证的实物或者凭证上所注明的价格明显偏低的，参照市场价格核定应纳税所得额。所得为有价证券的，根据票面价格和市场价格核定应纳税所得额。所得为其他形式的经济利益的，参照市场价格核定应纳税所得额。

▶ 三、个人所得税计税依据

个人所得税的计税依据是纳税人取得的应纳税所得额。应纳税所得额为个人取得的各项收入减去税法规定的扣除项目或扣除金额后的余额。由于个人所得税的应税项目不同,扣除费用标准也各不相同,需要按不同应税项目分项计算。

(一) 收入的形式

个人取得的应纳税所得,包括现金、实物和有价证券。所得为实物的,应按照取得的凭证上的价格计算应纳税所得额;无凭证的实物或者凭证上所注明的价格明显偏低的,由主管税务机关参照当地的市场价格核定应纳税所得额;纳税人的所得为有价证券的,根据票面价格和市场价格核定应纳税所得额。

(二) 费用扣除的方法

在计算应纳税所得额时,除特殊项目外,一般允许从个人的应税收入中减去税法规定的扣除项目或扣除金额,包括为取得收入所支出的必要的成本或费用,仅就扣除费用后的余额征税。

(三) 外币折算的要求

企业和个人取得的收入和所得为美元、日元、港币的,仍统一使用中国人民银行公布的人民币对上述三种货币的基准汇价,折合成人民币计算缴纳税款;企业和个人取得的收入和所得为上述三种货币以外的其他货币的,应根据美元对人民币的基准汇价和国家外汇管理局提供的纽约外汇市场美元对主要外币的汇价进行套算,按套算后的汇价作为折合汇率计算缴纳税款。

某种货币对人民币的汇价 = 美元对人民币的基准汇价 ÷ 纽约外汇市场美元对该种货币的汇价

▶ 四、每次收入的确定

下列所得按次计算应纳税所得额:
(1) 财产租赁所得,以一个月内取得的收入为一次;
(2) 利息、股息、红利所得,以支付利息、股息、红利时取得的收入为一次;
(3) 偶然所得,以每次取得该项收入为一次;
(4) 非居民个人取得的劳务报酬所得、稿酬所得、特许权使用费所得,属于一次性收入的,以取得该项收入为一次;属于同一项目连续性收入的,以一个月内取得的收入为一次。

▶ 五、个人所得税应纳税额的计算

由于个人所得税中涉及不同的应税项目,且不同应税项目均单独计算收入和所需费用,因此,计算个人应纳税所得额,需按照不同应税项目分项计算。以某项应税项目的收入额减去税法规定该项目费用减除标准后的余额,为该应税项目的应纳税所得额。

根据国家有关税收规定,对适用超额累进税率的综合所得、经营所得运用速算扣除数法计算其应纳税额。超额累进税率计算比较烦琐,运用速算扣除数计算法,可以简化计算过程。速算扣除数是指在采用超额累进税率征税的情况下,根据超额累进税率表中划分的应纳税所得额级距和税率,先用全额累进方法计算出税额,再减去用超额累进方法计算的应纳税额以后的差额。当超额累进税率表中的级距和税率确定以后,各级速算扣除数也固定不变,成为计算应纳税额时的常数。

六、个人所得税税目、税率、税额计算的具体规定

（一）工资、薪金所得

1. 工资、薪金所得的具体范围

（1）工资、薪金所得的概念。工资、薪金所得，是指个人因任职或者受雇而取得的工资、薪金、奖金、年终加薪、劳动分红、津贴、补贴以及与任职或者受雇有关的其他所得。

一般来说，工资薪金所得属于非独立个人劳动所得。所谓非独立个人劳动，是指个人所从事的是由他人指定、安排并接受管理的劳动、工作，或服务于公司、工厂、行政、事业单位（私营企业主除外）。非独立劳动者从上述单位取得的劳动报酬，是以工资、薪金的形式体现的。在这类报酬中，工资和薪金的收入主体略有差异。通常情况下，把直接从事生产、经营或服务的劳动者（即所谓"蓝领阶层"）的收入称为工资；而将从事社会公职或管理活动的劳动者（即所谓"白领阶层"）的收入称为薪金。在实际立法过程中，由于其所得收入性质相同，一般都将工资、薪金所得列为同一税目计征个人所得税。

除工资、薪金以外，奖金、年终加薪、劳动分红、津贴、补贴也被列入工资、薪金税目。其中，年终加薪、劳动分红不分种类和取得情况，一律按工资、薪金所得课税。

奖金是指所有具有工资性质的奖金，免税奖金的范围在税法中另有规定。

（2）不属于工资、薪金所得的情形。对于一些不属于工资、薪金性质的补贴、津贴，不予征收个人所得税。这些项目包括：

① 独生子女补贴；
② 执行公务员工资制度未纳入基本工资总额的补贴、津贴差额和家属成员的副食补贴；
③ 托儿补助费；
④ 差旅费津贴、误餐补助。其中，误餐补助是指按照财政部规定，个人因公在城区、郊区工作，不能在工作单位或返回就餐的，根据实际误餐顿数，按规定的标准领取的误餐费。单位以误餐补助名义发给职工的补助、津贴不包括在内。

（3）涉及工资、薪金所得的特殊情形。
① 内部退养。内部退养人员取得的一次性收入按"工资、薪金所得"缴纳个税。
② 提前退休。提前退休一次性补贴按"工资、薪金所得"缴纳个税。
③ 解除劳动关系一次性经济补偿金收入。
a. 按"工资、薪金所得"缴纳个税。
b. 个人因与用人单位解除劳动关系而取得的一次性补偿收入"超过当地上年职工平均工资3倍数额部分"的一次性补偿收入，可视为一次取得数月的工资、薪金收入，允许在一定期限内平均计算。

国有企业职工因企业宣告破产，从破产企业取得的一次性安置费收入，免予征收个人所得税。

④ 退休人员再任职。内部退养人员"再就业"、退休人员"再任职"取得的收入，按"工资、薪金所得"缴纳个税。

⑤ 离退休人员除按规定领取离退休工资或养老金外，另从原任职单位取得的各类补贴、奖金、实物不属于免税项目，应按"工资、薪金所得"缴纳个税。

⑥ 个人取得"公务交通、通讯补贴收入"扣除一定标准的公务费用后，按照"工资、薪金所得"项目计征个人所得税。

⑦ 劳动分红。公司职工取得的用于购买该企业国有股权的"劳动分红"，按"工资、薪金所得"计征个人所得税。

⑧ 股票增值权、限制性股票所得。个人因任职、受雇上市公司取得"股票增值权""限制性股票"所得，按"工资、薪金所得"缴纳个税。

a. 对职工个人以股份形式取得的仅作为分红依据，不拥有所有权的企业量化资产，不征收个人所得税。

b. 集体所有制企业在改制为股份合作制企业时，对职工个人以股份形式取得的拥有所有权的企业量化资产，暂缓征收个人所得税；待个人将股份转让时，就其转让收入额，减除个人取得该股份时实际支付的费用和合理转让费用后的余额，按"财产转让所得"项目计征个人所得税。

c. 对职工个人以股份形式取得的企业量化资产参与企业分配而获得的股息、红利，应按"利息、股息、红利所得"项目征收个人所得税。

⑨ 保险金

a. 失业保险缴费超过规定比例部分，按"工资薪金所得"项目计征个人所得税。

b. "三险一金"以外的非免税保险按"工资、薪金所得"项目计征个人所得税。

> **提示**
> "三险"指的是基本养老保险、基本医疗保险和失业保险。"五险"中除"三险"外的另外两种保险为工伤保险和生育保险，这两种保险是由企业或单位负担的，个人不必缴纳。

⑩ 企业年金（职业年金）。

a. 企业缴付。超过标准的部分，应缴纳个人所得税。

b. 个人缴纳。个人缴付"超过"计税工资"4%"的部分并入本月工资，按"工资薪金所得"项目计征个人所得税。

c. 领取时。按"工资薪金所得"项目计征个人所得税。

⑪ 兼职律师。

a. 收入全额征税。同时在两个以上所任职的"兼职"律师从律师事务所取得工资薪金性质的收入以收入全额为应纳税所得额，不扣减生计费。

b. 自行申报。兼职律师应自行申报两处或两处以上取得的"工资、薪金所得"，合并计算缴纳个人所得税。

2. 工资、薪金所得适用税率

工资、薪金所得适用 3%～45% 的超额累进税率，计算缴纳个人所得税。税率表如表 8.2 所示。

表 8.2 个人所得税税率表（工资、薪金所得适用）

级数	全月应纳税所得额	税率（%）	速算扣除数
1	不超过 3 000 元的部分	3	0
2	超过 3 000 元至 12 000 元的部分	10	210
3	超过 12 000 元至 25 000 元的部分	20	1 410
4	超过 25 000 元至 35 000 元的部分	25	2 660
5	超过 35 000 元至 55 000 元的部分	30	4 410
6	超过 55 000 元至 80 000 元的部分	35	7 160
7	超过 80 000 元的部分	45	15 160

3. 工资、薪金所得费用扣除标准

工资、薪金所得以每月收入额减除费用 5 000 元后的余额，为应纳税所得额。

4. 工资、薪金所得应纳税额的计算

（1）一般规定。一般工资、薪金所得应纳税额的计算公式为：

应纳税额 = 应纳税所得额 × 适用税率 − 速算扣除数

= （每月收入额 − 减除费用标准）× 适用税率 − 速算扣除数

公式中的速算扣除数具体如表 8.2 所示。

（2）纳税人取得含税全年一次性奖金计算征收个人所得税的方法。全年一次性奖金，是指行政机关、企事业单位等扣缴义务人根据其全年经济效益和对雇员全年工作业绩的综合考核情况，向雇员发放的一次性奖金。一次性奖金也包括年终加薪、实行年薪制和绩效工资办法的单位根据考核情况兑现的年薪和绩效工资。

纳税义务人取得全年一次性奖金，单独作为一个月工资、薪金所得计算纳税，由扣缴义务人发放时代扣代缴。具体计税办法如下：

先将雇员当月内取得的全年一次性奖金，除以 12 个月，按其商数确定适用税率和速算扣除数。

如果在发放年终一次性奖金的当月，雇员当月工资薪金所得高于（或等于）税法规定的费用扣除数（5 000 元），计算公式如下：

应纳税额 = 雇员当月取得全年一次性奖金 × 适用税率 − 速算扣除数

如果在发放年终一次性奖金的当月，雇员当月工资薪金所得低于税法规定的费用扣除数（5 000 元），应将全年一次性奖金减除"雇员当月工资薪金所得与费用扣除额的差额"后的余额，按上述办法确定全年一次性奖金的适用税率和速算扣除数。计算公式如下：

应纳税额 =（雇员当月取得全年一次性奖金 − 雇员当月工资薪金所得与费用扣除额的差）× 适用税率 − 速算扣除数

（3）除全年一次性奖金以外的其他奖金。纳税人取得除全年一次性奖金以外的其他各种名目奖金，如半年奖、季度奖、加班奖、先进奖、考勤奖等，一般应将全部奖金与当月工资、薪金收入合并，按税法规定缴纳个人所得税。

对于以上税法所规定含税全年一次性奖金的个人所得税简化计算步骤，可以再结合图示来进一步讲解，如图 8.2 所示。

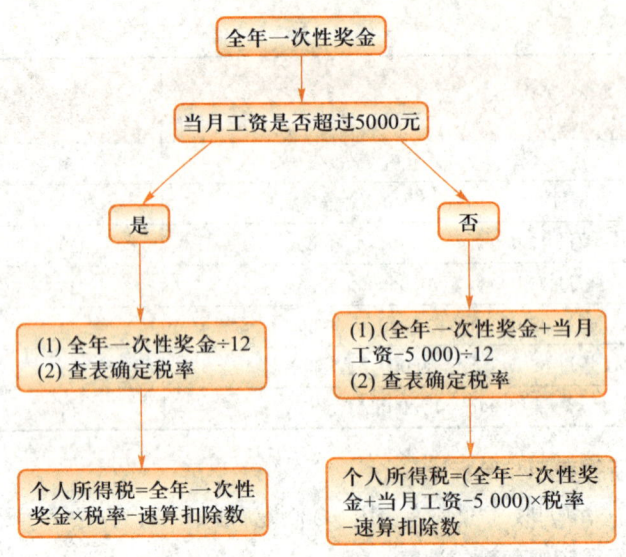

图 8.2　含税全年一次性奖金个人所得税计算步骤

 边学边做 8.3

1. 训练目的

掌握奖金的个人所得税计算过程。

2. 案例设计

（1）王某在某连锁超市任收银员一职,2018 年 11 月因服务态度好获得顾客好评,获得"最佳员工奖"奖金 5 000 元,当月工资收入 4 000 元,则王某 11 月应缴纳个人所得税为多少?

（2）张某 2018 年 12 月取得含税全年一次性奖金 30 000 元,当月工资 1 800 元,张某取得的全年一次性奖金应缴纳的个人所得税是多少?

（3）假设上述（2）中,张某当月工资 5 800 元,张某取得的全年一次性奖金应缴纳个人所得税是多少?

3. 分析过程

（1）雇员取得除全年一次性奖金以外的其他各种名目奖金,如半年奖、季度奖、加班奖、先进奖、考勤奖等,一律与当月工资、薪金收入合并,按税法规定缴纳个人所得税。

王某应纳个人所得税 =（4 000+5 000-5 000）× 10%-210=190（元）

（2）由于当月工资低于 5 000 元,则全年一次性奖金的个人所得税计算如下:

（30 000+1 800-5 000）÷ 12=2 233.33（元）

适用税率 3%,速算扣除数 0。

应纳税个人所得税 =（30 000+1 800-5 000）× 3%=804（元）

（3）由于当月工资超过了 5 000 元,则全年一次性奖金的个人所得税计算如下:

30 000 ÷ 12=2 500（元）

适用税率 3%,速算扣除数 0。

应纳税个人所得税 =30 000×3%=900(元)

(4)纳税人取得不含税全年一次性奖金计算征收个人所得税的方法。按照不含税的全年一次性奖金收入除以12的商数,查找相应适用税率A和速算扣除数A。

含税的全年一次性奖金收入 =(不含税的全年一次性奖金收入 − 速算扣除数A)÷(1− 适用税率A)

按含税的全年一次性奖金收入除以12的商数,重新查找适用税率B和速算扣除数B。

应纳税额 = 含税的全年一次性奖金收入 × 适用税率B− 速算扣除数B

如果纳税人取得不含税全年一次性奖金收入的当月工资薪金所得,低于税法规定的费用扣除额,应先将不含税全年一次性奖金减去当月工资薪金所得低于税法规定费用扣除额的差额部分后,再按上述规定处理。

企业所得税的纳税人、个人独资和合伙企业、个体工商户为个人支付的个人所得税款,不得在所得税前扣除。

5. 工资、薪金所得应纳税额计算的特殊规定

(1)对在中国境内无住所的个人一次取得数月奖金或年终加薪、劳动分红(以下简称奖金,不包括应按月支付的奖金)的计算征税问题。

对上述个人取得的奖金,可单独作为一个月的工资、薪金所得计算纳税。由于对每月的工资、薪金所得计税时已按月扣除了费用,因此,对上述奖金不再减除费用,全额作为应纳税所得额直接按适用税率计算应纳税款,并且不再按居住天数进行划分计算。上述个人应在取得奖金月份的次月15日内申报纳税。

(2)关于个人取得公务交通、通信补贴收入征税问题。个人因公务用车和通信制度改革而取得的公务用车、通信补贴收入,扣除一定标准的公务费用后,按照"工资、薪金"所得项目计征个人所得税。按月发放的,并入当月"工资、薪金"所得计征个人所得税;不按月发放的,分解到所属月份并与该月份"工资、薪金"所得合并后计征个人所得税。

公务费用的扣除标准,由省级税务局根据纳税人公务交通、通信费用的实际发生情况调查测算,报经省级人民政府批准后确定,并报国家税务总局备案。

(3)关于失业保险费(金)征税问题。城镇企业事业单位及其职工个人按照《失业保险条例》规定的比例,实际缴付的失业保险费,均不计入职工个人当期的工资、薪金收入,免予征收个人所得税;超过《失业保险条例》规定的比例缴付失业保险费的,应将其超过规定比例缴付的部分计入职工个人当期的工资薪金收入,依法计征个人所得税。

具备《失业保险条例》规定条件的失业人员,领取的失业保险金,免予征收个人所得税。

(4)关于支付各种免税之外的保险金的征税方法。企业为员工支付各项免税之外的保险金,应在企业向保险公司缴付时(即该保险落到被保险人的保险账户)并入员工当期的工资收入,按"工资、薪金所得"项目计征个人所得税,税款由企业负责代扣代缴。

(5)个人因与用人单位解除劳动关系而取得的一次性补偿收入征免税问题。

① 个人因与用人单位解除劳动关系而取得的一次性补偿收入(包括用人单位发放的经济补偿金、生活补助费和其他补助费用),其收入在当地上一年职工平均工资3倍数额以内的部分,免征个人所得税;超过3倍数额部分的一次性补偿收入,可视为一次取得数月的工资、薪金收入,允许在一定期限内平均计算。方法为:以超过3倍数额部分的一次性补偿收

入,除以个人在本企业的工作年限数(超过12年的按12年计算),以其商数作为个人的月工资、薪金收入,按照税法规定计算缴纳个人所得税。个人在解除劳动合同后又再次任职、受雇的,已纳税的一次性补偿收入不再与再次任职、受雇的工资薪金所得合并计算补缴个人所得税。

② 个人领取一次性补偿收入时,按照国家和地方政府规定的比例实际缴纳的住房公积金、医疗保险费、基本养老保险费、失业保险费可以计征其一次性补偿收入的个人所得税时予以扣除。

③ 企业按照国家有关法律规定宣告破产,企业职工从该破产企业取得的一次性安置收入,免征个人所得税。

(二)个体工商户生产、经营所得

1. 个体工商户生产、经营所得的具体范围

(1)个体工商户从事工业、手工业、建筑业、交通运输业、商业、饮食业、服务业、修理业以及其他行业取得的所得。

(2)个人经政府有关部门批准,取得执照,从事办学、医疗、咨询以及其他有偿服务活动取得的所得。

(3)个体工商户和个人取得的与生产、经营有关的各项应税所得。

(4)其他个人从事个体工商业生产、经营取得的所得。

(5)实行查账征税办法的个人独资企业和合伙企业的个人投资者的生产经营所得比照执行。

需要注意的是,个体工商户或个人专营种植业、养殖业、饲养业、捕捞业,其经营项目属于农业税、牧业税征税范围,由于我国已取消农业税,因此从事上述行业目前暂不征收个人所得税。

从事个体出租车运营的出租车驾驶员取得的收入,按个体工商户的生产、经营所得项目缴纳个人所得税。

出租车属于个人所有,但挂靠出租汽车经营单位或企事业单位,驾驶员向挂靠单位缴纳管理费的,或出租汽车经营单位将出租车所有权转移给驾驶员的,出租车驾驶员从事客货运营取得的收入,比照个体工商户的生产、经营所得项目征税。

2. 个体工商户生产、经营所得的适用税率

个体工商户、个人独资企业和合伙企业的投资者(合伙人)的生产经营所得,适用5%～35%的超额累进税率,计算缴纳个人所得税。税率表如表8.3所示。

表8.3 个人所得税税率表(经营所得适用)

级数	全年应纳税所得额	税率(%)
1	不超过30 000元的部分	5
2	超过30 000元至90 000元的部分	10
3	超过90 000元至300 000元的部分	20
4	超过300 000元至500 000元的部分	30
5	超过500 000元的部分	35

（1）实行查账征税办法的个人独资企业和合伙企业，其税率比照"个体工商户的生产、经营所得"应税项目，适用5%～35%的五级超额累进税率，计算征收个人所得税；实行核定应税所得率征收方式的，先按照应税所得率计算其应纳税所得额，再按其应纳税所得额的大小，适用5%～35%的五级超额累进税率计算征收个人所得税。

（2）投资者兴办两个或两个以上企业的（包括参与兴办），年度终了时，应汇总从所有企业取得的应纳税所得额，据此确定适用税率并计算缴纳个人所得税。

3. 个体工商户生产、经营所得费用扣除标准

（1）个体工商户以每一纳税年度的收入总额，减除成本、费用、税金以及损失后的余额，为应纳税所得额。成本、费用是指纳税义务人从事生产、经营所发生的各项直接支出和分配计入成本的间接费用以及销售费用、管理费用、财务费用；准予扣除的税金，是指个体工商户按规定缴纳的消费税、城市维护建设税、资源税、城镇土地使用税、土地增值税、房产税、车船税、印花税、耕地占用税以及教育费附加；损失，是指纳税义务人在生产、经营过程中发生的各项营业外支出，个体工商户发生的损失，减除责任人赔偿和保险赔款后的余额，参照财政部、国家税务总局有关企业资产损失税前扣除的规定扣除。

（2）个人独资企业和合伙企业投资者的个人所得税征收包括查账征收和核定征收两种形式。查账征收以其应纳税所得额为计税依据，计算缴纳个人所得税。应纳税所得额，等于每一纳税年度的收入总额减除成本、费用以及损失后的余额。

上述所称生产、经营所得，包括企业分配给投资者个人的所得和企业当年留存的所得（利润）。

4. 个体工商户的生产、经营所得应纳税额的计算

个体工商户的生产、经营所得应纳税额的计算公式为：

应纳税额 = 应纳税所得额 × 适用税率 − 速算扣除数

= （全年收入总额 − 成本、费用及损失）× 适用税率 − 速算扣除数

（1）收入总额。收入总额是指企业从事生产经营以及与生产经营有关的活动所取得的各项收入，包括商品（产品）销售收入、营运收入、劳务服务收入、工程价款收入、财产出租或转让收入、利息收入、其他业务收入和营业外收入。

个体工商户和从事生产、经营的个人，取得与生产、经营活动无关的其他各项应税所得，应分别按照有关规定，计算征收个人所得税。如取得银行存款的利息所得、对外投资取得的股息所得，应按"利息、股息、红利所得"税目的规定单独计征个人所得税。

个人独资企业的投资者以全部生产经营所得为应纳税所得额；合伙企业的投资者按照合伙企业的全部生产、经营所得和合伙协议约定的分配比例确定应纳税所得额，合伙协议没有约定分配比例的，以全部生产经营所得和合伙人数量平均计算每个投资者的应纳税所得额。生产经营所得，包括企业分配给投资者个人的所得和企业当年留存的所得（利润）。

（2）个体工商户费用扣除具体标准。

① 个体工商户业主的费用扣除标准统一确定为60 000元/年，即5 000元/月。

② 个体工商户向其从业人员实际支付的合理的工资、薪金支出，允许在税前据实扣除。

个体工商户业主2018年第四季度取得的生产经营所得，减除费用按5 000元/月执行，前三季

度检出费用按照 3 500 元/月执行。

③ 个体工商户拨缴的工会经费、发生的职工福利费、职工教育经费支出分别在工资薪金总额 2%、14%、2.5% 的标准内据实扣除,自 2018 年 1 月 1 日起,职工教育经费的扣除比例从 2.5% 提高至 8%。

④ 个体工商户每一纳税年度发生的广告费和业务宣传费用不超过当年销售(营业)收入 15% 的部分,可据实扣除;超过部分,准予在以后纳税年度结转扣除。

⑤ 个体工商户每一纳税年度发生的与其生产经营业务直接相关的业务执行费支出,按照发生额的 60% 扣除,但最高不得超过当年销售(营业)收入的 5‰。

⑥ 个体工商户在生产、经营期间借款利息支出,未超过中国人民银行规定的同类、同期贷款利率计算的数额部分,准予扣除。

⑦ 个体工商户生产经营活动中,应当分别核算生产经营费用和个人、家庭费用。对于生产经营与个人、家庭生活混用难以分清的费用,其 40% 视为与生产经营有关费用,准予扣除。

⑧ 个体工商户纳税年度发生的亏损,准予向以后年度结转,用以后年度的生产经营所得弥补,但结转年限最长不得超过 5 年。

(3) 个人独资企业与合伙企业费用扣除具体标准。

个人独资企业与合伙企业费用扣除项目比照《个体工商户个人所得税计税办法》的规定确定,但下列项目的扣除依照以下规定执行:

① 投资者的费用扣除标准,由各省、自治区、直辖市税务局参照《个人所得税法》"工资、薪金所得"项目的费用扣除标准确定。投资者的工资不得在税前直接扣除。但可按规定的标准扣除,投资者费用扣除标准每月为 5 000 元。

投资者兴办两个或两个以上企业的,其费用扣除标准由投资者选择在其中一个企业的生产经营所得中扣除。这是因为投资者每月的扣除标准是固定的 5 000 元,无论其兴办多少企业,也只能扣除一次 5 000 元,不得通过设立企业多次扣除。此外,投资者自己的工资不再单独按照"工资、薪金所得"来计算纳税,而是并入企业的生产、经营所得中一并依照"个体工商户生产、经营所得"来计算纳税。

② 投资者及其家庭发生的生活费用不允许在税前扣除。投资者及其家庭发生的生活费用与企业生产经营费用混合在一起,并且难以划分的,全部视为投资者个人及其家庭发生的生活费用,不允许在税前扣除。

③ 企业生产经营和投资者及其家庭生活共用的固定资产,难以划分的,由主管税务机关根据企业的生产经营类型、规模等具体情况,核定准予在税前扣除的折旧费用的数额或比例。

④ 个人独资企业和合伙企业向其从业人员实际支付的合理的工资、薪金支出,允许在税前据实扣除。

⑤ 个人独资企业和合伙企业拨缴的工会经费、发生的职工福利费、职工教育经费支出分别在工资薪金总额 2%、14%、2.5% 的标准内据实扣除。

⑥ 个人独资企业和合伙企业每一纳税年度发生的广告费和业务宣传费用不超过当年销售(营业)收入 15% 的部分,可据实扣除;超过部分,准予在以后纳税年度结转扣除。

⑦ 个人独资企业和合伙企业每一纳税年度发生的与其生产经营业务直接相关的业务招待费支出，按照发生额的 60% 扣除，但最高不得超过当年销售（营业）收入的 5‰。

⑧ 计提的各种准备金不得扣除。

⑨ 企业与其关联企业之间的业务往来，应当按照独立企业之间的业务往来收取或者支付价款、费用。不按照独立企业之间的业务往来收取或者支付价款、费用，而减少其应纳税所得额的，主管税务机关有权进行合理调整。

另外，国家对特定的个人独资企业和合伙企业实行核定征收个人所得税，具体包括：依照国家有关规定应当设置但未设置账簿的；虽设置账簿，但账目混乱或者成本资料、收入凭证、费用凭证残缺不全，难以查账的；纳税人发生纳税义务，未按照规定的期限办理纳税申报，经税务机关责令限期申报，逾期仍不申报的。

核定征收方式包括定额征收、核定应税所得率征收以及其他合理的征收方式。

（三）企业、事业单位的承包经营、承租经营所得

1. 企业、事业单位的承包经营、承租经营所得的具体范围

企业、事业单位的承包经营、承租经营所得，是指个人承包经营或承租经营以及转包、转租取得的所得，还包括个人按月或按次取得的工资、薪金性质的所得。

目前，承包经营、承租经营形式较多，分配方式各有不同，主要分为两类：

（1）个人对企事业单位承包、承租经营后，工商登记改变为个体工商户的。这类承包、承租经营所得，实际上属于个体工商户的生产、经营所得，应按"个体工商户的生产、经营所得"项目征收个人所得税，不再征收企业所得税。

（2）个人对企事业单位承包、承租经营后，工商登记仍为企业的，不论其分配方式如何，均应先按照企业所得税的有关规定缴纳企业所得税，然后根据承包、承租经营者按合同（协议）规定取得的所得，依照《个人所得税法》的有关规定缴纳个人所得税。具体包括以下两种情况：

① 承包、承租人对企业经营成果不拥有所有权，仅按合同（协议）规定取得一定所得的，应按工资、薪金所得项目征收个人所得税。

② 承包、承租按合同（协议）规定只向发包方、出租方缴纳一定的费用，缴纳承包、承租费后的企业的经营成果归承包、承租人所有的，其取得的所得，按对企事业单位承包、承租经营所得项目征收个人所得税。

对于以上税法所规定承包经营、承租经营所得与个体工商户生产经营所得，可以再结合图示来进一步讲解，如图 8.3 所示。

2. 企业、事业单位的承包经营、承租经营所得的适用税率

企业、事业单位承包经营、承租经营所得适用税率同个体工商户生产、经营所得所适用的五级超额累进税率。参见表 8.3 所示。

3. 对企业事业单位的承包、承租经营所得费用扣除标准

以每一纳税年度的收入总额，减除成本、费用以及损失后的余额，为应纳税所得额。这里所说的每一纳税年度的收入总额，是指纳税义务人按照承包经营、承租经营合同规定分得的经营利润和工资、薪金性质的所得；减除必要费用，是指按月减除 5 000 元。

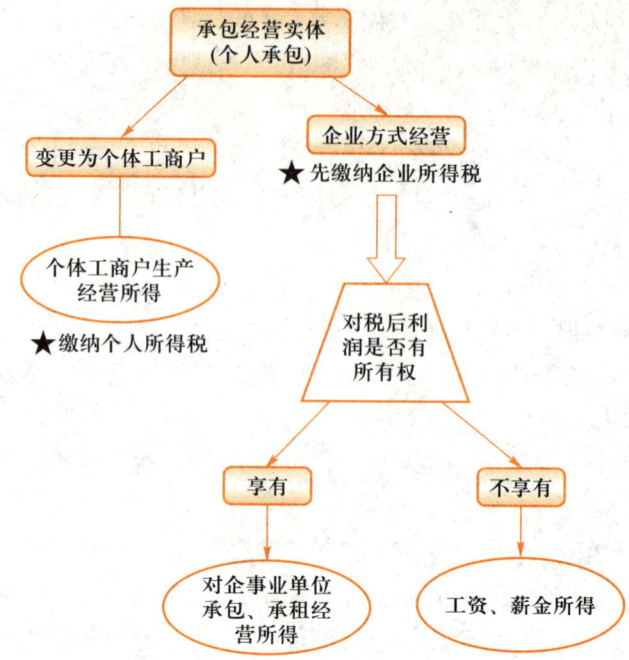

图 8.3 承租、承包经营与个体工商户生产经营的划分

4. 对企事业单位的承包经营、承租经营所得应纳税额的计算

对企事业单位的承包经营、承租经营所得应纳税额的计算公式为：

应纳税额＝应纳税所得额 × 适用税率 － 速算扣除数 ＝（纳税年度收入总额 － 必要费用）×
　　　　　适用税率 － 速算扣除数

这里需要注意的是：

（1）对企事业单位的承包经营、承租经营所得，以每一纳税年度的收入总额，减除必要费用后的余额为应纳税所得额。

在一个纳税年度中，承包经营或者承租经营期限不足1年的，以其实际经营期为纳税年度。

（2）对企事业单位的承包经营、承租经营所得适用的速算扣除数，同个体工商户的生产、经营所得适用的速算扣除数。

（四）劳务报酬所得

1. 劳务报酬所得的具体范围

劳务报酬所得，是指个人独立从事非雇佣的各种劳务所取得的所得。内容包括：

（1）设计。设计指按照客户的要求，代为制订工程、工艺等各类设计业务。

（2）装潢。装潢指接受委托，对物体进行装饰、修饰，使之美观或具有特定用途的作业。

（3）安装。安装指按照客户要求，对各种机器、设备的装配、安置，以及与机器、设备相连的附属设施的装设和被安装机器设备的绝缘、防腐、保温、油漆等工程作业。

（4）制图。制图指受托按实物或设想物体的形象，依体积、面积、距离等，用一定比例绘制成平面图、立体图、透视图等的业务。

（5）化验。化验指受托用物理或化学的方法，检验物质的成分和性质等业务。

（6）测试。测试指利用仪器仪表或其他手段代客对物品的性能和质量进行检测试验的业务。

（7）医疗。医疗指从事各种病情诊断、治疗等医护业务。

（8）法律。法律指受托担任辩护律师、法律顾问，撰写辩护词、起诉书等法律文书的业务。

（9）会计。会计指受托从事会计核算的业务。

（10）咨询。咨询指对客户提出的政治、经济、科技、法律、会计、文化等方面的问题进行解答、说明等业务。

（11）讲学。讲学指应邀（聘）进行讲课、作报告、介绍情况等业务。

（12）新闻。新闻指提供新闻信息、编写新闻消息的业务。

（13）广播。广播指从事播音等劳务。

（14）翻译。翻译指受托从事中、外语言或文字的翻译（包括笔译和口译）的业务。

（15）审稿。审稿指对文字作品或图形作品进行审查、核对的业务。

（16）书画。书画指按客户要求，或自行从事书法、绘画、题词等业务。

（17）雕刻。雕刻指代客镌刻图章、牌匾、碑、玉器、雕塑等业务。

（18）影视。影视指应邀或应聘在电影、电视节目中出任演员，或担任导演、音响、化妆、道具、制作、摄影等与拍摄影、视节目有关的业务。

（19）录音。录音指用录音器械代客录制各种音响带的业务，或者应邀演讲、演唱、采访而被录音的服务。

（20）录像。录像指用录像器械代客录制各种图像、节目的业务，或者应邀表演、采访被录像的业务。

（21）演出。演出指参加戏剧、音乐、舞蹈、曲艺等文艺演出活动的业务。

（22）表演。表演指从事杂技、体育、武术、健美、时装、气功以及其他技巧性表演活动的业务。

（23）广告。广告指利用图书、报纸、杂志、广播、电视、电影、招贴、路牌、橱窗、霓虹灯、灯箱、墙面及其他载体，为介绍商品、经营服务项目、文体节目或通告、声明等事项，所作的宣传和提供相关服务的业务。

（24）展览。展览指举办或参加书画展、影展、盆景展、邮展、个人收藏品展、花鸟虫鱼展等各种展示活动的业务。

（25）技术服务。技术服务指利用一技之长进行技术指导、提供技术帮助的业务。

（26）介绍服务。介绍服务指介绍供求双方商谈，或者介绍产品、经营服务项目等服务的业务。

（27）经纪服务。经纪服务指经纪人通过居间介绍，促成各种交易和提供劳务等服务的业务。

（28）代办服务。代办服务指代委托人办理受托范围内的各项事宜的业务。

（29）其他劳务。其他劳务指上述列举28项劳务项目之外的各种劳务。

是否存在雇佣与被雇佣关系，是判断一种收入是属于劳务报酬所得，还是属于工资、薪金所得的重要标准。劳务报酬所得是个人独立从事某种技艺，独立提供某种劳务取得的所得，劳动者与用人单位之间一般不存在管理与被管理、参与单位团队共同协作劳动的雇佣与被雇佣关系；工资、薪金所得则是个人从事非独立劳动，从所在单位领取的报酬，与用人单位之间存在劳动合同关系，加入用人单位内部所设立的组织团队，提供协同劳动，接受用人单位的管理。此外，个人兼职取得的收入应按照"劳务报酬所得"应税项目缴纳个人所得税。例如，大学教师从大学取得的报酬是以工资、薪金形式体现的，如果该教师在校外为某培训班单独提供讲学劳务所获得的收入，属于劳务报酬所得。

个人担任公司董事、监事，且不在公司任职、受雇的，其担任董事职务所取得的董事费收入，属于劳务报酬性质，按劳务报酬所得项目征税。个人在公司（包括关联公司）任职、受雇，同时兼任董事、监事的，应将董事费、监事费与个人工资收入合并，统一按工资、薪金所得项目缴纳个人所得税。

个人兼职取得的收入应按照"劳务报酬所得"应税项目缴纳个人所得税。

律师以个人名义再聘请其他人员为其工作而支付的报酬，应由该律师按"劳务报酬所得"应税项目负责代扣代缴个人所得税。

证券经纪人从证券公司取得的佣金收入，应按照"劳务报酬所得"项目缴纳个人所得税。证券经纪人佣金收入由展业成本和劳务报酬构成，对展业成本部分不征收个人所得税。根据目前实际情况，证券经纪人展业成本的比例暂定为每次收入额的40%。

个人保险代理人以其取得的佣金、奖励和劳务费等相关收入（不含增值税）减去地方税费附加及展业成本，按照规定计算个人所得税。展业成本，为佣金收入减去地方税费附加余额的40%。

2. 劳务报酬所得的适用税率

劳务报酬所得适用综合所得税率。

劳务报酬所得、稿酬所得、特许权使用费所得以收入减除20%的费用后的余额为收入额。稿酬所得的收入额减按70%计算。

个人所得税税率表（综合所得适用）见表8.4。

表8.4 个人所得税税率表（综合所得适用）

级数	全年应纳税所得额	税率(%)
1	不超过36 000元的	3
2	超过36 000元至144 000元的部分	10
3	超过144 000元至300 000元的部分	20
4	超过300 000元至420 000元的部分	25
5	超过420 000元至660 000元的部分	30
6	超过660 000元至960 000元的部分	35
7	超过960 000元的部分	45

（五）稿酬所得

1. 稿酬所得的具体范围

稿酬所得，是指个人因其作品以图书、报刊形式出版、发表而取得的所得。这里所说的"作品"，是指包括中外文字、图片、乐谱等能以图书、报刊方式出版、发表的作品，具体包括本人的著作、翻译的作品等。作者去世后，财产继承人取得的遗作稿酬，也应征收个人所得税。

需要注意的是，稿酬所得应与劳务报酬所得中翻译、审稿和书画所得进行区分，稿酬所得与后者相比，是依靠较高智力创作的精神产品，因此与一般类似的劳务报酬相区别，并给予适当税收优惠，体现对稿酬这种知识性所得的特殊政策。

对报纸、杂志、出版等单位的职员在本单位的刊物上发表作品、出版图书取得所得征税问题，有关税收制度规定如下：

（1）任职、受雇于报纸、杂志等单位的记者、编辑等专业人员，因在本单位的报纸、杂志上发表作品取得的所得，属于因任职、受雇而取得的所得，应与其当月工资收入合并，按"工资、薪金所得"项目征收个人所得税。

除上述专业人员以外，其他人员在本单位的报纸、杂志上发表作品取得的所得，应按"稿酬所得"项目征收个人所得税。

（2）出版社的专业作者撰写、编写或翻译的作品，由本社以图书形式出版而取得的稿费收入，应按"稿酬所得"项目征收个人所得税。

2. 稿酬所得的适用税率

稿酬所得，适用综合所得税率。

（六）特许权使用费所得

1. 特许权使用费所得的具体范围

特许权使用费所得，是指个人提供专利权、商标权、著作权、非专利技术以及其他特许权的使用权取得的所得。需要注意的是，此处的著作权是指提供著作权的使用权取得的所得，不包括与出版、发表有关的稿酬所得。

（1）专利权。专利权是指由国家专利主管机关依法授予专利申请人在一定的时期内对某项发明创造享有的专有利用权利。我国没有开征资本利得税，故将个人提供和转让专利权取得的所得，都列入特许权使用费所得征收个人所得税。

（2）商标权。商标权是指商标注册人依据法律规定而取得的对其注册商标在核定商品上使用的独占使用权。

（3）著作权。著作权即版权，是指作者对其创作的文学、科学和艺术作品依法享有的某些特殊权利。著作权是公民的一项民事权利，既具有民法中的人身权性质，也具有民法中的财产权性质。主要包括发表权、署名权、修改权、保护权、使用权和获得报酬权。

（4）非专有技术。非专有技术即专利技术以外的专有技术。这类技术大多尚处于保密状态，仅为特定人知晓并占有。

对于作者将自己的文学作品、手稿原件或复印件公开拍卖取得的所得，属于提供著作权的使用所得，应按"特许权使用费所得"项目征收个人所得税。

个人取得特许权的经济赔偿收入，应按"特许权使用费所得"项目缴纳个人所得税，税款由支付赔偿的单位或个人代扣代缴。

自2002年5月1日起,编剧从电视剧的制作单位取得的剧本使用费,不再区分剧本的使用方是否为其任职单位,统一按特许权使用费所得项目征收个人所得税。

2. 特许权使用费所得的适用税率

特许权使用费所得,适用综合所得税率。

(七) 利息、股息、红利所得

1. 利息、股息、红利所得的具体范围

利息、股息、红利所得,是指个人拥有债权、股权而取得的利息、股息、红利所得。其中:利息一般是指存款、贷款和债券的利息。股息、红利是指个人拥有股权取得的公司、企业分红,一般称之为股息。根据公司、企业应分配的超过股息部分的利润,按股派发的红股,称为红利。股息、红利所得,除另有规定外,都应当缴纳个人所得税。

(1) 个人投资者收购企业股权后,将企业原有盈余积累转增股本个人所得税问题。

一名或多名个人投资者以股权收购方式取得被收购企业100%股权,股权收购前,被收购企业原账面金额中的"资本公积、盈余公积、未分配利润"等盈余积累未转增股本,而在股权交易时将其一并计入股权转让价格并履行了所得税纳税义务。股权收购后,企业将原账面金额中的盈余积累向个人投资者(新股东,下同)转增股本,有关个人所得税问题区分以下情形处理:

新股东以不低于净资产价格收购股权的,企业原盈余积累已全部计入股权交易价格,新股东取得盈余积累转增股本的部分,不征收个人所得税。

新股东以低于净资产价格收购股权的,企业原盈余积累中,对于股权收购价格减去原股本的差额部分已经计入股权交易价格,新股东取得盈余积累转增股本部分,不征收个人所得税;对于股权收购价格低于原所有者权益的差额部分未计入股权交易价格,新股东取得盈余积累转增股本的部分,应按照"利息、股息、红利所得"项目征收个人所得税。

新股东以低于净资产价格收购企业股权后转增股本,应按照下列顺序进行,即:先转增应税的盈余积累部分,然后再转增免税的盈余积累部分。

(2) 个人从公开发行和转让市场取得的上市公司股票,持股期限在1个月以内(含1个月)的,其股息红利所得全额计入应纳税所得额;持股期限在1个月以上至1年(含1年)的,暂减按50%计入应纳税所得额;上述所得统一适用20%的税率计征个人所得税。

对个人持有的上市公司限售股,解禁后取得的股息红利,按照上市公司股息红利差别化个人所得税政策规定计算纳税,持股时间自解禁日起计算,解禁前取得的股息红利继续暂减按50%计入应纳税所得额,适用20%的税率计征个人所得税。

个人从公开发行和转让市场取得的上市公司股票包括:

① 通过证券交易所集中交易系统或大宗交易系统取得的股票;

② 通过协议转让取得的股票;

③ 因司法扣划取得的股票;

④ 因依法继承或家庭财产分割取得的股票;

⑤ 通过收购取得的股票;

⑥ 权证行权取得的股票;
⑦ 使用可转换公司债券转换的股票;
⑧ 取得发行的股票、配股、股份股利及公积金转增股本;
⑨ 持有从代办股份转让系统转到主板市场(或中小板、创业板市场)的股票;
⑩ 上市公司合并,个人持有的被合并公司股票转换的合并后公司股票;
⑪ 上市公司分立,个人持有的被分立公司股票转换的分立后公司股票;
⑫ 其他从公开发行和转让市场取得的股票。

(3)个人银行结算账户利息。个人在个人银行结算账户的存款自2003年9月1日孳生的利息,应按"利息、股息、红利所得"项目征收个人所得税,税款由办理个人银行结算账户业务的储蓄机构在结付利息时代扣代缴。自2008年10月9日起暂免征收储蓄存款利息的个人所得税。

2. 利息、股息、红利所得的适用税率

利息、股息、红利所得,适用比例税率,税率为20%。

3. 利息、股息、红利所得费用扣除标准

以每次收入额为应纳税所得额,没有允许费用扣除的项目。

4. 利息、股息、红利所得按"次"征收的规定

利息、股息、红利所得,以支付利息、股息、红利时取得的收入为一次。

5. 利息、股息、红利所得应纳税额的计算

利息、股息、红利所得应纳税额的计算公式为:

应纳税额 = 应纳税所得额 × 适用税率 = 每次收入额 × 适用税率

(八)财产租赁所得

1. 财产租赁所得的具体范围

财产租赁所得,是指个人出租建筑物、土地使用权、机器设备、车船以及其他财产取得的所得。

个人取得的财产转租收入,属于"财产租赁所得"的征税范围。在确定纳税义务人时,应以产权凭证为依据,对无产权凭证的,由主管税务机关根据实际情况确定;产权所有人死亡,在未办理产权继承手续期间,该财产出租而产生租金收入的,以领取租金的个人为纳税义务人。

2. 财产租赁所得的适用税率

(1)财产租赁所得,适用比例税率,税率为20%。

(2)自2008年3月1日起,对个人出租住房取得的所得暂减按10%的税率征收个人所得税。

3. 财产租赁所得费用扣除标准

每次收入不超过4 000元的,减除费用800元;4 000元以上的,减除20%的费用,其余额为应纳税所得额。

4. 财产租赁所得按"次"征收的规定

财产租赁所得,以一个月内取得的收入为一次。

需要注意的是,财产租赁所得是"按次征收"的所得项目,并非按月征收,只不过税法明确规定是以一个月取得的收入为"一次",这一点要与工资、薪金所得的按月征收相区分。

5. 财产租赁所得应纳税额的计算

(1)每次(月)收入不足 4 000 元的:

应纳税额 =〔每次(月)收入额 − 财产租赁过程中缴纳的税费 − 由纳税人负担的租赁财产实际开支的修缮费用(800 元为限)− 800 元〕× 20%

(2)每次(月)收入在 4 000 元以上的:

应纳税额 =〔每次(月)收入额 − 财产租赁过程中缴纳的税费 − 由纳税人负担的租赁财产实际开支的修缮费用(800 元为限)〕×(1 − 20%)× 20%

个人出租房屋的个人所得税应税收入不含增值税,计算房屋出租所得可扣除的税费不包括本次出租缴纳的增值税。个人转租房屋的,其向房屋出租方支付的租金及增值税额,在计算转租所得时予以扣除。

(九)财产转让所得

1. 财产转让所得的具体范围

财产转让所得,是指个人转让有价证券、股票、建筑物、土地使用权、机器设备、车船以及其他财产取得的所得。

(1)股票转让所得。根据《个人所得税法实施条例》的规定,对股票转让所得征收个人所得税的办法,由财政部另行制定,报国务院批准施行。鉴于我国目前证券市场尚不健全,对股票转让所得的计算、征税办法和纳税期限的确认等都需要做深入研究,因此对股票转让所得暂不征收个人所得税。

(2)关于企业改组改制过程中个人取得的量化资产征税问题。对职工个人以股份形式取得的仅作为分红依据,不拥有所有权的企业量化资产,不征收个人所得税。

对职工个人以股份形式取得的拥有所有权的企业量化资产,暂缓征收个人所得税;待个人将股份转让时,就其转让收入额,减除个人取得该股份时实际支付的费用支出和合理转让费用后的余额,按"财产转让所得"项目计征个人所得税。

对职工个人以股份形式取得的企业量化资产参与企业分配而获得的股息、红利,应按"利息、股息、红利"项目征收个人所得税。

此处可以简单归纳理解为:个人取得的量化资产,无论是否拥有所有权,均不缴纳个人所得税,对于通过量化资产获得的股息、红利,应按照"利息、股息、红利所得"项目征收个人所得税,无论个人对量化资产是否拥有所有权;对于有所有权的量化资产,个人可以行使处分的权利,此时转让的所得应按照"财产转让所得"项目计征个人所得税;个人不拥有所有权的量化资产不涉及处分的问题。

(3)个人出售自有住房。

① 个人出售自有住房取得的所得应按照"财产转让所得"项目的有关规定确定。

② 对个人转让自用 5 年以上并且是家庭唯一生活用房取得的所得,继续免征个人所得税。

(4)个人因购买和处置债权取得所得征收个人所得税的方法。个人通过招标、竞拍或其他方式购置债权以后,通过相关司法或行政程序主张债权而取得的所得,应按照"财产转让所得"项目缴纳个人所得税。

2. 财产转让所得的适用税率

财产转让所得,适用比例税率,税率为20%。

3. 财产转让所得费用扣除标准

以转让财产的收入额减除财产原值和合理费用后的余额,为应纳税所得额。

财产原值是指:

(1)有价证券,为买入价以及买入时按照规定交纳的有关费用;

(2)机器设备、车船,为购进价格、运输费、安装费以及其他有关费用;

(3)建筑物,为建造费或者购进价格以及其他有关费用;

(4)土地使用权,为取得土地使用权所支付的金额、开发土地的费用以及其他有关费用;

(5)其他财产,参照以上方法确定。

4. 财产转让所得应纳税额的计算

(1)一般情况下的计算。一般情况下财产转让所得应纳税额的计算。财产转让所得应纳税额的计算公式为:

$$应纳税额 = 应纳税所得额 \times 适用税率$$
$$= (收入总额 - 财产原值 - 合理费用) \times 20\%$$

(2)个人销售无偿受赠不动产应纳税额的计算。为加强房地产交易中个人无偿赠与不动产行为的税收管理,国税发〔2006〕144号文件规定个人将受赠的不动产对外销售应征收个人所得税。个人将受赠不动产对外销售征收个人所得税的具体规定如下:

① 受赠人取得赠与人无偿赠与的不动产后,再次转让该项不动产的,在缴纳个人所得税时,以财产转让收入减除受赠、转让住房过程中缴纳的税金及有关合理费用后的余额为应纳税所得额,按20%的适用税率计算缴纳个人所得税。

② 个人在受赠和转让住房过程中缴纳的税金,按相关规定处理。

(十)偶然所得

1. 偶然所得的具体征税范围

偶然所得,是指个人得奖、中奖、中彩以及其他偶然性质的所得。得奖是指参加各种有奖竞赛活动,取得名次得到的奖金;中奖、中彩是指参加各种有奖活动,如有奖销售、有奖储蓄,或者购买彩票,经过规定程序,抽中、摇中号码而取得的奖金。

个人因参加企业的有奖销售活动而取得的赠品所得,应按照"偶然所得"项目计征个人所得税。税款一律由发奖单位或机构代扣代缴。

2. 偶然所得的适用税率

偶然所得,适用比例税率,税率为20%。

3. 偶然所得按"次"征收的规定

以每次收入额为应纳税所得额。

4. 偶然所得应纳税额的计算

偶然所得应纳税额的计算公式为:

$$应纳税额 = 应纳税所得额 \times 适用税率 = 每次收入额 \times 20\%$$

5. 个人取得有奖发票奖金征免个人所得税

（1）个人取得单张有奖发票奖金所得不超过800元（含800元）的，暂免征收个人所得税；

（2）个人取得单张有奖发票奖金所得超过800元的，应全额按照《个人所得税法》规定的"偶然所得"项目征收个人所得税。

（3）税务机关或其指定的有奖发票兑奖机构，是有奖发票奖金所得个人所得税的扣缴义务人。

▶ 七、个人所得税其他费用扣除规定

（一）个人所得用于公益性捐赠的特殊规定

1. 限额扣除

（1）对个人将其所得通过中国境内非营利的社会团体、国家机关向教育、公益事业和遭受严重自然灾害地区、贫困地区的捐赠，捐赠额不超过应纳税所得额的30%的部分，可以从其应纳税所得额中扣除。

（2）自2017年7月1日起，对个人购买符合规定的商业健康保险产品的支出，允许在当年（月）计算应纳税所得额时予以税前扣除，扣除限额为2 400元/年（200元/月）。单位统一为员工购买符合规定的商业健康保险产品的支出，应分别计入员工个人工资薪金，视同个人购买，按上述限额予以扣除。2 400元/年（200元/月）的限额扣除为个人所得税法规定减除费用标准之外的扣除。适用商业健康保险税收优惠政策的纳税人，是指取得工资薪金所得、连续性劳务报酬所得的个人，以及取得个体工商户生产经营所得、对企事业单位的承包承租经营所得的个体工商户业主、个人独资企业投资者、合伙企业合伙人和承包承租经营者。

2. 全额扣除

（1）个人通过非营利性的社会团体和国家机关向红十字事业的捐赠，在计算缴纳个人所得税时，准予在税前的所得额中全额扣除。

（2）个人通过非营利的社会团体和国家机关向农村义务教育的捐赠，在计算缴纳个人所得税时，准予在税前的所得额中全额扣除。

农村义务教育的范围是指政府和社会力量举办的农村乡镇（不含县和县级市政府所在地的镇）、村的小学和初中以及属于这一阶段的特殊教育学校。纳税人对农村义务教育与高中在一起的学校的捐赠，也享受规定的所得税前扣除政策。

接受捐赠或办理转赠的非营利的社会团体和国家机关，应按照财务隶属关系分别使用由中央或省级财政部门统一印（监）制的捐赠票据，并加盖接受捐赠或转赠单位的财务专用印章。税务机关据此对捐赠个人进行税前扣除。

（3）个人通过非营利性社会团体和国家机关对公益性青少年活动场所（其中包括新建）的捐赠，在计算缴纳个人所得税时，准予在税前的所得额中全额扣除。

公益性青少年活动场所，是指专门为青少年学生提供科技、文化、德育、爱国主义教育、体育活动的青少年宫、青少年活动中心等校外活动的公益性场所。

（4）根据财政部、国家税务总局有关规定，对个人通过宋庆龄基金会、中国福利会、中国残疾人福利基金会、中国扶贫基金会、中国煤矿尘肺病治疗基金会、中华环境保护基金会用于公益救助性的捐赠，准予在缴纳个人所得税税前全额扣除。对个人通过中国老龄事业发展基金会、中国华文教育基金会、中国绿化基金会、中国妇女发展基金会、中国关心下一代健康体育基金会、中国生物多样性保护基金会、中国儿童少年基金会和中国光彩事业基金会用于公益救济性捐赠，准予在缴纳个人所得税税前全额扣除。

（二）个人所得用于资助的特殊规定

个人的所得（不含偶然所得，经国务院财政部门确定征税的其他所得）用于对非关联的科研机构和高等学校研究开发新产品、新技术、新工艺所发生的研究开发经费的资助，可以全额在下月（工资、薪金所得）或下次（按次计征的所得）或当年（按年计征的所得）计征个人所得税时，从应纳税所得额中扣除，不足抵扣的，不得结转抵扣。

（三）个人所得扣除的补充规定

1. 专项扣除

专项扣除包括居民个人按照国家规定的范围和标准缴纳的基本养老保险、基本医疗保险、失业保险等社会保险费和住房公积金等；

2. 专项附加扣除

专项附加扣除包括子女教育、继续教育、住房租金、住房贷款利息、大病医疗和赡养老人共6项。一个纳税年度扣除不完的，不得结转以后年度扣除。纳税人对所提交信息的真实性、准确性、完整性负责。

（1）子女接受全日制学历教育的相关支出，按每个子女每月1 000元的标准定额扣除。受教育子女的父母分别按扣除标准的50%扣除；经父母约定，也可以选择由其中一方按扣除标准的100%扣除。具体扣除方式在一个纳税年度内不得变更。

① 境内接受学历继续教育的支出，在学历（学位）教育期间按照每月400元定额扣除。

② 纳税人接受技能人员职业资格继续教育、专业技术人员职业资格继续教育支出，在取得相关证书的年度，按照3 600元定额扣除。

（2）本人或配偶使用商业银行或住房公积金个人住房贷款为本人或其配偶购买境内住房，首套住房贷款利息支出，在实际发生贷款利息年度，按每月1 000元标准定额扣除。

（3）主要工作城市没有自有住房发生的住房租金支出的定额扣除标准：

① 直辖市、省会、计划单列市及国务院确定其他城市：1 500元/月（《征求意见稿》为1 200/月）。

② 其他城市的，市辖区户籍人口超过100万人：1 100元/月（《征求意见稿》为1 000/月）；不超过100万（含）：800元/月。

（4）大病医疗和赡养老人的扣除。

① 一个纳税年度内大病医疗支出可以按照每年80 000元标准限额据实扣除。

一个纳税年度内，与基本医疗相关的医药费支出，扣除医保报销后个人负担（指医保目录范围内自付部分）累计超过15 000元的部分。

② 赡养60岁（含）以上父母以及其他法定赡养人的赡养支出可按以下标准定额扣除：纳税人为独生子女的，按照每月2 000元的标准定额扣除；纳税人为非独生子女的，应当与其兄弟姐妹分摊每月2 000元的扣除额度。

边学边做 8.4

1. 训练目的

掌握个人所得税涉及捐赠支出的扣除规定。

2. 案例设计

郑某2018年3月在某公司举行的有奖销售活动中获得奖金12 000元，领奖时发生交通费600元、食宿费400元（均由郑某承担）。在颁奖现场郑某直接向某大学图书馆捐款3 000元。已知偶然所得适用的个人所得税税率为20%。郑某中奖收入应缴纳的个人所得税税额是多少？

3. 分析过程

对于直接捐赠是不得在所得税前扣除的。郑某中奖收入应缴纳的个人所得税是2 400元。计算过程如下：

偶然所得按收入全额计征个人所得税，不扣除任何费用，应纳税额=12 000×20%=2 400（元）。

▶ 八、个人所得税税收优惠

（一）免税项目

（1）省级人民政府、国务院部委和中国人民解放军军以上单位，以及外国组织、国际组织颁发的科学、教育、技术、文化、卫生、体育、环境保护等方面的奖金。

（2）国债和国家发行的金融债券利息。其中，国债利息，是指个人持有中华人民共和国财政部发行的债券而取得的利息；国家发行的金融债券利息，是指个人持有经国务院批准发行的金融债券而取得的利息所得。前者是用于国家财政，不是营利性的；后者是用于经济建设，项目建成后是有效益的。

（3）按照国家统一规定发给的补贴、津贴。按照国家统一规定发给的补贴、津贴是指按照国务院规定发给的政府特殊津贴、院士津贴、资深院士津贴，以及国务院规定免纳个人所得税的其他补贴、津贴。

（4）福利费、抚恤金、救济金。其中，福利费是指根据国家有关规定，从企事业单位、国家机关、社会团体提留的福利费或者从工会经费中支付给个人的生活补助费；抚恤金是指国家或组织发给因公受伤或残疾的人员或因公牺牲以及病故人员的家属的费用；救济金是指国家民政部门支付给个人的生活困难补助费。

（5）保险赔款。

（6）军人的转业费、复员费。

（7）按照国家统一规定发给干部、职工的安家费、退职费、退休工资、离休工资、离休生活补助费。其中,退职费是指符合《国务院关于工人退休、退职的暂行办法》规定的退职条件,并按该办法规定的退职费标准所领取的退职费。

(8)依照我国有关法律规定应予免税的各国驻华使馆、领事馆的外交代表、领事官员和其他人员的所得。

(9)按照国家规定,单位为个人缴付和个人缴付的住房公积金、基本医疗保险费、基本养老保险费、失业保险费,从纳税义务人的应纳税所得额中扣除。

(10)按照国家有关城镇房屋拆迁管理办法规定的标准,被拆迁人取得的拆迁补偿款,免征个人所得税。

(11)中国政府参加的国际公约、签订的协议中规定免税的所得。

(12)在中国境内无住所,但是在一个纳税年度中在中国境内连续或累计居住不超过90日的个人,其来源于中国境内的所得,由境外雇主支付并且不由该雇主在中国境内的机构、场所负担的部分,免予缴纳个人所得税。

(13)对外籍个人取得的探亲费免征个人所得税。可以享受免征个人所得税优惠待遇的探亲费,仅限于外籍个人在我国的受雇地与其家庭所在地(包括配偶或父母居住地)之间搭乘交通工具且每年不超过2次的费用。

(14)经国务院财政部门批准免税的其他所得。

(二)减税项目

(1)残疾、孤老人员和烈属的所得。

对残疾人个人取得的劳动所得适用减税规定,具体所得项目为:工资薪金所得、个体工商户的生产经营所得和经营所得、对企事业单位的承包和承租经营所得、劳务报酬所得、稿酬所得和特许权使用费所得。

(2)因严重自然灾害造成重大损失的。

(3)其他经国务院财政部门批准减免的。

上述减税项目的减征幅度和期限,由省、自治区、直辖市人民政府规定。

(三)暂免征税项目

根据《财政部、国家税务总局关于个人所得税若干政策问题的通知》和有关文件的规定,对下列所得暂免征收个人所得税:

(1)外籍个人以非现金形式或实报实销形式取得的住房补贴、伙食补贴、搬迁费、洗衣费。

(2)外籍个人按合理标准取得的境内、境外出差补贴。

(3)外籍个人取得的语言训练费、子女教育费等,经当地税务机关审核批准为合理的部分。

(4)外籍个人从外商投资企业取得的股息、红利所得。

(5)凡符合下列条件之一的外籍专家取得的工资、薪金所得,可免征个人所得税:

① 根据世界银行专项借款协议,由世界银行直接派往我国工作的外国专家;

② 联合国组织直接派往我国工作的专家;

③ 为联合国援助项目来华工作的专家;

④ 援助国派往我国专为该国援助项目工作的专家；

⑤ 根据两国政府签订的文化交流项目来华工作两年以内的文教专家，其工资、薪金所得由该国负担的；

⑥ 根据我国大专院校国际交流项目来华工作两年以内的文教专家，其工资、薪金所得由该国负担的；

⑦ 通过民间科研协定来华工作的专家，其工资、薪金所得由该国政府机构负担的。

（6）个人举报、协查各种违法、犯罪行为而获得的奖金。

（7）个人办理代扣代缴手续，按规定取得的扣缴手续费。

（8）个人转让自用达5年以上，并且是唯一的家庭生活用房取得的所得。暂免征收个人所得税。

（9）对个人购买福利彩票、赈灾彩票、体育彩票，一次中奖收入在1万元以下的（含1万元）暂免征收个人所得税，超过1万元的，全额征收个人所得税。

（10）达到离休、退休年龄，但确因工作需要，适当延长离休、退休年龄的高级专家（指享受国家发放的政府特殊津贴的专家、学者），其在延长离休、退休期间的工资、薪金所得，视同离休、退休工资免征个人所得税。

（11）对国有企业职工，因企业依照《中华人民共和国企业破产法》宣告破产，从破产企业取得的一次性安置费收入，免予征收个人所得税。

（12）职工与用人单位解除劳动关系取得的一次性补偿收入（包括用人单位发放的经济补偿金、生活补助费和其他补助费用），在当地上年职工年平均工资3倍数额内的部分，可免征个人所得税。超过该标准的一次性补偿收入，应按照国家有关规定征收个人所得税。

（13）城镇企业、事业单位及其职工个人按照《失业保险条例》规定的比例，实际缴付的失业保险费，均不计入职工个人当期的工资、薪金收入，免予征收个人所得税。

城镇企业，是指国有企业、城镇集体企业、外商投资企业、城镇私营企业以及其他城镇企业。不包括城镇企业、事业单位招用的农民合同制工人。

城镇企业、事业单位和职工个人超过上述规定的比例缴付失业保险费的，应将其超过规定比例缴付的部分计入职工个人当期的工资、薪金收入，依法计征个人所得税。

（14）企业和个人按照国家或地方政府规定的比例，提取并向指定金融机构实际缴付的住房公积金、医疗保险金、基本养老保险金，免予征收个人所得税。

（15）个人领取原提存的住房公积金、医疗保险金、基本养老保险金，以及具备《失业保险条例》中规定条件的失业人员领取的失业保险金，免予征收个人所得税。

（16）个人取得的教育储蓄存款利息所得和按照国家或省级人民政府规定的比例缴付的住房公积金、医疗保险金、基本养老保险金、失业保险金存入银行个人账户所取得的利息所得，免予征收个人所得税。

纳税人有"减税项目"规定情形之一的，必须经主管税务机关批准，方可减征个人所得税。

（17）企业在销售商品（产品）和提供服务过程中向个人赠送礼品，属于下列情形之一的，不征收个人所得税：

① 企业通过价格折扣、折让方式向个人销售商品（产品）和提供服务；

② 企业在向个人销售商品（产品）和提供服务的同时给予赠品，如通信企业对个人购买手机赠话费、入网费，或者购话费赠手机等；

③ 企业对累积消费达到一定额度的个人按消费积分反馈礼品。

税收法律、行政法规、部门规章和规范性文件中未明确规定纳税人享受减免税必须经税务机关审批，且纳税人取得的所得完全符合减免税条件的，无须经主管税务机关审核，纳税人可自行享受减免税。

税收法律、行政法规、部门规章和规范性文件中明确规定纳税人享受减免税必须经税务机关审批的，或者纳税人无法准确判断其取得的所得是否应享受个人所得税减免的，必须经主管税务机关按照有关规定审核或批准后，方可减免个人所得税。

边学边做 8.5

1. 训练目的

掌握个人所得税的计算。

2. 案例设计

何某是服装公司的一名模特，2019 年收入情况如下：

每月取得工资薪金收入 6 000 元，12 月取得含税年终一次性奖金 18 000 元；

根据以上资料，分析何某 2019 年在我国缴纳个人所得税的情况。

3. 分析过程

何某工资和奖金所得应缴纳的个人所得税计算如下：

$$工资个人所得税 = [(6\,000 - 5\,000) \times 3\%] \times 12 = 360(元)$$

奖金平均额 $= 18\,000 \div 12 = 1\,500(元)$，适用税率 3%。

$$奖金收入应缴纳个人所得税 = 18\,000 \times 3\% = 540(元)$$

$$工资和奖金收入应缴纳个人所得税 = 360 + 540 = 900(元)$$

▶ 九、个人所得税征收管理

（一）纳税申报

个人所得税的征收方式主要有两种：一是 自行纳税申报；二是 代扣代缴。

1. 自行纳税申报

有下列情形之一的，纳税人应当依法办理纳税申报：

（1）取得综合所得需要办理汇算清缴；

（2）取得应税所得没有扣缴义务人；

（3）取得应税所得，扣缴义务人未扣缴税款；

（4）取得境外所得；

（5）因移居境外注销中国户籍；

（6）非居民个人在中国境内从两处以上取得工资、薪金所得；

（7）国务院规定的其他情形。

2. 代扣代缴方式

扣缴义务人应当按照国家规定办理全员全额扣缴申报，并向纳税人提供其个人所得和已扣缴税款等信息。

（二）纳税期限

（1）居民个人取得综合所得，按年计算个人所得税；有扣缴义务人的，由扣缴义务人按月或者按次预扣预缴税款；需要办理汇算清缴的，应当在取得所得的次年3月1日至6月30日内办理汇算清缴。预扣预缴办法由国务院税务主管部门制定。

> **提示**
>
> 居民个人向扣缴义务人提供专项附加扣除信息的，扣缴义务人按月预扣预缴税款时应当按照规定予以扣除，不得拒绝。
>
> 非居民个人取得工资、薪金所得，劳务报酬所得，稿酬所得和特许权使用费所得，有扣缴义务人的，由扣缴义务人按月或者按次代扣代缴税款，不办理汇算清缴。

（2）纳税人取得经营所得，按年计算个人所得税，由纳税人在月度或者季度终了后15日内向税务机关报送纳税申报表，并预缴税款；在取得所得的次年3月31日前办理汇算清缴。

纳税人取得利息、股息、红利所得，财产租赁所得，财产转让所得和偶然所得，按月或者按次计算个人所得税，有扣缴义务人的，由扣缴义务人按月或者按次代扣代缴税款。

（3）纳税人取得应税所得没有扣缴义务人的，应当在取得所得的次月15日内向税务机关报送纳税申报表，并缴纳税款。

纳税人取得应税所得，扣缴义务人未扣缴税款的，纳税人应当在取得所得的次年6月30日前缴纳税款；税务机关通知限期缴纳的，纳税人应当按照期限缴纳税款。

居民个人从中国境外取得所得的，应当在取得所得的次年3月1日至6月30日内申报纳税。

非居民个人在中国境内从两处以上取得工资、薪金所得的，应当在取得所得的次月15日内申报纳税。纳税人因移居境外注销中国户籍的，应当在注销中国户籍前办理税款清算。

（4）扣缴义务人每月或者每次预扣、代扣的税款，应当在次月15日内缴入国库，并向税务机关报送扣缴个人所得税申报表。

▶ 本章知识回顾

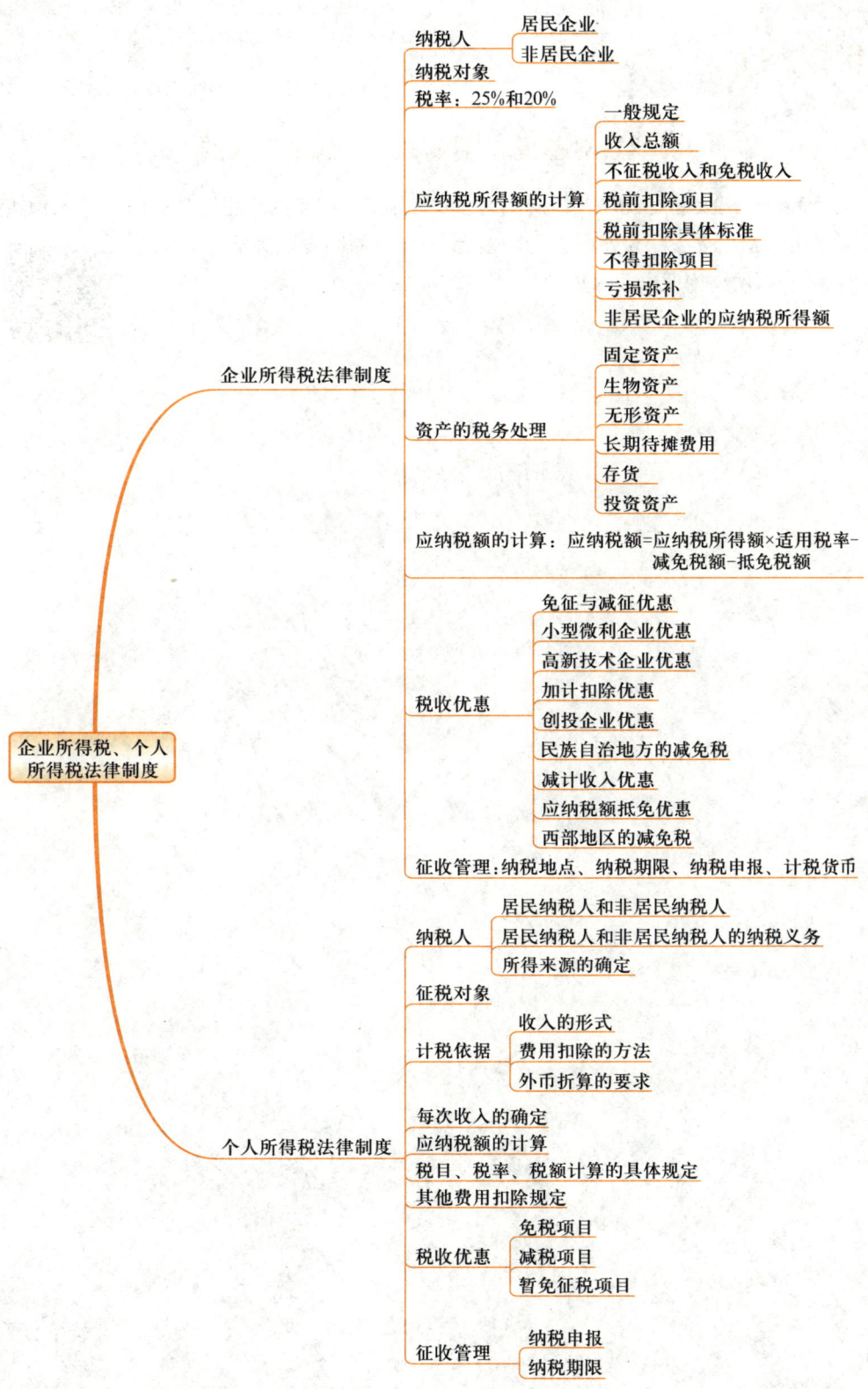

▶ 开心一扫

我哭着对你说,"月薪过万"都是骗人的

对于尚未迈出大学校园的莘莘学子,有多少人毕业第一年的梦想是"月薪过万"?但实际上月薪万元对应的实发工资却只有七千多元,是什么原因导致实发工资如此之少?带你揭秘被"偷"走的那些钱。

第九章 其他税收法律制度

本章导读

本章主要介绍十五项税（费），分别是：关税、环境保护税、烟叶税、房产税、契税、土地增值税、城镇土地使用税、耕地占用税、车船税、车辆购置税、印花税、资源税、城市维护建设税与教育费附加，以及船舶吨税。这些税种统称"小税种"，这里可以简单归类为与房和土地有关的税种、与车辆和船舶有关的税种、与资源有关的税种、与特定行为有关的税种四大类。

本章介绍的税种虽然较多，但每一个小税种我们均按照税法的构成要素进行讲解，体系清晰，并进行归纳和总结，同学们在学习中可以把握横向不同税种的比较归纳和纵向各个税种的构成要素两条线索，结合习题综合理解并把握。

教学目标

▶ 考核目标
1. 掌握本章相关税种的纳税人
2. 掌握本章相关税种的征税对象（征收范围）和税率（税目）
3. 掌握本章相关税种的计税依据
4. 掌握本章相关税种应纳税额的计算
5. 熟悉本章相关税种的税收优惠
6. 了解本章相关税种的征收管理

▶ 实践目标
1. 能够准确区分城镇土地使用税、房产税、契税、土地增值税和耕地占用税在征税范围、纳税环节、纳税义务发生时间和优惠政策等方面的异同
2. 能够准确区分车辆购置税和车船税在征税范围、纳税环节、纳税义务发生时间和优惠政策等方面的异同
3. 能够准确确定本章所介绍所有税种的计税依据确定方式和应纳税额计算方法
4. 能结合具体案例分析不同税种的相关事项
5. 能结合具体案例综合分析本章介绍所有小税种的结合类题目

第一节 关税法律制度

关税是由海关根据国家制定的有关法律,以进出国境或关境的货物和物品为征税对象而征收的一种商品税。关税是随着商品交换领域不断扩大而产生并逐步发展的。

关税一般分为进口关税、出口关税和过境关税。我国目前对进出境货物征收的关税分为进口关税和出口关税两类。所谓"境"指关境,又称"海关境域"或"关税领域",是《中华人民共和国海关法》全面实施的领域。在通常情况下,一国关境与国境是一致的,包括国家全部的领土、领海、领空。但当某一国家在国境内设立了自由港、自由贸易区等,这些区域就进出口关税而言处在关境之外,这时,该国家的关境小于国境,比如我国设置了单独的关税地区,也称为"单独关境区",这类地区并不完全适用我国普遍适用的海关法律、法规的约束。

我国现行关税法律规范以全国人民代表大会于2000年7月修正颁布的《中华人民共和国海关法》(以下简称《海关法》)为法律依据,以国务院于2003年11月发布的《中华人民共和国进出口关税条例》(以下简称《进出口关税条例》),以及由国务院关税税则委员会审定并报国务院批准,作为条例组成部分的《中华人民共和国海关进出口税则》(以下简称《海关进出口税则》)和《中华人民共和国海关关于入境旅客行李物品和个人邮递物品征收进口税办法》为基本法规,由负责关税政策制定和征收管理的主管部门依据基本法规拟订的管理办法和实施细则为主要内容。

一、关税纳税人

进口货物的收货人、出口货物的发货人、进出境物品的所有人,是关税的纳税义务人。

(一)进口货物的收、发货人

贸易性商品的纳税人是经营进出口货物的收、发货人。具体包括:
(1)外贸进出口公司;
(2)工贸或农贸结合的进出口公司;
(3)其他经批准经营进出口商品的企业。

(二)物品的纳税人

进出境物品的所有人包括该物品的所有人和推定为所有人的人。

1. 物品的所有人

物品的所有人作为纳税人的情况包括:
(1)入境旅客随身携带的行李、物品的持有人;
(2)各种运输工具上服务人员入境时携带自用物品的持有人;

(3)馈赠物品以及其他方式入境个人物品的所有人;
(4)进口个人邮件的收件人。

接受纳税人委托办理货物报关等有关手续的代理人,可以代办纳税手续。

2. 推定所有人

一般情况下,推定为所有人的人,包括以下几类情况:
(1)对于携带进境的物品,推定其携带人为所有人;
(2)对分离运输的行李,推定相应的进出境旅客为所有人;
(3)对以邮递方式进境的物品,推定其收件人为所有人;
(4)以邮递或其他运输方式出境的物品,推定其寄件人或托运人为所有人。

二、关税征税对象和税目

(一)征税对象

关税的征税对象是准许进出境的货物、物品。凡准许进出口的货物,除国家另有规定的以外,均应由海关征收进口关税或出口关税。对从境外采购进口的原产于中国境内的货物,也应按规定征收进口关税。

(二)税目

关税的税目与税率都由《中华人民共和国海关进出口税则》(以下简称《海关进出口税则》)规定。《海关进出口税则》是我国海关凭以征收关税的法律依据,也是我国关税政策的具体体现。它包括三个主要部分:归类总规则、进口税率表、出口税率表。所谓税则归类,就是按照税则的规定,将每项具体进出口商品按其特性在税则中找出其最适合的某一个税号,即"对号入座",以便确定其适用的税率,计算关税税负。

三、关税税率

(一)税率的种类

关税的税率分为进口税率和出口税率两种,现行进口税则为四栏税率,出口税则为一栏税率。按照征收关税的标准,又可以分为从价税、从量税、选择税、复合税和滑准税。

1. 进口关税税率

进口税率分为普通税率、最惠国税率、协定税率、特惠税率、关税配额税率和暂定税率。进口货物适用何种关税税率是以进口货物的原产地为标准的。

(1)普通税率。对原产于与我国共同适用最惠国条款的世界贸易组织成员国或地区,未与我国订有相互给予最惠国待遇、关税优惠条款贸易协定和特殊关税优惠条款贸易协定的国家或者地区的进口货物,以及原产地不明的货物,按照普通税率征税。按照普通税率征税的进口货物,经国务院关税税则委员会特别批准,可以适用最惠国税率。

(2)最惠国税率。对原产于与我国共同适用最惠国条款的WTO成员或地区的进口货物,原产于与我国签订含有相互给予最惠国待遇的双边贸易协定的国家或者地区的进口货物,以及原产于我国境内的进口货物,按照最惠国税率征税。

（3）协定税率。对原产于与我国签订含有关税优惠条款的区域性贸易协定的国家或地区的进口货物,按协定税率征税。

（4）特惠税率。对原产于与我国签订含有特殊优惠关税协定的贸易协定的国家或地区的进口货物,按特惠税率征收。

（5）关税配额税率。关税配额税率是指关税配额限度内的税率。关税配额是进口国限制进口货物数量的措施,把征收关税和进口配额相结合以限制进口。对于在配额内进口的货物可以适用较低的关税配额税率,对于配额之外的则适用较高税率。

（6）暂定税率。暂定税率是在最惠国税率的基础上,对于一些国内需要降低进口关税的货物,以及出于国际双边关系的考虑需要个别安排的进口货物,可以实行暂定税率。

2. 出口关税税率

国家仅对少数自愿性的产品以及易于竞相杀价、盲目出口、需要规范出口秩序的半制成品征收出口关税。我国现行税则对100余种商品计征出口关税,此外,根据需要对其他200多种商品征收暂定税率。与进口暂定税率类似,出口暂定税率优先适用于出口税则中规定的出口税率。

（二）税率的确定

进出口货物应当依照《海关进出口税则》规定的归类原则归入合适的税号,按照适用的税率征税。其中:

（1）进出口货物,应当按照收发货人或者他们的代理人申报进口或者出口之日实施的税率征税;

（2）进口货物到达前,经海关核准先行申报的,应当按照装载此货物的运输工具申报进境之日实施的税率征税;

（3）进出口货物的补税和退税,适用该进出口货物原申报进口或者出口之日所实施的税率,但下列情况除外:

① 按照特定减免税办法批准予以减免税的进口货物,后因情况改变经海关批准转让或出售需予补税的,应按其原进口之日实施的税率征税。

② 加工贸易进口料、件等属于保税性质的进口货物,如经批准转为内销,应按向海关申报转为内销当日实施的税率征税;如未经批准擅自转为内销的,则按海关查获日期所施行的税率征税。

③ 分期支付租金的租赁进口货物,分期付税时,都应按该项货物原进口之日实施的税率征税。

④ 溢卸、误卸货物事后确定需予征税时,应按其原运输工具申报进口日期所实施的税率征税。如原进口日期无法查明的,可按确定补税当天实施的税率征税。

⑤ 对由于税则归类的改变、完税价格的审定或其他工作差错而需补征税款的,应按原征税日期实施的税率征税。

⑥ 查获的走私进口货物需予补税时,应按查获日期实施的税率征税。

⑦ 暂时进口货物转为正式进口需予补税时,应按其转为正式进口之日实施的税率征税。

⑧ 对经批准缓税进口的货物以后交税时,不论是分期或一次交清税款,都应按货物原进口之日实施的税率计征税款。

▶ 四、关税计税依据

关税主要以进出口货物的完税价格为计税依据。我国《海关法》规定,进出口货物的完税价格,由海关以该货物的成交价格为基础审查确定。

(一)进口货物的完税价格

2014年2月1日实施的《中华人民共和国海关审定进出口货物完税价格办法》中规定,进口货物的完税价格由海关以货物的成交价格为基础审查确定,并应当包括该货物运抵中华人民共和国境内输入地点起卸前的运输及其相关费用、保险费。

1. 一般贸易项下进口货物的完税价格

(1)以成交价格为基础确定的完税价格。一般贸易项下进口的货物以海关审定的成交价格为基础的到岸价格(CIF)作为完税价格。到岸价格(CIF)包括货物的货价、货物运抵我国境内输入地点起卸前的运输及相关费用、保险费。其中还应包括为了在境内生产、制造、使用或出版、发行的目的而向境外支付的与该进口货物有关的专利、商标、著作权,以及专有技术、计算机软件和资料等费用。

所谓成交价格是一般贸易项下进口货物的买方为购买该项货物向卖方实际支付或应当支付的价格。

(2)对实付或应付价格进行调整的有关规定。"实付或应付价格"指买方为购买进口货物直接或间接支付的总额,即作为卖方销售进口货物的条件,由买方向卖方或为履行卖方义务向第三方已经支付或将要支付的全部款项,此类费用有些需要计入完税价格,有些不得计入完税价格,归纳如表9.1所示。

表9.1 关税完税价格的确定

应计入完税价格的费用	不得计入完税价格的费用
进口人在成交价格外另支付给卖方的佣金	向境外采购代理人支付的买方佣金
卖方违反合同规定延期交货的罚款	卖方付给进口人的正常回扣
买方负担的与该货物视为一体的容器费用	厂房、机械、设备等货物进口后的基建、安装、装配、维修和技术服务的费用
买方负担的包装材料和包装劳务费用	货物运抵境内输入地点之后的运输费用、保险费和其他相关费用
与该货物的生产和向中华人民共和国境内销售有关的,由买方以免费或者以低于成本的方式提供并可以按适当比例分摊的料件、工具、模具、消耗材料及类似货物的价款,以及在境外开发、设计等相关服务的费用	进口关税及其他国内税收

续表

应计入完税价格的费用	不得计入完税价格的费用
与该货物有关并作为卖方向我国销售该货物的一项条件,应当由买方直接或间接支付的特许权使用费	为在境内复制进口货物而支付的费用
卖方直接或间接从买方对该货物进口后转售、处置或使用所得中获得的收益	境内外技术培训及境外考察费用

2. 特殊贸易下进口货物的完税价格

对于某些特殊、灵活的贸易方式(如寄售等)下进口的货物,在进口时没有"成交价格"可作依据,为此《进出口关税条例》对这些进口货物制定了确定其完税价格的方法,主要有:

(1)运往境外加工的货物的完税价格。出境时已向海关报明,并在海关规定期限内复运进境的,以加工后货物进境时的到岸价格与原出境货物价格的差额作为完税价格。如无法得到原出境货物的到岸价格,可以用原出境货物相同或类似货物的在进境时的到岸价格,或用原出境货物申报出境时的离岸价格代替。如果两种方法都不行,则可用原出境货物在境外支付的工缴费加上运抵中国关境输入地点起卸前的包装费、运费、保险费和其他劳务费等作为完税价格。

(2)运往境外修理的机械器具、运输工具或者其他货物的完税价格。出境时已向海关报明并在海关规定期限内复运进境的,以经海关审定的修理费和料件费作为完税价格。

(3)租借和租赁进口货物的完税价格。租借、租赁方式进境的货物,以海关审查确定的货物租金作为完税价格。

(4)对于国内单位留购的进口货样、展览品和广告陈列品,以留购价格作为完税价格。但对于留购货样、展览品和广告陈列品的买方,除按留购价格付款外,又直接或间接给卖方一定利益的,海关可以另行确定上述货物的完税价格。

(5)逾期未出境的暂进口货物的完税价格。对于经海关批准暂时进口的施工机械、工程车辆、供安装使用的仪器和工具、电视或电影摄制机械,以及盛装货物的容器等,如入境超过半年仍留在国内使用的,应自第7个月起,按月征收进口关税,其完税价格按原货进口时的到岸价格确定,每月的税额计算公式为:

$$每月关税 = 货物原到岸价格 \times 关税税率 \times 1/48$$

(6)转让出售进口减免税货物的完税价格。按照特定减免税办法批准予以减免税进口的货物,在转让或出售而需补税时,可按这些货物原进口时的到岸价格来确定其完税价格。其计算公式为:

$$完税价格 = 原入境到岸价格 \times [1 - 实际使用月份 \div (管理年限 \times 12)]$$

管理年限是指海关对减免税进口的货物监督管理的年限。

(二)出口货物的完税价格

出口货物应当以海关审定的货物售予境外的离岸价格,扣除出口关税后作为完税价格。出口货物的关税完税价格计算公式为:

$$出口货物完税价格 = 离岸价格 \div (1 + 出口税率)$$

离岸价格（FOB）应以该项货物运离关境前的最后一个口岸的离岸价格为实际离岸价格。若该项货物从内地起运，则从内地口岸至最后出境口岸所支付的国内段运输费用应予扣除。离岸价格不包括装船以后发生的费用。出口货物在成交价格以外支付给国外的佣金应予扣除，未单独列明的则不予扣除。出口货物在成交价格以外，买方还另行支付的货物包装费，应计入成交价格。当离岸价格不能确定时，完税价格由海关估定。

（三）进出口货物完税价格的审定

对于进出口货物的收发货人或其代理人向海关申报进出口货物的成交价格明显偏低，而又不能提供合法证据和正当理由的；申报价格明显低于海关掌握的相同或类似货物的国际市场上公开成交货物的价格，而又不能提供合法证据和正当理由的；申报价格经海关调查认定买卖双方之间有特殊经济关系或对货物的使用、转让互相订有特殊条件或特殊安排，影响成交价格的，以及其他特殊成交情况，海关认为需要估价的，则按以下方法依次估定完税价格。

1. 相同货物成交价格法

以从同一出口国家或者地区购进的相同货物的成交价格作为该被估货物完税价格的依据。

2. 类似货物成交价格法

以从同一出口国家或者地区购进的类似货物的成交价格作为被估货物的完税价格的依据。

3. 国际市场价格法

以进口货物的相同或类似货物在国际市场上公开的成交价格为该进口货物的完税价格。

4. 国内市场价格倒扣法

进口货物的相同或类似货物在国内市场上的批发价格，扣除合理的税、费、利润后的价格。

5. 合理方法估定的价格

如果按照上述几种方法顺序估价仍不能确定其完税价格时，则可由海关按照合理方法估定。

▶ 五、关税应纳税额的计算

（一）从价税应纳税额的计算

从价税是最普遍的关税计征方法，它以进（出）口货物的完税价格作为计税依据。进（出）口货物应纳关税税额的计算公式为：

$$应纳税额 = 应税进（出）口货物数量 \times 单位完税价格 \times 适用税率$$

（二）从量税计算方法

从量税是以进口商品的数量为计税依据的一种关税计征方法。其应纳关税税额的计算公式为：

$$应纳税额 = 应税进口货物数量 \times 关税单位税额$$

（三）复合税计算方法

复合税是对某种进口货物同时使用从价和从量计征的一种关税计征方法。其应纳关税税额的计算公式为：

$$应纳税额 = 应税进口货物数量 \times 关税单位税额 +$$
$$应税进口货物数量 \times 单位完税价格 \times 适用税率$$

（四）滑准税计算方法

滑准税是一种关税税率随进口商品价格由高到低而由低到高设置计征关税的方法，即价格越高，税率越低，税率为比例税率。滑准税的主要特点是可保持滑准税商品的国内市场价格的相对稳定，避免境外商品以低价向我国倾销。目前我国对新闻纸实行滑准税。其应纳关税税额的计算公式为：

$$关税税额 = 应税进（出）口货物数量 \times 单位完税价格 \times 滑准税税率$$

滑准税税率是一个与应税进（出）口货物完税价格相关的取整函数。

边学边做 9.1

1. 训练目的

掌握关税完税价格的确定和应纳税额的计算。

2. 案例设计

某具有进出口经营权的外贸公司，2018年5月发生以下经营业务：

（1）经有关部门批准从境外进口小轿车30辆，每辆小轿车货价15万元，运抵我国海关前发生的运输费用、保险费分别为9万元、1.38万元，该公司向海关缴纳了相关税款；

（2）进口化妆品一批，支付国外的买价220万元、支付与该进口化妆品有关的专利费4万元、支付采购代理人的买方佣金6万元；支付运抵我国海关地前的运输费用20万元、装卸费用和保险费用11万元；

（3）经批准进口服装一批，成交价格为境外离岸价格（FOB）2.6万美元，境外运费及保险费共计0.4万美元。

（提示：小轿车关税税率60%，化妆品关税税率20%，服装关税税率为20%，汇率1美元=6.3元人民币）

要求：根据上述案例及资料，分析回答下列问题。

（1）小轿车在进口环节应缴纳的关税是多少？

（2）进口化妆品环节应缴纳的关税是多少？

（3）进口服装应缴纳的关税是多少？

3. 分析过程

（1）进口小轿车关税的完税价格 = 15×30+9+1.38=460.38（万元）；

应缴纳关税 =460.38×60%=276.23（万元）。

（2）根据规定，向境外采购代理人支付的买方佣金不计入完税价格。

进口化妆品应缴纳关税 =（220+4+20+11）×20%=51（万元）。

（3）进口服装应纳关税 =（2.6+0.4）×6.3×20%=3.78（万元）。

▶ 六、关税税收优惠

关税的减免，是对某些纳税人和征税对象给予一定鼓励和照顾的特殊调节手段，也是贯彻国家关税政策的一项重要措施。

关税的减税、免税分为法定性减免税、政策性减免税和临时性减免税。

我国《海关法》和《进出口关税条例》中规定的减免税，称为法定性减免税。纳税义务人无须提出申请，海关可按规定直接予以减免税。海关对法定减免税货物一般不进行后续管理。法定减免税主要有下列情形：

（1）关税税额在人民币 50 元以下的一票货物，可免征关税；

（2）无商业价值的广告品及货样；

（3）国际组织、外国政府无偿赠送的物资；

（4）进出境运输工具装载的途中必需的燃料、物料和饮食用品；

（5）因故退还的中国出口货物，可以免征进口关税，但已征收的出口关税，不予退还；

（6）因故退还的境外进口货物，可以免征出口关税，但已征收的进口关税不予退还；

（7）进口货物如有以下情形，经海关查明属实，可酌情减免进口关税：

① 在境外运输途中或者在起卸时，遭受到损坏或者损失的；

② 起卸后海关放行前，因不可抗力遭受损坏或者损失的；

③ 海关查验时已经破漏、损坏或者腐烂，经证明不是保管不慎造成的。

（8）为境外厂商加工、装配成品和为制造外销产品而进口的原材料、辅料、零件、部件、配套件和包装物料，海关按照实际加工出口的成品数量免征进口关税；或者对进口料、件先征进口关税，再按照实际加工出口的成品数量予以退税。

（9）中国缔结或参加的国际条约规定减征、免征关税的货物、物品，海关应当按照规定减免关税。

对有上述情况（1）～（6）情形的货物，经海关审查无误后可以免税。

▶ 七、关税征收管理

目前我国规范关税征收管理的文件是 2005 年 3 月 1 日实施的《中华人民共和国海关进出口货物征税管理办法》。

（一）关税缴纳

1. 纳税人申报时间

进口货物自运输工具申报进境之日起 14 日内，出口货物在货物运抵海关监管区后装货的 24 小时以前，应由进出口货物的纳税义务人向货物进（出）境地海关申报，海关根据税则归类和完税价格计算应缴纳的关税和进口环节代征税，并填发税款缴款书。

2. 税款缴纳时间

进出口货物的收发货人或其代理人应当在海关签发税款缴款凭证次日起15日内（星期日和法定节假日除外），向指定银行缴纳税款。逾期不缴的，除依法追缴外，由海关自到期次日起至缴清税款之日止，按日征收欠缴税额 0.5‰ 的滞纳金。

自2016年6月1日起，旅客携运进出境的行李物品有下列情形之一的，海关暂不予放行：

（1）旅客不能当场缴纳进境物品税款的；

（2）进出境的物品属于许可证件管理的范围，但旅客不能当场提交的；

（3）进出境的物品超出自用合理数量，按规定应当办理货物报关手续或其他海关手续，其尚未办理的；

（4）对进出境物品的属性、内容存疑，需要由有关主管部门进行认定、鉴定、验核的；

（5）按规定暂不予以放行的其他行李物品。

3. 延期缴纳税款

关税纳税义务人因不可抗力或者在国家税收政策调整的情形下，不能按期缴纳税款的，经海关总署批准，可以延期缴纳税款，但最长不得超过6个月。

（二）关税退还

关税退还是关税纳税义务人按海关核定的税额缴纳关税后，因某种原因的出现，海关将实际征收多于应当征收的税额（称为溢征关税）退还给原纳税义务人的一种行政行为。

1. 海关发现后的退还

根据《海关法》规定，海关多征的税款，海关发现后应当立即退还。

2. 纳税人发现后的退还

根据规定，有下列情形之一的，进出口货物的纳税义务人可以自缴纳税款之日起1年内，书面声明理由，连同原纳税收据向海关申请退税并加算银行同期活期存款利息，逾期不予受理：

（1）因海关误征，多纳税款的。

（2）海关核准免验进口的货物，在完税后，发现有短卸情形，经海关审查认可的。

（3）已征出口关税的货物，因故未将其运出口，申报退装，经海关查验属实的。

海关应当自受理退税申请之日起30日内作出书面答复，并通知退税申请人。

（三）关税补征和追征

补征和追征是海关在关税纳税义务人按海关核定的税额缴纳关税后，发现实际征收税额少于应当征收的税额（称为短征关税）时，责令纳税义务人补缴所差税款的一种行政行为。

（1）进出境货物和物品放行后，海关发现少征或者漏征税款，应当自缴纳税款或者货物、物品放行之日起1年内，向纳税义务人补征；

（2）如因收发货人或其代理人违反规定而造成少征或漏征税款的，自纳税义务人应缴纳税款之日起 3 年内可以追缴，并从缴纳税款之日起按日加收少征或者漏征税款 0.5‰ 的滞纳金。

第二节 环境保护税法律制度

环境保护税是为了保护和改善环境,减少污染物排放,推进生态文明建设而征收的一种税。

一、环境保护税纳税人

在中华人民共和国领域和中华人民共和国管辖的其他海域,直接向环境排放应税污染物的企业事业单位和其他生产经营者,按照规定征收环境保护税不再征收排污费。

二、环境保护税征税范围

《中华人民共和国环境保护税法》所附《环境保护税税目税额表》《应税污染物和当量值表》规定的大气污染物、水污染物、固体废物和噪声等应税污染物。有下列情形之一的,不属于直接向环境排放污染物,不缴纳相应污染物的环境保护税:

(1)企业事业单位和其他生产经营者向依法设立的污水集中处理、生活垃圾集中处理场所排放应税污染物的。

(2)企业事业单位和其他生产经营者在符合国家和地方环境保护标准的设施、场所贮存或者处置固体废物的。依法设立的城乡污水集中处理、生活垃圾集中处理场所超过国家和地方规定的排放标准向环境排放应税污染物的,应当缴纳环境保护税。企业事业单位和其他生产经营者贮存或者处置固体废物不符合国家和地方环境保护标准的,应当缴纳环境保护税。

三、环境保护税税率

环境保护税实行定额税率。税目、税额依照《环境保护税税目税额表》执行,我国现行环境保护税目税额如表9.2所示。

表9.2 环境保护税税目税额表

税目		计税单位	税额	备注
大气污染物		每污染当量	1.2元至12元	
水污染物		每污染当量	1.4元至14元	
固体废物	煤矸石	每吨	5元	
	尾矿	每吨	15元	
	危险废物	每吨	1 000元	
	冶炼渣、粉煤灰、炉渣、其他固定废物(含半固态、液态废物)	每吨	25元	

续表

税目		计税单位	税额	备注
噪声	工业噪声	超标1～3分贝	每月350元	1. 一个单位边界上有多处噪声超标,根据最高一处超标声级计算应纳税额;当沿边界长度超过100米有两处以上噪声超标,按照两个单位计算应纳税额。 2. 一个单位有不同地点作业场所的,应当分别计算应纳税额,合并计征。 3. 昼、夜均超标的环境噪声,昼夜分别计算应纳税额,累计计征。 4. 声源一个月内超标不足15天的,减半计算应纳税额。 5. 夜间频繁突发和夜间偶然突发厂界超标噪声,按等效声级和峰值噪声两种指标中超标分贝值高的一项计算应纳税额。
		超标4～6分贝	每月700元	
		超标7～9分贝	每月1 400元	
		超标10～12分贝	每月2 800元	
		超标13～15分贝	每月5 600元	
		超标16分贝以上	每月11 200元	

应税大气污染物和水污染物的具体适用税额的确定和调整,由省、自治区、直辖市人民政府统筹考虑本地区环境承载能力、污染物排放现状和经济社会生态发展目标要求,在《环境保护税税目税额表》规定的税额幅度内提出,报同级人民代表大会常务委员会决定,并报全国人民代表大会常务委员会和国务院备案。

▶ 四、环境保护税计税依据

应税污染物的计税依据,按照下列方法确定:
(1)应税大气污染物按照污染物排放量折合的污染当量数确定;
(2)应税水污染物按照污染物排放量折合的污染当量数确定;
(3)应税固体废物按照固体废物的排放量确定;
(4)应税噪声按照超过国家规定标准的分贝数确定。

▶ 五、环境保护税应纳税额的计算

环境保护税应纳税额按照下列方法计算:
(1)应税大气污染物的应纳税额=污染当量数 × 具体适用税额;
(2)应税水污染物的应纳税额=污染当量数 × 具体适用税额;
(3)应税固体废物的应纳税额=固体废物排放量 × 具体适用税额;
(4)应税噪声的应纳税额=超过国家规定标准的分贝数对应的具体适用税额。

应税大气污染物、水污染物、固体废物的排放量和噪声的分贝数,按照下列方法和顺序计算:
(1)纳税人安装使用符合国家规定和监测规范的污染物自动监测设备的,按照污染物自动监测数据计算;
(2)纳税人未安装使用污染物自动监测设备的,按照监测机构出具的符合国家有关规定和监测规范的监测数据计算;
(3)因排放污染物种类多等原因不具备监测条件的,按照国务院环境保护主管部门规定的排污系数、物料衡算方法计算;

（4）不能按上述第（1）项至第（3）项规定的方法计算的，按照省、自治区、直辖市人民政府环境保护主管部门规定的抽样测算的方法核定计算。

▶ 六、环境保护税税收优惠

下列情形，暂予免征环境保护税：
（1）农业生产（不包括规模化养殖）排放应税污染物的；
（2）机动车、铁路机车、非道路移动机械、船舶和航空器等流动污染源排放应税污染物的；
（3）依法设立的城乡污水集中处理、生活垃圾集中处理场所排放相应应税污染物，不超过国家和地方规定的排放标准的；
（4）纳税人综合利用的固体废物，符合国家和地方环境保护标准的；
（5）国务院批准免税的其他情形。

纳税人排放应税大气污染物或者水污染物的浓度值低于国家和地方规定的污染物排放标准30%的，减按75%征收环境保护税。纳税人排放应税大气污染物或者水污染物的浓度值低于国家和地方规定的污染物排放标准50%的，减按50%征收环境保护税。

▶ 七、环境保护税征收管理

（一）征税机关

环境保护税由税务机关依照《中华人民共和国税收征收管理法》和《环境保护税法》的有关规定征收管理。

环境保护主管部门应当将排污单位的排污许可、污染物排放数据、环境违法和受行政处罚情况等环境保护相关信息，定期交送税务机关。税务机关应当将纳税人的纳税申报、税款入库、减免税额、欠缴税款以及风险疑点等环境保护税涉税信息，定期交送环境保护主管部门。

（二）纳税义务发生时间

纳税义务发生时间为纳税人排放应税污染物的当日。纳税人应当向应税污染物排放地的税务机关申报缴纳环境保护税。

（三）纳税期限

环境保护税按月计算，按季申报缴纳。不能按固定期限计算缴纳的，可以按次申报缴纳。
纳税人按季申报缴纳的，应当自季度终了之日起15日内，向税务机关办理纳税申报并缴纳税款。纳税人按次申报缴纳的，应当自纳税义务发生之日起15日内，向税务机关办理纳税申报并缴纳税款。

▶ 第三节　烟叶税法律制度

烟叶税是向收购烟叶的单位征收的一种税。

▶ 一、烟叶税纳税人

烟叶税的纳税人为在中华人民共和国境内收购烟叶的单位。因为我国实行烟草专卖制度,因此烟叶税的纳税人具有特定性,一般是有权收购烟叶的烟草公司或者受其委托收购烟叶的单位。

▶ 二、烟叶税征税范围

烟叶税的征税范围包括晾晒烟叶、烤烟叶。晾晒烟叶包括列入名晾晒烟名录的晾晒烟叶和未列入名晾晒烟名录的其他晾晒烟叶。

▶ 三、烟叶税税率

烟叶税实行比例税率,税率为20%。

▶ 四、烟叶税计税依据

烟叶税的计税依据是纳税人收购烟叶的收购金额,具体包括纳税人支付给烟叶销售者的烟叶收购价款和价外补贴。价外补贴统一暂按烟叶收购价款的10%计入收购金额。

收购金额的计算公式为:

$$收购金额 = 收购价款 \times (1+10\%)$$

▶ 五、烟叶税应纳税额的计算

烟叶税应纳税额的计算公式为:

$$应纳税额 = 烟叶收购金额 \times 税率 = 收购价款 \times (1+10\%) \times 税率$$

▶ 六、烟叶税征收管理

烟叶税的纳税义务发生时间为纳税人收购烟叶的当天,具体指纳税人向烟叶销售者付讫收购烟叶款项或者开具收购烟叶凭证的当天。烟叶税在烟叶收购环节征收。纳税人收购烟叶即发生纳税义务。

纳税人应当自纳税义务发生月终了之日起15日内申报纳税。具体纳税期限由主管税务机关核定。

对依照《中华人民共和国烟草专卖法》查处没收的违法收购的烟叶,由收购罚没烟叶的单位按照购买金额计算缴纳烟叶税。应纳税额以人民币计算。

纳税人收购烟叶,应当向主管税务机关申报纳税。

▶ 第四节 房产税法律制度

房产税,是以房屋为征税对象,按照房产的计税余值或房产租金收入,向房屋产权所有人或经营管理人等征收的一种财产税。房产税仅对征税范围内的经营性房屋征收,而且区别房屋经营使用方式规定了不同的计税依据。房产税对于筹集地方财政收入、调节财富分配和加强房产管理、配合城市住房制度改革方面有重要的意义。

现行房产税法的基本规范，是1986年9月15日国务院颁布并于同年10月1日起施行的《中华人民共和国房产税暂行条例》（以下简称《房产税暂行条例》）。同年9月25日，财政部、国家税务总局印发《关于房产税若干具体问题的解释和暂行规定》之后，国务院以及财政部、国家税务总局又陆续发布了一些有关房产税的规定、办法，这些构成了我国房产税法律制度。

▶ 一、房产税征税范围

房产税的征税范围为城市、县城、建制镇和工矿区的房屋。具体规定如下：

（1）城市是指国务院批准设立的市，其征税范围为市区、郊区和市辖县城，不包括农村；

（2）县城是指未设立建制镇的县人民政府所在地的地区；

（3）建制镇是指经省、自治区、直辖市人民政府批准设立的建制镇；

（4）工矿区是指工商业比较发达，人口比较集中，符合国务院规定的建制镇的标准，但尚未设立建制镇的大中型工矿企业所在地。在工矿区开征房产税必须经省、自治区、直辖市人民政府批准。

所谓房屋，是指有屋面和围护结构（有墙或两边有柱），能够遮风避雨，可供人们在其中生产、学习、工作、娱乐、居住或贮藏物资的场所。房地产开发企业建造的商品房，在出售前，不征收房产税；但对出售前房地产开发企业已使用或出租、出借的商品房应按规定征收房产税。

独立于房屋之外的建筑物，如围墙、烟囱、水塔、菜窖、室外游泳池等不属于房产税的征税范围。

▶ 二、房产税纳税人

房产税的纳税人，是指在我国城市、县城、建制镇和工矿区内拥有房屋产权的单位和个人。具体包括产权所有人、承典人、房产代管人或者使用人。

（1）产权属于国家所有的，其经营管理的单位为纳税人；产权属于集体和个人的，集体单位和个人为纳税人。

所称单位，包括国有企业、集体企业、私营企业、股份制企业、外商投资企业、外国企业以及其他企业和事业单位、社会团体、国家机关、军队以及其他单位；所称个人，包括个体工商户以及其他个人。

（2）产权出典的，承典人为纳税人。产权出典，是指产权所有人为了生产或生活需要，将自己作为生产资料或生活场所房屋的产权，在一定期限内转让（出典）给他人使用而取得出典价款的一种融资行为。例如，甲为周转资金，将自己的一幢房屋出典给某典当行，此时张某为出典人，典当行为承典人。质典关系中，典当行在质典期间可以获得房屋的支配权，并可转典，而张某则失去对房屋的支配权，因此税法规定，典当行（承典人）为纳税义务人。

相关阅读

出典与出租在房产税中的区别

出典是指产权所有人将房屋、生产资料等的产权,在一定期限内典当给他人使用,而取得资金的一种融资业务。这种业务大多发生于出典人急需用款,但又想保留产权赎回权的情况。

出租是指在约定期间内,出租人将资产使用权让与承租人并收取租金的行为。经营租赁方式下,租赁资产的所有权属于出租人,而对于产权典当,其典当资产所有权归属具有不确定性。

(3)产权所有人、承典人均不在房产所在地的,房产代管人或者使用人为纳税人。

(4)产权未确定以及租典纠纷未解决的,房产代管人或者使用人为纳税人。

租典纠纷,是指产权所有人在房产出典和租赁关系上,与承典人、租赁人发生各种争议,使得房屋产权归属不清。为了加强征税规定,避免因当事人房屋产权纠纷而推诿、逃避纳税义务的情况出现,税法明确规定,此时由当时的房产代管人或者使用人为纳税人。

(5)纳税单位和个人无租使用房产管理部门、免税单位及纳税单位的房产,由使用人代为缴纳房产税。

房地产开发企业建造的商品房,在出售前不征收房产税,但对出售前房地产开发企业已使用或出租、出借的商品房应按规定征收房产税。

▶ 三、房产税税率

我国现行房产税采用比例税率,其计税依据分为两种:从价计征和从租计征。从价计征和从租计征实行不同标准的比例税率。

(1)从价计征的,税率为 1.2%。

(2)从租计征的,税率为 12%。

个人出租的居民住房,可暂减按 4% 的税率征收房产税。

对企事业单位、社会团体以及其他组织按市场价格向个人出租用于居住的住房,减按 4% 的税率征收房产税。

▶ 四、房产税计税依据

房产税以房产的计税价值或房产租金收入为计税依据。按房产计税价值征税的,称为从价计征;按房产租金收入征税的,称为从租计征。

(一)从价计征的房产税的计税依据

房产的价值通常有三种表现形式:一是房产的原值,即房屋取得时的价格;二是房产的净值,即房屋的原值扣除折旧后的价值;三是房产的市价,即市场买卖房屋的价值(价格)。我国从价计征的房产税,则是以房产余值为计税依据,即房产税依照房产原值一次减除 10%~30%

后的余值计算缴纳。具体扣减比例由省、自治区、直辖市人民政府确定。

1. 房产原值

房产原值,是指纳税人按照会计制度规定,在账簿"固定资产"科目中记载的房屋原价。

值得注意的是,自2006年1月1日起,凡在房产税征收范围内的具备房屋功能的地下建筑,包括与地上房屋相连的地下建筑以及完全建在地面以下的建筑、地下人防设施等,均应当按照有关规定征收房产税。

自2009年1月1日起,对依照房产原值计税的房产,不论是否记载在会计账簿"固定资产"科目中,均应按照房屋原价计算缴纳房产税。房屋原价应根据国家有关会计制度规定进行核算。对纳税人未按国家会计制度核算并记载的,应按规定予以调整或重新评估。

自2010年12月21日起,对按照房产原值计税的房产,无论会计上如何核算,房产原值均应包含地价,包括为取得土地使用权支付的价款、开发土地发生的成本费用等。宗地容积率低于0.5的,按房产建筑面积的2倍计算土地面积并据此确定计入房产原值的低价。

2. 房产余值

房产余值,是指房产的原值减除规定比例后的剩余价值。

3. 房屋附属设备和配套设施的计税规定

房产原值应包括与房屋不可分割的各种附属设备或一般不单独计算价值的配套设施。主要有:暖气、卫生、通风、照明、煤气等设备;各种管线,如蒸汽、压缩空气、石油、给水排水等管道及电力、电信、电缆导线;电梯、升降机、过道、晒台等。

凡以房屋为载体,不可随意移动的附属设备和配套设施,如给排水、采暖、消防、中央空调、电气及智能化楼宇设备等,无论在会计核算中是否单独记账与核算,都应计入房产原值,计征房产税。

纳税人对原有房屋进行改建、扩建的,要相应增加房屋的原值。对更换房屋附属设备和配套设施的,在将其价值计入房产原值时,可扣减原来相应设备和设施的价值;对附属设备和配套设施中易损坏、需要经常更换的零配件,更新后不再计入房产原值。

4. 对于投资联营的房产的计税规定

(1)对以房产投资联营、投资者参与投资利润分红、共担风险的,按房产余值作为计税依据计缴房产税。

(2)对以房产投资收取固定收入、不承担经营风险的,实际上是以联营名义取得房屋租金,应根据《房产税暂行条例》的有关规定,以出租方取得的租金收入为计税依据计缴房产税。

5. 融资租赁房屋的计税规定

对融资租赁房屋的情况,由于租赁费包括购进房屋的价款、手续费、借款利息等,承租方承担了与租赁财产有关的大部分风险与报酬,虽然支付的费用亦称之为"租金",但此"租金"的性质与经营租赁方式下的"租金"完全不同,实质是一种变相的分期付款购买固定资产的形式,所以在计征房产税时应以房产余值计算征收。

融资租赁的房产,由承租人自融资租赁合同约定开始日的次月起依照房产余值缴纳房产税。合同未约定开始日的,由承租人自合同签订的次月起依照房产余值缴纳房产税。

6. 居民住宅区内业主共有的经营性房产的计税规定

从2007年1月1日起,对居民住宅区内业主共有的经营性房产,由实际经营(包括自营和出租）的代管人或使用人缴纳房产税。其中自营的依照房产原值减除10%～30%后的余值计征，没有房产原值或不能将业主共有房产与其他房产的原值准确划分开的，由房产所在地税务机关参照同类房产核定房产原值；出租房产的，执照租金收入计征。

（二）从租计征的房产税的计税依据

房产出租的，以房屋出租取得的租金收入为计税依据，计缴房产税。计征房产税的租金收入不含增值税。

房产的租金收入，是指房屋产权所有人出租产权使用权所取得的报酬，包括货币收入和实物收入。

纳税人对个人出租房屋的租金收入申报不实或申报数与同一地段同类房屋的租金收入相比明显不合理的，税务部门可以按照《中华人民共和国税收征收管理法》的有关规定，采取科学合理的方法核定其应纳税额。

出租的地下建筑，按照出租地上房屋建筑的有关规定计算征收房产税。

▶ 五、房产税应纳税额的计算

房产税的计税依据有两种，与之相适应的应纳税额计算也分为两种：一是从价计征的计算；二是从租计征的计算。

（一）从价计征的房产税应纳税额的计算

从价计征是按房产的原值减除一定比例后的余值计征，其计算公式为：

$$\text{从价计征的房产税应纳税额} = \text{应税房产原值} \times (1 - \text{扣除比例}) \times 1.2\%$$

公式中，扣除比例幅度为10%～30%，具体减除幅度由省、自治区、直辖市人民政府规定。

（二）从租计征的房产税应纳税额的计算

从租计征是按房产的租金收入计征，其计算公式为：

$$\text{从租计征的房产税应纳税额} = \text{租金收入} \times 12\% (\text{或} 4\%)$$

边学边做 9.2

1. 训练目的

掌握房产税从价计征方式下应纳税额的计算。

2. 案例设计

某企业2017年有固定资产原值3 000万元，其中房产原值为2 000万元，已提折旧400万元；机器设备原值为1 000万元，已提折旧240万元。已知当地政府规定的扣除比例为30%，该企业2017年度应纳房产税是多少？

3. 分析过程

该企业应缴纳16.8万元的房产税。企业应纳房产税=2 000×（1-30%）×1.2%=16.8（万元）。

边学边做 9.3

1. 训练目的

掌握房产税应纳税额的计算。

2. 案例设计

某企业2017年年初账面共有房产原值4 000万元,当年房产使用情况如下:

(1)1月1日将一栋原值800万元的办公楼用于投资联营(收取固定收入,不承担联营风险),投资期为5年。已知该企业当年取得固定收入50万元;

(2)7月1日将原值200万元、占地面积400平方米的一栋仓库出租给某商场存放货物,7月1日起计租,租期1年,每月不含税租金收入1.5万元;

(3)其余房产为经营自用;

(4)年初委托施工单位修建物资仓库,8月22日办理验收手续,工程结算支出50万元,并按此成本计入固定资产。

已知:当地规定房产税计算余值的扣除比例为20%。

根据上述案例,分析回答下列问题:

(1)上述业务(1)应缴纳的房产税是多少?

(2)上述业务(2)应缴纳的从租计征房产税是多少?

(3)该企业2017年应缴纳的房产税共计是多少?

3. 分析过程

(1)以房产投资联营,不担风险,只收取固定收入,应由出租方按租金收入计缴房产税。该企业应纳房产税=50×12%=6(万元)。

(2)房产出租的,以房屋出租取得租金收入为计税依据计缴房产税。出租房产应缴纳的房产税=1.5×6×12%=1.08(万元)。

(3)经营自用房产应缴纳的房产税=(4 000−200−800)×(1−20%)×1.2%+200×(1−20%)×1.2%÷12×6=28.8+0.96=29.76(万元)。

委托施工企业建设的房屋,房产税纳税义务发生时间为从办理验收手续之次月起。

应纳房产税=50×(1−20%)×1.2%÷12×4=0.16(万元)

2017年应缴纳房产税=6+1.08+29.76+0.16=37(万元)

需要注意的是,在房产税的具体计算题目中,要特别注意房产持有自用期间和出租期间,要以对应的税率计算从价计征与从租计征的房产税,此外,对于房产税的税收优惠政策也要深入把握,能将其运用到具体的题目分析中。

▶ 六、房产税税收优惠

房产税的税收优惠是根据国家政策需要和纳税人的负担能力制定的。

(一)减免税的基本规定

根据《房产税暂行条例》及有关规定,下列房产免征房产税。

1. **国家机关、人民团体、军队自用的房产**

所谓"人民团体",是指经国务院授权的政府部门批准设立或登记备案并由国家拨付行政事业费的各种社会团体。

所谓"自用的房产",是指这些单位本身的办公用房和公务用房。

需要注意的是,上述免税单位的出租房产以及非自身业务使用的生产、营业用房,不属于免税范围,因为此类单位出租或转为营业使用的,是可以取得经营收入的,由此带来一定的纳税能力,所以应当按照规定征收房产税。

2. **国家财政部门拨付事业经费单位自用的房产**

由国家财政部门拨付事业经费(全额或差额)的单位(学校、医疗卫生单位、托儿所、幼儿园、敬老院以及文化、体育、艺术类单位)所有的、本身业务范围内使用的房产免征房产税。

由国家财政部门拨付事业经费的单位,其经费来源实行自收自支后,从事业单位实行自收自支的年度起,免征房产税 3 年。

上述单位所属的附属工厂、商店、招待所等不属于单位公务、业务的用房,应照章纳税。

3. **宗教寺庙、公园、名胜古迹自用的房产**

宗教寺庙自用的房产,是指举行宗教仪式等的房屋和宗教人员使用的生活用房屋。

公园、名胜古迹自用的房产,是指供公共参观游览的房屋及其管理单位的办公用房屋。

宗教寺庙、公园、名胜古迹中涉及的生产、经营用房,不属于免税范围。如影剧院、饮食部、茶社、照相馆等所使用的房产及出租的房产,不属于免税范围,应照章征税。

4. **个人所有非营业用的房产**

个人所有非营业用的房产,主要是指居民住房,不分面积多少,一律免征房产税。

对个人拥有的营业用房或者出租的房产,不属于免税房产,应照章征税。

(二)减免税的特殊规定

经财政部和国家税务总局批准,下列房产可免征房产税:

(1)对房管部门经租的居民住房,在房租调整改革之前收取租金偏低的,可暂缓征收房产税。对房管部门经租的其他非营业用房,是否予以照顾,由各省、自治区、直辖市根据当地具体情况按税收管理体制的规定办理。

(2)毁损不堪居住的房屋和危险房屋,经有关部门鉴定,在停止使用后,可免征房产税。

(3)纳税人因房屋大修导致连续停用半年以上的,在房屋大修期间免征房产税,免征税额由纳税人在申报缴纳房产税时自行计算扣除,并在申报表附表或备注栏中作相应说明。

纳税人房屋大修停用半年以上需要免征房产税的,应在房屋大修前向主管税务机关报送相关的证明材料,包括大修房屋的名称、坐落地点、产权证编号、房产原值、用途、房屋大修的原因、大修合同及大修的起止时间等信息和资料,以备税务机关查验。具体报送材料由各省、自治区、直辖市和计划单列市税务局确定。

(4)在基建工地为基建工地服务的各种工棚、材料棚、休息棚和办公室、食堂、茶炉房、汽车房等临时性房屋,施工期间一律免征房产税。但工程结束后,施工企业将这种临时性房屋交还或估价转让给基建单位的,应从基建单位接收的次月起,照章纳税。

(5)对高校学生公寓实体免征房产税。

（6）对非营利性医疗机构、疾病控制机构和妇幼保健机构等卫生机构自用的房产,免征房产税。

（7）老年服务机构自用的房产免征房产税。老年服务机构是指专门为老年人提供生活照料、文化、护理、健身等多方面服务的福利性、非营利性的机构,主要包括老年社会福利院、敬老院（养老院）、老年服务中心、老年公寓（含老年护理院、康复中心、托老所）等。

（8）对公共租赁住房免征房产税。公共租赁住房经营单位应单独核算公共租赁住房租金收入,未单独核算的,不得享受免征房产税优惠政策。

对廉租住房经营管理单位按照政府规定价格、向规定保障对象出租廉租住房的租金收入,免征房产税。

对个人出租住房,不区分用途,按4%的税率征收房产税；对企事业单位、社会团体以及其他组织按市场价格向个人出租用于居住的住房,减按4%的税率征收房产税。

（9）国家机关、军队、人民团体、财政补助事业单位、居民委员会、村民委员会拥有的体育场馆,用于体育活动的房产,免征房产税。

（10）自2004年8月1日起,对军队空余房产租赁收入暂免征收房产税。

经费自理事业单位、体育社会团体、体育基金会、体育类民办非企业单位拥有并运营管理的体育场馆,符合相关条件的,其用于体育活动的房产,免征房产税。

企业拥有并运营管理的大型体育场馆,其用于体育活动的房产,减半征收房产税。享受上述税收优惠体育场馆的运动场地用于体育活动的天数不得低于全年自然天数的70%。

▶ 七、房产税征收管理

（一）纳税义务发生时间

（1）纳税人将原有房产用于生产经营,从生产经营之月起,缴纳房产税。

（2）纳税人自行新建房屋用于生产经营,从建成之次月起,缴纳房产税。

（3）纳税人委托施工企业建设的房屋,从办理验收手续之次月起,缴纳房产税。

（4）纳税人购置新建商品房,自房屋交付使用之次月起,缴纳房产税。

（5）纳税人购置存量房,自办理房屋权属转移、变更登记手续,房地产权属登记机关签发房屋权属证书之次月起,缴纳房产税。

（6）纳税人出租、出借房产,自交付出租、出借本企业房产之次月起,缴纳房产税。

（7）房地产开发企业自用、出租、出借本企业建造的商品房,自房屋使用或交付之次月起,缴纳房产税。

（8）纳税人因房产的实物或权利状态发生变化而依法终止房产税纳税义务的,其应纳税款的计算截止到房产的实物或权利状态发生变化的当月末。

（二）纳税期限

房产税实行按年计算、分期缴纳的征收方法,具体纳税期限由省、自治区、直辖市人民政府确定。

（三）纳税地点

房产税在房产所在地缴纳。房产不在同一地方的纳税人,应按房产的坐落地点分别向房产所在地的税务机关申报纳税。

（四）纳税申报

房产税的纳税申报，是房屋产权所有人或纳税人缴纳房产税必须履行的法定手续。纳税义务人应根据税法要求，将现有房屋的坐落地点、结构、面积、原值、出租收入等情况，据实向税务机关办理纳税申报。

▶ 第五节　契税法律制度

契税是以我国境内转移土地、房屋权属为征税对象，向产权承受人征收的一种财产税。征收契税有利于增加地方财政收入，有利于保护合法产权，避免房屋、土地权属的产权纠纷。

现行契税的基本法律规范是1997年7月7日，国务院颁布并自1997年10月1日起施行的《中华人民共和国契税暂行条例》（以下简称《契税暂行条例》）。同年10月28日，财政部印发《契税暂行条例实施细则》。之后，国家财政、税务主管部门又陆续发布了一些有关契税的规定、办法，这些构成了我国契税法律制度。

▶ 一、契税纳税人

契税的纳税人，是指在我国境内承受土地、房屋权属转移的单位和个人。境内是指中华人民共和国实际税收管辖范围内。土地、房屋权属是指土地使用权和房屋所有权。单位是指企业单位、事业单位、国家机关、军事单位和社会团体以及其他组织；个人，是指个体经营者和其他个人。

▶ 二、契税征税对象

契税以在我国境内转移土地、房屋权属的行为作为征税对象。土地、房屋权属未发生转移的，不征收契税。

契税的征税对象是境内转移的土地、房屋权属。具体包括以下内容：

（一）国有土地使用权出让

国有土地使用权出让是指土地使用者向国家交付土地使用权出让费用，国家将国有土地使用权在一定年限内让与土地使用者的行为。出让费用包括出让金等。

国有土地使用权出让，受让者应向国家缴纳土地出让金，以出让金为依据计算缴纳契税。不得因减免土地出让金而减免契税。

（二）土地使用权转让

土地使用权转让是指土地使用者以出售、赠与、交换或者其他方式将土地使用权转移给其他单位和个人的行为。土地使用权的转让不包括农村集体土地承包经营权的转移。

相关阅读

国有土地使用权出让与转让的区别

国有土地使用权出让是指土地使用者向国家交付土地使用权出让费用,国家将国有土地使用权在一定年限内让与土地使用者的行为;土地使用权转让是指土地使用者以出售、赠与、交换或者其他方式将土地使用权转移给其他单位或个人的行为。土地使用权的转让方式不包括农村集体土地承包经营权的转移。

两者的区别主要体现在:国有土地使用权出让是国家将土地使用权让与土地使用者,是土地一级市场的转让行为;国有土地使用权转让是土地使用者将土地使用权转移给其他的单位或个人,是土地二级市场的转让行为。

(三)房屋买卖

房屋买卖是指房屋所有者将其房屋出售,由承受者交付货币、实物、无形资产或其他经济利益的行为。

(四)房屋赠与

房屋赠与是指房屋所有者将其房屋无偿转让给受赠者的行为。房屋赠与的前提必须是产权无纠纷,赠与人和受赠人双方自愿。

(五)房屋交换

房屋交换是指房屋所有者之间相互交换房屋的行为。

(六)特殊方式转移土地

随着经济形势的发展,有些特殊方式转移土地、房屋权属的,也将视同土地使用权转让、房屋买卖或者房屋赠与。

1. 土地、房屋权属作价投资、入股

这种交易业务属于房屋产权转移,应根据国家房地产管理的有关规定,办理房屋产权交易和产权变更登记手续,视同房屋买卖,由产权承受方按照契税税率计算缴纳契税。

此外,公司增资扩股中,对以土地、房屋权属作价入股或作为出资投入企业的,征收契税。

2. 土地、房屋权属抵债

以土地、房屋权属抵债的,视同房屋买卖,应由产权承受人,按照房屋现值缴纳契税。

3. 破产清算承受土地、房屋权属

企业破产清算期间,对非债权人承受破产企业土地、房屋权属的,征收契税。

此外,土地、房屋权属变动还有其他一些不同的形式,如典当、继承、分拆(分割)、出租或者抵押等形式而发生的土地、房屋权属变动的,不属于契税的征税范围。

三、契税税率

契税采用比例税率,并实行 3% ~ 5% 的幅度税率。实行幅度税率是考虑到我国经济发展不平衡,各地经济差别较大的实际情况,因此具体税率由各省、自治区、直辖市人民政府在幅度税率规定范围内,按照本地区的实际情况确定,以适应不同地区纳税人的负担水平和调控房地产交易的市场价格。

四、契税计税依据

契税的计税依据为房屋、土地权属的价格。由于土地、房屋权属转移方式不同,其定价方法也不同,因而具体计税依据视不同情况而决定。契税的计税依据确定如下:

(1) 国有土地使用权出让、土地使用权出售、房屋买卖,以成交价格作为计税依据。

成交价格是指土地、房屋权属转移合同确定的价格,包括承受者应交付的货币、实物、无形资产或其他经济利益。

(2) 土地使用权赠与、房屋赠与,由征收机关参照土地使用权出售、房屋买卖的市场价格核定。

(3) 土地使用权交换、房屋交换,以交换土地使用权、房屋的价格差额为计税依据。

计税依据只考虑其价格的差额,交换价格不相等的,由多交付货币、实物、无形资产或其他经济利益的一方缴纳契税;交换价格相等的,免征契税。土地使用权与房屋所有权之间相互交换,也应按照上述办法确定计税依据。

(4) 以划拨方式取得土地使用权,经批准转让房地产时应补交的契税,以补交的土地使用权出让费用或土地收益作为计税依据。

为了防止纳税人隐瞒、虚报成交价格以偷、逃税款,对成交价格明显低于市场价格而无正当理由的,或所交换的土地使用权、房屋价格的差额明显不合理并且无正当理由的,征收机关参照市场价格核定计税依据。

五、契税应纳税额的计算

契税采用比例税率。应纳税额依照省、自治区、直辖市人民政府确定的适用税率和税法规定的计税依据计算征收。其计算公式为:

$$应纳税额 = 计税依据 \times 税率$$

六、契税税收优惠

(1) 国家机关、事业单位、社会团体、军事单位承受土地、房屋用于办公、教学、医疗、科研和军事设施的,免征契税。

(2) 城镇职工按规定第一次购买公有住房的,免征契税。

(3) 因不可抗力灭失住房而重新购买住房的,酌情准予减征或者免征契税。

(4) 土地、房屋被县级以上人民政府征用、占用后,重新承受土地、房屋权属的,是否减征或者免征契税,由省、自治区、直辖市人民政府确定。

（5）纳税人承受荒山、荒沟、荒丘、荒滩土地使用权，用于农、林、牧、渔业生产的，免征契税。

（6）经外交部确认，依照我国有关法律规定以及我国缔结或参加的双边和多边条约或协定的规定应当予以免税的外国驻华使馆、领事馆、联合国驻华机构及其外交代表、领事官员和其他外交人员承受土地、房屋权属的，经外交部确认，可以免征契税。

经批准减征、免征契税的纳税人，改变有关土地、房屋的用途的，就不再属于减征、免征契税范围，并且应当补缴已经减征、免征的税款。

▶ 七、契税征收管理

（一）纳税义务发生时间

契税的纳税义务发生时间是纳税人签订土地、房屋权属转移合同的当天，或者纳税人取得其他具有土地、房屋权属转移合同性质凭证的当天。

（二）纳税地点

契税实行属地征收管理。纳税人发生契税纳税义务时，应向土地、房屋所在地的税务征收机关申报纳税。

（三）纳税期限

纳税人应当自纳税义务发生之日起 10 日内，向土地、房屋所在地的税收征收机关办理纳税申报，并在税收征收机关核定的期限内缴纳税款。

（四）征收管理

纳税人办理纳税事宜后，征收机关应向纳税人开具契税完税凭证。

对已缴纳契税的购房单位和个人，在未办理房屋权属变更登记前退房的，退还已纳契税；在办理房屋权属变更登记之后退还的，不予退还已纳契税。

▶ 第六节　土地增值税法律制度

土地增值税是对转让国有土地使用权、地上建筑物及其附着物，并取得收入的单位和个人，就其转让房地产所取得的增值额征收的一种税。与其他税种相比，土地增值税是以转让房地产的增值额为计税依据的，其涉税面较广，实行超率累进税率，按次征收。

土地增值税法律制度是国家制定的用以调整土地增值税征收与缴纳之间权利及义务关系的法律规范。1993年11月26日国务院颁布了《中华人民共和国土地增值税暂行条例》（以下简称《土地增值税暂行条例》），并于1994年1月1日起施行。1995年1月财政部印发了《中华人民共和国土地增值税暂行条例实施细则》(以下简称《土地增值税实施细则》),从1995年1月27日起施行。之后,财政部、国家税务总局又陆续发布了一些有关土地增值税的规定、办法。这些构成了我国土地增值税法律制度。

▶ 一、土地增值税纳税人

土地增值税的纳税人为转让国有土地使用权、地上建筑物及其附着物(以下简称转让房地产)并取得收入的单位和个人。由于土地增值税征税涉及面较广,无论法人与自然人、无论经济性质、无论何种行业,均为土地增值税的纳税义务人。具体包括各类企事业单位、国家机关、社会团体、个体工商户以及其他单位和个人。此外,外商投资企业、外国企业、外国驻华机构、外国公民、华侨以及港澳台同胞,也是土地增值税的纳税人。

▶ 二、土地增值税征税范围

(一)基本征税范围

土地增值税的基本征税范围包括:

1. 转让国有土地使用权

土地增值税针对转让国有土地使用权及其他地上建筑物和附着物的行为征收。理解此内容需要注意以下三个方面:

(1)关于土地使用权的出让。土地增值税是对转让国有土地使用权及其他地上建筑物和附着物的行为征税,不包括国有土地使用权出让所取得的收入。国有土地出让,是指国家以土地所有者的身份将土地使用权在一定年限内让与土地使用者,并由土地使用者向国家支付土地出让金的行为。有偿出让的方式包括拍卖、招标和协议方式,由于土地使用权的出让方是国家,出让收入在性质上属于政府凭借所有权在土地一级市场上收取的租金,所以,政府出让土地的行为及取得的收入也不在土地增值税的征税之列。

(2)关于国有土地使用权的概念。"土地使用权"是一个广义的概念,包括农用地使用权、建设用地使用权等权利,国家所有的土地,可以依法由全民所有制单位使用,也可以依法确定由集体所有制企业使用。土地增值税征税范围中所涉及的"土地使用权",不包括集体所有制企业使用的土地。对属于集体所有的土地,按现行法律规定须先由国家征用后才能转让。根据《中华人民共和国土地管理法》规定,国家为了公共利益,可以依照法律规定征用集体土地,依法被征用后的土地属于国家所有。未经国家征用的集体土地不得转让,自行转让集体土地是一种违法行为,应由有关部门依照相关法律来处理,而不应纳入土地增值税的征税范围。

(3)关于国有土地使用权的转让。国有土地使用权的转让,是指土地使用者通过出让等形式取得土地使用权后,将土地使用权再转让的行为,包括出售、交换和赠与,它属于土地买卖的二级市场。土地使用权转让,其地上的建筑物、其他附着物的所有权随之转让。土地使用权的转让,属于土地增值税的征税范围。

2. 转让地上建筑物和其他附着物

土地增值税既对转让国有土地使用权的行为征税,也对转让地上建筑物及其他附着物产权的行为征税。

所谓地上建筑物,是指建于土地上的一切建筑物,包括地上地下的各种附属设施。"附着物"是指附着于土地上的不能移动或一旦移动就会损坏的物品。

所谓"转让",是指以出售或者其他方式的有偿转让,不包括以继承、赠与方式的无偿转让。

税法规定,纳税人转让地上建筑物和其他附着物的产权取得的增值性收入,也应计算缴纳土地增值税。实际上,纳入土地增值税征税范围的增值额,是纳税人转让房地产所取得的全部增值额,而非仅仅是土地使用权转让的收入。

3. 存量房地产的买卖

存量房地产是指已经建成并已投入使用的房地产,其房屋所有人将房屋产权和土地使用权一并转让给其他单位和个人。这种行为按照国家有关的房地产法律和法规,应当到有关部门办理房产产权和土地使用权的转移变更手续;原土地使用权属于无偿划拨的,还应到土地管理部门补交土地出让金。

(二)特殊征税规定

1. 以继承、赠与方式转让房产

一般情况下,土地增值税只对有偿转让的房地产征税,对以继承、赠与等方式无偿转让的房地产,不予征税,但在实际适用中要满足税法规定的相应条件。

(1)房地产的继承。房地产的继承是指房产的原产权所有人、依照法律规定取得土地使用权的土地使用人死亡以后,由其继承人依法承受死者房产产权和土地使用权的民事法律行为。这种行为虽然发生了房地产的权属变更,但作为房产产权、土地使用权的原所有人(即被继承人)并没有因为权属变更而取得任何收入。因此,这种房地产的继承不属于土地增值税的征税范围。

(2)房地产的赠与。房地产的赠与是指房产所有人、土地使用权所有人将自己所拥有的房地产无偿地交给其他人的民事法律行为。房地产的赠与虽发生了房地产的权属变更,但作为房产所有人、土地使用权的所有人并没有因为权属的转让而取得任何收入。因此,房地产的赠与不属于土地增值税的征税范围。但这里不征税的"赠与"仅指以下情况:

① 房产所有人、土地使用权所有人将房屋产权、土地使用权赠与直系亲属或承担直接赠养义务人的。

② 房产所有人、土地使用权所有人通过中国境内非营利的社会团体、国家机关将房屋产权、土地使用权赠与教育、民政和其他社会福利、公益事业的。社会团体是指中国青少年发展基金会、希望工程基金会、宋庆龄基金会、减灾委员会、中国红十字会、中国残疾人联合会、全国老年基金会、老区促进会以及经民政部门批准成立的其他非营利性的公益性组织。

2. 房地产自用或出租

房地产出租,是指房产所有者或土地使用者,将房产或土地使用权租赁给承租人使用,由承租人向出租人支付租金的行为。房地产开发企业将开发的部分房地产转为企业自用或用于出租等商业用途时,出租人虽然取得了收入,但并没有发生房产产权、土地使用权的转移,因此不征收土地增值税。

3. 房地产的抵押

房地产抵押,是指房产所有者或土地使用者作为债务人或第三人向债权人提供不动产作为清偿债务的担保而不转移权属的法律行为。房地产抵押时,依照规定需要办理抵押登记,但该登记并非转移房地产权属的登记,待抵押人到期清偿债务后,房地产抵押登记会解除,自始至终未发生权属转移情形,因此对于房地产抵押,在抵押期间不征收土地增值税。如若抵押期限届满,抵押人无法清偿债务或有其他债权人可以行使抵押权的法定情形,此时抵押权人可以将房地产依法拍卖、变卖或协议折价抵偿,此时会发生房地产权属的转移,因此应列入土地增值税的征税范围。

4. 房地产的交换

房地产交换,是指一方以房地产与另一方的房地产进行交换的行为。由于这种行为既发生了房产产权、土地使用权的转移,交换双方又取得了实物形态的收入,根据《土地增值税暂行条例》规定,属于土地增值税的征税范围。但对个人之间互换自有居住用房地产的,经当地税务机关核实,可以免征土地增值税。

5. 以房地产进行投资、联营

对于以房地产进行投资、联营的,投资、联营的一方以土地(房地产)作价入股进行投资或作为联营条件,将房地产转让到所投资、联营的企业中时,暂免征收土地增值税。而对投资、联营企业将上述房地产再转让的,应征收土地增值税。

对于以土地(房地产)作价入股进行投资或联营的,凡所投资、联营的企业从事房地产开发的,或者房地产开发企业以其建造的商品房进行投资和联营的,均不适用上述暂免征收土地增值税的规定。

6. 合作建房

对于一方出地,另一方出资金,双方合作建房,建成后按比例分房自用的,暂免征收土地增值税;建成后转让的,应征收土地增值税。

7. 企业兼并转让房地产

在企业兼并中,对被兼并企业将房地产转让到兼并企业中的,暂免征收土地增值税。

8. 房地产的代建行为

这种情况是指房地产开发公司代客户进行房地产的开发,开发完成后向客户收取代建收入的行为。对于房地产开发公司而言,虽然取得了收入,但没有发生房地产权属的转移,其收入属于劳务收入性质,故不属于土地增值税的征税范围。

9. 房地产的重新评估

国有企业在清产核资时对房地产进行重新评估而产生的评估增值,因其既没有发生房地产权属的转移,房产产权、土地使用权人也未取得收入,所以不属于土地增值税的征税范围。

10. 国家收回土地使用权、征用地上建筑物及其附着物

这种情况发生了房地产权属的变更,原房产所有人、土地使用权人也取得了一定的收入(补偿金),但根据《土地增值税暂行条例》的有关规定,可以免征土地增值税。

 边学边思

契税和土地增值税的征税范围都涉及土地和房屋的权属转移,请问该征税项目在这两个税种中具体如何区分?

三、土地增值税税率

土地增值税实行四级超率累进税率：
（1）增值额未超过扣除项目金额50%的部分，税率为30%。
（2）增值额超过扣除项目金额50%、未超过扣除项目金额100%的部分，税率为40%。
（3）增值额超过扣除项目金额100%、未超过扣除项目金额200%的部分，税率为50%。
（4）增值额超过扣除项目金额200%的部分，税率为60%。

上述所列四级超率累进税率，每级"增值额未超过扣除项目金额"的比例，均包括本比例数。四级超率累进税率及速算扣除系数如表9.3所示。

表9.3 土地增值税四级超率累进税率表

级数	增值额与扣除项目金额的比率	税率(%)	速算扣除系数(%)
1	不超过50%的部分	30	0
2	超过50%至100%的部分	40	5
3	超过100%至200%的部分	50	15
4	超过200%的部分	60	35

四、土地增值税计税依据

土地增值税是以纳税人转让房地产所取得的增值额作为计税依据的，增值额是纳税人转让房地产的收入减去税法规定扣除项目金额后的余额，用公式表示为：

增值额 = 转让房地产收入总额 − 扣除项目金额

土地增值额的大小，取决于转让房地产的收入额和扣除项目金额两个因素。

（一）应税收入的确定

根据《土地增值税暂行条例》及其实施细则的规定，纳税人转让房地产取得的应税收入，应包括转让房地产的全部价款及有关的经济收益。从收入的形式来看，包括货币收入、实物收入和其他收入。

纳税人取得的收入为外国货币的，应当以取得收入当天或当月1日国家公布的市场汇价折合成人民币，据以计算土地增值税税额。当月以分期收款方式取得的外币收入，也应按实际收款日或收款当月1日国家公布的市场汇价折合成人民币。

（二）扣除项目及其金额

依照《土地增值税暂行条例》及其实施细则的规定，准予纳税人从房地产转让收入额减除的扣除项目金额具体包括六项内容：

1. 取得土地使用权所支付的金额

取得土地使用权所支付的金额，是指纳税人为取得土地使用权所支付的地价款和按国家统一规定交纳的有关费用。

取得土地使用权所支付的金额可以有四种形式：

（1）以协议、招标、拍卖等出让方式取得土地使用权的，以支付的土地出让金作为支付的金额。

（2）以行政划拨方式取得土地使用权的，为转让土地使用权时按照国家有关规定补缴的土地出让金作为支付的金额。

（3）以转让方式取得土地使用权的，为向原土地使用权人实际支付的地价款。

（4）纳税人在取得土地使用权过程中为办理有关手续，必须按国家统一规定缴纳的有关登记、过户手续费和契税。

2. 开发土地和新建房及配套设施的成本（简称房地产开发成本）

房地产开发成本，是指纳税人开发房地产项目实际发生的成本，包括土地的征用及拆迁补偿费、前期工程费、建筑安装工程费、基础设施费、公共配套设施费、开发间接费用等。

（1）土地征用及拆迁补偿费，包括土地征用费、耕地占用税、劳动力安置费及有关地上、地下附着物拆迁补偿的净支出、安置动迁用房支出等。

（2）前期工程费，包括规划、设计、项目可行性研究和水文、地质、勘察、测绘、"三通一平"等支出。

（3）建筑安装工程费，是指以出包方式支付给承包单位的建筑安装工程费，以自营方式发生的建筑安装工程费。

（4）基础设施费，包括开发小区内道路、供水、供电、供气、排污、排洪、通信、照明、环卫、绿化等工程发生的支出。

（5）公共配套设施费，包括不能有偿转让的开发小区内公共配套设施发生的支出。

（6）开发间接费用，是指直接组织、管理开发项目发生的费用，包括工资、职工福利费、折旧费、修理费、办公费、水电费、劳动保护费、周转房摊销等。

3. 开发土地和新建房及配套设施的成本（简称房地产开发费用）

房地产开发费用，是指与房地产开发项目有关的销售费用、管理费用和财务费用。根据现行财务会计制度的规定，这三项费用作为期间费用，按照实际发生额直接计入当期损益。但在计算土地增值税时，房地产开发费用并不是按照纳税人实际发生额进行扣除，这两者本质上是有区别的。可以扣除的房地产开发费用中，关键是对财务费用中的为开发房地产而借入资金利息支出的处理，如果纳税人能够按转让房地产项目计算分摊利息并提供金融机构证明，利息据实扣除，其他开发费用按取得的土地使用权支付金额和房地产开发成本之和的5%以内扣除；如果纳税人不能按转让房地产项目计算分摊利息，则开发费用整体扣除标准为取得土地使用权支付金额和房地产开发成本之和的10%以内。可见，在土地增值额的计算中，利息是可以据实扣除的，而销售费用、管理费用、其他财务费用按限额扣除。

此处应分以下两种情况扣除：

（1）财务费用中的利息支出，凡能够按转让房地产项目计算分摊并提供金融机构证明的，允许据实扣除，但最高不能超过按商业银行同类同期贷款利率计算的金额。其他房地产开发费用，按规定（即取得土地使用权所支付的金额和房地产开发成本，下同）计算的金额之和的5%以内计算扣除。计算公式为：

允许扣除的房地产开发费用 = 利息 +（取得土地使用权所支付的金额 + 房地产开发成本）× 5%

（2）财务费用中的利息支出，凡不能按转让房地产项目计算分摊利息支出或不能提供金融机构证明的，房地产开发费用按规定计算的金额之和的10%以内计算扣除。计算扣除的具体比例，由各省、自治区、直辖市人民政府规定。计算公式为：

允许扣除的房地产开发费用 =（取得土地使用权所支付的金额 + 房地产开发成本）× 10%

财政部、国家税务总局对扣除项目金额中利息支出的计算问题作了两点专门规定：一是利息的上浮幅度按国家的有关规定执行，超过上浮幅度的部分不允许扣除；二是对于超过贷款期限的利息部分和加罚的利息不允许扣除。

4. 与转让房地产有关的税金

与转让房地产有关的税金，是指在转让房地产时缴纳的城市维护建设税、印花税。因转让房地产缴纳的教育费附加，也可视同税金予以扣除。房地产开发企业的印花税（按照产权转移书据）列入管理费用中，故在此不予单独计算扣除；其他纳税人缴纳的印花税（按照产权转移书据）允许在此扣除。

5. 财政部确定的其他扣除项目

对从事房地产开发的纳税人可按规定计算的金额之和，加计 20% 的扣除。此条优惠只适用于从事房地产开发的纳税人，除此之外的其他纳税人不适用。

6. 旧房及建筑物的扣除金额

转让旧房应按房屋及建筑物的评估价格、取得土地使用权所支付的地价款和按国家统一规定缴纳的有关费用，以及在转让环节缴纳的税金作为扣除项目金额计征土地增值税。对取得土地使用权时未支付地价款或不能提供已支付的地价款凭据的，在计征土地增值税时不允许扣除。

旧房及建筑物的扣除金额分为按评估价格扣除和按购房发票金额计算扣除两种方式。

（1）按评估价格扣除。在转让已使用的房屋及建筑物时，以政府批准设立的房地产评估机构评定的重置成本价乘以成新度折扣率后的价格作为评估价格。评估价格须经当地税务机关确认。

房屋重置成本价的含义是：对旧房及建筑物，按转让时的建材价格及人工费用计算建造同样面积、同样层次、同样结构、同样建设标准的新房及建筑物所需花费的成本费用。成新度折扣率的含义是：按旧房的新旧程度作一定比例的折扣。例如，一幢写字楼已经使用10年，当时的建造造价为500万元，按照现在转让时的建筑材料费用、人工费和施工费等预算，建造相同使用功能的写字楼需要花费3 000万元，假定该写字楼有八成新，则该写字楼的评估价为：3 000 × 80%=2 400（万元）。

（2）按购房发票金额计算扣除。纳税人转让旧房及建筑物，凡不能取得评估价格，但能提供购房发票的，经当地税务部门确认，《土地增值税暂行条例》第六条第（一）、（三）项规定的扣除项目的金额（即：取得土地使用权所支付的金额、新建房及配套设施的成本、费用，或者旧房及建筑物的评估价格），可按发票所载金额并从购买年度起至转让年度止每年加计5%计算，对于纳税人购房时缴纳的契税，凡能够提供契税完税凭证的，准予作为"与转让房地产有关的税金"予以扣除，但不作为加计5%的基数。

边学边思

土地增值税的扣除项目繁多,请问有什么好的方法记忆?

7. 计税依据的特殊规定

（1）隐瞒、虚报房地产成交价格的。隐瞒、虚报房地产成交价格,是指纳税人不报或有意低报转让土地使用权、地上建筑物及其附着物价款的行为。对于纳税人隐瞒、虚报房地产成交价格的,应由评估机构参照同类房地产的市场交易价格进行评估,税务机关根据评估价格确定转让房地产的收入。

（2）提供扣除项目金额不实的。提供扣除项目金额不实,是指纳税人在纳税申报时,不据实提供扣除项目金额,而是虚增被转让房地产扣除项目的内容或金额,使税务机关无法从纳税人方面了解计征土地增值税所需的正确的扣除项目金额,以达到虚增成本偷税的目的。

对于纳税人申报扣除项目金额不实的,应由评估机构对该房屋按照评估出的房屋重置成本价,乘以房屋的成新度折扣率,确定房产的扣除项目金额,并用该房产所坐落土地取得时的基准地价或标准地价来确定土地的扣除项目金额,房产和土地的扣除项目金额之和即为该房地产的扣除项目金额。

（3）转让房地产的成交价格低于房地产评估价格,又无正当理由的。转让房地产的成交价格低于房地产评估价格且无正当理由,是指纳税人申报的转让房地产的成交价低于房地产评估机构通过市场比较法进行房地产评估时所确定的正常市场交易价,纳税人又不能提供有效凭据或无正当理由进行解释。对于这种情况,应按评估的市场交易价确定其实际成交价,并以此作为转让房地产的收入计算征收土地增值税。

（4）非直接销售和自用房地产收入的确定。房地产开发企业将开发产品用于职工福利、奖励、对外投资、分配给股东或投资人、抵偿债务、换取其他单位和个人的非货币性资产等,发生所有权转移时应视同销售房地产,其收入按下列方法和顺序确认：一是按本企业在同一地区、同一年度销售的同类房地产的平均价格确定；二是由主管税务机关参照当地当年、同类房地产的市场价格或评估价值确定。

▶ 五、土地增值税应纳税额的计算

（一）应纳税额的计算公式

土地增值税按照纳税人转让房地产所取得的增值额和规定的税率计算征收,转让房地产的收入额和扣除项目金额确定后,即可计算应纳税额。土地增值税的计算公式：

$$应纳税额 = \sum (每级距的土地增值额 \times 适用税率)$$

同个人所得税中涉及超额累进税率计算类似,土地增值税超率累进计算更为烦琐,为了简化计算,一般可以采用速算扣除法计算。即：计算土地增值税税额,可按增值额乘以适用的税率减去扣除项目金额乘以速算扣除系数的简便方法计算。具体计算公式如下：

(1) 增值额未超过扣除项目金额 50%。

$$土地增值税应纳税额 = 增值额 \times 30\%$$

(2) 增值额超过扣除项目金额 50%，未超过 100%。

$$土地增值税应纳税额 = 增值额 \times 40\% - 扣除项目金额 \times 5\%$$

(3) 增值额超过扣除项目金额 100%，未超过 200%。

$$土地增值税应纳税额 = 增值额 \times 50\% - 扣除项目金额 \times 15\%$$

(4) 增值额超过扣除项目金额 200%。

$$土地增值税应纳税额 = 增值额 \times 60\% - 扣除项目金额 \times 35\%$$

（二）应纳税额的计算步骤

根据上述计算公式，土地增值税应纳税额的计算可分为以下四步：

1. 计算增值额

$$增值额 = 房地产转让收入 - 扣除项目金额$$

2. 计算增值率

$$增值率 = 增值额 \div 扣除项目金额 \times 100\%$$

3. 确定适用税率

按照计算出的增值率，从土地增值税税率表中确定适用税率。

4. 计算应纳税额

$$土地增值税应纳税额 = 增值额 \times 适用税率 - 扣除项目金额 \times 速算扣除系数$$

边学边做 9.4

1. 训练目的

掌握土地增值税的计算步骤。

2. 案例设计

2017 年 12 月某房地产开发企业以拍卖方式取得土地进行写字楼的开发，支付土地出让金 3 000 万元；写字楼开发成本 2 800 万元，其中含公共配套设施费用 500 万元；房地产开发费用中的利息支出为 300 万元（能够按转让房地产项目计算分摊并提供金融机构证明）；当年写字楼全部销售完毕，取得不含增值税销售收入共计 9 000 万元；缴纳城市维护建设税和教育费附加 54 万元；缴纳印花税 4.5 万元。

3. 分析过程

第一步：确认计税收入：9 000 万元。

第二步：确认取得土地使用权成本：3 000 万元。

第三步：房地产开发成本：2 800 万元。

第四步：确认房地产开发费用（能够按转让房地产项目计算分摊并提供金融机构证明）。

$$房地产开发费用 = 300 + (3\ 000 + 2\ 800) \times 5\% = 590（万元）$$

第五步：转让的税费：54 万元。

第六步：确定是否有加计扣除项目（房地产开发企业）。

$$(3\,000+2\,800)\times20\%=1\,160（万元）$$

第七步：计算增值额及其比率。

$$准予扣除的项目金额=3\,000+2\,800+590+54+1\,160=7\,604（万元）$$

$$转让房地产的增值额=9\,000-7\,604=1\,396（万元）$$

$$增值额与扣除项目金额的比率=1\,396\div7\,604=18.36\%（适用税率30\%）$$

第八步：确定是否有税收优惠。

纳税人建造"普通标准住宅"出售，增值额未超过扣除项目金额20%的，予以免税；超过20%的，应按全部增值额缴纳土地增值税。

由于题目中是建造写字楼出售，而非普通住宅，因此不适用该优惠政策。

第九步：计算土地增值税。

$$应纳土地增值税税额=1\,396\times30\%=418.8（万元）$$

▶ 六、土地增值税税收优惠

（一）建造普通标准住宅的税收优惠

纳税人建造普通标准住宅出售，增值额未超过扣除项目金额 20% 的，予以免税；超过 20% 的，应按全部增值额缴纳土地增值税。

这里所称的普通标准住宅，是指按所在地一般民用住宅标准建造的居住用住宅。高级公寓、别墅、度假村等不属于普通标准住宅。普通标准住宅与其他住宅的具体划分界限，2005年5月31日以前由各省、自治区、直辖市人民政府规定。2005年6月1日起，普通标准住宅应同时满足：住宅小区建筑容积率在 1.0 以上；单套建筑面积在 120 平方米以下；实际成交价格低于同级别土地上住房平均交易价格 1.2 倍以下。各省、自治区、直辖市根据实际情况，制定本地区享受优惠政策普通住房具体标准。允许单套建筑面积和价格标准适当浮动，但向上浮动的比例不得超过上述标准的 20%。纳税人建造普通标准住宅出售，增值额未超过扣除项目金额 20% 的，免征土地增值税；增值额超过扣除项目金额 20% 的，应就其全部增值额按规定计税。

对于纳税人既建普通标准住宅又进行其他房地产开发的，应分别核算增值额。不分别核算增值额或不能准确核算增值额的，其建造的普通标准住宅不能适用这一免税规定。

对企事业单位、社会团体以及其他组织转让旧房作为公租房房源，且增值额未超过扣除项目金额 20% 的，免征土地增值税。

（二）国家征用收回的房地产的税收优惠

因国家建设需要依法征用、收回的房地产，免征土地增值税。

所谓征收，是指征收主体国家基于公共利益需要，以行政权取得集体、个人财产所有权并给予适当补偿的行政行为。

此处所说的"因国家建设需要依法征用、收回的房地产"，是指因城市实施规划、国家建设的需要而被政府批准征用的房产或收回的土地使用权。

（三）因城市规划、国家建设需要而搬迁由纳税人自行转让原房地产的税收优惠

因城市实施规划、国家建设的需要而搬迁，由纳税人自行转让原房地产的，免征土地增值税。

这类房地产是指因城市市政规划、国家建设需要拆迁，而被政府征收、收回的房地产。由于上述原因，纳税人自行转让房地产的，也可以给予免税。

（四）居民个人转让普通住宅的税收优惠

自 2008 年 11 月 1 日起，对居民个人转让住房一律免征土地增值税。

▶ 七、土地增值税征收管理

（一）纳税申报

纳税人应在转让房地产合同签订后 7 日内，到房地产所在地主管税务机关办理纳税申报，并向税务机关提交房屋及建筑物产权、土地使用权证书，土地转让、房产买卖合同、房地产评估报告及其他与转让房地产有关的资料，然后在税务机关规定的期限内缴纳土地增值税。

纳税人因经常发生房地产转让而难以在每次转让后申报的，经税务机关审核同意后，可以按月或按季定期进行纳税申报，具体期限由主管税务机关根据情况确定。

纳税人采取预售方式销售房地产的，对在项目全部竣工结算前转让房地产取得的收入，税务机关可以预征土地增值税。具体办法由各省、自治区、直辖市税务局根据当地情况制定。

对于纳税人预售房地产所取得的收入，凡当地税务机关规定预征土地增值税的，纳税人应当到主管税务机关办理纳税申报，并按规定比例预交，待办理完纳税清算后，多退少补。

（二）房地产开发项目土地增值税纳税清算管理

1. 土地增值税清算的概念

土地增值税清算是指纳税人在符合土地增值税清算条件后，依照税收法律、法规及土地增值税有关政策规定，计算房地产开发项目应缴纳的土地增值税税额，并填写《土地增值税纳税清算申报表》，向主管税务机关提供有关资料，办理土地增值税清算手续，结清该房地产项目应缴纳的土地增值税税款的行为。

2. 土地增值税的清算单位

土地增值税以国家有关部门审批的房地产开发项目为单位进行清算，对于分期开发的项目，以分期项目为单位清算。开发项目中同时包含普通住宅和非普通住宅的，应分别计算增值额。

3. 土地增值税的清算条件

土地增值税的清算包括两种情形，一是强制性条件，即纳税人依法必须进行清算；二是税务机关根据情况主动要求纳税人就某一房地产项目进行清算。两种情形归纳如表 9.4 所示。

表9.4 土地增值税纳税清算条件

清算方式	条件（满足其一即可）
纳税人应当主动申请清算	（1）房地产开发项目全部竣工、完成销售的； （2）整体转让未竣工决算房地产开发项目的； （3）直接转让土地使用权的
主管税务机关可要求纳税人进行土地增值税清算	（1）已竣工验收的房地产开发项目，已转让的房地产建筑面积占整个项目可售建筑面积的比例在85%以上，或该比例虽未超过85%，但剩余的可售建筑面积已经出租或自用的； （2）取得销售（预售）许可证满3年仍未销售完毕的； （3）纳税人申请注销税务登记但未办理土地增值税清算手续的； （4）省级税务机关规定的其他情况

4. 土地增值税清算应报送的资料

纳税人办理土地增值税清算应报送以下资料：

（1）房地产开发企业清算土地增值税书面申请、土地增值税纳税申报表。

（2）项目竣工决算报表、取得土地使用权所支付的地价款凭证、国有土地使用权出让合同、银行贷款利息结算通知单、项目工程合同结算单、商品房购销合同统计表等与转让房地产的收入、成本和费用有关的证明资料。

（3）主管税务机关要求报送的其他与土地增值税清算有关的证明资料等。

纳税人委托税务中介机构审核鉴证的清算项目，还应报送中介机构出具的《土地增值税清算税款鉴证报告》。

5. 清算后再转让房地产的处理

在土地增值税清算时未转让的房地产，清算后销售或有偿转让的，纳税人应按规定进行土地增值税的纳税申报，扣除项目金额按清算时的单位建筑面积成本费用乘以销售或转让面积计算。

单位建筑面积成本费用 = 清算时的扣除项目总金额 ÷ 清算的总建筑面积

6. 土地增值税的核定征收

房地产开发企业有下列情形之一的，税务机关可以参照与其开发规模和收入水平相近的当地企业的土地增值税税负情况，按不低于预征率的征收率核定征收土地增值税：

（1）依照法律、行政法规的规定应当设置但未设置账簿的。

（2）擅自销毁账簿或者拒不提供纳税资料的。

（3）虽设置账簿，但账目混乱或者成本资料、收入凭证、费用凭证残缺不全，难以确定转让收入或扣除项目金额的。

（4）符合土地增值税清算条件，未按照规定的期限办理清算手续，经税务机关责令限期清算，逾期仍不清算的。

（5）申报的计税依据明显偏低，又无正当理由的。

（三）纳税地点

土地增值税纳税人发生应税行为应向房地产所在地主管税务机关缴纳税款。

这里所称的房地产所在地，是指房地产的坐落地。纳税人转让的房地产坐落在两个或两

个以上地区的,应按房地产所在地分别申报纳税。具体又可分为以下两种情况:

(1)纳税人是法人的,当转让的房地产坐落地与其机构所在地或经营所在地一致时,则在办理税务登记的原管辖税务机关申报纳税即可;如果转让的房地产坐落地与其机构所在地或经营所在地不一致时,则应在房地产坐落地所管辖的税务机关申报纳税。

(2)纳税人是自然人的,当转让的房地产坐落地与其居住所在地一致时,则在居住所在地税务机关申报纳税;当转让的房地产坐落地与其居住所在地不一致时,在办理过户手续所在地的税务机关申报纳税。

▶ 第七节 城镇土地使用税法律制度

城镇土地使用税是对我国境内在城市、县城、建制镇和工矿区范围内,对使用土地的单位和个人,以其实际占用的土地面积为计税依据,按照规定的税额标准从量定额征收的一种资源税。

我国现行城镇土地使用税的基本法律规范是 1988 年 9 月 27 日国务院颁布,并于 2006 年 12 月 31 日和 2013 年 12 月 7 日修订的《中华人民共和国城镇土地使用税暂行条例》(以下简称《城镇土地使用税暂行条例》)。之后,财政部、国家税务总局又陆续发布了一些有关城镇土地使用税的规定、办法,这些构成了我国城镇土地使用税法律制度。

▶ 一、城镇土地使用税征税对象

城镇土地使用税的征税对象为城市、县城、建制镇、工矿区内的国家和集体所有的土地。凡在城市、县城、建制镇、工矿区范围内的土地,不论是属于国家所有的土地,还是集体所有的土地,都属于城镇土地使用税的征税范围。

(1)城市,是指国务院批准设立的市。城市的征税范围包括市区和郊区。

(2)县城,是指县人民政府所在地,县城的征税范围为县人民政府所在地的城镇。

(3)建制镇,是经省级人民政府批准设立的建制镇,建制镇的征税范围为镇人民政府所在地的地区,但不包括镇政府所在地所辖行政村。

(4)工矿区,是指工商业比较发达,人口比较集中,符合国务院规定的建制镇标准,但尚未设立建制镇的大中型工矿企业所在地。工矿区的设立必须经省级人民政府批准。

需要注意的是,在以上四个地区的土地,即便是属于集体所有的农业用地,也要依照规定纳入征税对象计算纳税。

建立在城市、县城、建制镇和工矿区以外的工矿企业则不需缴纳城镇土地使用税。

自 2009 年 1 月 1 日起,公园、名胜古迹内的索道公司经营用地,应按规定缴纳城镇土地使用税。

 边学边思

怎样区分土地增值税、房产税、城镇土地使用税和契税?

▶ 二、城镇土地使用税纳税人

城镇土地使用税的纳税人,是指在税法规定的征税范围内使用土地的单位和个人。单位,包括国有企业、集体企业、私营企业、股份制企业、外商投资企业、外国企业以及其他企业和事业单位、社会团体、国家机关、军队以及其他单位。个人,包括个体工商户以及其他个人。

国家对城镇土地使用税的纳税人,根据用地者的不同情况分别确定为:
(1)城镇土地使用税由拥有土地使用权的单位或个人缴纳。
(2)拥有土地使用权的纳税人不在土地所在地的,由代管人或实际使用人缴纳。
(3)土地使用权未确定或权属纠纷未解决的,由实际使用人纳税。
(4)土地使用权共有的,共有各方均为纳税人,由共有各方分别纳税。

土地使用权共有的,以共有各方实际使用土地的面积占总面积的比例,分别计算缴纳城镇土地使用税。

▶ 三、城镇土地使用税税率

城镇土地使用税采用定额税率,即采用有幅度的差别税额。按大、中、小城市和县城、建制镇、工矿区分别规定每平方米城镇土地使用税年应纳税额。具体规定如表 9.5 所示。

表 9.5　城镇土地使用税税率表

城市规模	大城市	中等城市	小城市	县城、建制镇、工矿区
税额标准	1.5～30元	1.2～24元	0.9～18元	0.6～12元

城镇土地使用税规定幅度税额,而且每个幅度税额的差距为 20 倍。

经济落后地区,城镇土地使用税的适用税额标准可适当降低,但降低幅度不得超过上述规定最低税额的 30%。经济发达地区,城镇土地使用税的适用税额可以适当提高,但须报经财政部批准。这样,各地在确定不同地段的等级和适用税额时,就有选择余地,尽可能做到平衡税负。

▶ 四、城镇土地使用税计税依据

城镇土地使用税的计税依据是纳税人实际占用的土地面积。土地面积以平方米为计量标准。即税务机关根据纳税人实际占用的土地面积,按照规定的税额计算应纳税额,向纳税人征收城镇土地使用税时,具体按以下办法确定:
(1)凡由省级人民政府确定的单位组织测定土地面积的,以测定的土地面积为准。
(2)尚未组织测定,但纳税人持有政府部门核发的土地使用证书的,以证书确定的土地面积为准。
(3)尚未核发土地使用证书的,应由纳税人据实申报土地面积,并据以纳税,待核发土地使用证书后再作调整。

五、城镇土地使用税应纳税额的计算

城镇土地使用税是以纳税人实际占用的土地面积为计税依据,按照规定的适用税额计算征收。其应纳税额计算公式为:

$$年应纳税额 = 实际占用应税土地面积(平方米) \times 适用税额$$

六、城镇土地使用税税收优惠

(一)税收优惠的一般规定

1. 国家机关、人民团体、军队自用的土地

(1)人民团体是指经国务院授权的政府部门批准设立或登记备案,并由国家拨付行政事业费的各种社会团体。

(2)国家机关、人民团体、军队自用的土地,是指这些单位本身的办公用地、公务用地、军队的训练场用地等。

2. 由国家财政部门拨付事业经费的单位自用的土地

这类用地主要是指事业单位本身的业务用地。如学校的教学楼、图书馆、操场、食堂等占用的土地。

3. 宗教寺庙、公园、名胜古迹自用的土地

(1)宗教寺庙自用的土地,是指举行宗教仪式等的房屋和宗教人员使用的生活用地。

(2)公园、名胜古迹自用的土地,是指供公共参观游览的房屋及其管理单位的办公用地。

(3)同房产税的税收优惠类似,宗教寺庙、公园、名胜古迹中涉及的生产、经营用地和其他用地,不属于免税范围。

4. 市政街道、广场、绿化地带等公共用地

非社会性的公共用地不能免税,如企业内的广场、道路、绿化等占用的土地。

5. 直接用于农、林、牧、渔业的生产用地

直接用于农、林、牧、渔业的生产用地是指直接从事种植、养殖、饲养的专业用地。农副产品加工厂占地和从事农、林、牧、渔业生产单位的生活、办公用地不包括在内。

6. 开山填海整治的土地和改造的废弃土地

自行开山填海整治的土地和改造的废弃土地,经批准从使用的月份起免缴土地使用税 5~10 年。

需要注意的是,开山填海整治的土地是指纳税人经有关部门批准后自行填海整治的土地,不包括纳税人通过出让、转让、划拨等方式取得的已填海整治的土地。

7. 由财政部另行规定免税的能源、交通、水利设施用地和其他用地

(二)税收优惠的特殊规定

1. 城镇土地使用税与耕地占用税的征税范围衔接

为避免对一块土地同时征收耕地占用税和城镇土地使用税,凡是缴纳了耕地占用税的,从批准征用之日起满 1 年后征收城镇土地使用税;征用非耕地因不需要缴纳耕地占用税,应从批准征用之次月起征收城镇土地使用税。

2. 免税单位与纳税单位之间无偿使用的土地

对免税单位无偿使用纳税单位的土地(如公安、海关等单位使用铁路、民航等单位的土地),免征城镇土地使用税;对纳税单位无偿使用免税单位的土地,纳税单位应照章缴纳城镇土地使用税。

3. 房地产开发公司开发建造商品房的用地

房地产开发公司开发建造商品房的用地,除经批准开发建设经济适用房的用地外,对各类房地产开发用地一律不得减免城镇土地使用税。

4. 老年服务机构自用的土地

老年服务机构是指专门为老年人提供生活照料、文化、护理、健身等多方面服务的福利性、非营利性的机构,主要包括老年社会福利院、敬老院(养老院)、老年服务中心、老年公寓(含老年护理院、康复中心、托养所)等老年服务机构自用土地免征城镇土地使用税。

5. 基建项目在建期间的用地

对基建项目在建期间使用的土地,原则上应征收城镇土地使用税。但对有些基建项目,特别是国家产业政策扶持发展的大型基建项目,占地面积大,建设周期长,在建期间又没有经营收入,纳税确有困难的,可由各省、自治区、直辖市税务局根据具体情况予以免征或减征城镇土地使用税;对已经完工或已经使用的建设项目,其用地应照章征收城镇土地使用税。

6. 城镇内的集贸市场(农贸市场)用地

城镇内的集贸市场(农贸市场)用地,按规定应征收城镇土地使用税。为了促进集贸市场的发展及照顾各地的不同情况,各省、自治区、直辖市税务局可根据具体情况,自行确定对集贸市场用地征收或者免征城镇土地使用税。

7. 防火、防爆、防毒等安全防范用地

对于各类危险品仓库、厂房所需的防火、防爆、防毒等安全防范用地,可由各省、自治区、直辖市税务局确定,暂免征收城镇土地使用税;对仓库库区、厂房本身用地,应依法征收城镇土地使用税。

8. 搬迁企业的用地

(1)企业搬迁后原场地不使用的、企业范围内荒山等尚未利用的土地,免征城镇土地使用税。免征税额由企业在申报缴纳城镇土地使用税时自行计算扣除,并在申报表附表或备注栏中作相应说明。

(2)对搬迁后原场地不使用的和企业范围内荒山等尚未利用的土地,凡企业申报暂免征收城镇土地使用税的,应事先向土地所在地的主管税务机关报送有关部门的批准文件或认定书等相关证明材料,以备税务机关查验。具体报送材料由各省、自治区、直辖市和计划单列市地方税务局确定。

(3)企业按上述规定暂免征收城镇土地使用税的土地开始使用时,应从使用的次月起自行计算和申报缴纳城镇土地使用税。

9. 企业的铁路专用线、公路等用地

对企业的铁路专用线、公路等用地除另有规定者外,在企业厂区(包括生产、办公及生活区)以内的,应照章征收城镇土地使用税;在厂区以外、与社会公用地段未加隔离的,暂免征收

城镇土地使用税。

10. 企业范围内的荒山、林地、湖泊等占地

对2014年以前已按规定免征城镇土地使用税的企业范围内的荒山、林地、湖泊等占地，自2014年1月1日至2015年12月31日，按应纳税额减半征收城镇土地使用税；自2016年1月1日起，全额征收城镇土地使用税。

11. 石油天然气（含页岩气、煤层气）生产企业用地

（1）下列石油天然气生产建设用地暂免征收城镇土地使用税：

① 地质勘探、钻井、井下作业、油气田地面工程等施工临时用地；

② 企业厂区以外的铁路专用线、公路及输油（气、水）管道用地；

③ 油气长输管线用地。

（2）在城市、县城、建制镇以外工矿区内的消防、防洪排涝、防风、防沙设施用地，暂免征收城镇土地使用税。

（3）除上述列举免税的土地外，其他油气生产及办公、生活区用地，依照规定征收城镇土地使用税。享受上述税收优惠的用地，用于非税收优惠用途的，不得享受税收优惠。

12. 林业系统用地

（1）对林区的育林地、运材道、防火道、防火设施用地，免征城镇土地使用税。

（2）林业系统的森林公园、自然保护区可比照公园免征城镇土地使用税。

（3）林业系统的林区贮木场、水运码头用地，原则上应按税法规定缴纳城镇土地使用税，考虑到林业系统目前的困难，为扶持其发展，暂予免征城镇土地使用税。

（4）除上述列举免税的土地外，对林业系统的其他生产用地及办公、生活区用地，均应征收城镇土地使用税。

13. 盐场、盐矿用地

（1）对盐场、盐矿的生产厂房、办公、生活区用地，应照章征收城镇土地使用税。

（2）盐场的盐滩、盐矿的矿井用地，暂免征收城镇土地使用税。

（3）对盐场、盐矿的其他用地，由各省、自治区、直辖市税务局根据实际情况，确定征收城镇土地使用税或给予定期减征、免征的照顾。

14. 矿山企业用地

（1）矿山的采矿场、排土场、尾矿库、炸药库的安全区，以及运矿运岩公路、尾矿输送管道及回水系统用地，免征城镇土地使用税。

（2）对位于城镇土地使用税征税范围内的煤炭企业已取得土地使用权、未利用的塌陷地，征收城镇土地使用税。除上述规定外，对矿山企业的其他生产用地及办公、生活区用地，均应征收城镇土地使用税。

15. 电力行业用地

（1）火电厂厂区围墙内的用地均应征收城镇土地使用税。对厂区围墙外的灰场、输灰管、输油（气）管道、铁路专用线用地，免征城镇土地使用税；厂区围墙外的其他用地，应照章征税。

（2）水电站的发电厂房用地（包括坝内、坝外式厂房），生产、办公、生活用地，应征收城镇土地使用税；对其他用地给予免税照顾。

（3）对供电部门的输电线路用地、变电站用地，免征城镇土地使用税。

16. 水利设施用地

（1）水利设施及其管护用地（如水库库区、大坝、堤防、灌渠、泵站等用地），免征城镇土地使用税；其他用地，如生产、办公、生活用地，应照章征税。

（2）对兼有发电的水利设施用地城镇土地使用税的征免，具体办法比照电力行业征免城镇土地使用税的有关规定办理。

17. 交通部门港口用地

（1）对港口的码头（即泊位，包括岸边码头、伸入水中的浮码头、堤岸、堤坝、栈桥等）用地，免征城镇土地使用税。

（2）对港口的露天堆货场用地，原则上应征收城镇土地使用税。企业纳税确有困难的，可由各省、自治区、直辖市税务局根据其实际情况，给予定期减征或免征城镇土地使用税的照顾。除上述规定外，港口的其他用地，应按规定征收城镇土地使用税。

18. 民航机场用地

（1）机场飞行区（包括跑道、滑行道、停机坪、安全带、夜航灯光区）用地、场内外通信导航设施用地和飞行区四周排水防洪设施用地，免征城镇土地使用税。

（2）在机场道路中，场外道路用地免征城镇土地使用税；场内道路用地依照规定征收城镇土地使用税。

（3）机场工作区（包括办公、生产和维修用地及候机楼、停车场）用地、生活区用地、绿化用地，均须依照规定征收城镇土地使用税。

19. 邮政部门的土地

对邮政部门坐落在城市、县城、建制镇、工矿区范围内的土地，应当依法征收城镇土地使用税；对坐落在城市、县城、建制镇、工矿区范围以外的，尚在县邮政局内核算的土地，在单位财务账中划分清楚的，不征收城镇土地使用税。

20. 体育场馆的用地

国家机关、军队、人民团体、财政补助事业单位、居民委员会、村民委员会拥有的体育场馆，用于体育活动的土地，免征城镇土地使用税。经费自理事业单位、体育社会团体、体育基金会、体育类民办非企业单位拥有并运营管理的体育场馆，符合相关条件的，其用于体育活动的土地，免征城镇土地使用税。企业拥有并运营管理的大型体育场馆，其用于体育活动的土地，减半征收城镇土地使用税。

享受上述税收优惠体育场馆的运动场地用于体育活动的天数不得低于全年自然天数的70%。

21. 物流企业承租用于大宗商品仓储设施的土地

自2018年5月1日起至2019年12月31日止，对物流企业承租用于大宗商品仓储设施的土地，减按所属土地等级适用税额标准的50%计征城镇土地使用税。

▶ 七、城镇土地使用税征收管理

（一）纳税义务发生时间

（1）纳税人购置新建商品房，自房屋交付使用之次月起，缴纳城镇土地使用税。

（2）纳税人购置存量房，自办理房屋权属转移、变更登记手续，房地产权属登记机关签发房屋权属证书之次月起,缴纳城镇土地使用税。
(3)纳税人出租、出借房产,自交付出租、出借房产之次月起,缴纳城镇土地使用税。
(4)以出让或转让方式有偿取得土地使用权的,应由受让方从合同约定交付土地时间的次月起缴纳城镇土地使用税;合同未约定交付土地时间的,由受让方从合同签订的次月起缴纳城镇土地使用税。
(5)纳税人新征用的耕地,自批准征用之日起满1年时开始缴纳土地使用税。
(6)纳税人新征用的非耕地,自批准征用次月起缴纳城镇土地使用税。

(二)纳税地点

(1)城镇土地使用税在土地所在地缴纳。
(2)纳税人使用的土地不属于同一省、自治区、直辖市管辖的,由纳税人分别向土地所在地税务机关缴纳城镇土地使用税;在同一省、自治区、直辖市管辖范围内,纳税人跨地区使用的土地,其纳税地点由各省、自治区、直辖市税务局确定。

(三)纳税期限

城镇土地使用税按年计算、分期缴纳,具体纳税期限由省、自治区、直辖市人民政府确定。

第八节 耕地占用税法律制度

耕地占用税是对占用耕地建房或者从事其他非农业建设的单位和个人,按照其占用耕地的面积一次性定额征收的一种税,也是为了合理利用土地资源,加强土地管理,保护耕地而征收的一种税,现阶段对于保护国土资源,促进农业可持续发展,以及强化耕地管理,保护农民切身利益等方面都具有十分重要的意义。

我国现行耕地占用税的基本规范是2007年12月1日国务院修订颁布的,自2008年1月1日起施行的《中华人民共和国耕地占用税暂行条例》(以下简称《耕地占用税暂行条例》)和2008年2月26日财政部、国家税务总局公布的《中华人民共和国耕地占用税暂行条例实施细则》(以下简称《耕地占用税暂行条例实施细则》)。

▶ 一、耕地占用税纳税人

耕地占用税的纳税人为在我国境内占用耕地建房或者从事非农业建设的单位或者个人。

所称单位,包括国有企业、集体企业、私营企业、股份制企业、外商投资企业、外国企业以及其他企业和事业单位、社会团体、国家机关、部队以及其他单位;所称个人,包括个体工商户以及其他个人。

经申请批准占用耕地的,纳税人为农用地转用审批文件中标明的建设用地人;农用地转用审批文件中未标明建设用地人的,纳税人为用地申请人;未经批准占用耕地的,纳税人为实际用地人。

二、耕地占用税征税范围

耕地占用税的征税范围包括纳税人为建房或从事其他非农业建设而占用的国家所有和集体所有的耕地。

建房,是指建设建筑物和构筑物。

(一)占用直接用于种植农作物的土地

直接用于种植农作物的土地,即耕地,如种植粮食作物、经济作物的农田,还包括种植蔬菜和果树的菜地、园地。其中,园地包括花圃、苗圃、茶园、果园、桑园和其他种植经济林木的土地。耕地还包括其附属的田间道路等用地。

(二)比照占用耕地的其他土地

此类土地包括园地、林地、牧草地、农田水利用地、养殖水面以及渔业水域滩涂等其他农用地建房或者从事非农业建设的,比照征收耕地占用税。

1. 园地、林地

园地包括果园、茶园、其他园地。林地,包括林地、灌木林地、疏林地、未成林地、迹地、苗圃等,不包括居民点内部的绿化林木用地,铁路、公路征地范围内的林木用地,以及河流、沟渠的护堤林用地。

2. 牧草地

牧草地,包括天然牧草地、人工牧草地。

3. 农田水利用地

农田水利用地,包括农田排灌沟渠及相应附属设施用地。

4. 养殖水面

养殖水面,包括人工开挖或者天然形成的用于水产养殖的河流水面、湖泊水面、水库水面、坑塘水面及相应附属设施用地。

5. 渔业水域滩涂

渔业水域滩涂,包括专门用于种植或者养殖水生动植物的海水潮浸地带和滩地。

6. 直接为农业生产服务的生产设施

直接为农业生产服务的生产设施,是指直接为农业生产服务而建设的建筑物和构筑物。

需要注意的是,建设农田水利工程本身的用地,不论是否包含建筑物、构筑物占用耕地,均不属于耕地占用税征税范围,不征收耕地占用税。

(三)直接为农业服务的生产设施用地

建设直接为农业生产服务的生产设施占用前款规定的农用地的,不征收耕地占用税。

三、耕地占用税税率

我国地域幅员辽阔,为了照顾不同地区之间客观条件的差别以及纳税人负担能力的差异,耕地占用税采用地区差别定额税率。耕地占用税根据不同地区的人均耕地面积和经济发展情

况实行有地区差别的幅度税额标准,税额标准如下:

（1）人均耕地不超过 1 亩①的地区（以县级行政区域为单位,下同）,每平方米为 10 元至 50 元;

（2）人均耕地超过 1 亩但不超过 2 亩的地区,每平方米为 8 元至 40 元;

（3）人均耕地超过 2 亩但不超过 3 亩的地区,每平方米为 6 元至 30 元;

（4）人均耕地超过 3 亩的地区,每平方米为 5 元至 25 元。

国务院财政、税务主管部门根据人均耕地面积和经济发展情况确定各省、自治区、直辖市的税率。

各地适用税率,由省、自治区、直辖市人民政府在规定的税额幅度内,根据本地区情况核定。各省、自治区、直辖市人民政府核定的适用税率的平均水平,不得低于国务院财政、税务主管部门确定的平均税率。

经济特区、经济技术开发区和经济发达且人均耕地特别少的地区,适用税率可以适当提高,但是提高的部分最高不得超过国务院财政、税务主管部门确定的当地适用税率的 50%。

占用基本农田的,适用税率应当在国务院财政、税务主管部门规定的当地适用税率的基础上提高 50%。

▶ 四、耕地占用税计税依据

耕地占用税以纳税人实际占用的耕地面积为计税依据,按照适用税额标准计算应纳税额一次性缴纳。

纳税人实际占用耕地面积的核定以农用地转用审批文件为主要依据,必要的时候应当实地勘测。

▶ 五、耕地占用税应纳税额的计算

耕地占用税应纳税额的计算公式:

$$应纳税额 = 实际占用耕地面积(平方米) \times 适用税率$$

▶ 六、耕地占用税税收优惠

（一）免征耕地占用税

下列项目占用耕地,可以免征耕地占用税:

1. 军事设施

军事设施包括:

（1）地上、地下的军事指挥、作战工程;

（2）军用机场、港口、码头;

（3）营区、训练场、试验场;

（4）军用洞库、仓库;

---

① 亩为非法定面积计量单位。

（5）军用通信、侦察、导航、观测台站和测量、导航、助航标志；

（6）军用公路、铁路专用线、军用通信、输电线路、军用输油、输水管道；

（7）其他直接用于军事用途的设施。

2. 学校、幼儿园、养老院、医院

（1）学校。学校包括县级以上人民政府教育行政部门批准成立的大学、中学、小学、学历性职业教育学校和特殊教育学校。学校内经营性场所和教职工住房占用耕地的，应当征收耕地占用税。

（2）幼儿园。幼儿园包括在县级以上人民政府教育行政部门登记或者备案的幼儿园用于幼儿保育、教育的场所。

（3）养老院。养老院包括经批准设立的养老院为老年人提供生活照顾的场所。

（4）医院。医院包括县级以上人民政府卫生行政单位部门批准设立的医院用于提供医疗服务的场所及其配套设施。医院内职工住房占用耕地的，应当征收耕地占用税。

（二）减征耕地占用税

1. 减征耕地占用税的范围

下列项目占用耕地，可以减按每平方米2元的税额标准征收耕地占用税：

（1）铁路线路，包括铁路路基、桥梁、涵洞、隧道及其按照规定两侧留地。专用铁路和铁路专用线占用耕地的，应当征收耕地占用税。

（2）公路线路，包括经批准建设的国道、省道、县道、乡道和属于农村公路的村道的主体工程以及两侧边沟、截水沟。专用公路和城区内机动车道占用耕地的，应当征收耕地占用税。

（3）飞机场跑道、停机坪，包括经批准建设的民用机场专门用于民用航空器起降、滑行和停放的场所。

（4）港口，包括经批准建设的港口供船舶进出、停靠和旅客上下、货物装卸的场所。

（5）航道，包括在江、河、湖泊、港湾等水域供船舶安全航行的通道。

2. 农村居民新建住宅

（1）农村居民经批准在户口所在地按照规定标准占用耕地，建设自用住宅，可以按照当地的适用税额标准减半征收耕地占用税。

（2）农村烈士家属、残疾军人、鳏寡孤独和革命老根据地、少数民族聚居区、边远贫困山区生活困难的农村居民，在规定用地标准以内新建住宅缴纳耕地占用税确有困难的，经所在地乡（镇）人民政府审核，报经县级人民政府批准以后，可以免征、减征耕地占用税。

（3）农村居民经批准搬迁或者经批准的整体搬迁，原宅基地恢复耕种，凡新建住宅占用耕地不超过原宅基地面积的，免征耕地占用税；超过原宅基地面积的，对超过部分按照当地适用税额减半征收耕地占用税。

（4）确定减免：农村烈士家属、残疾军人以及生活困难的农村居民，在规定用地标准以内新建住宅缴纳耕地占用税确有困难的，可以免征或者减征耕地占用税。

（5）纳税人临时占用耕地，应当按规定缴纳耕地占用税。纳税人在批准临时占用耕地期满之日起1年内恢复所占用耕地原状的，全额退还已经缴纳的耕地占用税。

（6）因污染、取土、采矿塌陷等损毁耕地的，比照临时占用耕地的情况，由造成损毁的单位

或者个人缴纳耕地占用税。纳税人自损毁耕地之日起3年内恢复所损毁耕地原状的,全额退还已经缴纳的耕地占用税。

（7）按规定免征或者减征耕地占用税后,纳税人改变原占地用途,不再属于免征或者减征耕地占用税情形的,应补缴耕地占用税。

 边学边思

房产税、城镇土地使用税、契税和耕地占用税的税收优惠政策中有很多类似的内容,请问如何准确把握这几项与土地有关的税种优惠政策?

▶ 七、耕地占用税征收管理

（一）征收机关

耕地占用税由各省、自治区、直辖市税务机关负责征收。

（二）纳税申报

土地管理部门在通知单位或者个人办理占用耕地手续时,应当同时通知耕地所在地同级税务机关。

（1）获准占用耕地的单位或者个人应当在收到土地管理部门的通知之日起30日内缴纳耕地占用税。

（2）单独选址项目占用耕地的,纳税人自收到土地管理部门建设用地批准书之日起30日内申报缴纳耕地占用税。

（3）未经批准占用耕地的,纳税人应当自实际占用耕地之日起30日内申报缴纳耕地占用税。

土地管理部门凭耕地占用税完税凭证或者免税凭证和其他有关文件发放建设用地批准书。

（三）纳税义务发生时间

经批准占用耕地的,耕地占用税纳税义务发生时间为纳税人收到土地管理部门办理占用农用地手续通知的当天。

未经批准占用耕地的,耕地占用税纳税义务发生时间为纳税人实际占用耕地的当天。

（四）纳税地点

纳税人占用耕地或其他农用地,应当在耕地或其他农用地所在地申报纳税。

纳税人临时占用耕地,应当缴纳耕地占用税。纳税人在批准临时占用耕地的期限内恢复所占用耕地原状的,全额退还已经缴纳的耕地占用税。

边学边思

房产税、土地增值税、城镇土地使用税、契税和耕地占用税的纳税义务发生时间规定中有很多类似的内容,请问如何准确把握这几项与土地有关的税种纳税义务发生时间?

第九节 车船税法律制度

车船税是以车船为征税对象,向在中国境内车船管理部门登记的车辆、船舶(以下简称车船)的拥有单位和个人征收的一种个别财产税。车船税对于筹集地方财政资金,支持交通运输事业发展,加强对车船使用的管理和促进车船合理配置方面有着积极的意义。

现行车船税的基本法律规范是2011年2月25日第十一届全国人民代表大会常务委员会第十九次会议通过的,并于2012年1月1日起施行的《中华人民共和国车船税法》(以下简称《车船税法》)。2011年12月5日国务院公布了《中华人民共和国车船税法实施条例》(以下简称《车船税法实施条例》)。

一、车船税纳税人

车船税的纳税人,是指在中华人民共和国境内属于《车船税法》所附《车船税税目税额表》规定的车船的所有人或者管理人。其中,管理人是指对车船具有管理权或者使用权,不具有所有权的单位和个人。

从事机动车第三者责任强制保险业务的保险机构为机动车车船税的扣缴义务人。

二、车船税征税范围

车船税的征税范围是指在中华人民共和国境内属于车船税法所规定的应税车辆和船舶。具体包括:

(1)依法应当在车船登记管理部门登记的机动车辆和船舶;

(2)依法不需要在车船登记管理部门登记的在单位内部场所行驶或者作业的机动车辆和船舶。

车船管理部门是指公安、交通运输、农业、渔业、军队、武装警察部队等依法具有车船登记管理职能的部门和船舶检验机构;单位是指依照中国法律、行政法规规定,在中国境内成立的行政机关、企业、事业单位、社会团体以及其他组织。

三、车船税税目

车船税的税目以及适用税额标准,依照《车船税法》所附《车船税税目税额表》执行。

车船税的税目分为5大类,包括乘用车、商用车、其他车辆、摩托车和船舶。乘用车为核定载客人数9人(含)以下的车辆;商用车包括客车和货车,其中客车为核定载客人数9人(含)

以上的车辆(包括电车),货车包括半挂牵引车、挂车、客货两用汽车、三轮汽车和低速载货汽车等;其他车辆包括专用作业车和轮式专用机械车等(不包括拖拉机)。船舶包括机动船舶、非机动驳船、拖船和游艇。

具体含义如下:

乘用车,是指在设计和技术特性上主要用于载运乘客及随身行李,核定载客人数包括驾驶员在内不超过9人的汽车。

商用车,是指除乘用车外,在设计和技术特性上用于载运乘客、货物的汽车,划分为客车和货车。

半挂牵引车,是指装备有特殊装置用于牵引半挂车的商用车。

挂车,是指就其设计和技术特性需由汽车或者拖拉机牵引,才能正常使用的一种无动力的道路车辆。

三轮汽车,是指最高设计车速不超过每小时50公里,具有三个车轮的货车。

低速载货汽车,是指以柴油机为动力,最高设计车速不超过每小时70公里,具有四个车轮的货车。

专用作业车,是指在其设计和技术特性上用于特殊工作,并装置有专用设备或器具的车辆。如汽车起重机、消防车、混凝土泵车、消障车、高空作业车、洒水车、扫路车等。需要注意的是,以载运人员或货物为主要目的的专用汽车,如救护车,不属于专用作业车。

轮式专用机械车,是指有特殊结构和专门功能,装有橡胶车轮可以自行行驶,最高设计车速大于每小时20公里的轮式工程机械车。

摩托车,是指无论采用何种驱动方式,最高设计车速大于每小时50公里,或者使用内燃机,其排量大于50毫升的两轮或者三轮车辆。

船舶,是指各类机动、非机动船舶以及其他水上移动装置,但是船舶上装备的救生艇筏和长度小于5米的艇筏除外。其中,机动船舶是指用机器推进的船舶;拖船是指专门用于拖(推)动运输船舶的专业作业船舶;非机动驳船,是指在船舶登记管理部门登记为驳船的非机动船舶;游艇是指具备内置机械推进动力装置,长度在90米以下,主要用于游览观光、休闲娱乐、水上体育运动等活动,并应当具有船舶检验证书和适航证书的船舶。

▶ 四、车船税税率

车船税采用定额税率,也称固定税额。根据《车船税法》的规定,对应税车船实行有幅度的定额税率,即对各类车船分别规定一个最低到最高限度的年税额。车船的适用税额依照本法所附《车船税税目税额表》执行。

车辆的具体适用税额由省、自治区、直辖市人民政府依照《车船税法》所附《车船税税目税额表》规定的税额幅度和国务院的规定确定并报国务院备案。

省、自治区、直辖市人民政府确定车辆具体适用税额应当遵循的原则有:

(1)乘用车依排气量从小到大递增税额;

(2)客车按照核定载客人数20人以下和20人(含)以上两档划分,递增税额。

船舶的具体适用税额由国务院在《车船税法》所附《车船税税目税额表》规定的税额幅度内确定。

车船税税目税额表如表 9.6 所示。

表 9.6 车船税税目税额表

税目		计税单位	年基准税额（元）	备注
乘用车按发动机气缸容量（排气量分档）	1.0 升（含）以下的	每辆	60～360	核定载客人数 9 人（含）以下
	1.0 升以上至 1.6 升（含）的		300～540	
	1.6 升以上至 2.0 升（含）的		360～660	
	2.0 升以上至 2.5 升（含）的		660～1 200	
	2.5 升以上至 3.0 升（含）的		1 200～2 400	
	3.0 升以上至 4.0 升（含）的		2 400～3 600	
	4.0 升以上的		3 600～5 400	
商务用车	客车	每辆	480～1 440	核定载客人数 9 人以上（包括电车）
	货车	整备质量每吨	16～120	（1）包括半挂牵引车、挂车、客货两用汽车、三轮汽车和低速载货汽车等。（2）挂车按照货车税额的 50% 计算
其他车辆	专用作业车	整备质量每吨	16～120	不包括拖拉机
	轮式专用机械车	整备质量每吨		
摩托车		每辆	36～180	—
船舶	机动船舶	净吨位每吨	3～6	拖船、非机动驳船分别按照机动船舶税额的 50% 计算；游艇的税额另行规定
	游艇	艇身长度每米	600～2 000	

（一）机动船舶具体适用税额

（1）净吨位不超过 200 吨的，每吨 3 元；

（2）净吨位超过 200 吨但不超过 2 000 吨的，每吨 4 元；

（3）净吨位超过 2 000 吨但不超过 10 000 吨的，每吨 5 元；

（4）净吨位超过 10 000 吨的，每吨 6 元。

拖船按照发动机功率每 1 千瓦折合净吨位 0.67 吨计算征收车船税。

（二）游艇具体适用税额

（1）艇身长度不超过 10 米的，每米 600 元；

（2）艇身长度超过 10 米但不超过 18 米的，每米 900 元；
（3）艇身长度超过 18 米但不超过 30 米的，每米 1 300 元；
（4）艇身长度超过 30 米的，每米 2 000 元；
（5）辅助动力帆艇，每米 600 元。

游艇艇身长度是指游艇的总长。

（三）关于税额标准的其他规定

（1）排气量、整备质量、核定载客人数、净吨位、千瓦、艇身长度，以车船登记管理部门核发的车船登记证书或者行驶证所载数据为准。

（2）依法不需要办理登记的车船和依法应当登记而未办理登记或者不能提供车船登记证书、行驶证的车船，以车船出厂合格证明或者进口凭证标注的技术参数、数据为准；不能提供车船出厂合格证明或者进口凭证的，由主管税务机关参照国家相关标准核定，没有国家相关标准的参照同类车船核定。

▶ 五、车船税计税依据

车船税以车船的计税单位数量为计税依据。《车船税法》按车船的种类和性能，分别确定每辆、整备质量、净吨位每吨和艇身长度每米为计税单位。具体如下：

（1）乘用车、商用客车和摩托车，以辆数为计税依据。
（2）商用货车、专用作业车和轮式专用机械车，按整备质量每吨为计税依据。
（3）机动船舶、非机动驳船、拖船，按净吨位每吨为计税依据。游艇按艇身长度每米为计税依据。

▶ 六、车船税应纳税额的计算

（一）车船税各税目应纳税额的计算公式

乘用车、客车和摩托车的应纳税额 = 辆数 × 适用年基准税额
货车、专用作业车和轮式专用机械车的应纳税额 = 整备质量吨位数 × 适用年基准税额
机动船舶的应纳税额 = 净吨位数 × 适用年基准税额
拖船和非机动驳船的应纳税额 = 净吨位数 × 适用年基准税额 × 50%
游艇的应纳税额 = 艇身长度 × 适用年基准税额

（二）购置新车船应纳税额计算公式

购置的新车船，购置当年的应纳税额自纳税义务发生的当月起按月计算。计算公式为：

应纳税额 = 适用年基准税额 ÷ 12 × 应纳税月份数

（三）保险机构代收代缴车船税和滞纳金的计算

1. 购买短期交强险的车辆

对于境外机动车临时入境、机动车临时上道路行驶、机动车距规定的报废期限不足 1 年而购买短期交强险的车辆，保单中"当年应缴"项目的计算公式为：

$$当年应缴 = 计税单位 \times 年单位税额 \times 应纳税月份数 \div 12$$

其中,应纳税月份数为"交强险"有效期起始日期的当月至截止日期当月的月份数。

2. 已向税务机关缴税的车辆或税务机关已批准减免税的车辆

对于已向税务机关缴税或税务机关已经批准免税的车辆,保单中"当年应缴"项目应为零。对于税务机关已批准减税的机动车,保单中"当年应缴"项目应根据减税前的应纳税额扣除依据减税证明中注明的减税幅度计算的减税额确定,计算公式为:

$$减税车辆应纳税额 = 减税前应纳税额 \times (1 - 减税幅度)$$

3. 2007年1月1日前购置的车辆或曾经缴纳过车船税的车辆

对于2007年1月1日前购置的车辆或者曾经缴纳过车船税的车辆,保单中"往年补缴"项目的计算公式为:

$$往年补缴 = 计税单位 \times 年单位税额 \times (本次缴税年度 - 前次缴税年度 - 1)$$

其中,对于2007年1月1日前购置的车辆,纳税人从未缴纳车船税的,前次缴税年度设定为2006年。

4. 2007年1月1日以后购置的车辆

对于2007年1月1日以后购置的车辆,纳税人从购置时起一直未缴纳车船税的,保单中"往年补缴"项目的计算公式为:

$$往年补缴 = 购置当年欠缴的税款 + 购置年度以后欠缴税款$$

其中,

$$购置当年欠缴的税款 = 计税单位 \times 年单位税额 \times 应纳税月份数 \div 12$$

式中,应纳税月份数为车辆登记日期的当月起至该年度终了的月份数。若车辆尚未到车船管理部门登记,则应纳税月份数为购置日期的当月起至该年度终了的月份数。

$$购置年度以后欠缴税款 = 计税单位年单位税额 \times (本次缴税年度 - 车辆登记年度 - 1)$$

5. 滞纳金计算

对于纳税人在应购买"交强险"截止日期以后购买"交强险"的,或以前年度没有缴纳车船税的,保险机构在代收代缴税款的同时,还应代收代缴欠缴税款的滞纳金。保单中"滞纳金"项目为各年度欠税应加收滞纳金之和。

$$每一年度欠税应加收的滞纳金 = 欠税金额 \times 滞纳天数 \times 0.5‰$$

滞纳天数的计算自应购买"交强险"截止日期的次日起至纳税人购买"交强险"当日止。纳税人连续两年以上欠缴车船税的,应分别计算每一年度欠税应加收的滞纳金。

▶ 七、车船税税收优惠

(一)法定减免

下列车船免征车船税:

1. 捕捞、养殖渔船

捕捞、养殖渔船是指在渔业船舶管理部门登记为捕捞船或者养殖船的渔业船舶。

2. 军队、武装警察部队专用的车船

军队、武装警察部队专用的车船,是指按照规定在军队、武装警察部队车船登记管理部门

登记,并领取军队、武警牌照的车船。

3. 警用车船

警用车船,是指公安机关、国家安全机关、监狱、劳动教养管理机关和人民法院、人民检察院领取警用牌照的车辆和执行警务的专用船舶。

4. 驻华机构

依照法律规定应当予以免税的外国驻华使领馆、国际组织驻华代表机构及其有关人员的车船。

5. 节约能源、使用新能源的车船

（1）对节约能源的车船,符合税法规定条件的,减半征收车船税。

（2）对使用新能源的车辆,免征车船税。

免征车船税的使用新能源汽车是指纯电动商用车、插电式（含增程式）混合动力汽车、燃料电池商用车。

纯电动乘用车和燃料电池乘用车不属于车船税征税范围,对其不征车船税。

以上免征或者减半征收车船税的车船的范围,由国务院财政、税务主管部门商国务院有关部门制订,报国务院批准。

减半征收车船税的节能乘用车应同时符合以下标准:

（1）获得许可在中国境内销售的排量为1.6升以下（含1.6升）的燃用汽油、柴油的乘用车（含非插电式混合动力、双燃料和两用燃料乘用车）;

（2）综合工况燃料消耗量应符合标准。

减半征收车船税的节能商用车应同时符合以下标准:

（1）获得许可在中国境内销售的燃用天然气、汽油、柴油的轻型和重型商用车（含非插电式混合动力、双燃料和两用燃料轻型和重型商用车）;

（2）燃用汽油、柴油的轻型和重型商用车综合工况燃料消耗量应符合标准。

（3）临时入境的外国车船和港、澳、台的车船,不征车船税。

（4）按照规定缴纳船舶吨税的机动船舶,自车船税法实施之日起5年内免征车船税。

（5）依法不需要在车船登记管理部门登记的机场、港口、铁路站场内部行驶或者作业的车船,自车船税法实施之日起5年内免征车船税。

6. 特殊地区的车船

临时入境的外国车船和港、澳、台的车船,不征车船税。

7. 按照规定缴纳船舶吨税的机动船舶

按照规定缴纳船舶吨税的机动船舶,自车船税法实施之日起5年内免征车船税。

8. 其他免征

依法不需要在车船登记管理部门登记的机场、港口、铁路站场内部行驶或者作业的车船,自车船税法实施之日起5年内免征车船税。

（二）特定减免税

（1）临时入境的外国车船和香港特别行政区、澳门特别行政区、台湾地区的车船,不征收车船税。

（2）按照规定缴纳船舶吨税的机动船舶，自车船税法实施之日起5年内免征车船税。

（3）依法不需要在车船登记管理部门登记的机场、港口、铁路站场内部行驶或者作业的车船，自车船税法实施之日起5年内免征车船税。

▶ 八、车船税征收管理

（一）纳税义务发生时间

车船税纳税义务发生时间为取得车船所有权或者管理权的当月。以购买车船的发票或其他证明文件所载日期的当月为准。

车船税的纳税义务发生时间，为车船管理部门核发的车船登记证书或者行驶证书所记载日期的当月。纳税人未按照规定到车船管理部门办理应税车船登记手续的，以车船购置发票所载开具时间的当月作为车船税的纳税义务发生时间。对未办理车船登记手续且无法提供车船购置发票的，由主管税务机关核定纳税义务发生时间。

（二）纳税地点

车船税的纳税地点为车船的登记地或者车船税扣缴义务人所在地。

扣缴义务人代收代缴车船税的，纳税地点为扣缴义务人所在地。

纳税人自行申报缴纳车船税的，纳税地点为车船登记地的主管税务机关所在地。

依法不需要办理登记的车船，其车船税的纳税地点为车船的所有人或者管理人所在地。

（三）纳税申报

车船税按年申报，分月计算，一次性缴纳。纳税年度为公历1月1日至12月31日。具体申报纳税期限由省、自治区、直辖市人民政府规定。

（1）从事机动车第三者责任强制保险业务的保险机构为机动车车船税的扣缴义务人，应当在收取保险费时依法代收车船税，并出具代收税款凭证。机动车车船税扣缴义务人在代收车船税时，应当在机动车交通事故责任强制保险的保险单以及保费发票上注明已收税款的信息，作为代收税款凭证。

（2）已完税或者依法减免税的车辆，纳税人应当向扣缴义务人提供登记地的主管税务机关出具的完税凭证或者减免税证明。纳税人没有按照规定期限缴纳车船税的，扣缴义务人在代收代缴税款时，可以一并代收代缴欠缴税款的滞纳金。

（3）扣缴义务人已代收代缴车船税的，纳税人不再向车辆登记地的主管税务机关申报缴纳车船税。

（4）没有扣缴义务人的，纳税人应当向主管税务机关自行申报缴纳车船税。

（5）纳税人缴纳车船税时，应当提供反映排气量、整备质量、核定载客人数、净吨位、千瓦、艇身长度等纳税相关信息的相应凭证以及税务机关根据实际需要要求提供的其他资料。

纳税人以前年度已经提供前款所列资料信息的，可以不再提供。

（6）已缴纳车船税的车船在同一纳税年度内办理转让过户的，不另纳税，也不退税。

（四）其他管理规定

（1）车辆所有人或者管理人在申请办理车辆相关登记、定期检验手续时，应当向公安机关交通管理部门提交依法纳税或者免税证明。公安机关交通管理部门核查后办理相关手续。公安、交通运输、农业、渔业等车船登记管理部门、船舶检验机构和车船税扣缴义务人的行业主管部门应当在提供车船有关信息等方面，协助税务机关加强车船税的征收管理。

公安机关交通管理部门在办理车辆相关登记和定期检验手续时，经核查，对没有提供依法纳税或者免税证明的，不予办理相关手续。

（2）扣缴义务人应当及时解缴代收代缴的税款和滞纳金，并向主管税务机关申报。扣缴义务人向税务机关解缴税款和滞纳金时，应当同时报送明细的税款和滞纳金扣缴报告。扣缴义务人解缴税款和滞纳金的具体期限，由省、自治区、直辖市地方税务机关依照法律、行政法规的规定确定。

（3）在一个纳税年度内，已完税的车船被盗抢、报废、灭失的，纳税人可以凭有关管理机关出具的证明和完税凭证，向纳税所在地的主管税务机关申请退还自被盗抢、报废、灭失月份起至该纳税年度终了期间的税款。已办理退税的被盗抢车船失而复得的，纳税人应当从公安机关出具相关证明的当月起计算缴纳车船税。

▶ 第十节 车辆购置税法律制度

车辆购置税是以在中国境内购置规定车辆为征税对象，在特定的环节向车辆购置者征收的一种行为税。所谓"规定车辆"，是指车辆购置税的征收范围较为单一，仅以税法明确规定购置的特定车辆为征税对象；所谓"特定的环节"，是指车辆购置税征收环节较为单一，采用一次课征制，即在购置并自用的消费领域一次征收。

车辆购置税有利于合理筹集财政资金，规范政府行为，引导汽车理性消费，也有利于配合打击车辆走私和维护国家利益。

车辆购置税于 2001 年 1 月 1 日开始在我国实施，是一个新的税种，是在原交通部门收取的车辆购置附加费的基础上，通过"费改税"的方式演变而来的。现行车辆购置税法的基本规范，是从 2001 年 1 月 1 日起实施的《中华人民共和国车辆购置税暂行条例》。

▶ 一、车辆购置税纳税人

在我国境内购置规定的车辆（以下简称应税车辆）的单位和个人，为车辆购置税的纳税人。

购置，包括购买、进口、自产、受赠、获奖或者以其他方式取得并自用应税车辆的行为。

单位，包括国有企业、集体企业、私营企业、股份制企业、外商投资企业、外国企业以及其他企业和事业单位、社会团体、国家机关、部队以及其他单位。

个人，包括个体工商户以及其他个人。

二、车辆购置税征税范围

车辆购置税以列举的车辆为征税对象,未列举的车辆不纳税。

包括汽车、摩托车、电车、挂车、农用运输车。具体征收范围依照本条例所附《车辆购置税征收范围表》执行。如表9.7所示。

车辆购置税征收范围的调整,由国务院决定并公布。

表9.7 车辆购置税征收范围表

应税车辆	具体范围	注释
汽车	各类汽车	
摩托车	轻便摩托车	最高设计时速不大于50 km/h,发动机汽缸总排量不大于50 cm³ 的两个或者三个车轮的机动车
	二轮摩托车	最高设计车速大于50 km/h,或者发动机汽缸总排量大于50 cm³ 的两个车轮的机动车
	三轮摩托车	最高设计车速大于50 km/h,或者发动机汽缸总排量大于50 cm³,空车重量不大于400 kg的三个车轮的机动车
电车	无轨电车	以电能为动力,由专用输电电缆线供电的轮式公共车辆
	有轨电车	以电能为动力,在轨道上行驶的公共车辆
挂车	挂车	无动力设备,独立承载,由牵引车辆牵引行驶的车辆
	半挂车	无动力设备,与牵引车辆共同承载,由牵引车辆牵引行驶的车辆
农用运输车	三轮农用运输车	柴油发动机,功率不大于7.4 kw,载重量不大于500 kg,最高车速不大于40 km/h的三个车轮的机动车
	四轮农用运输车	柴油发动机,功率不大于28 kw,载重量不大于1 500 kg,最高车速不大于50 km/h的三个车轮的机动车

 边学边思

请问如何区分车船税与车辆购置税在纳税环节的不同?

三、车辆购置税税率

车辆购置税实行统一比例税率,税率为 10%。

四、车辆购置税应纳税额的计算

(一)计税依据

车辆购置税的计税依据为应税车辆的计税价格。计税价格根据不同情况,按照下列规定确定：

1. 购买自用应税车辆计税依据的确定

纳税人购买自用的应税车辆的计税价格，为纳税人购买应税车辆而支付给销售者的全部价款和价外费用，不包括增值税税款。购买的应税自用车辆包括购买自用的国产应税车辆和购买自用的进口应税车辆。价外费用是指销售方价外向购买方收取的手续费、基金、违约金、包装费、运输费、保管费、代垫款项、代收款项和其他各种性质的价外收费，但不包括销售方代办保险等而向购买方收取的保险费，以及向购买方收取的代购买方缴纳的车辆购置税、车辆牌照费。

2. 进口自用应税车辆计税依据的确定

纳税人进口自用的应税车辆的计税价格的计算公式为：

$$计税价格 = 关税完税价格 + 关税 + 消费税$$

进口自用的应税车辆是指纳税人直接从境外进口或委托代理进口自用的应税车辆，即非贸易方式进口自用的应税车辆。而且进口自用的应税车辆的计税依据，应根据纳税人提供的、经海关审查确认的有关完税证明资料确定。

3. 其他自用应税车辆计税依据的确定

纳税人自产、受赠、获奖或者以其他方式取得并自用的应税车辆的计税价格，由主管税务机关参照应税车辆市场平均交易价格，规定不同类型应税车辆的最低计税价格核定。

4. 最低计税价格作为计税依据的确定

纳税人购买自用或者进口自用应税车辆，申报的计税价格低于同类型应税车辆的最低计税价格，又无正当理由的，按照最低计税价格征收车辆购置税。

最低计税价格是指国家税务总局依据机动车生产企业或者经销商提供的车辆价格信息，参照市场平均交易价格核定的车辆购置税计税价格。

国家税务总局未核定最低计税价格的车辆，计税价格为纳税人提供的有效价格证明注明的价格。有效价格证明注明的价格明显偏低的，税务机关有权核定应税车辆的计税价格。

5. 外币折算

车辆购置税的计税依据和应纳税额应使用统一货币单位计算。纳税人以外汇结算应税车辆价款的，按照申报纳税之日中国人民银行公布的人民币基准汇价，折合成人民币计算应纳税额。

（二）应纳税额的计算

车辆购置税实行从价定率的方法计算应纳税额。

计算公式如下：

$$应纳税额 = 计税依据 \times 税率$$

由于应税车辆的来源、应税行为的发生以及计税依据组成的不同，因此，车辆购置税应纳税额的计算方法也有区别。

1. 购买自用应税车辆应纳税额的计算

（1）购买者随购买车辆支付的工具件和零部件价款应作为购车价款的一部分，并入计税依据中征收车辆购置税。

（2）支付的车辆装饰费应作为价外费用并入计税依据中计税。

（3）代收款项应区别征税。凡使用代收单位（受托方）票据收取的款项，应视作代收单位价外收费，购买者支付的价费款，应并入计税依据中一并征税；凡使用委托方票据收取，受托方只履行代收义务和收取代收手续费的款项，应按其他税收政策规定征税。

（4）销售单位开给购买者的各种发票金额中包含增值税税款，因此，计算车辆购置税时，应换算为不含增值税的计税价格。

（5）销售单位开展优质销售活动所开票收取的有关费用，应属于经营性收入，企业在代理过程中按规定支付给有关部门的费用，企业已作经营性支出列支核算，其收取的各项费用并在一张发票上难以划分的，应作为价外收入计算征税。

2. 进口自用应税车辆应纳税额的计算

纳税人进口自用的应税车辆应纳税额的计算公式为：

$$进口应税车辆应纳税额 =（关税完税价格 + 关税 + 消费税）\times 税率$$

3. 其他自用应税车辆应纳税额的计算

纳税人自产自用、受赠使用、获奖使用和以其他方式取得并自用应税车辆的，凡不能取得该型车辆的购置价格，或者低于最低计税价格的，以国家税务总局核定的最低计税价格作为计税依据计算征收车辆购置税：

$$应纳税额 = 最低计税价格 \times 税率$$

▶ 五、车辆购置税税收优惠

（一）车辆购置税的减免税规定

车辆购置税的免税、减税，按照下列规定执行：

（1）外国驻华使馆、领事馆和国际组织驻华机构及其外交人员自用的车辆，免税。

（2）中国人民解放军和中国人民武装警察部队列入军队武器装备订货计划的车辆，免税。

（3）设有固定装置的非运输车辆，免税。

（4）自 2016 年 1 月 1 日起至 2020 年 12 月 31 日止，对城市公交企业购置的公共汽电车免税。

（5）自 2018 年 1 月 1 日至 2020 年 12 月 31 日，对购置的新能源汽车免税。

（6）有国务院规定予以免税或者减税的其他情形，按照规定免税或者减税。

（二）车辆购置税的退税

纳税人已经缴纳车辆购置税但在办理车辆登记手续前，因特定原因需要办理退还车辆购置税的，由纳税人申请，征收机构审查后办理退还车辆购置税手续。

边学边思

车船税、车辆购置税和船舶吨税中有很多类似的内容，请问如何准确把握这几项与车船有关的税种关于税收优惠方面的差异？

六、车辆购置税征收管理

（一）纳税环节

车辆购置税的征税环节为使用环节，即最终消费环节。因此纳税人应当在向公安机关车辆管理机构办理车辆登记注册前，缴纳车辆购置税。

购买二手车时，购买者应当向原车主索要完税证明。

纳税人应当持主管税务机关出具的完税证明或者免税证明，向公安机关车辆管理机构办理车辆登记注册手续；没有完税证明或者免税证明的，公安机关车辆管理机构不得办理车辆登记注册手续。

税务机关应当及时向公安机关车辆管理机构通报纳税人缴纳车辆购置税的情况。公安机关车辆管理机构应当定期向税务机关通报车辆登记注册的情况。税务机关发现纳税人未按照规定缴纳车辆购置税的，有权责令其补缴；纳税人拒绝缴纳的，税务机关可以通知公安机关车辆管理机构暂扣纳税人的车辆牌照。免税、减税车辆因转让、改变用途等原因不再属于免税、减税范围的，应当在办理车辆过户手续前或者办理变更车辆登记注册手续前缴纳车辆购置税。

（二）纳税申报

1. 基本申报制度

车辆购置税实行一次征收、一车一申报制度，税款应当一次缴清。购置已征车辆购置税的车辆，不再征收车辆购置税。

2. 申报的证明

纳税人办理纳税申报时应如实填写《车辆购置税纳税申报表》，同时提供以下资料：① 纳税人身份证明；② 车辆价格证明；③ 车辆合格证明；④ 税务机关要求提供的其他资料。

3. 申报期限

（1）纳税人购买自用应税车辆的，应自购买之日起60日内申报纳税。

所称购买之日，是指《机动车销售统一发票》（以下简称统一发票）或者其他有效凭证的开具日期。

（2）进口自用应税车辆的，应自进口之日起60日内申报纳税。

所称进口之日，是指《海关进口增值税专用缴款书》或者其他有效凭证的开具日期。

（3）自产、受赠、获奖或者以其他方式取得并自用应税车辆的，应自取得之日起60日内申报纳税。

所称取得之日，是指合同、法律文书或者其他有效凭证的生效或者开具日期。

4. 申报地点

纳税人应到下列地点办理车辆购置税纳税申报：

（1）需要办理车辆登记注册手续的纳税人，向车辆登记注册地的主管税务机关办理纳税申报。

（2）不需要办理车辆登记注册手续的纳税人，向纳税人所在地的主管税务机关办理纳税申报。

（三）纳税地点

（1）纳税人购置应税车辆，应当向车辆登记注册地的主管税务机关申报纳税。

（2）购买已经办理车辆购置税免税手续的应税车辆，应当向纳税人所在地主管税务机关申报缴税或免税手续。

第十一节　印花税法律制度

印花税是以经济活动和经济交往中书立、使用、领受应税凭证的行为为征税对象征收的一种行为税。因纳税人主要是通过在应税凭证上粘贴印花税票来完成纳税义务，故名印花税。印花税是世界各国普遍征收的一个税种，历史悠久。印花税兼有凭证税和行为税的性质，其征税范围广泛，而且税率低、税负轻，其纳税义务主要由纳税人自行完成，征税管理成本较低，印花税的缴纳方法与其他税种有较大的区别。此外，印花税还具有轻税重罚的特点，有利于增强纳税人的税收法制观念。

现行印花税的基本法律规范是1988年8月6日国务院发布，于1988年10月1日实施，并于2011年1月8日修订的《中华人民共和国印花税暂行条例》（以下简称《印花税暂行条例》）。财政部、国家税务总局又陆续发布了一些有关印花税的规定、办法，这些构成了我国印花税法律制度。目前，《中华人民共和国印花税法》正在制定过程中，本书按照《中华人民共和国印花税法》（征求意见稿）相关内容进行了部分修订。

一、印花税纳税人

订立、领受在中华人民共和国境内具有法律效力的应税凭证，或者在中华人民共和国境内进行证券交易的单位和个人，为印花税的纳税人，应当依照本法规定缴纳印花税。

这里所说的应税凭证，是规定的书面形式的合同、产权转移书据、营业账簿和权利、许可证照。证券交易，是指在依法设立的证券交易所上市交易或者在国务院批准的其他证券交易场所转让公司股票和以股票为基础发行的存托凭证。

（一）立合同人

立合同人是指合同的当事人，即对凭证有直接权利义务关系的单位和个人，但不包括合同的担保人、证人、鉴定人。

1. 关于合同的界定

合同是指当事人之间为实现一定目的，经协商一致，明确当事人各方权利、义务关系的协议。以经济业务活动作为内容的合同，通常称为经济合同。经济合同应按照管理的要求，依照《合同法》和其他有关合同法规订立。所称具有合同性质的凭证，是指具有合同效力的协议、契约、合约、单据、确认书及其他各种名称的凭证。具体包括购销、加工承揽、建筑工程、财产租赁、货物运输、仓储保管、借款、财产保险以及具有合同性质的凭证。

2. 关于当事人的界定

所谓当事人,是指对凭证有直接权利义务关系的单位和个人,但不包括合同的担保人、证人、鉴定人。各类合同的纳税人是立合同人。

当事人的代理人有代理纳税的义务,他与纳税人负有同等的税收法律义务和责任。

(二)立据人

产权转移书据的纳税人是立据人,立据人是书立产权转移书据的单位和个人。

如立据人未贴印花或少贴印花,书据的持有人应负责补贴印花。所立书据以合同方式签订的,应由持有书据的各方分别按全额贴花。

(三)立账簿人

建立营业账簿的,以立账簿人为纳税人。

(四)领受人

领受人,是指领取或接受并持有该项凭证的单位和个人。例如,领取工商营业执照的单位和个人,均要依照规定以"证照领受人"身份缴纳印花税。

(五)使用人

使用人是指在国外书立、领受,但在国内使用应税凭证的单位和个人,其使用人为印花税的纳税人。

(六)各类电子应税凭证的签订人

即以电子形式签订的各类应税凭证的单位和个人。

▶ 二、印花税征税范围

一般来说,列入印花税税目的就要征税,未列入税目的就不征税,这是因为我国经济活动中发生的经济凭证种类繁多,数量巨大,因此现行印花税采取正列举形式,只对《印花税暂行条例》列举的凭证征收,没有列举的凭证不征税。

需要注意的是,应税凭证均是指在中国境内具有法律效力,受中国法律保护的凭证。适用于中国境内,并在中国境内具备法律效力的应税凭证,无论在中国境内或者境外书立,均应依照印花税的规定贴花。

列举的凭证分为五类,即经济合同、产权转移书据、营业账簿、权利、许可证照和经财政部门确定征税的其他凭证。具体征税范围如下:

(一)经济合同

1. 经济合同具体内容

我国印花税只对依法订立的经济合同书征收。印花税税目中的合同比照我国原《经济合同法》对经济合同的分类，在税目税率表中列举了各类合同，具体包括：

（1）买卖合同。买卖合同包括供应、预购、采购、购销结合及协作、调剂、补偿、贸易等合同。此外，还包括出版单位与发行单位（不包括订阅单位和个人）之间订立的图书、报纸、期刊和音像制品的应税凭证，例如订购单、订数单等。还包括发电厂与电网之间、电网与电网之间（国家电网公司系统、南方电网公司系统内部各级电网互供电量除外）签订的购售电合同。但是，电网与用户之间签订的供用电合同不属于印花税列举征税的凭证，不征收印花税。对于工业、商业、物资、外贸等部门经销和调拨商品、物资供应的调拨单（或其他名称的单、卡、书、表等），应当区分其性质和用途，即看其是作为部门内执行计划使用的，还是代替合同使用的，以确定是否贴花。凡属于明确双方供需关系，据以供货和结算，具有合同性质的凭证，应按规定缴纳印花税。

对纳税人以电子形式签订的各类应税凭证按规定征收印花税。

（2）承揽合同。承揽合同，包括加工、定做、修缮、修理、印刷、广告、测绘、测试等合同。

（3）建设工程勘察设计合同。建设工程勘察设计合同，包括勘察、设计合同的总包合同、分包合同和转包合同。

（4）建筑安装工程承包合同。建筑安装工程承包合同，包括建筑、安装工程承包合同的总包合同、分包合同和转包合同。

（5）租赁合同。租赁合同，包括租赁房屋、船舶、飞机、机动车辆、机械、器具、设备等合同；还包括企业、个人出租门店、柜台等所签订的合同，但不包括企业与主管部门签订的租赁承包合同。

（6）运输合同。运输合同，包括民用航空运输、铁路运输、海上运输、内河运输、公路运输和联运合同。

（7）保管合同。保管合同，包括保管合同或作为合同使用的仓单、栈单（或称入库单）。对某些使用不规范的凭证不便计税的，可就其结算单据作为计税贴花的凭证。

（8）借款合同。借款合同，包括银行及其他金融组织和借款人（不包括银行同业拆借）所签订的借款合同。

（9）财产保险合同。财产保险合同，包括财产、责任、保证、信用等保险合同，以及作为合同使用的单据。

（10）技术合同。技术合同，包括技术开发、转让、咨询、服务等合同。其中：

技术转让合同包括专利申请转让、非专利技术转让所书立的合同，但不包括专利权转让、专利实施许可所书立的合同。后者适用于"产权转移书据"合同。

技术咨询合同是合同当事人就有关项目的分析、论证、评价、预测和调查订立的技术合同，而一般的法律、会计、审计等方面的咨询不属于技术咨询，其所立合同不贴印花。

技术服务合同，是当事人一方委托另一方就解决有关特定技术问题，如为改进产品结构、改良工艺流程、提高产品质量、降低产品成本、保护资源环境、实现安全操作、提高经济效益等提出实施方案，实施指导所订立的技术合同，包括技术服务合同、技术培训合同和技术中介合同。但不包括以常规手段或者为生产经营目的进行一般加工、修理、修缮、广告、印刷、测绘、标准化测试，以及勘察、设计等所书立的合同。

（11）融资租赁合同。

2. 关于经济合同的特殊规定

（1）具有合同性质的凭证应视同合同征税。所谓具有合同性质的凭证，是指具有合同效力的协议、契约、合约、单据、确认书及其他各种名称的凭证。

（2）未按期兑现合同亦应贴花。印花税既是凭证税，又具有行为税性质。纳税人签订应税合同，就发生了应税经济行为，必须依法贴花，履行完税手续。所以，不论合同是否兑现或能否按期兑现，都应当缴纳印花税。

（3）同时书立合同和开立单据的贴花方法。办理一项业务（如货物运输、仓储保管、财产保险、银行借款等），如果既书立合同，又开立单据，只就合同贴花；凡不书立合同，只开立单据，以单据作为合同适用的，其使用的单据应按规定贴花。

（二）产权转移书据

所称产权转移书据，是指单位和个人产权的买卖、继承、赠与、交换、分割等所立的书据。"财产所有权"转移书据的征税范围，是指经政府管理机关登记注册的动产、不动产的所有权转移所立的书据，以及企业股权转让所立的书据，并包括个人无偿赠送不动产所签订的《个人无偿赠与不动产登记表》。

我国印花税税目中的产权转移书据包括土地使用权出让和转让书据；房屋等建筑物、构筑物所有权、股权（不包括上市和挂牌公司股票）、商标专用权、著作权、专利权、专有技术使用权转让书据。

（三）营业账簿

印花税税目中的营业账簿指单位或者个人记载生产经营活动的财务会计核算账簿。按照营业账簿反映的内容不同，在税目中分为：记载资金的账簿（简称资金账簿）和其他营业账簿两类，以便于分别采用按金额计税和按件计税两种计税方法。

1. 资金账簿

资金账簿是反映生产经营单位"实收资本"和"资本公积"金额增减变化的账簿。

2. 其他营业账簿

其他营业账簿是反映除资金资产以外的其他生产经营活动内容的账簿，即除资金账簿以外的，归属于财务会计体系的其他生产经营用账册。

（四）权利、许可证照

权利、许可证照是政府授予单位、个人某种法定权利和准予从事特定经济活动的各种证照的统称，包括政府部门发给的不动产权证书、营业执照、商标注册证、专利证书等。

（五）经财政部门确定征税的其他凭证

除了税法列举的以上应税经济凭证之外，在确定经济凭证的征免税范围时，还需要注意同一性质的各类凭证可能名称不同，具体格式也不统一，但只要属于印花税税目列举征税范围中的经济实质内容，均应照章纳税。

> **相关阅读**
>
> 银行承兑汇票的承兑协议是否属于印花税的征税范围呢?
>
> 银行承兑协议是指承兑申请人(即承兑汇票出票人)与承兑银行签订协议,承兑申请人必须先向承兑银行交存一定比例的保证金及提供担保,在汇票到期后,银行无条件向持票人凭票付款。若在汇票到期后,承兑申请人未能足额交存票款,银行需先垫付款给持票人,再按规定将垫付款从垫付之日起即转入承兑申请人的逾期贷款。
>
> 因此,银行承兑协议不属于《印花税暂行条例》及《印花税实施办法》规定的应税凭证,签订时不用缴纳印花税。但若发生了银行垫付票款的情形,则承兑协议已转换为银行与承兑申请人之间的借款合同,即从垫付之日起,银行将相当于垫付款金额的资金贷与承兑申请人,对此应按"借款合同"征收印花税。

三、印花税税率

印花税在税率的设计上,遵循税负从轻、共同负担的原则,所以税率比较低。凭证的当事人(即对凭证有直接权利和义务关系的单位和个人),均应就其所持凭证依法纳税。印花税的税率有两种形式,即比例税率和定额税率。

(一)比例税率

在印花税 15 个税目中,各类合同以及具有合同性质的凭证、产权转移书据、营业账簿中记载资金的账簿,适用比例税率。印花税的比例税率共分为 4 个档次,分别是 0.05‰(万分之零点五)、0.3‰(万分之三)、0.5‰(万分之五)、1‰(千分之一)。

(1)适用 0.05‰(万分之零点五)税率的为:"借款合同"。

(2)适用 0.3‰(万分之三)税率的合同为:"买卖合同""融资租赁合同""建筑工程合同""承揽合同""技术合同"。

(3)适用 0.5‰(万分之五)税率的合同为:"运输合同""产权转移书据合同"。

(4)适用 1‰(千分之一)税率的合同为:"租赁合同""仓储合同""财产保险合同""证券交易合同"。

(二)定额税率

在印花税的 15 个税目中,"权利、许可证照"适用定额税率,均为按件贴花,税额为 5 元。这主要是为了简化纳税征收管理的手续,便于纳税操作。

印花税税目、税率归纳如表 9.8 所示。

四、印花税计税依据

印花税根据不同的税目和税率,分别实行从价计征和从量计征两种征收方法,其中,从价计征的计税依据是各种应税凭证上所记载的计税金额;从量计征的计税依据是应税凭证的件数。

印花税的计税依据如表 9.9 所示。

表 9.8 印花税税目、税率表

税目		税率
合同	买卖合同、建设工程合同	支付价款的 0.3‰
	承揽合同	支付报酬的 0.3‰
	租赁合同	租金的 1‰
	融资租赁合同	租金的 0.05‰
	运输合同	运输费用的 0.3‰
	仓储合同	仓储费的 1‰
	保管合同	保管费的 1‰
	借款合同	借款金额的 0.05‰
	财产保险合同	保险费的 1‰
	技术合同	支付价款、报酬或者使用费的 0.3‰
产权转移书据		支付价款的 0.5‰
权利、许可证照		每件 5 元
营业账簿		实收资本（股本），资本公积合计金额的 0.25‰
证券交易		成交金额的 1‰

表 9.9 印花税的计税依据

应税项目	计税依据	备注
合同	为合同列明的价款或者报酬（不包括增值税税款；合同中价款或者报酬与增值税税款未分开列明的，按照合计金额确定）	具体包括买卖合同和建设工程合同中的支付价款、承揽合同中的支付报酬、租赁合同和融资租赁合同中的租金、运输合同中的运输费用、保管合同中的保管费、仓储合同中的仓储费、借款合同中的借款金额、财产保险合同中的保险费以及技术合同中的支付价款、报酬或者使用费等
产权转移书据	为产权转移书据列明的价款（不包括增值税税款；产权转移书据中价款与增值税税款未分开列明的，按照合计金额确定）	（1）按照订立合同、产权转移书据时的市场价格确定；依法应当执行政府定价的，按照其规定确定 （2）不能按照上述规定的方法确定的，按照实际结算的价款或者报酬确定
营业账簿	营业账簿记载的实收资本（股本）、资本公积合计金额	—
权利、许可证照	按件确定	5 元/件
证券交易	为成交金额	以非集中交易方式转让证券时无转让价格的，按照办理过户登记手续前一个交易日收盘价计算确定计税依据；办理过户登记手续前一个交易日无收盘价的，按照证券面值计算确定计税依据

五、印花税应纳税额的计算

（一）比例税率

实行比例税率的凭证，印花税应纳税额的计算公式为：

$$应纳税额 = 应税凭证计税金额 \times 比例税率$$

（二）定额税率

实行定额税率的凭证，印花税应纳税额的计算公式为：

$$应纳税额 = 应税凭证件数 \times 定额税率$$

（三）营业账簿中记载资金的账簿

营业账簿中记载资金的账簿，印花税应纳税额的计算公式为：

$$应纳税额 = (实收资本 + 资本公积) \times 0.5‰ / 2$$

> **提示**
>
> 从2018年5月1日起，将对纳税人设立的资金账簿按实收资本和资本公积合计金额征收的印花税减半，对按件征收的其他账簿免征印花税。

（四）权利、许可证照

权利、许可证照按件贴花，每件5元。

边学边做 9.5

1. 训练目的

掌握印花税应纳税额的计算。

2. 案例设计

2018年3月，甲企业与乙企业签订了一份合同，由甲向乙提供货物并运输到乙指定的地点，合同标的金额为300万元，其中包括货款和货物运输费用。货物买卖合同适用的印花税税率为0.3‰，货物运输合同适用的印花税税率为0.3‰。根据印花税法律制度的规定，甲企业应纳印花税税额是多少？

3. 分析过程

甲企业应缴纳印花税的金额为0.09万元。根据规定，载有两个或两个以上应适用不同税目税率经济事项的同一凭证，如未分别记载金额的，按税率高的计算贴花。本案例中，甲企业与乙企业签订的货物运输合同，由于没有将运输费与货价分开记载，因此要合并"从高"计算（本题中两类合同税率相同）。

甲企业应纳的印花税 = 300 × 0.3‰ = 0.09（万元）。

六、印花税税收优惠

（一）税收优惠的基本规定

1. 法定凭证免税

下列凭证，免征印花税：

（1）已缴纳印花税的凭证的副本或者抄本。凭证的正式签署本已按规定缴纳了印花税，其副本或者抄本对外不发生权利义务关系，只是留存备查。但以副本或者抄本视同正本使用的，则应另贴印花。

（2）财产所有人将财产赠给政府、社会福利单位、学校所立的书据。

（3）经财政部批准免税的其他凭证。

2. 免税额

应纳税额不足 1 角的，免征印花税。

3. 特定凭证免税

下列凭证，免征印花税：

（1）国家指定的收购部门与村委会、农民个人书立的农副产品收购合同。

（2）农林作物、牧业畜类保险合同，免征印花税。

（3）无息、贴息贷款合同。无息、贴息贷款合同，是指我国的各专业银行按照国家金融政策发放的无息贷款，以及由各专业银行发放并按有关规定由财政部门或中国人民银行给予贴息的贷款项目所签订的贷款合同。

一般情况下，无息、贴息贷款体现国家政策，满足特定时期的某种需要，其利息全部或者部分是由国家财政负担的，对这类合同征收印花税没有财政意义。

（4）军队、武警部队订立、领受的应税凭证，免征印花税。

（5）转让、租赁住房订立的应税凭证，免征个人（不包括个体工商户）应缴纳的印花税。

（6）外国政府或者国际金融组织向中国政府及国家金融机构提供优惠贷款所书立的合同。

（7）对按件征收的除"营业账簿"之外的其他账簿，免征印花税。

（二）税收优惠的特殊规定

1. 单据免税

对货物运输、仓储保管、财产保险、银行借款等，办理一项业务，既书立合同，又开立单据的，只就合同贴花。所开立的各类单据，不再贴花。

2. 企业兼并并入资金免税

对企业兼并的并入资金，凡已按资金总额贴花的，接收单位对并入的资金，不再补贴印花。

3. 股权转让免税

对国务院和省级人民政府批准进行政企脱钩、对企业进行改组和改变管理体制、变更企业隶属关系，以及国有企业改制、盘活国有资产，而发生的国有股权无偿转让划转行为，暂不征收证券交易印花税；对上市公司国有股权无偿转让,需要免征证券交易印花税的,须由企业提出申请,报国家税务总局审批并报国家税务总局备案。

4. 特定情形免税

有下列情形之一的,免征印花税：

（1）对商店、门市部的零星加工修理业务开具的修理单,不贴印花。

（2）对房地产管理部门与个人订立的租房合同,凡用于生活居住的,暂免贴花；用于生产经营的,按规定贴花。

（3）对铁路、公路、航运、水路承运快件行李、包裹开具的托运单据,暂免贴花。

（4）实行差额预算管理的单位,不记载经营业务的账簿不贴花。

（5）农林作物、牧业畜类保险合同,免征印花税。

（6）书、报、刊发行单位之间,发行单位与订阅单位或个人之间书立的凭证,免征印花税。

（7）由外国运输企业运输进口货物的,外国运输企业所持有的一份结算凭证,免征印花税。

（8）特殊货运凭证免税,包括军事物资运输结算凭证；抢险救灾物资运输结算凭证；为新建铁路运输施工所属物料,使用工程临管线专用运费结算凭证。

（9）企业与主管部门等签订的租赁承包经营合同,不属于财产租赁合同,不征收印花税。

（10）对工业、商业、物资、外贸等部门调拨商品物资,作为内部执行计划使用的调拨单,不作为结算凭证,不属于合同性质的凭证,不征收印花税。

（11）银行、非银行金融机构之间相互融通短期资金,按照规定的同业拆借期限和利率签订的同业拆借合同,不征收印花税。

（12）对办理借款展期业务使用借款展期合同或其他凭证,按规定仅载明延期还款事项的,可暂不贴花。

（13）出版合同,不属于印花税列举征税的凭证,免征印花税。

（14）中国人民银行各级机构经理国库业务及委托各专业银行各级机构代理国库业务设置的账簿,免征印花税。

（15）代理单位与委托单位之间签订的委托代理合同,不征收印花税。

对中国人民银行向各商业银行提供的日拆性贷款（20日以内的贷款）所签订的合同或借据,暂免征印花税。

（16）对在供需经济活动中使用电话、计算机联网订货,没有开具书面凭证的,暂不贴花。

（17）铁道企业特定凭证免税,包括铁道部层层下达的基建计划,不贴花；企业内部签订的有关铁路生产经营设施基建、更新改造、大修、维修的协议或责任书,不贴花；在铁路内部无偿调拨固定资产的调拨单据,不贴花；由铁道部全额拨付事业费的单位,其营业账簿不贴花。

（18）对企业车间、门市部、仓库设置的不属于会计核算范围的账簿,不贴印花。

（19）电话和联网购货免税。对在供需经济活动中使用电话、计算机联网订货,没有开具书面凭证的,暂不贴花。

纳税人已履行并贴花的合同,发现实际结算金额与合同所载金额不一致的,一般不再补贴印花。

七、印花税征收管理

(一) 纳税环节

印花税应当在书立或领受时贴花。具体是指在合同签订时、账簿启用时和证照领受时贴花。如果合同是在国外签订,并且不便在国外贴花的,应在将合同带入境时办理贴花纳税手续。

(二) 纳税地点

印花税一般实行就地纳税。对于全国性商品物资订货会(包括展销会、交易会等)上所签订合同应纳的印花税,由纳税人回其所在地后及时办理贴花完税手续;对地方主办、不涉及省际关系的订货会、展销会上所签合同的印花税,其纳税地点由各省、自治区、直辖市人民政府自行确定。

(三) 缴纳方法

印花税的纳税办法,根据税额大小、贴花次数以及税收征收管理的需要,分别采用以下三种纳税办法:

1. 自行贴花办法

自行贴花,即实行"三自"纳税,纳税人在书立、领受应税凭证时,自行计算应纳印花税额,向当地纳税机关或印花税票代售点购买印花税票,自行在应税凭证上一次贴足印花并自行注销。这种办法,一般适用于应税凭证较少或者贴花次数较少的纳税人。

需要注意的是,纳税人购买了印花税票,支付了税款,国家就取得了财政收入。但就印花税来说,纳税人支付了税款并不等于已履行了纳税义务。纳税人必须自行贴花并注销或划销,这样才算完整地完成了纳税义务。

同时必须明确:已贴用的印花税票不得重用;已贴花的凭证,修改后所载金额有增加的,其增加部分应当补贴足印花。凡多贴印花税票者,不得申请退税或者抵用。

2. 汇贴或汇缴办法

(1) 汇贴办法。这种方法一般适用于应纳税额较大或者贴花次数频繁的纳税人。一份凭证应纳税额超过 500 元的,纳税人应当向当地税务机关申请填写缴款书或完税证,将其中一联粘贴在凭证上或者税务机关在凭证上加注完税标记代替贴花。

(2) 汇缴办法。同一类应纳税凭证,需频繁贴花的,纳税人应向当地税务机关申请按期汇总缴纳印花税。税务机关对核准汇总缴纳的单位,应发给汇缴许可证,汇总缴纳的限期限额由当地税务机关确定,但最长期限不得超过 1 个月。凡汇总缴纳印花税的凭证,应加注税务机关指定的汇缴戳记,编号并装订成册后,将已贴印花或者缴款书的一联粘附册后,盖章注销,保存备查。

实行印花税按期汇总缴纳的单位,对征税凭证和免税凭证汇总时,凡分别汇总的,按本期征税凭证的汇总金额计算缴纳印花税;凡确属不能分别汇总的,应按本期全部凭证的实际汇总金额计算缴纳印花税。

凡汇总缴纳印花税的凭证,应加注税务机关指定的汇缴戳记、编号并装订成册后,将已贴印花或者缴款书的一联粘附册后,盖章注销,保存备查。

3. 委托代征办法

为加强征收管理,简化手续,印花税可以委托有关部门代征,实行源泉控管。这一办法主要是通过税务机关的委托,经由发放或者办理应纳税凭证的单位代为征收印花税税款。对通过国家有关部门发放、鉴证、公证或仲裁的应税凭证,税务部门可以委托这些部门代征印花税,发给代征单位代征委托书,明确双方的权利和义务。如按照印花税法规定,工商行政管理机关核发各类营业执照和商标注册证的同时,负责代售印花税票,征收印花税税款,并监督领受单位或个人负责贴花。税务机关委托工商行政管理机关代售印花税票,按代售金额5%的比例支付代售手续费。

(四)纳税期限

印花税按季、按年或者按次计征。实行按季、按年计征的,纳税人应当于季度、年度终了之日起15日内申报并缴纳税款。实行按次计征的,纳税人应当于纳税义务发生之日起15日内申报并缴纳税款。

证券交易印花税按周解缴。证券交易印花税的扣缴义务人应当于每周终了之日起5日内申报解缴税款及孳息。

已缴纳印花税的凭证所载价款或者报酬增加的,纳税人应当补缴印花税;已缴纳印花税的凭证所载价款或者报酬减少的,纳税人可以向主管税务机关申请退还印花税税款。

▶ 第十二节 资源税法律制度

资源税是对我国境内开采应税矿产品和生产盐的单位和个人,以其应税产品销售额或销售数量和自用数量为计税依据而征收的一种税,属于对自然资源占用课税的范畴。通过开征资源税,可以促进资源的合理开采,节约使用,有效配置。

我国现行资源税的基本法律规范是2011年9月30日国务院公布的《中华人民共和国资源税暂行条例》(以下简称《资源税暂行条例》)及2011年10月28日财政部、国家税务总局公布的《中华人民共和国资源税暂行条例实施细则》(以下简称《资源税暂行条例实施细则》)。财政部、国家税务总局对煤炭、原油、天然气资源税有关政策进行了调整,自2011年11月1日起执行。自2015年5月1日起,又对稀土、钨、钼进行资源税清费立税、从价计征改革。2016年7月1日,将21种资源品目和未列举名称的其他金属矿实行从价计征。在实施资源税从价计征改革的同时,将全部资源品目矿产资源补偿费费率降为零,停止征收价格调节基金,取缔地方针对矿产资源违规设立的各种收费基金项目。

▶ 一、资源税纳税人与扣缴义务人

(一)资源税的纳税人

资源税的纳税人,是指在中华人民共和国领域及管辖海域开采《资源税暂行条例》规定的

矿产品或者生产盐（以下称开采或者生产应税产品）的单位和个人。另外，资源税的纳税人还包括收购未税矿产品的单位。

所称单位，是指国有企业、集体企业、私营企业、股份制企业、其他企业和行政单位、事业单位、军事单位、社会团体及其他单位。

所称个人，是指个体经营者和其他个人。

需要注意的是，以上其他单位和其他个人中包括外商投资企业、外国企业和外籍个人。

（二）资源税扣缴义务人

设置资源税扣缴义务人的目的主要是针对零星、分散、不定期开采的情况，为了加强管理，避免漏税，由扣缴义务人在收购矿产品时代扣代缴资源税。《资源税暂行条例》规定，收购未税矿产品的单位为资源税的扣缴义务人。

▶ 二、资源税征税范围

我国目前资源税的税目仅涉及矿产品和盐两大类。这些具体的税目又设有若干个子目。现行资源税的税目及子目主要是根据资源税应税产品和纳税人开采资源的行业特点设置的。具体包括：

（一）原油

开采的天然原油征税；人造石油不征税。

（二）天然气

专门开采的天然气和与原油同时开采的天然气征税；煤矿生产的天然气暂不征税。

（三）煤炭

煤炭包括原煤和以未税原煤加工的洗选煤。

（四）其他非金属矿

包括：石墨、硅藻土、高岭土、萤石、石灰石、硫铁矿、磷矿、氯化钾、硫酸钾、井矿盐、湖盐、提取地下卤水晒制的盐、煤层（成）气。

（五）金属矿

包括：铁矿、金矿、铜矿、铝土矿、铅锌矿、镍矿、锡矿及其他金属矿产品等。

（六）海盐

纳税人开采或者生产应税产品，自用于连续生产应税产品的，不缴纳资源税；自用于其他方面的，视同销售，缴纳资源税。

自2016年7月1日起，在河北省开展水资源税试点。各省、自治区、直辖市人民政府可以结合本地实际，根据森林、草场、滩涂等资源开发利用情况提出征收资源税的具体方案建议，报国务院批准后实施。

三、资源税税率

资源税采用比例税率和定额税率两种形式。对《资源税税目税率幅度表》中列举名称的27种资源品目和未列举名称的其他金属矿实行从价计征。对经营分散、多为现金交易且难以控管的粘土、砂石，按照便利征管原则，仍实行从量定额计征。对未列举名称的其他非金属矿产品，按照从价计征为主、从量计征为辅的原则，由省级人民政府确定计征方式。资源税的税目、征税对象、税率依照《资源税税目税率幅度表》（见表9.10）及财政部有关规定执行。

表9.10 资源税税目、税率表

税目		征税对象	税率幅度
一、原油		原油	5% ~ 10%
二、天然气		原矿	5% ~ 10%
三、煤炭		原煤或洗选煤	2% ~ 10%
四、金属矿	稀土	原矿或精矿	7.5% ~ 27%
	钨	原矿或精矿	6.5%
	钼	原矿或精矿	11%
	铁矿	精矿	1% ~ 6%
	金矿	金锭	1% ~ 4%
	铜矿	精矿	2% ~ 8%
	铝土矿	原矿	3% ~ 9%
	铅锌矿	精矿	2% ~ 6%
	镍矿	精矿	2% ~ 6%
	锡矿	精矿	2% ~ 6%
	未列举名称的其他金属矿产品	原矿或精矿	税率不超过20%
五、非金属矿	石墨	精矿	3% ~ 10%
	硅藻土	精矿	1% ~ 6%
	高岭土	原矿	1% ~ 6%
	萤石	精矿	1% ~ 6%
	石灰石	原矿	1% ~ 6%
	硫铁矿	精矿	1% ~ 6%
	磷矿	原矿	3% ~ 8%
	氯化钾	精矿	3% ~ 8%
	硫酸钾	精矿	6% ~ 12%
	井矿盐	氯化钠初级产品	1% ~ 6%
	湖盐	氯化钠初级产品	1% ~ 6%
	提取地下卤水晒制的盐	氯化钠初级产品	3% ~ 15%
	煤层（成）气	原矿	1% ~ 2%

续表

税目		征税对象	税率幅度
五、非金属矿	粘土、砂石	原矿	每吨或立方米 0.1 元～5 元
	未列举名称的其他非金属矿产品	原矿或精矿	从量税率每吨或立方米不超过 30 元；从价税率不超过 20%
六、海盐		氯化钠初级产品	1%～5%

备注：
1. 铝土矿包括耐火级矾土、研磨级矾土等高铝粘土。
2. 氯化钠初级产品是指井矿盐、湖盐原盐、提取地下卤水晒制的盐和海盐原盐，包括固体和液体形态的初级产品。
3. 海盐是指海水晒制的盐，不包括提取地下卤水晒制的盐。
4. 自 2018 年 4 月 1 日至 2021 年 3 月 31 日，对页岩气资源税（按 6% 的规定税率）减征 30%。

对《资源税税目税率幅度表》中列举名称的资源品目，由省级人民政府在规定的税率幅度内提出具体适用税率建议，报财政部、国家税务总局确定核准。对未列举名称的其他金属和非金属矿产品，由省级人民政府根据实际情况确定具体税目和适用税率报财政部、税务总局备案。

纳税人开采或者生产不同税目应税产品的，应当分别核算不同税目应税产品的销售额或者销售数量；未分别核算或者不能准确提供不同税目应税产品的销售额或者销售数量的，从高适用税率。纳税人开采销售共伴生矿，共伴生矿与主矿产品销售额分开核算的，对共伴生矿暂不计征资源税；没有分开核算的，共伴生矿按主矿产品的税目和适用税率计征资源税。财政部、税务总局另有规定的，从其规定。

独立矿山、联合企业收购未税矿产品的单位，按照本单位应税产品税额标准；依据收购的数量代扣代缴资源税。其他收购单位收购的未税矿产品，按税务机关核定的应税产品税额标准，依据收购的数量代扣代缴资源税。

▶ **四、资源税计税依据**

资源税以纳税人开采或者生产应税矿产品的销售额或者销售数量为计税依据。各税目的征税对象包括原矿、精矿（或原矿加工品）、金锭、氯化钠初级产品。对《资源税税目税率幅度表》中未列举名称的其他矿产品，省级人民政府可对本地区主要矿产品按矿种设定税目，对其余矿产品按类别设定税目，并按其销售的主要形态（如原矿、精矿）确定征税对象。

（一）从价定率征收的计税依据

1. 销售额的概念

从价定率征收的计税依据为销售额。销售额是指纳税人销售应税矿产品向购买方收取的<u>全部价款和价外费用</u>，但不包括收取的增值税销项税额。价外费用，包括价外向购买方收取的手续费、补贴、基金、集资费、返还利润、奖励费、违约金、滞纳金、延期付款利息、赔偿金、代收款项、代垫款项、包装费、包装物租金、储备费、优质费、运输装卸费以及其他各种性质的价外收费。但下列项目不包括在内：

（1）同时符合以下条件的代垫运输费用：

① 承运部门的运输费用发票开具给购买方的；

② 纳税人将该项发票转交给购买方的。

(2) 同时符合以下条件代为收取的政府性基金或者行政事业性收费：

① 由国务院或者财政部批准设立的政府性基金，由国务院或者省级人民政府及其财政、价格主管部门批准设立的行政事业性收费；

② 收取时开具省级以上财政部门印制的财政票据；

③ 所收款项全额上缴财政。

2. 销售额的外币折算

纳税人以人民币以外的货币结算销售额的，应当折合成人民币计算。其销售额的人民币折合率可以选择销售额发生的当天或者当月1日的人民币汇率中间价。纳税人应事先确定采用何种折合率计算方法，确定后1年内不得变更。

3. 纳税人将其开采的原煤，自用于连续生产洗选煤的，在原煤移送使用环节不缴纳资源税；将开采的原煤加工为洗选煤销售的，以洗选煤销售额乘以折算率作为应税煤炭销售额，计算缴纳资源税。

洗选煤销售额包括洗选副产品的销售额，不包括洗选煤从洗选煤厂到车站、码头等的运输费用。

纳税人同时以自采未税原煤和外购已税原煤加工洗选煤的，应当分别核算；未分别核算的，按上述规定计算缴纳资源税。

纳税人将其开采的原煤自用于其他方面的，视同销售原煤；将其开采的原煤加工为洗选煤自用的，视同销售洗选煤缴纳资源税。

4. 征税对象为精矿的，纳税人销售原矿时，应将原矿销售额换算为精矿销售额缴纳资源税；征税对象为原矿的，纳税人销售自采原矿加工的精矿，应将精矿销售额折算为原矿销售额缴纳资源税。

纳税人销售其自采原矿的，可采用成本法或市场法将原矿销售额换算为精矿销售额计算缴纳资源税。其中成本法公式为：

$$精矿销售额 = 原矿销售额 + 原矿加工为精矿的成本 \times (1+ 成本利润率)$$

市场法公式为：

$$精矿销售额 = 原矿销售额 \times 换算比$$

$$换算比 = 同类精矿单位价格 \div (原矿单位价格 \times 选矿比)$$

$$选矿比 = 加工精矿耗用的原矿数量 \div 精矿数量$$

5. 销售额明显偏低且无正当理由的处理

纳税人申报的应税产品销售额明显偏低并且无正当理由的、有视同销售应税产品行为而无销售额的，除财政部、国家税务总局另有规定外，按下列顺序确定销售额：

(1) 按纳税人最近时期同类产品的平均销售价格确定；

(2) 按其他纳税人最近时期同类产品的平均销售价格确定；

(3) 按组成计税价格确定。组成计税价格公式为：

$$组成计税价格 = 成本 \times (1+ 成本利润率) \div (1- 税率)$$

公式中的成本是指：应税产品的实际生产成本。公式中的成本利润率由省、自治区、直辖市税务机关确定。

（二）从量定额征收的计税依据

实行从量定额征收的，以销售数量为计税依据。关于销售数量的具体规定为：

（1）纳税人开采或者生产应税产品销售的，以实际销售数量为销售数量。

（2）纳税人开采或者生产应税产品自用的，以移送时的自用数量为销售数量。自产自用包括生产自用和非生产自用。

（3）纳税人不能准确提供应税产品销售数量或移送使用数量的，以应税产品的产量或按主管税务机关确定的折算比换算成的数量为计征资源税的销售数量。

纳税人的减税、免税项目，应当单独核算销售额和销售数量；未单独核算或者不能准确提供销售额和销售数量的，不予减税或者免税。

▶ 五、资源税应纳税额的计算

资源税的应纳税额，按照从价定率或者从量定额的办法，分别以应税产品的销售额乘以纳税人具体适用的比例税率或者以应税产品的销售数量乘以纳税人具体适用的定额税率计算。计算公式如下：

（一）从价定率计征

实行从价定率计征办法的应税产品，资源税应纳税额按销售额和比例税率计算：

$$应纳税额 = 应税产品的销售额 \times 适用的比例税率$$

（二）从量定额计征

实行从量定额计征办法的应税产品，资源税应纳税额按销售数量和定额税率计算：

$$应纳税额 = 应税产品的销售数量 \times 适用的定额税率$$

（三）代扣代缴

扣缴义务人代扣代缴资源税应纳税额的计算：

$$代扣代缴应纳税额 = 收购未税矿产品的数量 \times 适用定额税率$$

边学边做 9.6

1. 训练目的

掌握资源税从价计征的方式。

2. 案例设计

某钨矿企业 2017 年 10 月共开采钨矿石原矿 800 吨，直接对外销售钨矿石原矿 400 吨，取得不含税销售收入 2 400 万元，按照市场法确认的精矿换算比为 40%。以部分钨矿石原矿入选精矿 90 吨，精矿当月全部出售，取得不含税销售收入 530 万元。钨资源税适用税率为 6.5%。该企业 10 月份应缴纳资源税是多少？

3. 分析过程

纳税人将其开采的原矿加工为精矿销售的，按精矿销售额（不含增值税）和适用税率计算缴纳资源税。纳税人开采并销售原矿的,将原矿销售额(不含增值税)换算为精矿销售额计算缴纳资源税。销售钨精矿应缴纳资源税=530×6.5%=34.45(万元),销售钨原矿石应缴纳资源税=2 400×40%×6.5%=62.4(万元)。

需要注意的是,稀土、钨、钼资源税应按照"精矿"销售额作为计税依据计算缴纳资源税。

▶ 六、资源税税收优惠

资源税贯彻普遍征收、级差调节的立法原则,因此规定的减免税项目比较少。

(一)减税、免税项目

(1)开采原油过程中用于加热、修井的原油免税。

(2)纳税人开采或者生产应税产品过程中,因意外事故或者自然灾害等原因遭受重大损失的,由省、自治区、直辖市人民政府酌情决定减税或者免税。

(3)对已经缴纳资源税的岩金矿原矿经选矿形成的尾矿进行再利用的,只要纳税人能够在统计、核算上清楚地反映,并在堆放等具体操作上能够同应税原矿明确区隔开,不再计征资源税。尾矿与原矿如不能划分清楚的,应按原矿计征资源税。

(4)我国油气田稠油、高凝油和高含硫天然气资源税减征40%;三次采油资源税减征30%;低丰度油气田资源税暂减征20%;深水油气田减征30%;油田范围内运输稠油过程中用于加热的原油天然气免征资源税。纳税人开采的原油、天然气同时符合上述两项及两项以上减税规定的,只能选择其中一项执行,不能叠加适用。

(5)对依法在建筑物下、铁路下、水体下通过充填开采方式采出的矿产资源,资源税减征50%。充填开采是指随着回采工作面的推进,向采空区或离层带等空间充填废石、尾矿、废渣、建筑废料以及专用充填合格材料等采出矿产品的开采方法。

(6)对实际开采年限在15年以上的衰竭期矿山开采的矿产资源,资源税减征30%。

(7)纳税人开采销售共伴生矿,共伴生矿与主矿产品销售额分开核算的,对共伴生矿暂不计征资源税;没有分开核算的,共伴生矿按主矿产品的税目和适用税率计征资源税。

(8)国务院规定的其他减税、免税项目。

(二)出口应税产品不退(免)资源税的规定

资源税规定仅对在中国境内开采或生产应税产品的单位和个人征收,进口的矿产品和盐不征收资源税。由于对进口应税产品不征收资源税,相应的,对出口应税产品也不免征或退还已纳资源税。

▶ 七、资源税征收管理

(一)纳税义务发生时间

资源税在应税产品的销售或自用环节计算缴纳。以自采原矿加工精矿产品的,在原矿移送使用时不缴纳资源税,在精矿销售或自用时缴纳资源税。纳税人以自采原矿加工金锭的,在金锭销售或自用时缴纳资源税。纳税人销售自采原矿或者自采原矿加工的金精矿、粗金,在原矿或者金精矿、粗金销售时缴纳资源税,在移送使用时不缴纳资源税。

（1）纳税人销售应税产品采取分期收款结算方式的,其纳税义务发生时间为销售合同规定的收款日期的当天。

（2）纳税人销售应税产品采取预收货款结算方式的,其纳税义务发生时间为发出应税产品的当天。

（3）纳税人销售应税产品采取其他结算方式的,其纳税义务发生时间为收讫销售款或者取得索取销售款凭据的当天。

（4）纳税人自产自用应税产品的纳税义务发生时间,为移送使用应税产品的当天。

（5）扣缴义务人代扣代缴税款的纳税义务发生时间,为支付首笔货款或者开具应支付货款凭据的当天。

（二）纳税地点

（1）凡是缴纳资源税的纳税人,都应当向应税产品的开采或者生产所在地主管税务机关缴纳税款。

（2）纳税人在本省、自治区、直辖市范围内开采或者生产应税产品,其纳税地点需要调整的,由税务机关决定。

（3）纳税人跨省开采资源税应税产品,其下属生产单位与核算单位不在同一省、自治区、直辖市的,对其开采的矿产品一律在开采地纳税,其应纳税款由独立核算、自负盈亏的单位,按照开采地或生产地的实际销售量（或者自用量）及适用的单位税额计算划拨。

（4）扣缴义务人代扣代缴的资源税,应当向收购地主管税务机关缴纳。

（三）纳税期限

（1）资源税的纳税期限为1日、3日、5日、10日、15日或者1个月。纳税人的纳税期限由主管税务机关根据实际情况具体核定。不能按固定期限计算纳税的,可以按次计算纳税。

（2）纳税人以1个月为一期纳税的,自期满之日起10日内申报纳税；以1日、3日、5日、10日或者15日为一期纳税的,自期满之日起5日内预缴税款,于次月1日起10日内申报纳税并结清上月税款。

第十三节 城市维护建设税与教育费附加法律制度

城市维护建设税是对缴纳增值税、消费税的单位和个人征收的一种附加税。城建税的征收范围很广,依照城市规模设计适用税率,其主要目的是筹集城镇设施建设和维护的资金。现行城市维护建设税的基本法律规范是1985年2月8日国务院发布,2011年1月8日修订的《中华人民共和国城市维护建设税暂行条例》。

教育费附加是以各单位和个人实际缴纳的增值税、消费税的税额为计征依据而征收的一种费用,其目的是为了加快发展地方教育事业,扩大地方教育经费的资金来源。1986年4月28日国务院发布了《征收教育费附加的暂行规定》,自1986年7月1日起施行。2010年,财政部下发了《关于统一地方教育附加政策有关问题的通知》对各省、市、自治区的地方教育费附加进行了统一。

为统一税制，公平税负，2010年10月18日，国务院发布了《关于统一内外资企业和个人城市维护建设税和教育费附加制度的通知》（国发〔2010〕35号），决定自2010年12月1日起，对外商投资企业、外国企业和外籍个人征收城市维护建设税和教育费附加。

一、城市维护建设税

（一）纳税人

（1）城市维护建设税的纳税人，是指在中华人民共和国境内缴纳增值税、消费税的单位和个人，包括各类企业（含外商投资企业、外国企业）、行政单位、事业单位、军事单位、社会团体及其他单位，以及个体工商户和其他个人（含外籍个人）。

（2）城市维护建设税扣缴义务人为负有增值税、消费税扣缴义务的单位和个人。

（二）税率

1. 税率的具体规定

城市维护建设税实行差别比例税率。按照纳税人所在地区的不同，设置了三档比例税率，即：

（1）纳税人所在地区为市区的，税率为7%；

（2）纳税人所在地区为县城、镇的，税率为5%；

（3）纳税人所在地区不在市区、县城或者镇的，税率为1%。

2. 适用税率的确定

（1）由受托方代扣代缴、代收代缴增值税、消费税的单位和个人，其代扣代缴、代收代缴的城市维护建设税按受托方所在地适用税率执行。

（2）流动经营等无固定纳税地点的单位和个人，在经营地缴纳增值税、消费税的，其城市维护建设税的缴纳按经营地适用税率执行。

（三）计税依据

城市维护建设税的计税依据，是纳税人实际缴纳的增值税、消费税税额。纳税人因违反增值税、消费税有关规定而加收的滞纳金和罚款，不作为城市维护建设税的计税依据，但纳税人在被查补增值税、消费税和被处以罚款时，应同时对其城市维护建设税进行补税、征收滞纳金和罚款。

（四）应纳税额的计算

城市维护建设税应纳税额的计算比较简单，其计算公式为：

应纳税额 = 实际缴纳的增值税、消费税税额之和 × 适用税率

（五）税收优惠

城市维护建设税是属于增值税、消费税的一种附加税，原则上不单独规定税收减免条款。现行城市维护建设税的减免规定主要有：

（1）海关对进口产品代征的增值税、消费税，不征收城市维护建设税。

（2）对由于减免增值税、消费税而发生退税的，可同时退还已征收的城市维护建设税。但对出口产品退还增值税、消费税的，不退还已缴纳的城市维护建设税。

（3）对增值税、消费税实行先征后返、先征后退、即征即退办法的，除另有规定外，对随增值税、消费税附征的城市维护建设税，一律不予退（返）还。

（4）对国家重大水利工程建设基金免征城市维护建设税。

（六）征收管理

1. 纳税义务发生时间

城市维护建设税以纳税人实际缴纳的增值税、消费税为计税依据，分别与增值税、消费税同时缴纳，说明城市维护建设税纳税义务发生时间基本上与增值税、消费税纳税义务发生时间一致，应该参照"销售货物或者提供应税劳务，为收讫销售款或者取得索取销售款凭据的当天"的原则确定。

2. 纳税地点

纳税人缴纳增值税和消费税的地点，就是该纳税人缴纳城市维护建设税的地点。有特殊情况的，按下列原则和办法确定纳税地点：

（1）代扣代缴、代收代缴增值税、消费税的单位和个人，同时也是城市维护建设税的代扣代缴、代收代缴义务人，其纳税地点为代扣代收地。

（2）对流动经营等无固定纳税地点的单位和个人，应随同增值税、消费税在经营地纳税。

3. 纳税期限

（1）按月或者按季计征。不能按固定期限计征的，可以按次计征。

（2）实行按月或者按季计征的，纳税人应当于月度或者季度终了之日起15日内申报并缴纳税款。实行按次计征的，纳税人应当于纳税义务发生之日起15日内申报并缴纳税款。

（3）扣缴义务人解缴税款的期限，依照上述规定执行。

城市维护建设税的纳税期限应比照上述增值税、消费税的纳税期限，由主管税务机关根据纳税人应纳税额大小分别核定；不能按照固定期限纳税的，可以按次纳税。

▶ 二、教育费附加

（一）征收范围

教育费附加的征收范围为税法规定征收增值税、消费税的单位和个人。自2010年12月1日起，对外商投资企业、外国企业及外籍个人征收教育费附加。

（二）计征依据

教育费附加以纳税人实际缴纳的增值税、消费税税额之和为计征依据。

（三）征收比率

现行教育费附加征收比率为3%。

（四）计算与缴纳

1. 计算公式

$$应纳教育费附加 = 实际缴纳增值税、消费税税额之和 \times 征收比率$$

2. 费用缴纳

教育费附加分别与增值税、消费税同时缴纳。

（五）减免规定

教育费附加的减免，原则上比照增值税、消费税的减免规定。如果税法规定增值税、消费税减免，则教育费附加也就相应地减免。主要的减免规定有：

（1）对海关进口产品征收的增值税、消费税，不征收教育费附加。

（2）对由于减免增值税、消费税而发生退税的，可同时退还已征收的教育费附加。但对出口产品退还增值税、消费税的，不退还已征的教育费附加。

边学边做 9.7

1. 训练目的

掌握城建税和教育费附加的计算。

2. 案例设计

某市一企业2017年7月被查补增值税50 000元，消费税为20 000元，所得税为60 000元，被加收的滞纳金为1 000元。该企业应补缴的城市维护建设税和教育费附加是多少？

3. 分析过程

根据规定，城市维护建设税及教育费附加的计税（费）依据，是纳税人实际缴纳的增值税、消费税税额。纳税人因违反增值税、消费税有关规定而加收的滞纳金和罚款，不作为计税（费）依据。

应缴纳的城市维护建设税和教育费附加 =（50 000+20 000）×7%+（50 000+20 000）×3% =7 000（元）。

第十四节　船舶吨税法律制度

一、船舶吨税纳税义务人

船舶吨税是对自中国境外港口进入中国境内港口的船舶征收的，以应税船舶负责人为纳税人。

二、船舶吨税税目和税率

吨税税目按船舶净吨位的大小分等级设置为4个税目。税率采用定额税率，分为30日、90日和1年三种不同的税率，具体分为两类：普通税率和优惠税率。

三、船舶吨税计税依据

吨税以船舶净吨位为计税依据。

拖船按照发动机功率每千瓦折合净吨位0.67吨，无法提供净吨位证明文件的游艇按照发动机功率每千瓦折合净吨位 0.05 吨，拖船和非机动驳船分别按相同净吨位船舶税率的 50% 计征。

▶ 四、船舶吨税应纳税额的计算

船舶吨税按照船舶净吨位和吨税执照期限征收。

应纳税额的计算公式为：

应纳税额 = 应税船舶净吨位 × 适用税率

▶ 五、船舶吨税税收优惠

下列船舶免征吨税：

（1）应纳税额在人民币 50 元以下的船舶；

（2）自境外以购买、受赠、继承等方式取得船舶所有权的初次进口到港的空载船舶；

（3）吨税执照期满后 24 小时内不上下客货的船舶；

（4）非机动船舶（不包括非机动驳船）；

（5）捕捞、养殖渔船；

（6）避难、防疫隔离、修理、终止运营或者拆解，并不上下客货的船舶；

（7）军队、武装警察部队专用或者征用的船舶；

（8）警用船舶；

（9）依照法律规定应当予以免税的外国驻华使领馆、国际组织驻华代表机构及其有关人员的船舶；

（10）国务院规定的其他船舶。

▶ 六、船舶吨税征收管理

（一）纳税义务发生时间

吨税纳税义务发生时间为应税船舶进入境内港口的当日。

（二）纳税期限

应税船舶负责人应当自海关填发吨税缴款凭证之日起 15 日内缴清税款。未按期缴清税款的，自滞纳税款之日起至缴清税款之日止，按日加收滞纳税款万分之五的税款滞纳金。

（三）其他相关规定

船舶吨税由海关负责征收。

海关发现少征或者漏征税款的，自应税船舶应当缴纳税款之日起 1 年内，补征税款。但因应税船舶违反规定造成少征或者漏征税款的，海关可以自应当缴纳税款之日起 3 年内追征税款，并自应当缴纳税款之日起按日加征少征或者漏征税款万分之五的税款滞纳金。

海关发现多征税款的，应当在 24 小时内通知应税船舶办理退还手续，并加算银行同期活期存款利息。

应税船舶发现多缴税款的，可以自缴纳税款之日起 3 年内以书面形式要求海关退还多缴的税款并加算银行同期活期存款利息；海关应当自受理退税申请之日起 30 日内查实并通知应税船舶办理退还手续。

▶ 本章知识回顾

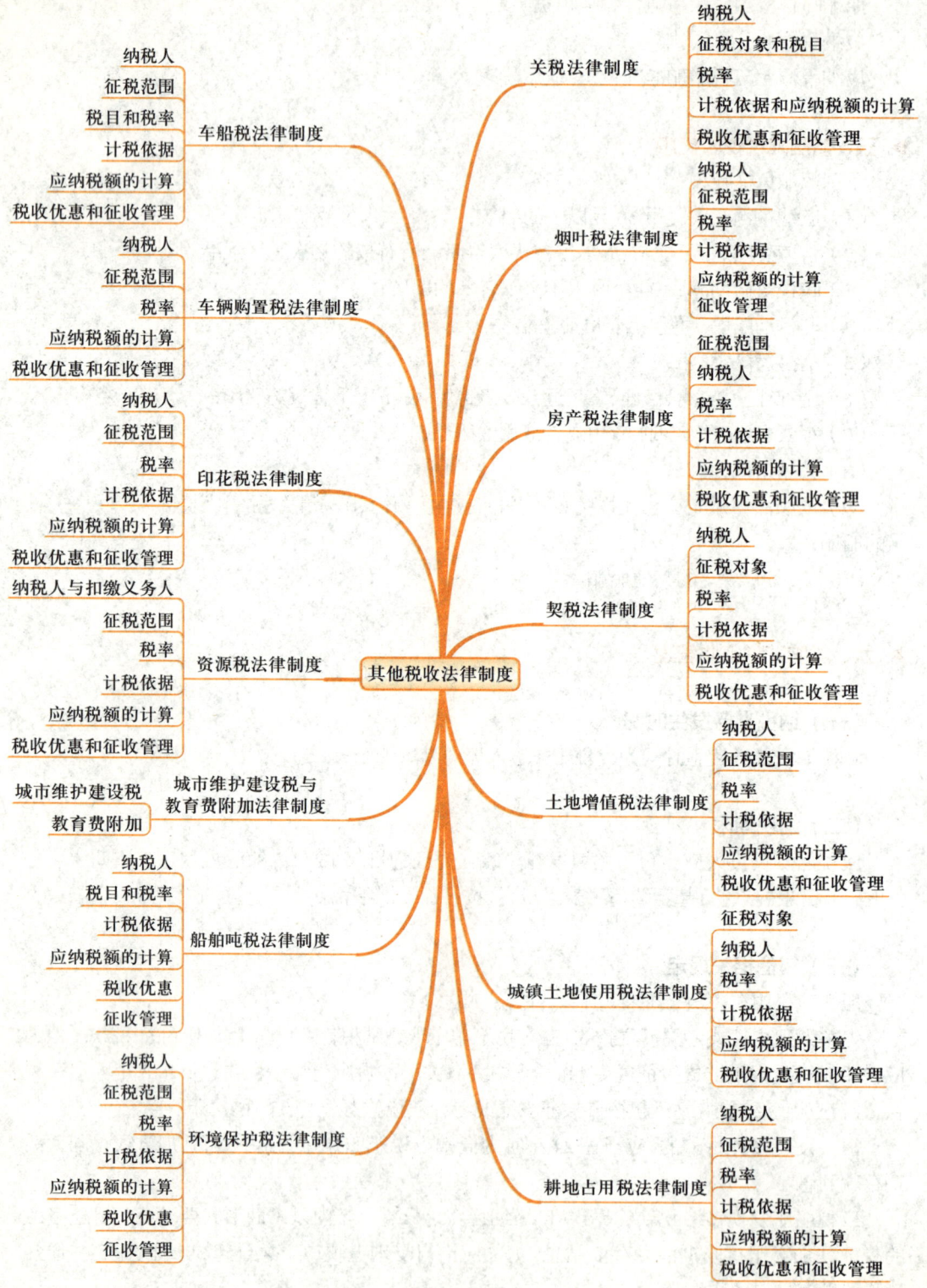

▶ 开心一扫

惊艳！扒一扒世界上那些"奇葩"的税种

　　世界之大，无奇不有，你以为几个大税种已经足够？不，各国政府用它们聪慧的"大脑"设计出了五花八门的税种，有的让你目瞪口呆、匪夷所思，有的又让你忍俊不禁，大呼上当。今天就带您领略一下世界上那些"奇葩"的税种。

　　参考网址：http://www.chinaacc.com/zhuanti/cssw/yu1508273091.shtml

第十章 税收征收管理法律制度

本章属于税法中的程序性法律规定,与前面的实体法税种内容有所不同。本章主要介绍纳税人税务登记、发票管理、税款征收与税务检查、违反税务管理的法律责任等内容。学习时在理解的基础上进行适当记忆,重点掌握税务登记及税款征收的相关内容。

▶ **考核目标**
1. 掌握税务登记的内容
2. 熟悉企业的账簿设置
3. 掌握发票管理的具体规定
4. 熟悉企业的纳税申报
5. 掌握税务机关征收税款的方式
6. 熟悉违反税收法律制度规定的法律责任

▶ **实践目标**
1. 理解税务登记的流程,能够实际办理税务登记事项
2. 熟悉纳税申报的流程,能够具体处理企业纳税申报问题
3. 熟悉违反税收法律制度的法律责任,能够针对不同的案例分析主体承担何种法律责任

▶ 第一节 税收征收管理法概述

▶ 一、税收征收管理法概念

税收征收管理,指国家征税机关依据国家税收法律、行政法规的规定,按照统一的标准,通

过一定的程序,对纳税人应纳税额组织入库的一种行政活动。而税收征收管理法,是指调整税收征收与管理过程中所发生的社会关系的法律规范的总称。需要注意的是,税收征收征管法属于税收程序法,它是以规定税收实体法中所确定的权利义务的履行程序为主要内容的法律规范,是税法的有机组成部分。税收征收管理法不仅是纳税人全面履行纳税义务必须遵守的法律准则,也是税务机关履行征税职责的法律依据。

税收征管法对于加强税收征收管理、规范税收征收和缴纳行为以及保证国家税收收入等方面均具有重要的作用。

▶ 二、税收征收管理法律体系

我国现行税收征收管理的程序法为《中华人民共和国税收征收管理法》,该法于1992年9月4日第七届全国人民代表大会常务委员会第二十七次会议通过,1993年1月1日起施行,1995年2月28日第八届全国人民代表大会常务委员会第十二次会议修正。2001年4月28日,第九届全国人民代表大会常务委员会第二十一次会议通过了修订后的《中华人民共和国税收征收管理法》(以下简称《征管法》),并于2001年5月1日起施行。此外,国务院在2002年9月7日公布了《中华人民共和国税收征收管理法实施细则》(以下简称《细则》),现已经进行了三次修正。2010年12月20日又公布了《中华人民共和国发票管理办法》。国家税务总局也发布了《税务登记管理办法》《中华人民共和国发票管理办法实施细则》《税务行政复议规则》《国家税务总局关于纳税人权利与义务的公告》等。这些法律规范构成了我国税收征收管理法律制度的主要内容。

需要注意的是,自2015年5月1日起,国家税务总局在全国范围内试行了《全国税收征管规范(1.0版)》。《全国税收征管规范(1.0版)》全面梳理了税收征管的所有具体业务事项,对每一个业务事项的流程、环节、操作要求做出详细规定,明确税收管理行政行为标准,压缩自由裁量的空间,限定税收行政行为的随意性,切实规范税务人,更好地服务纳税人。

▶ 三、税收征收管理法的适用范围

根据《征管法》第二条规定:"凡依法由税务机关征收的各种税收的征收管理,均适用本法。"这就明确界定了《征管法》的适用范围。

我国税收的征收机关有税务、海关等部门,税务机关征收各种工商税收,海关征收关税及代征进口环节的增值税、消费税。《征管法》只适用于由税务机关征收的各种税收的征收管理。

值得注意的是,目前还有一部分费由税务机关征收,如教育费附加。这些费不适用《征管法》,不能采取《征管法》规定的措施,其具体管理办法由各种费的条例和规章决定。

▶ 第二节 税务管理

▶ 一、税务管理的概念

税务管理有广义和狭义之分,从广义上讲,税务管理,是指税收征收管理机关为了贯彻、

执行国家税收法律制度,加强税收工作,协调征税关系,对税收分配的全过程进行决策、计划、组织、监督和协调,而对纳税人和扣缴义务人实施的基础性的管理制度和管理行为。从狭义上讲,税务管理即税务机关依据国家税收政策法规所进行的税款征收活动。

税务管理是税收征收管理的重要内容,是税款征收的前提和基础。税务管理主要包括税务登记管理、账簿和凭证管理、发票管理、纳税申报管理和涉税专业服务管理等。

▶ 二、税务登记管理

(一) 税务登记申请人

除"国家机关、个人和无固定生产经营场所的流动性农村小商贩"外,其他负有纳税义务的纳税人,均应当办理税务登记。

(二) 税务登记主管机关

县级以上(包含县级)国家税务局(分局)、地方税务局(分局)是税务登记的主管税务机关,负责税务登记的设立登记、变更登记、注销登记和税务登记证验证、换证以及非正常户处理、报验登记等有关事项。

(三) "多证合一"登记制度

在全面实施"五证合一、一照一码"登记制度改革和个体工商户工商营业执照、税务登记证"两证整合"的基础上,将涉及企业、个体工商户和农民专业合作社登记、备案等有关事项和各类证照进一步整合到营业执照上,实现"多证合一、一照一码"。

▶ 三、账簿和凭证管理

账簿是纳税人、扣缴义务人连续地记录其各种经济业务的账册或簿籍,包括总账、明细账、日记账以及其他辅助性账簿。总账、日记账应当采用订本式。凭证是纳税人用来记录经济业务,明确经济责任,并据以登记账簿的书面证明。账簿和凭证是纳税人进行生产经营活动和核算财务收支的重要资料,也是税务机关对纳税人进行征税、管理、核查的重要依据。纳税人所使用的凭证、登记的账簿、编制的报表及其所反映的内容是否真实可靠,直接关系到计征税款依据的真实性,从而影响应纳税款及时足额入库。账簿、凭证管理是税收管理的基础性工作。

(一) 账簿的设置管理

纳税人、扣缴义务人应按照有关法律、行政法规和国务院财政、税务主管部门的规定设置账簿,根据合法、有效凭证记账,进行核算。

账簿、会计凭证和报表,应当使用中文。民族自治地方可以同时使用当地通用的一种民族文字。外商投资企业和外国企业可以同时使用一种外国文字。如外商投资企业、外国企业的会计记录不使用中文的,应按照《征管法》第六十条第二款"未按照规定设置、保管账簿或者保管记账凭证和有关资料"的规定处理。

根据《征管法》第十九条和《细则》第二十二条的有关规定,所有的纳税人和扣缴义务人都必须按照有关法律、行政法规和国务院财政、税务主管部门的规定设置账簿。

设置账簿的具体范围如下:

1. 从事生产、经营的纳税人

从事生产、经营的纳税人,应当自领取营业执照或者发生纳税义务之日起 15 日内,按照国家有关规定设置账簿。

2. 扣缴义务人

扣缴义务人,应当自税收法律、行政法规规定的扣缴义务发生之日起 10 日内,按照所代扣、代收的税种,分别设置代扣代缴、代收代缴税款账簿。

纳税人、扣缴义务人会计制度健全,能够通过计算机正确、完整计算其收入和所得或者代扣代缴、代收代缴税款情况的,其计算机输出的完整的书面会计记录,可视同会计账簿。

纳税人、扣缴义务人会计制度不健全,不能通过计算机正确、完整计算其收入和所得或者代扣代缴、代收代缴税款情况的,应当建立总账及与纳税或者代扣代缴、代收代缴税款有关的其他账簿。

3. 生产、经营规模小又确无建账能力的纳税人

生产、经营规模小又确无建账能力的纳税人,可以聘请经批准从事会计代理记账业务的专业机构或者经税务机关认可的财会人员代为建账和办理账务。

(二)对纳税人财务会计制度及其处理办法的管理

纳税人的财务会计制度及其处理方法,是其进行会计核算的依据,直接关系到计税依据是否真实合理。

1. 备案制度

根据《征管法》的规定,凡从事生产、经营的纳税人必须将所采用的财务、会计制度和具体的财务、会计处理办法,按税务机关的规定,自领取税务登记证件之日起 15 日内,及时报送主管税务机关备案。

2. 财会制度、办法与税收规定相抵触的处理办法

根据《征管法》的规定,当从事生产、经营的纳税人、扣缴义务人所使用的财务会计制度和具体的财务、会计处理办法与国务院和财政部、国家税务总局有关税收方面的规定相抵触时,纳税人、扣缴义务人必须按照国务院制定的税收法规的规定或者财政部、国家税务总局制定的有关税收的规定计缴税款。

3. 计算机记账的管理要求

纳税人使用计算机记账的,应当在使用前将会计电算化系统的会计核算软件、使用说明书及有关资料报送主管税务机关备案。纳税人建立的会计电算化系统应当符合国家有关规定,并能正确、完整核算其收入或者所得。

(三)账簿、凭证等涉税资料的保存和管理

从事生产、经营的纳税人、扣缴义务人必须按照国务院财政、税务主管部门规定的保管期

限保管账簿、记账凭证、完税凭证及其他有关资料。账簿、记账凭证、报表、完税凭证、发票、出口凭证以及其他有关涉税资料应当保存10年；但是法律、行政法规另有规定的除外。账簿、记账凭证、完税凭证及其他有关资料不得伪造、变造或者擅自损毁。

▶ 四、发票管理

（一）发票的概念和式样

1. 发票的概念

发票是指一切单位和个人在购销商品、提供或者接受劳务服务以及从事其他经营活动时，所提供给对方的收付款的书面证明。它是财务收支的法定凭证，是会计核算的原始凭证，是税务检查的重要依据。

根据《征管法》规定，税务机关是发票的主管机关，负责发票的印制、领购、开具、取得、保管、缴销的管理和监督。其中，国家税务总局统一负责全国的发票管理工作，省、自治区、直辖市税务局做好本行政区域内的发票管理工作。财政、审计、工商行政管理、公安等有关部门在各自职责范围内，配合税务机关做好发票管理工作。

2. 发票的式样

在全国范围内统一式样的发票，由国家税务总局确定，在省、自治区、直辖市范围内统一式样的发票，由省、自治区、直辖市税务局确定。

（二）发票的种类和联次

发票的种类、联次和内容以及使用范围由国家税务总局规定。

1. 发票种类

发票种类繁多，主要是按行业特点和纳税人的生产经营项目分类，每种发票都有特定的使用范围，按此依据，发票可以划分为增值税普通发票、增值税专用发票和其他发票三种。

（1）增值税专用发票。增值税专用发票是专供增值税一般纳税人销售货物或提供应税劳务时使用的一种特殊发票，包括增值税专用发票和机动车销售统一发票。

（2）增值税普通发票。增值税普通发票主要由增值税小规模纳税人使用，它是最常见的一种发票，适用面最广。增值税一般纳税人在不能开具专用发票的情况下也可以使用普通发票，所不同的是具体种类要按适用范围选择。增值税普通发票，包括增值税普通发票、增值税电子普通发票和增值税普通发票（卷票）。

（3）其他发票，包括农产品收购发票、农产品销售门票、过路（过桥）费发票、定额发票、客运发票和二手车销售统一发票等。

2. 发票的联次

发票的基本联次为三联：

第一联为存根联，开票方留存备查；

第二联为发票联，收执方作为付款或收款原始凭证；

第三联为记账联，开票方作为记账原始凭证。

增值税专用发票的基本联次还应包括抵扣联,收执方作为抵扣税款的凭证。

省以上税务机关可根据发票管理情况以及纳税人经营业务需要,增减除发票联以外的其他联次,并确定其用途。

(三)发票的适用范围

(1)增值税一般纳税人销售货物、提供加工修理修配劳务和发生应税行为,使用增值税发票管理新系统(以下简称新系统)开具增值税专用发票、增值税普通发票、机动车销售统一发票、增值税电子普通发票。

(2)增值税小规模纳税人销售货物、提供加工修理修配劳务月销售额超过3万元(按季纳税9万元),或者销售服务、无形资产月销售额超过3万元(按季纳税9万元),使用新系统开具增值税普通发票、机动车销售统一发票、增值税电子普通发票。

(3)2017年1月1日起启用增值税普通发票(卷票)。增值税普通发票(卷票)由纳税人自愿选择使用,重点在生活性服务业纳税人中推广。纳税人可依法书面向税务机关要求使用印有本单位名称的增值税普通发票(卷票),税务机关按规定确认印有该单位名称发票的种类和数量。纳税人通过新系统开具印有本单位名称的增值税普通发票(卷票)。

(4)门票、过路(过桥)费发票、定额发票、客运发票和二手车销售统一发票继续使用。

(5)餐饮行业增值税一般纳税人购进农业生产者自产农产品,可以使用国税机关监制的农产品收购发票,按照现行规定计算抵扣进项税额。

(6)采取汇总纳税的金融机构,省、自治区所辖地市以下分支机构可以使用地市级机构统一领取的增值税专用发票、增值税普通发票、增值税电子普通发票;直辖市、计划单列市所辖区县及以下分支机构可以使用直辖市、计划单列市机构统一领取的增值税专用发票、增值税普通发票、增值税电子普通发票。

(7)税务机关使用新系统代开增值税专用发票和增值税普通发票。

(四)发票的开具、使用和保管

1. 发票的开具

销售商品、提供服务以及从事其他经营活动的单位和个人,对外发生经营业务收取款项,收款方应当向付款方开具发票;特殊情况下,由付款方向收款方开具发票。特殊情况是指:收购单位和扣缴义务人支付个人款项时;国家税务总局认为其他需要由付款方向收款方开具发票的。

所有单位和从事生产、经营活动的个人在购买商品、接受服务以及从事其他经营活动支付款项,应当向收款方取得发票。取得发票时,不得要求变更品名和金额。

开具发票应当按照规定的时限、顺序、栏目,全部联次一次性如实开具,并加盖发票专用章。不符合规定的发票,不得作为财务报销凭证,任何单位和个人有权拒收。

除国家税务总局规定的特殊情形外,发票限于领购单位和个人在本省、自治区、直辖市内开具。省、自治区、直辖市税务机关可以规定跨市、县开具发票的办法。除国家税务总局规定的特殊情形外,任何单位和个人不得跨规定使用区域携带、邮寄、运输空白发票。禁止携带、邮寄或者运输空白发票出入境。

任何单位和个人不得有下列虚开发票行为：
（1）为他人、为自己开具与实际经营业务情况不符的发票；
（2）让他人为自己开具与实际经营业务情况不符的发票；
（3）介绍他人开具与实际经营业务情况不符的发票。

安装税控装置的单位和个人，应当按照规定使用税控装置开具发票，并按期向主管税务机关报送开具发票的数据。使用非税控电子器具开具发票的，应当将非税控电子器具使用的软件程序说明资料报主管税务机关备案，并按照规定保存、报送开具发票的数据。

2. 发票的使用和保管

任何单位和个人应当按照发票管理规定使用发票，不得有下列行为：
（1）转借、转让、介绍他人转让发票、发票监制章和发票防伪专用品；
（2）知道或者应当知道是私自印制、伪造、变造、非法取得或者废止的发票而受让、开具、存放、携带、邮寄、运输；
（3）拆本使用发票；
（4）扩大发票使用范围；
（5）以其他凭证代替发票使用。

开具发票的单位和个人应当按照税务机关的规定存放和保管发票，不得擅自损毁。已经开具的发票存根联和发票登记簿，应当保存5年。保存期满，报经税务机关查验后销毁。

（五）增值税发票开具和使用的特别规定

（1）税务总局编写了《商品和服务税收分类与编码（试行）》，并在新系统中增加了编码相关功能。增值税纳税人应使用新系统选择相应的编码开具增值税发票。

（2）自2017年7月1日起，购买方为企业（包括公司、非公司制企业法人、企业分支机构、个人独资企业、合伙企业和其他企业）的，索取增值税普通发票时，应向销售方提供纳税人识别号或统一社会信用代码；销售方为其开具增值税普通发票时，应在"购买方纳税人识别号"栏填写购买方的纳税人识别号或统一社会信用代码。不符合规定的发票，不得作为税收凭证。

（3）销售方开具增值税发票时，发票内容应按照实际销售情况如实开具，不得根据购买方要求填开与实际交易不符的内容。销售方开具发票时，通过销售平台系统与增值税发票税控系统后台对接，导入相关信息开票的，系统导入的开票数据内容应与实际交易相符，如不相符应及时修改完善销售平台系统。

（六）发票的检查

税务机关在发票管理中有权进行下列检查：
（1）检查印制、领购、开具、取得、保管和缴销发票的情况。
（2）调出发票查验。
（3）查阅、复制与发票有关的凭证、资料。
（4）向当事各方询问与发票有关的问题和情况。

（5）在查处发票案件时，对与案件有关的情况和资料，可以记录、录音、录像、照相和复制。印制、使用发票的单位和个人，必须接受税务机关依法检查，如实反映情况，提供有关资料，不得拒绝、隐瞒。税务人员进行检查时，应当出示税务检查证。税务机关需要将已开具的发票调出查验时，应当向被查验的单位和个人开具发票换票证。发票换票证与所调出查验的发票有同等的效力。被调出查验发票的单位和个人不得拒绝接受。税务机关需要将空白发票调出查验时，应当开具收据；经查无问题的，应当及时返还。

 边学边思

对于税务登记、账簿、发票管理方面涉及的时间性规定有很多，请问如何记忆？

▶ 五、纳税申报

（一）纳税申报的概念

纳税申报是纳税人按照税法规定的期限和内容，定期就计算缴纳税款的有关事项向税务机关提交有关纳税事项书面报告的法律行为，纳税申报是确定纳税人是否履行纳税义务，界定法律责任的主要依据。

纳税人必须依照法律、行政法规规定或者税务机关依照法律、行政法规的规定确定的申报期限、申报内容如实办理纳税申报，报送纳税申报表、财务会计报表以及税务机关根据实际需要要求纳税人报送的其他纳税资料。

（二）纳税申报的对象

根据《征管法》的规定，纳税申报的对象为纳税人和扣缴义务人。纳税人在纳税期内没有应纳税款的，也应当按照规定办理纳税申报。纳税人享受减税、免税待遇的，在减税、免税期间应当按照规定办理纳税申报。

（三）纳税申报的内容

纳税申报的内容，主要在各税种的纳税申报表和代扣代缴、代收代缴税款报告表中体现，还有的是在纳税申报表附报的财务报表和有关纳税资料中体现。

纳税人、扣缴义务人的纳税申报或者代扣代缴、代收代缴税款报告表的主要内容包括：税种、税目；应纳税项目或者应代扣代缴、代收代缴税款项目；计税依据；扣除项目及标准；适用税率或者单位税额；应退税项目及税额、应减免税项目及税额；应纳税额或者应代扣代缴、代收代缴税额；税款所属期限、延期缴纳税款、欠税、滞纳金等。

（四）纳税申报的期限

根据《征管法》规定，纳税人和扣缴义务人都必须按照法定的期限办理纳税申报。申报期限有两种：一种是法律、行政法规明确规定的；另一种是税务机关按照法律、行政法规的原则规定，结合纳税人生产经营的实际情况及其所应缴纳的税种等相关问题予以确定的。两种期限具有同等的法律效力。

（五）纳税申报的方式

从税务管理部门的角度来说，必须要建立比较健全的纳税人申报管理制度。根据《征管法》规定：纳税人、扣缴义务人可以直接到税务机关办理纳税申报或者报送代扣代缴、代收代缴税款报告表，也可以按照规定采取邮寄、数据电文或者其他方式办理上述申报、报送事项。目前，纳税申报的形式主要有以下几类：

1. 自行申报

自行申报也称直接申报，是指纳税人、扣缴义务人按照规定的纳税申报期限内自行直接到主管税务机关（报税大厅）办理纳税申报手续。目前在实际的工作中，仍然还有一部分纳税人选择上门申报的方式，这是一种传统的申报方式。

2. 邮寄申报

邮寄申报，是指经税务机关批准，纳税人、扣缴义务人使用统一的纳税申报专用信封，通过邮政部门办理交寄手续，并以邮政部门收据作为申报凭据的方式。邮寄申报以寄出的邮戳日期为实际申报日期。

3. 数据电文方式

数据电文方式，是指以税务机关确定的电话语音、电子数据交换和网络传输等电子方式进行纳税申报。这种方式运用了新的电子信息技术，代表着纳税申报方式的发展方向，使用范围逐渐扩大。纳税人、扣缴义务人采取数据电文方式办理纳税申报的，其申报日期以税务机关计算机网络系统收到该数据电文的时间为准，与数据电文相对应的纸质申报资料的报送期限由税务机关确定。

4. 其他方式

除上述1、2、3种方式外，实行定期定额缴纳税款的纳税人，可以实行简易申报、简并征期等申报纳税方式。"简易申报"是指实行定期定额缴纳税款的纳税人在法律、行政法规规定的期限内或税务机关依据法规的规定在确定的期限内缴纳税款的，税务机关可以视同申报；"简并征期"是指实行定期定额缴纳税款的纳税人，经税务机关批准，可以采取将纳税期限合并为按季、半年、年的方式缴纳税款。

（六）纳税申报的其他要求

（1）纳税人在纳税期内没有应纳税款的，也应当按照规定办理纳税申报。

（2）纳税人享受减税、免税待遇的，在减税、免税期间应当按照规定办理纳税申报。

（3）纳税人、扣缴义务人按照规定的期限办理纳税申报或者报送代扣代缴、代收代缴税款报告表确有困难，需要延期的，应当在规定的期限内向税务机关提出书面延期申请，经税务机关核准，在核准的期限内办理。

（4）纳税人、扣缴义务人因不可抗力，不能按期办理纳税申报或者报送代扣代缴、代收代缴税款报告表的，可以延期办理；但是，应当在不可抗力情形消除后立即向税务机关报告。税务机关应当查明事实,予以核准。

（5）经核准延期办理纳税申报、报送事项的,应当在纳税期内按照上期实际缴纳的税额或者税务机关核定的税额预缴税款,并在核准的延期内办理税款结算。

▶ 六、涉税专业服务

涉税专业服务是指涉税专业服务机构接受委托,利用专业知识和技能,就涉税事项向委托人提供的税务代理等服务。

（一）涉税专业服务机构

涉税专业服务机构是指税务师事务所和从事涉税专业服务的会计师事务所、律师事务所、代理记账机构、税务代理公司、财税类咨询公司等机构。税务机关对税务师事务所实施行政登记管理。未经行政登记不得使用"税务师事务所"名称,不能享有税务师事务所的合法权益。税务师事务所合伙人或者股东由税务师、注册会计师、律师担任,税务师占比应高于50%,国家税务总局另有规定的除外。税务师事务所办理商事登记后,应当向省税务机关办理行政登记。省税务机关准予行政登记的,颁发《税务师事务所行政登记证书》,并将相关资料报送国家税务总局,抄送省税务师行业协会。不予行政登记的,书面通知申请人,说明不予行政登记的理由。从事涉税专业服务的会计师事务所和律师事务所,依法取得会计师事务所执业证书或律师事务所执业许可证,视同行政登记。

（二）涉税专业服务的业务范围

涉税专业服务机构可以从事下列涉税业务:

1. 纳税申报代理

对纳税人、扣缴义务人提供的资料进行归集和专业判断,代理纳税人、扣缴义务人进行纳税申报准备和签署纳税申报表、扣缴税款报告表以及相关文件。

2. 一般税务咨询

对纳税人、扣缴义务人的日常办税事项提供税务咨询服务。

3. 专业税务顾问

对纳税人、扣缴义务人的涉税事项提供长期的专业税务顾问服务。

4. 税收策划

对纳税人、扣缴义务人的经营和投资活动提供符合税收法律法规及相关规定的纳税计划、纳税方案。

5. 涉税鉴证

按照法律、法规以及依据法律、法规制定的相关规定要求,对涉税事项真实性和合法性出具鉴定和证明。

6. 纳税情况审查

接受行政机关、司法机关委托,依法对企业纳税情况进行审查,作出专业结论。

7. 其他税务事项代理

接受纳税人、扣缴义务人的委托,代理建账记账、发票领用、减免退税申请等税务事项。

8. 其他涉税服务

（三）涉税专业服务机构从事涉税专业服务的要求

涉税专业服务机构从事涉税业务，应当遵守税收法律、法规及相关税收规定，遵循涉税专业服务业务规范。

1. 涉税专业服务的限制

前述列举涉税专业服务业务范围中的第3、4、5、6项涉税业务，应当由具有税务师事务所、会计师事务所、律师事务所资质的涉税专业服务机构从事，相关文书应由税务师、注册会计师、律师签字，并承担相应的责任。税务机关所需的涉税专业服务，应当通过政府采购方式购买。

2. 税务代理委托协议

涉税专业服务关系的确立应当以委托人自愿委托和涉税专业服务机构自愿受理为前提。双方达成一致意见后，签订税务代理委托协议。

税务代理委托协议应当包括以下内容：① 委托人及涉税专业服务机构名称和住址。② 委托代理项目和范围。③ 委托代理的方式。④ 委托代理的期限 ⑤ 双方的义务及责任。⑥ 委托代理费用、付款方式及付款期限。⑦ 违约责任及赔偿方式。⑧ 争议解决方式。⑨ 其他需要载明的事项。税务代理委托协议自双方签字盖章时起即具有法律效力。

税务代理委托协议中的当事人一方必须是涉税专业服务机构，税务代理执业人员不得以个人名义直接接受委托。税务代理执业人员承办税务代理业务由涉税专业服务机构委派。税务代理执业人员应严格按照税务代理委托协议约定的范围和权限开展工作。代理项目实施中的责任，应根据协议的约定确定。凡是由于委托方未及时提供真实的、完整的、合法的生产经营情况、财务报表及有关纳税资料造成代理工作失误的，由委托方承担责任。执业人员违反国家法律、法规进行代理或未按协议约定进行代理，给委托人造成损失的，由涉税专业服务机构和执业人员个人承担相应的赔偿责任。

3. 涉税报告和文书

涉税专业服务机构为委托人出具的各类涉税报告和文书，由双方留存备查，其中，税收法律、法规及国家税务总局规定报送的，应当向税务机关报送。涉税专业服务机构所承办代理业务必须建立档案管理制度，保证税务代理档案的真实、完整。税务代理业务档案是如实记载代理业务始末、保存计税资料、涉税文书的案卷。代理业务完成后，应及时将有关代理资料按要求整理归类、装订、立卷，保存归档。税务代理业务档案需妥善保存，专人负责。税务代理业务档案保存应不少于5年。

（四）税务机关对涉税专业服务机构的监管

税务机关对涉税专业服务机构在中华人民共和国境内从事涉税专业服务进行监管。税务机关通过建立行政登记、实名制管理、业务信息采集、检查和调查、信用评价、公告与推送等制度，同时加强对税务师行业协会的监督指导，形成较为完整的涉税专业服务机构监管体系。

对违反法律法规及相关规定的涉税专业服务机构及其涉税服务人员，税务机关可以视情节采取下列措施：责令限期改正或予以约谈；列为重点监管对象；降低信用等级或纳入信用记录；暂停受理其所代理的涉税业务；纳入涉税服务失信名录，予以公告并向社会信用平台推送，不受理其所代理的涉税业务；提请其他行业主管部门及行业协会予以相应处理。对违反法律法规及相关规定的税务师事务所，省税务机关还可以视情节宣布《税务师事务所行政登记证书》无效；提请工商部门吊销其营业执照；提请全国税务师行业协会取消税务师职业资格证书登记、收回其职业资格证书并向社会公告。

第三节 税款征收与税务检查

一、税款征收

（一）税款征收的概念

税款征收制度是指税务机关按照法律、法规的规定，将纳税人应纳的税款收缴入库的法定制度。税款征收是税收征收管理工作的中心环节，是全部税收征管工作的目的和归宿，在整个税收工作中占据着极其重要的地位。

（二）税款征收的原则

1. 税务机关是征税的唯一行政主体的原则

除税务机关、税务人员以及经税务机关依照法律、行政法规委托的单位和个人外，任何单位和个人不得进行税款征收活动。

2. 依法征税原则

税务机关只能依照法律、行政法规的规定征收税款。未经法定机关和法定程序调整，征纳双方均不得随意变动。税务机关代表国家向纳税人征收税款，不能任意征收，只能依法征收。

3. 征税权限原则

税务机关依照法律、行政法规的规定征收税款，不得违反法律、行政法规的规定开征、停征、多征、少征、提前征收、延缓征收或者摊派税款。

在税款征收过程中，税务机关应当按照税收法律、行政法规预先规定的征收标准进行征税。不得擅自增减改变税目、调高或降低税率、加征或减免税款、提前征收或延缓征收税款以及摊派税款。

（三）税款征收的方式

税款征收方式，是指税务机关根据各税种的不同特点和纳税人的具体情况而确定的计算、征收税款的形式和方法。

由于纳税人的情况千差万别，而科学合理的税款征收方式是确保税款顺利足额征收的前提条件，由于各类纳税人的具体情况不同，因此税款征收方式也不可能统一固定，必须根据不同情况，采取相应的征收方式。我国现行《征管法》中规定可供征纳主体选择的税款征收方式主要有以下几种：

1. 查账征收

（1）概念。查账征收，是指税务机关对财务健全的纳税人，在规定的期限内根据自己的财务报告表或经营成果制作纳税申报表和其他有关纳税资料，依照适用税率，计算应纳税款，并向税务机关报送有关账册和资料，经税务机关审查核实后，填写纳税缴款书，由纳税人到指定的银行缴纳税款的一种征收方式。

（2）适用范围。这种方式一般适用于财务会计制度较为健全，能够认真履行纳税义务的纳税单位。由于这种征收方式对纳税人会计核算能力要求较高，但能显著降低征税成本，因此现阶段尽可能扩大查账征收纳税人的范围，一直是税务管理的发展方向。

2. 查定征收

（1）概念。查定征收，是指由税务机关通过按期查实纳税人的生产经营情况（含从业人员、生产设备、采用原材料等因素），并对其产制的应税产品查实核定产量、销售额，据以分期征收税款的一种征收方式。

（2）适用范围。查定征收适用于生产经营规模较小、产品零星、税源分散、会计账册不健全，但能控制原材料或进销货的小型厂矿和作坊。

3. 查验征收

（1）概念。查验征收，是指税务机关对某些难以进行源泉控制的征税对象，通过查验纳税人的证照、应税商品、产品和数量，按市场一般销售单价计算其销售收入，并据以计算应纳税款的征收方式。

（2）适用范围。这种征收方式适用于纳税人财务制度不健全、经营品种比较单一、生产经营不固定、零星分散、时间和商品来源不固定、流动性大的税源。

4. 定期定额征收

（1）概念。定期定额征收是指税务机关通过典型调查，对小型个体工商户在一定经营地点、一定经营时期、一定经营范围内的应纳税经营额（包括经营数量）或所得额进行核定，并以此为计税依据，确定其应缴纳税款的一种税款征收方式。

（2）适用范围。这种征收方式适用于达不到《个体工商户建账管理暂行办法》规定设置账簿标准，难以查账征收，不能准确计算计税依据的个体工商户（包括个人独资企业，简称定期定额户）。

（四）应纳税额的核定

（1）税额核定是指征税机关对纳税人的全部营业额进行核定。

（2）核定应纳税额的情形。纳税人有下列情形之一的，税务机关有权核定其应纳税额：

① 依照法律、行政法规的规定可以不设置账簿的。
② 依照法律、行政法规的规定应当设置但未设置账簿的。
③ 擅自销毁账簿或者拒不提供纳税资料的。
④ 虽设置账簿，但账目混乱或者成本资料、收入凭证、费用凭证残缺不全，难以查账的。
⑤ 发生纳税义务，未按照规定的期限办理纳税申报，经税务机关责令限期申报，逾期仍不申报的。

⑥ 纳税人申报的计税依据明显偏低，又无正当理由的。

关于核定应纳税额的情形，可以归纳如图 10.1 所示。

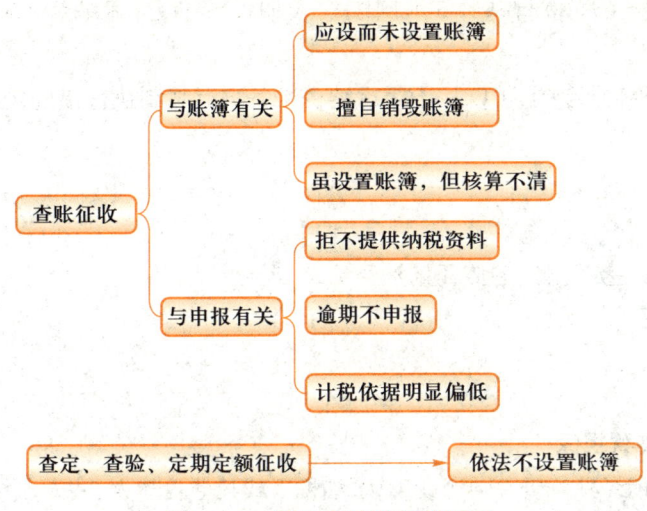

图 10.1　核定应纳税额的情形

（3）核定应纳税额的方法。为了减少核定应纳税额的随意性，使核定的税额更接近纳税人实际情况和法定负担水平，税务机关有权采用下列任何一种方法核定应纳税额：

① 参照当地同类行业或者类似行业中经营规模和收入水平相近的纳税人的税负水平核定。

② 按照营业收入或者成本加合理的费用和利润的方法核定。

③ 按照耗用的原材料、燃料、动力等推算或者测算核定。

④ 按照其他合理方法核定。

当其中一种方法不足以正确核定应纳税额时，可以同时采用两种以上的方法核定。纳税人对税务机关采取上述方法核定的应纳税额有异议的，应当提供相关证据，经税务机关认定后，调整应纳税额。

（五）税款征收措施

为了保证税款征收的顺利进行，《征管法》及其实施细则赋予了税务机关在税款征收过程中针对不同情况可以采取相应征收措施的职权。

1. 税收滞纳金制度

根据《征管法》的规定，纳税人未按照规定期限缴纳税款的，扣缴义务人未按照规定期限解缴税款的，税务机关除责令限期缴纳外，从滞纳税款之日起，按日加收滞纳税款万分之五的滞纳金。

加收滞纳金的具体操作应按下列程序进行：

（1）先由税务机关发出催缴税款通知书，责令限期缴纳或解缴税款，告知纳税人如不按期履行纳税义务，将依法按日加收滞纳税款万分之五的滞纳金。

（2）从滞纳之日起加收滞纳金（加收滞纳金的起止时间为法律、行政法规规定或者税务机关依照法律、行政法规的规定确定的税款缴纳期限届满次日起至纳税人、扣缴义务人实际缴纳或者解缴税款之日止)。例如,某纳税人2017年3月份应缴纳税款50 000元,按规定应于4月15日前缴纳,但该纳税人到2017年4月20日才来缴纳税款,那么,税务机关应从4月16日—4月20日共计5天向纳税人加收滞纳金,滞纳金=50 000×5×0.05%=125(元)。

(3)拒绝缴纳滞纳金的,可以按不履行纳税义务实行强制执行措施,强行划拨或者强制征收。

 边学边思

税收滞纳金是否属于税收罚款?

2. 责令提供纳税担保

纳税担保,是指经税务机关同意或确认,纳税人或其他自然人、法人、经济组织以保证、抵押、质押的方式,为纳税人应当缴纳的税款及滞纳金提供担保的行为。包括经税务机关认可的有纳税担保能力的保证人为纳税人提供的纳税保证,以及纳税人或者第三人以其未设置或者未全部设置担保物权的财产提供的担保。

(1)纳税担保的主体。纳税担保的主体是纳税人,即纳税担保人,是指在中国境内具有纳税担保能力的公民、法人或其他经济组织。国家机关不得作为纳税担保人。

(2)适用纳税担保的情形。

① 税务机关有根据认为从事生产、经营的纳税人有逃避纳税义务行为,在规定的纳税期之前经责令其限期缴纳应纳税款,在限期内发现纳税人有明显的转移、隐匿其应纳税的商品、货物,以及其他财产或者应纳税收入的迹象,责成纳税人提供纳税担保的。

② 欠缴税款、滞纳金的纳税人或者其法定代表人需要出境的。

③ 纳税人同税务机关在纳税上发生争议而未缴清税款,需要申请行政复议的。

④ 税收法律、行政法规规定可以提供纳税担保的其他情形。

(3)纳税担保的范围。纳税担保范围包括税款、滞纳金和实现税款、滞纳金的费用。费用包括抵押、质押登记费用,质押保管费用,以及保管、拍卖、变卖担保财产等相关费用支出。

用于纳税担保的财产、权利的价值不得低于应当缴纳的税款、滞纳金,并考虑相关的费用。纳税担保的财产价值不足以抵缴税款、滞纳金的,税务机关应当向提供担保的纳税人或纳税担保人继续追缴。用于纳税担保的财产、权利的价格估算,除法律、行政法规另有规定外,参照同类商品的市场价、出厂价或者评估价估算。

3. 采取税收保全措施

(1)概念。税收保全措施是指税务机关对可能由于纳税人的行为或者某种客观原因,致使以后税款的征收不能保证或难以保证的案件,采取限制纳税人处理或转移商品、货物或其他财产的措施。

(2)适用税收保全的情形及措施。税务机关责令具有税法规定情形的纳税人提供纳税担保而纳税人拒绝提供纳税担保或无力提供纳税担保的,经县以上税务局(分局)局长批准,税务机关可以采取下列税收保全措施：

① 书面通知纳税人开户银行或者其他金融机构冻结纳税人的金额相当于应纳税款的存款。

② 扣押、查封纳税人的价值相当于应纳税款的商品、货物或者其他财产。其他财产是指纳税人的房地产、现金、有价证券等不动产和动产。

（3）不适用税收保全的财产。个人及其所扶养家属维持生活必需的住房和用品，不在税收保全措施的范围之内。个人所扶养家属，是指与纳税人共同居住生活的配偶、直系亲属以及无生活来源并由纳税人扶养的其他亲属。个人及其所扶养家属维持生活必需的住房和用品不包括机动车辆、金银饰品、古玩字画、豪华住宅或者一处以外的住房。

税务机关对单价 5 000 元以下的其他生活用品，不采取税收保全措施。

4. 采取强制执行措施

（1）概念。税收强制执行措施是指当事人不履行法律、行政法规规定的义务，有关国家机关采用法定的强制手段，强迫当事人履行义务的行为。

（2）适用强制执行的情形及措施。从事生产、经营的纳税人、扣缴义务人未按照规定的期限缴纳或者解缴税款，纳税担保人未按照规定的期限缴纳所担保的税款，由税务机关责令限期缴纳，逾期仍未缴纳的，经县以上税务局（分局）局长批准，税务机关可以采取下列强制执行措施：

① 强制扣款，即书面通知其开户银行或者其他金融机构从其存款中扣缴税款。

② 拍卖变卖，即扣押、查封、依法拍卖或者变卖其价值相当于应纳税款的商品、货物或者其他财产，以拍卖或者变卖所得抵缴税款。

税务机关采取强制执行措施时，对上述纳税人、扣缴义务人、纳税担保人未缴纳的滞纳金同时强制执行。个人及其所扶养家属维持生活必需的住房和用品，不在强制执行措施的范围之内。税务机关对单价 5 000 元以下的其他生活用品，不采取强制执行措施。

（3）税收强制执行程序中的其他注意事项。

① 实施扣押、查封、拍卖或者变卖等强制执行措施时，应当通知被执行人或其成年家属到场，否则不能直接采取扣押和查封措施。但被执行人或其成年家属接到通知后拒不到场的，不影响执行。同时，应当通知有关单位和基层组织，他们是扣押、查封财产的见证人，也是税务机关执行工作的协助人。

② 扣押、查封、拍卖或者变卖被执行人的商品、货物或者其他财产，应当以应纳税额和滞纳金等为限。对于被执行人必要的生产工具，他本人及他所供养家属的生活必需品应当予以保留，不得对其进行扣押、查封、拍卖或者变卖。

③ 对价值超过应纳税额且不可分割的商品、货物或者其他财产，税务机关在纳税人、扣缴义务人或者纳税担保人无其他可供强制执行财产的情况下，可以整体扣押、查封、拍卖，以拍卖所得抵缴税款、滞纳金、罚款以及扣押、查封、保管、拍卖等费用。

④ 实施扣押、查封时，对有产权证件的动产或者不动产，税务机关可以责令当事人将产权证件交税务机关保管，同时可以向有关机关发出协助执行通知书，有关机关在扣押、查封期间不再办理该动产或者不动产的过户手续。

⑤ 对查封的商品、货物或者其他财产，税务机关可以指令被执行人负责保管，保管责任由被执行人承担。

边学边思

如何区分"税收保全措施"和"税收强制执行措施"？

5. 阻止出境

欠缴税款的纳税人或者其法定代表人在出境前未按规定结清应纳税款、滞纳金或者提供纳税担保的，税务机关可以通知出境管理机关阻止其出境。

1. 训练目的

掌握发票与税款征收的相关规定。

2. 案例设计

某市一汽车销售公司于 2018 年 3 月 1 日丢失一本普通发票。该公司于 3 月 10 日到主管税务机关递交了发票遗失书面报告，并在该市报纸上公开声明作废。同年 4 月 10 日，市税务机关在对该公司进行检查时，发现该公司存在如下问题：

（1）未按规定建立发票保管制度。

（2）将 2015 年度开具的发票存根联销毁。

税务机关在对相关发票进行拍照和复印时，该公司以商业机密为由拒绝。

经税务机关核实，该公司通过各种非法手段，共计少缴税款 10 万元。

根据以上情况，市税务机关除责令其限期补缴少缴的税款 10 万元外，还依法对其进行了相应的处罚。

（3）汽车公司一直逃避缴纳税款，市税务机关责令其限期缴纳，但在限期内发现该公司有转移应税收入的迹象，遂责令其提供纳税担保，纳税人拒绝提供纳税担保；在经市税务局局长批准后，税务机关在 5 月 10 日查封了该公司一处房产。

要求：根据上述案例，试分析以下问题：

（1）该公司丢失发票后的处理是否符合规定？

（2）该公司销毁 2015 年度开具的发票存根联的做法是否正确？

（3）该公司是否可以以商业机密为由拒绝税务机关的发票检查？

（4）税务机关责令其提供担保以及担保的范围是否正确？

3. 分析过程

（1）该公司丢失发票后的处理不符合规定。根据规定，发票丢失的，应于丢失发票当日书面报告主管税务机关，并在报刊和电视等传播媒介上公告声明作废。甲公司应在丢失发票的当天（即 3 月 1 日）向税务机关报告，而甲公司于 3 月 10 日才到主管税务机关递交发票遗失书面报告，不符合法律规定。

（2）该公司销毁 2015 年度开具的发票存根联不符合发票保管规定。已开具的发票存根联应当保存5年。2015年开具的发票存根联到2018年保存未超过5年,不得销毁。

（3）该公司不可以以商业机密为由拒绝税务机关的发票检查。根据规定,印制、使用发票的单位和个人,必须接受税务机关依法检查,如实反映情况,提供有关资料,不得拒绝、隐瞒。

（4）税务机关责令其提供担保以及担保的范围均正确。根据规定,税务机关有根据认为纳税人有逃避纳税义务的行为,在规定的纳税期之前责令其限期缴纳应纳税款,在限期内发现纳税人有明显的转移、隐匿其应纳税的商品、货物,以及其他财产或者应纳税收入的迹象,可以责成纳税人提供纳税担保。纳税担保的范围包括税款、滞纳金和实现税款等的费用。

▶ 二、税务检查制度

（一）税务检查的概念

税务检查又称纳税检查,是指税务机关根据税收法律、行政法规的规定,对纳税人、扣缴义务人履行纳税义务、扣缴义务及其他有关税务事项进行审查、核实、监督活动的总称。税务检查是税收征收管理的重要内容,也是税务监督的重要组成部分。加强税务检查,对于加强依法治税,保证国家财政收入,有着十分重要的意义。

（二）税务检查的形式

1. 重点检查

重点检查指对公民举报、上级机关交办或有关部门转来的有偷税行为或偷税嫌疑的,纳税申报与实际生产经营情况有明显不符的纳税人及有普遍逃税行为的行业的检查。

2. 分类计划检查

分类计划检查指根据纳税人历来纳税情况、纳税人的纳税规模及税务检查间隔时间的长短等综合因素,按事先确定的纳税人分类、计划检查时间及检查频率而进行的检查。

3. 集中性检查

集中性检查指税务机关在一定时间、一定范围内,统一安排、统一组织的税务检查,这种检查一般规模比较大,如以前年度的全国范围内的税收、财务大检查就属于这类检查。

4. 临时性检查

临时性检查指由各级税务机关根据不同的经济形势、偷逃税趋势、税收任务完成情况等综合因素,在正常的检查计划之外安排的检查。如行业性解剖、典型调查性的检查等。

5. 专项检查

专项检查指税务机关根据税收工作实际,对某一税种或税收征收管理某一环节进行的检查。比如增值税一般纳税专项检查、漏征漏管户专项检查等。

（三）税务机关在税务检查中的职权与职责

1. 税务机关有权进行下列税务检查

（1）检查纳税人的账簿、记账凭证、报表和有关资料,检查扣缴义务人代扣代缴、代收代缴税款账簿、记账凭证和有关资料。

（2）到纳税人的生产、经营场所和货物存放地检查纳税人应纳税的商品、货物或者其他财产，检查扣缴义务人与代扣代缴、代收代缴税款有关的经营情况。

（3）责成纳税人、扣缴义务人提供与纳税或者代扣代缴、代收代缴税款有关的文件、证明材料和有关资料。

（4）询问纳税人、扣缴义务人与纳税或者代扣代缴、代收代缴税款有关的问题和情况。

（5）到车站、码头、机场、邮政企业及其分支机构检查纳税人托运、邮寄应纳税商品、货物或者其他财产的有关单据、凭证和有关资料。

（6）税务机关调查税务违法案件时，对与案件有关的情况和资料，可以记录、录音、录像、照相和复制。

（7）对采用电算化会计系统的纳税人，税务机关有权对其会计电算化系统进行检查，并可复制与纳税有关的电子数据作为证据。

（8）税务机关进入纳税人电算化系统进行检查时，有责任保证纳税人会计电算化系统的安全性，并保守纳税人的商业秘密。

（9）经县以上税务局（分局）局长批准，指定专人负责，凭全国统一格式的检查存款账户许可证明，查询从事生产、经营的纳税人、扣缴义务人在银行或者其他金融机构的存款账户，并有责任为被检查人保守秘密。税务机关在调查税收违法案件时，经设区的市、自治州以上税务局（分局）局长批准，可以查询案件涉嫌人员的储蓄存款。税务机关查询所获得的资料，不得用于税收以外的用途。

上述所称的"经设区的市、自治州以上税务局局长"包括地（市）一级（含直辖市下设区）的税务局局长。

税务机关行使上述职权时，应当指定专人负责，凭全国统一格式的检查存款账户许可证明进行，并有责任为被检查人保守秘密。

2. 税务机关在税务检查中的其他规定

（1）税务机关对从事生产、经营的纳税人以前纳税期的纳税情况依法进行税务检查时，发现纳税人有逃避纳税义务行为，并有明显的转移、隐匿其应纳税的商品、货物以及其他财产或者应纳税的收入的迹象的，可以按照《征管法》规定的批准权限采取税收保全措施或者强制执行措施。

（2）税务机关采取税收保全措施的期限一般不得超过6个月；重大案件需要延长的，应当报国家税务总局批准。

（3）税务机关调查税务违法案件时，有权向有关单位和个人调查纳税人、扣缴义务人和其他当事人与纳税或代扣代缴、代收代缴税款有关的情况。

（4）税务机关派出的人员进行税务检查时，应当出示税务检查证和税务检查通知书，并有责任为被检查人保守秘密；未出示税务检查证和税务检查通知书的，被检查人有权拒绝检查。

（四）被检查人的义务

（1）纳税人、扣缴义务人必须接受税务机关依法进行的税务检查，如实反映情况，提供有关资料，不得拒绝、隐瞒。

（2）税务机关依法进行税务检查时，有权向有关单位和个人调查纳税人、扣缴义务人和其他当事人与纳税或者代扣代缴、代收代缴税款有关的情况,有关单位和个人有义务向税务机关如实提供有关资料及证明材料。

第四节 税务行政复议

一、税务行政复议概述

税务行政复议,是指纳税人和其他税务当事人对税务机关的税务行政行为不服,依法向上级税务机关提出申诉,请求上一级税务机关对原具体行政行为的合理性、合法性作出审议;复议机关依法对原行政行为的合理性、合法性作出裁决的行政司法活动。实行税务行政复议制度的目的是为了维护和监督税务机关依法行使税收执法权,防止和纠正违法或者不当的税务具体行政行为,保护纳税人和其他当事人的合法权益。

二、税务行政复议范围

纳税人及其他当事人(简称申请人)认为税务机关(简称被申请人)的具体行政行为侵犯其合法权益,可依法向税务行政复议机关申请行政复议。税务行政复议机关(简称复议机关),是指依法受理税务行政复议申请,对具体行政行为进行审查并作出行政复议决定的税务机关。

申请人对税务机关下列具体行政行为不服的,可以提出行政复议申请:

(1)税务机关作出的征税行为,包括确认纳税主体、征税对象、征税范围、减税、免税、退税、抵扣税款、适用税率、计税依据、纳税环节、纳税期限、纳税地点和税款征收方式等具体行政行为,征收税款、加收滞纳金、扣缴义务人、受税务机关委托的单位和个人作出的代扣代缴、代收代缴、代征行为等。

(2)行政许可、行政审批行为。

(3)发票管理行为,包括发售、收缴、代开发票等。

(4)税收保全措施、强制执行措施。

(5)行政处罚行为:① 罚款;② 没收财物和违法所得;③ 停止出口退税权。

(6)税务机关不依法履行下列职责的行为:① 开具、出具完税凭证;② 行政赔偿;③ 行政奖励;④ 其他不依法履行职责的行为。

(7)资格认定行为。

(8)不依法确认纳税担保行为。

(9)政府公开信息工作中的具体行政行为。

(10)纳税信用等级评定行为。

(11)税务机关通知出入境管理机关阻止出境行为。

(12)税务机关作出的其他具体行政行为。

申请人认为税务机关的具体行政行为所依据的下列规定不合法,对具体行政行为申请行政复议时,可以一并向复议机关提出对该规定(不含规章)的审查申请:① 国家税务总局和国务院其他部门的规定；② 其他各级税务机关的规定；③ 地方各级人民政府的规定；④ 地方人民政府工作部门的规定。

申请人对具体行政行为提出行政复议申请时不知道该具体行政行为所依据的规定的，可以在行政复议机关作出行政复议决定以前提出对该规定的审查申请。

▶ 三、税务行政复议管辖

（一）复议管辖的一般规定

（1）对各级国家税务局的具体行政行为不服的，向其上一级国家税务局申请行政复议。

（2）对各级地方税务局的具体行政行为不服的，可以选择向其上一级地方税务局或者该税务局的本级人民政府申请行政复议。

（3）省、自治区、直辖市人民代表大会及其常务委员会、人民政府对地方税务局的行政复议管辖另有规定的，从其规定。

（4）对国家税务总局的具体行政行为不服的，向国家税务总局申请行政复议。对行政复议决定不服，申请人可以向人民法院提起行政诉讼，也可以向国务院申请裁决。国务院的裁决为最终裁决。

（二）复议管辖的特殊规定

（1）对计划单列市国家税务局的具体行政行为不服的，向国家税务总局申请行政复议；对计划单列市地方税务局的具体行政行为不服的，可以选择向省地方税务局或者本级人民政府申请行政复议。

（2）对税务所（分局）、各级税务局的稽查局的具体行政行为不服的，向其所属税务局申请行政复议。

（3）对两个以上税务机关共同作出的具体行政行为不服的，向共同上一级税务机关申请行政复议；对税务机关与其他行政机关共同作出的具体行政行为不服的，向其共同上一级行政机关申请行政复议。

（4）对被撤销的税务机关在撤销以前所作出的具体行政行为不服的，向继续行使其职权的税务机关的上一级税务机关申请行政复议。

（5）对税务机关作出逾期不缴纳罚款加处罚款的决定不服的，向作出行政处罚决定的税务机关申请行政复议。但是对已处罚款和加处罚款都不服的，一并向作出行政处罚决定的税务机关的上一级税务机关申请行政复议。

有上述第2、3、4、5项所列情形之一的，申请人也可以向具体行政行为发生地的县级地方人民政府提交行政复议申请，由接受申请的县级地方人民政府依法转送。

▶ 四、税务行政复议申请与受理

（一）税务行政复议申请

申请人可以在知道税务机关作出具体行政行为之日起60日内提出行政复议申请。因不可抗力或者被申请人设置障碍等原因耽误法定申请期限的,申请期限的计算应当扣除被耽误时间。

申请人对复议范围中第1项规定的行为不服的,应当先向复议机关申请行政复议,对行政复议决定不服的,可以再向人民法院提起行政诉讼。

申请人按前述规定申请行政复议的,必须依照税务机关根据法律、行政法规确定的税额、期限,先行缴纳或者解缴税款及滞纳金,或者提供相应的担保,方可在实际缴清税款和滞纳金后或者所提供的担保得到作出具体行政行为的税务机关确认之日起60日内提出行政复议申请。

申请人对复议范围中第1项规定以外的其他具体行政行为不服的,可以申请行政复议,也可以直接向人民法院提起行政诉讼。

申请人对税务机关作出逾期不缴纳罚款加处罚款的决定不服的,应当先缴纳罚款和加处罚款,再申请行政复议。

申请人申请行政复议,可以书面申请,也可以口头申请。书面申请的,可以采取当面递交、邮寄、传真或者电子邮件等方式提出行政复议申请。口头申请的,复议机关应当当场制作行政复议申请笔录,交申请人核对或者向申请人宣读,并由申请人确认。

(二)税务行政复议受理

复议机关收到行政复议申请后,应当在5个工作日内进行审查,决定是否受理。对符合规定的行政复议申请,自行政复议机构收到之日起即为受理,应当书面告知申请人。对不符合规定的行政复议申请,决定不予受理,并书面告知申请人。对不属于本机关受理的行政复议申请,应当告知申请人向有关行政复议机关提出。复议机关收到行政复议申请以后未按照规定期限审查并作出不予受理决定的,视为受理。

对应当先向复议机关申请行政复议,对行政复议决定不服再向人民法院提起行政诉讼的具体行政行为,复议机关决定不予受理或者受理以后超过行政复议期限不作答复的,申请人可以自收到不予受理决定书之日起或者行政复议期满之日起15日内,依法向人民法院提起行政诉讼。申请人向复议机关申请行政复议,复议机关已经受理的,在法定行政复议期限内申请人不得向人民法院提起行政诉讼;申请人向人民法院提起行政诉讼,人民法院已经依法受理的,不得申请行政复议。

行政复议期间具体行政行为不停止执行。但有下列情形之一的,可以停止执行:

(1)被申请人认为需要停止执行的;
(2)复议机关认为需要停止执行的;
(3)申请人申请停止执行,复议机关认为其要求合理,决定停止执行的;
(4)法律规定停止执行的。

▶ 五、税务行政复议审查和决定

(一)税务行政复议审查

行政复议机构审理行政复议案件,应当由2名以上行政复议工作人员参加。

行政复议原则上采用书面审查的办法,但是申请人提出要求或者行政复议机构认为有必要时,应当听取申请人、被申请人和第三人的意见,并可以向有关组织和人员调查了解情况。

对重大、复杂的案件,申请人提出要求或者行政复议机构认为必要时,可以采取听证的方式审理。听证应当公开举行,但是涉及国家秘密、商业秘密或者个人隐私的除外。行政复议听证人员不得少于2人,听证主持人由行政复议机构指定。听证应当制作笔录,申请人、被申请人和第三人应当确认听证笔录内容。第三人不参加听证的,不影响听证的举行。

行政复议机关应当全面审查被申请人的具体行政行为所依据的事实证据、法律程序、法律依据和设定的权利义务内容的合法性、适当性。

申请人在行政复议决定作出以前撤回行政复议申请的,经行政复议机构同意,可以撤回。申请人撤回行政复议申请的,不得再以同一事实和理由提出行政复议申请。但是,申请人能够证明撤回行政复议申请违背其真实意思表示的除外。

行政复议期间被申请人改变原具体行政行为的,不影响行政复议案件的审理。但是,申请人依法撤回行政复议申请的除外。

行政复议机关审查被申请人的具体行政行为时,认为其依据不合法,本机关有权处理的,应当在30日内依法处理;无权处理的,应当在7个工作日内按照法定程序逐级转送有权处理的国家机关依法处理。处理期间,中止对具体行政行为的审查。

(二)税务行政复议决定

行政复议机构应当对被申请人的具体行政行为提出审查意见,经复议机关负责人批准,按照下列规定作出行政复议决定:

(1)具体行政行为认定事实清楚,证据确凿,适用依据正确,程序合法,内容适当的,决定维持。

(2)被申请人不履行法定职责的,决定其在一定期限内履行。

(3)具体行政行为有下列情形之一的,决定撤销、变更或者确认该具体行政行为违法:① 主要事实不清、证据不足的;② 适用依据错误的;③ 违反法定程序的;④ 超越或者滥用职权的;⑤ 具体行政行为明显不当的。

决定撤销或者确认该具体行政行为违法的,可以责令被申请人在一定期限内重新作出具体行政行为。复议机关责令被申请人重新作出具体行政行为的,被申请人不得以同一事实和理由作出与原具体行政行为相同或者基本相同的具体行政行为;但复议机关以原具体行政行为违反法定程序而决定撤销的,被申请人重新作出具体行政行为的除外。

复议机关责令被申请人重新作出具体行政行为的,被申请人不得作出对申请人更为不利的决定;但是复议机关以原具体行政行为主要事实不清、证据不足或适用依据错误决定撤销的,被申请人重新作出具体行政行为的除外。

复议机关责令被申请人重新作出具体行政行为的,被申请人应当在60日内重新作出具体行政行为;情况复杂,不能在规定期限内重新作出具体行政行为的,经复议机关批准,可以适当延期,但是延期不得超过30日。

申请人对被申请人重新作出的具体行政行为不服,可以依法申请行政复议,或者提起行政诉讼。

（4）被申请人不按照规定提出书面答复，提交当初作出具体行政行为的证据、依据和其他有关材料的，视为该具体行政行为没有证据、依据，决定撤销该具体行政行为。

复议机关应当自受理申请之日起60日内作出行政复议决定。情况复杂，不能在规定期限内作出行政复议决定的，经复议机关负责人批准，可以适当延期，并告知申请人和被申请人；但延期不得超过30日。

复议机关作出行政复议决定，应当制作行政复议决定书，并加盖印章。行政复议书一经送达，即发生法律效力。

第五节 税收法律责任

一、税收法律责任概述

税收法律责任，是指税收法律关系的主体因违反税收法律规范所应承担的法律后果。税收法律责任依其性质和形式的不同，可分为行政责任和刑事责任；依承担法律责任主体的不同，可分为纳税人的责任、扣缴义务人的责任、税务机关及其工作人员的责任。

二、纳税人、扣缴义务人及其他行政相对人违反税收法律制度的法律责任

（一）违反税务管理基本规定的法律责任

（1）纳税人有下列行为之一的，由税务机关责令限期改正，可以处2 000元以下的罚款；情节严重的，处2 000元以上1万元以下的罚款：

① 未按照规定设置、保管账簿或者保管记账凭证和有关资料的。

② 未按照规定将财务、会计制度或者财务、会计处理办法和会计核算软件报送税务机关备查的。

③ 未按照规定将其全部银行账号向税务机关报告的。

④ 未按照规定安装、使用税控装置，或者损毁或者擅自改动税控装置的。

（2）纳税人不办理税务登记的，由税务机关责令限期改正；逾期不改正的，经税务机关提请，由工商行政管理机关吊销其营业执照。

（3）纳税人未按照规定使用税务登记证件，或者转借、涂改、损毁、买卖、伪造税务登记证件的，处2 000元以上1万元以下的罚款；情节严重的，处1万元以上5万元以下的罚款。

（二）扣缴义务人违反账簿、凭证管理的处罚

扣缴义务人未按照规定设置、保管代扣代缴、代收代缴税款账簿或者保管代扣代缴、代收代缴税款记账凭证及有关资料的，由税务机关责令限期改正，可以处2 000元以下的罚款；情节严重的，处2 000元以上5 000元以下的罚款。

（三）纳税人、扣缴义务人未按规定进行纳税申报的法律责任

纳税人未按照规定的期限办理纳税申报和报送纳税资料的，或者扣缴义务人未按照规定

的期限向税务机关报送代扣代缴、代收代缴税款报告表和有关资料的,由税务机关责令限期改正,可以处 2 000 元以下的罚款;情节严重的,处 2 000 元以上 1 万元以下的罚款。

(四)逃避税务机关追缴欠税行为的法律责任

纳税人欠缴应纳税款,采取转移或者隐匿财产的手段,妨碍税务机关追缴欠缴的税款的,由税务机关追缴欠缴的税款、滞纳金,并处罚款;构成犯罪的,依法追究刑事责任。

扣缴义务人应扣未扣、应收而不收税款的,由税务机关向纳税人追缴税款,对扣缴义务人处以应扣未扣、应收而未收税款 50% 以上 3 倍以下的罚款。

(五)偷税行为的认定和法律责任

偷税,是指纳税人采取伪造、变造、隐匿、擅自销毁账簿、记账凭证,或者在账簿上多列支出或者不列、少列收入,或者经税务机关通知申报而拒不申报或者进行虚假的纳税申报的手段,不缴或者少缴应纳税款的行为。

纳税人偷税的,由税务机关追缴其不缴或少缴的税款、滞纳金、并处罚款;构成犯罪的,依法追究刑事责任。

扣缴义务人采取上述偷税手段,不缴或者少缴已扣、已收税款,由税务机关追缴其不缴或者少缴的税款、滞纳金,并处罚款;构成犯罪的,依法追究刑事责任。

纳税人、扣缴义务人编造虚假计税依据的,由税务机关责令限期改正,并处罚款。

为纳税人、扣缴义务人非法提供银行账户、发票、证明或其他方便,导致未缴、少缴税款的,税务机关除没收其违法所得外,可处以罚款。

边学边思

偷税罪主体为个人和单位,如何理解偷税罪的主体?

(六)抗税的法律责任

抗税,是指纳税人、扣缴义务人以暴力、威胁方法拒不缴纳税款的行为。

对抗税行为,除由税务机关追缴其拒缴的税款、滞纳金外,依法追究刑事责任。情节轻微,未构成犯罪的,由税务机关追缴其拒缴的税款、滞纳金,并处罚款。

(七)骗取出口退税的法律责任

以假报出口或者其他欺骗手段,骗取国家出口退税款的,由税务机关追缴其骗取的退税款,并处骗取税款 1 倍以上 5 倍以下的罚款;构成犯罪的,依法追究刑事责任。

对骗取国家出口退税款的,税务机关可以在规定期间内停止为其办理出口退税。

为纳税人、扣缴义务人非法提供银行账户、发票、证明或其他方便,骗取国家出口退税款的,税务机关除没收其违法所得外,可以处未缴、少缴或者骗取的税款 1 倍以下的罚款。

（八）纳税人、扣缴义务人不配合税务机关进行税务检查的法律责任

（1）纳税人、扣缴义务人逃避、拒绝或者以其他方式阻挠税务机关检查的，由税务机关责令改正，可以处1万元以下的罚款；情节严重的，处1万元以上5万元以下的罚款。

（2）纳税人、扣缴义务人有下列情形之一的，依照前款规定处罚：

① 提供虚假资料，不如实反映情况，或者以拒绝提供有关资料等方式阻挠税务机关检查的。

② 拒绝或者阻止税务机关记录、录音、录像、照相和复制与案件有关的情况和资料的。

③ 在检查期间，纳税人、扣缴义务人转移、隐匿、销毁有关资料的。

④ 有不依法接受税务检查的其他情形的。

▶ 三、税务机关和税务人员违反税收法律制度的法律责任

（一）税务人员不依法行政的法律责任

税务人员与纳税人、扣缴义务人勾结，唆使或者协助纳税人、扣缴义务人实施税收违法行为，构成犯罪的，依法追究刑事责任；未构成犯罪的，依法给予行政处分。

（二）渎职行为的法律责任

（1）税务人员利用职务上的便利，收受或者索取纳税人、扣缴义务人财物或者牟取其他不正当利益，构成犯罪的，依法追究刑事责任；未构成犯罪的，依法给予行政处分。

（2）税务人员徇私舞弊或者玩忽职守，不征或者少征应征税款，致使国家税收遭受重大损失，构成犯罪的，依法追究刑事责任；未构成犯罪的，依法给予行政处分。

（3）税务人员滥用职权，故意刁难纳税人、扣缴义务人的，调离税收工作岗位，并依法给予行政处分。

（4）税务人员对控告、检举税收违法行为的纳税人、扣缴义务人以及其他检举人进行打击报复的，依法给予行政处分；构成犯罪的，依法追究刑事责任。

（5）税务人员徇私舞弊，对依法应当移交司法机关追究刑事责任的不移交，情节严重的依法追究刑事责任。

（三）不按规定征收税款的法律责任

（1）违反法律、行政法规的规定，提前征收、延缓征收或者摊派税款的，由其上级机关或者行政监察机关责令改正，对直接负责的主管人员或其他直接责任人员依法给予行政处分。

（2）违反法律、行政法规的规定，擅自作出税收的开征、停征或者减税、免税、退税、补税以及其他同税收法律、行政法规相抵触的决定的，除按《征管法》的规定撤销其擅自作出的决定外，补征应征未征税款，退还不应征收而征收的税款，并由上级机关追究直接责任的主管人员和其他直接责任人员的行政责任；构成犯罪的，依法追究刑事责任。

（3）税务机关违反规定擅自改变税收征收管理范围和税款入库预算级次的，责令限期改正，对直接负责的主管人员和其他直接责任人员依法给予降级或者撤职的行政处分。

（4）税务人员在征收税款或者查处税收违法案件时，未按照《征管法》的规定进行回避的，对直接负责的主管人员和其他直接责任人员，依法给予行政处分。未按照《征管法》的规

定为纳税人、扣缴义务人、检举人保密的,对直接负责的主管人员和其他直接责任人员,由所在单位或者有关单位依法给予行政处分。

（5）税务人员与纳税人、扣缴义务人勾结,唆使或者协助纳税人、扣缴义务人实施税收违法行为,构成犯罪的,依法追究刑事责任;未构成犯罪的,依法给予行政处分。

（6）税务人员私分扣押、查封的商品、货物或者其他财产,情节严重,构成犯罪的,依法追究刑事责任;未构成犯罪的,依法给予行政处分。

▶ 本章知识回顾

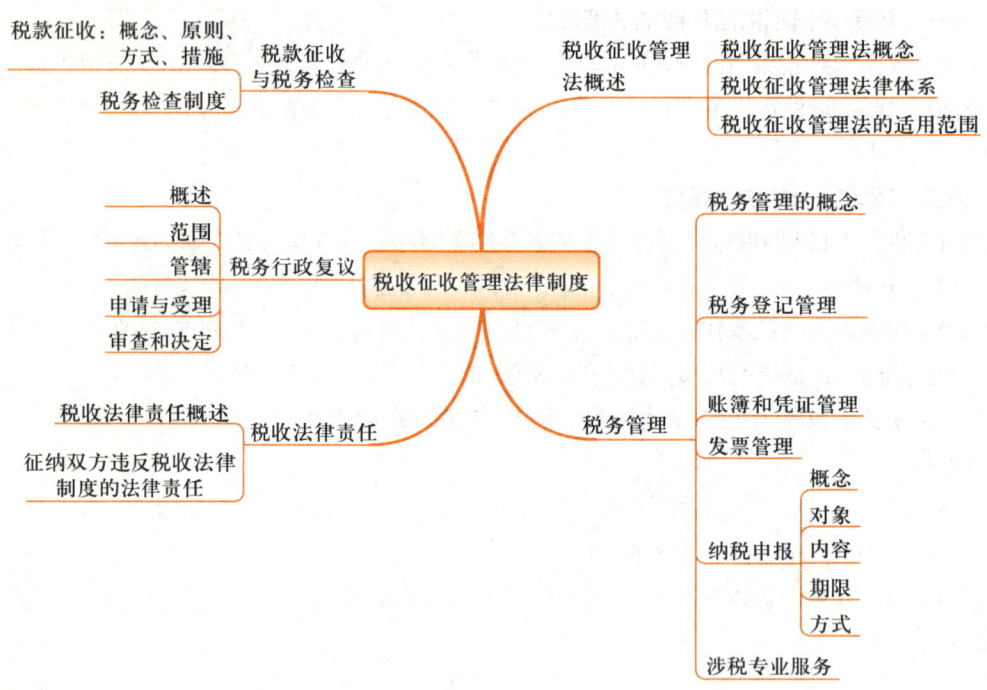

▶ 开心一扫

笑谈税收征管中的趣事

税收征管看似是一个严肃的话题,但是在严肃的税收征管中也会有很多趣事发生,这给一向严肃的税收征管带来了一抹亮色。今天就让我们来看看税收征管中的那些趣事。

郑重声明

高等教育出版社依法对本书享有专有出版权。任何未经许可的复制、销售行为均违反《中华人民共和国著作权法》，其行为人将承担相应的民事责任和行政责任；构成犯罪的，将被依法追究刑事责任。为了维护市场秩序，保护读者的合法权益，避免读者误用盗版书造成不良后果，我社将配合行政执法部门和司法机关对违法犯罪的单位和个人进行严厉打击。社会各界人士如发现上述侵权行为，希望及时举报，本社将奖励举报有功人员。

反盗版举报电话　（010）58581999　58582371　58582488
反盗版举报传真　（010）82086060
反盗版举报邮箱　dd@hep.com.cn
通信地址　北京市西城区德外大街4号
　　　　　高等教育出版社法律事务与版权管理部
邮政编码　100120

防伪查询说明

用户购书后刮开封底防伪涂层，利用手机微信等软件扫描二维码，会跳转至防伪查询网页，获得所购图书详细信息。用户也可将防伪二维码下的20位密码按从左到右、从上到下的顺序发送短信至106695881280，免费查询所购图书真伪。

反盗版短信举报

编辑短信"JB,图书名称,出版社,购买地点"发送至10669588128

防伪客服电话

（010）58582300

资源服务提示

欢迎访问在线开放课程平台（http://www.icve.com.cn），以前未在本网站注册的用户，请先注册。用户登录后，在首页或"课程"频道搜索本书对应课程"经济法基础"进行在线学习。用户可以在网站首页或扫描本页提供的二维码下载移动客户端，通过该客户端进行在线学习。

扫描下载官方APP

本书配套高校一体化教学平台——学生、教师、学校管理三位一体的多功能教学服务平台。欢迎访问 http://chinaacc.edu.chinaacc.com 了解详情或扫描右侧二维码下载移动客户端。

扫描下载官方APP

高校一体化教学平台联系人：高老师
联系电话：010-82319999-2992

资源服务支持电话：010-58581854　邮箱：songchen@hep.com.cn

高教社会计教师交流及资源服务QQ群：708994051